孙湛 会计专业毕业，历任企业CFO、 CEO。曾在欧美顶尖企业任职工厂成本经理、合资企业财务总监及中国区财务总监等工作，拥有20年以上非常丰富和先进的财务管理与企业运营经验。目前主要从事企业管理、专家讲师、著书、顾问等工作。

孙老师是目前中国非常有影响力的财务管理及企业运营实战讲师与作家。孙老师为众多著名企业如中石化、中石油、中国建筑、中国银行、美国强生、美国通用电气等做企业内训及咨询顾问。孙老师是清华大学等名校的客座教授，给企业家和财务总监授课。孙老师因其讲解透彻、内容非常实用易懂而深受学员欢迎和推崇。

孙老师是中国第一批讲授英国特许注册会计师（ACCA)、美国注册管理会计师（CMA）、注册会计师（CPA）等的讲师，并取得了骄人成就。例如，数次创造全球最高分，被公认为能大幅提升学员工作技能和实力的老师。

孙老师精通英语，曾参加北京市英语大赛等获得众多荣誉，业余时间曾在新东方、环球英语等著名培训机构教授英语。

孙老师对学术研究颇深，精读钻研了60余本纯美国、英国进口的世界上最权威的会计、财务管理和企业运营的书籍，包括哈佛大学、斯坦福大学的教材。

2020年新考纲

美国注册管理会计师

考试教材

CMA

战略财务管理

P2 STRATEGIC FINANCIAL MANAGEMENT

孙　湛 | 主编

中国财经出版传媒集团

经济科学出版社

Economic Science Press

图书在版编目（CIP）数据

战略财务管理/孙湛主编．—北京：经济科学出版社，2019.11

美国注册管理会计师考试教材

ISBN 978－7－5218－1081－3

Ⅰ．①战…　Ⅱ．①孙…　Ⅲ．①企业管理－财务管理－资格考试－教材　Ⅳ．①F275

中国版本图书馆 CIP 数据核字（2019）第 260806 号

责任编辑：杜　鹏　张　燕　刘　悦　蔡秉秦

责任校对：蒋子明

责任印制：邱　天

战略财务管理

孙　湛　主编

经济科学出版社出版、发行　新华书店经销

社址：北京市海淀区阜成路甲 28 号　邮编：100142

编辑部电话：010－88191441　发行部电话：010－88191522

网址：www. esp. com. cn

电子邮件：esp_bj@163. com

天猫网店：经济科学出版社旗舰店

网址：http：//jjkxcbs. tmall. com

固安华明印业有限公司印装

880×1230　16 开　22 印张　510000 字

2019 年 12 月第 1 版　2019 年 12 月第 1 次印刷

印数：0001—5000 册

ISBN 978－7－5218－1081－3　定价：88. 00 元

（图书出现印装问题，本社负责调换。电话：010－88191510）

本书显著亮点

（至关重要，请仔细阅读!!!）

1. 落地与考试完美结合。以前听很多人抱怨说学了 CMA 并不知道如何落地应用到企业中，事业因此不见起色，非常困惑。本书彻底解决了此问题，原因如下。

首先，目前很多财务证书考试都会有一部分过于理论化而无法落地的知识，这是无法规避的现实。作者孙湛老师在欧美大型企业做财务总监很多年，在识别出无法落地的知识后，在本书中通过容易辨认的黑体 + 斜体 + 下划线 + 特殊字体的方式另外讲述了如何落地应用到企业中。这样帮助学员两全其美，既可以顺利通过考试，又可以将世界上先进的美国管理会计知识落地到企业中，显著提升企业绩效从而大幅提升自身的价值和事业发展。

其次，IMA 考纲章节知识的安排主要是出于考试考虑，比如每章的考试比重尽可能不要相差太多，另外 IMA 考纲只是提供一个考试的框架参考，并没有要求所有老师必须要按照 IMA 考纲的内容顺序讲解。如果机械地完全按照 IMA 考纲内容顺序讲解，会存在一定问题，比如：

- 对企业至关重要的标准成本系统（欧美生产型企业基本都在用，对企业作用非常大，中国的大企业正在学习和引进），IMA 考纲将此重要知识分散到 P1 的第三章（绩效管理）和第四章（成本管理），当然考纲有考纲自身的考量。如果只是机械地按考纲来学，根本无法学到完整的标准成本系统，更无法将其落地应用。孙湛老师在本书中将生产成本差异部分从 IMA 考纲 P1 的第四章放到第三章从而呈现出一个完整、完全可落地的标准成本系统。目前此方面人才在中国稀缺，非常抢手。

- 司库部（treasury department）是欧美大企业的财务部项下最重要的一个职能/部门，涉及的内容是融资、投资、为企业显著创造财富，现在中国的大企业正在学习和引进，但司库的知识在 IMA 考纲的 P2 部分被分散到第二章（公司理财/财务管理）和第五章（投资决策），当然考纲有考纲的考量。如果机械地按照此考纲学习，就无法系统、完整地学到如此重要的司库机制，更无法将其落地应用到企业中。孙湛老师在本书中将 IMA 考纲的第二章和第五章合并从而呈现完整、完全可以落地的先进的司库机制。在中国目前精通司库机制的人很少，属于稀有人才，深受企业欢迎。

- 其他。此处篇幅有限，请详细看本书内容。再一次说明，考纲有考纲本身的衡量，考纲本身没有任何问题。但如果需要，老师应该在考纲的框架内，灵活地将知识组合进行讲解，最重要的是做到既符合考纲的框架又能将知识系统地落地应用。

2. 以前听很多学员抱怨说学 CMA 后只是学了很多碎片知识，很难理顺。本书彻底解决了此问题。本书的知识体系非常系统、有条理，逻辑性非常强，易理解和记忆，是完全按企业经营顺序安排的，即：

- 每年先有计划；
- 按照计划实施运营，包括宏观的资本运营/财务管理和常规的企业运营（生产、销售等）；
- 每个月财务部作为中立部门客观地记录实际运营业绩；
- 对比实际运营业绩和计划（预算）进行绩效评估；
- 来年又做新计划，然后根据新计划实施运营，接着财务部作为中立部门记录实际业绩，然后对比实际业绩和计划进行绩效评估……周而复始。

会计深入参与到上述企业运营和管理的各个步骤中从而充分展现出管理会计的角色，即：管理会计 = 会计 + 管理 = 深入参与企业运营和管理的会计。管理会计最终能明显地帮助企业提升绩效而且促进企业长治久安、可持续成功发展，具体对企业的作用，请看书中的内容。IMA 考纲是框架性的指导，而且考纲有考纲本身的考量，老师讲解知识时没必要机械地按照考纲生搬硬套。

3. 为了便于学员对知识的理解以及日后落地，本书中置入了大量紧贴实际的优质案例。

4. 为了方便学员顺利通过考试，本书中有大量的优质习题和习题解答。

综上所述，本书拥有众多非常显著的亮点。孙湛老师是北京第一位教授 CMA 的老师，带领学员的考试通过率一直领先全国，而且众多次带领学员创造全球和全国最高分，被称为讲师中的老师。另外，因为落地与考试完美结合的讲解，孙湛老师培养了全国很多企业的财务高管，并且帮助学历相对低（三本、自考、电大等）或者刚毕业的学员找到了非常好的工作，因为先进的管理会计知识只有落地才是王道，才会深受企业欢迎。

目　录

注意：此书的内容完全涵盖了IMA 2020年新考纲的内容，此套书的P1部分涵盖了所有的IMA考纲的P1部分的知识，此书的P2部分涵盖了所有的IMA考纲的P2部分的知识，这样考生完全无忧。但本书目录和IMA新考纲的目录顺序不尽相同。IMA考纲只是框架性的指导。为了让学习更好地吸收知识并通过考试，如果需要，老师应该灵活地对知识进行组合。本书的安排更加有助于学员理解和吃透CMA内容，以及帮助学员更顺利地通过考试，经过多年的学员反馈，深受学员欢迎和推崇。

第一部分　CMA概述以及CMA对提升企业效益和会计人员价值的巨大作用

（非直接考试内容，但对实际工作至关重要，建议认真学习！！！）

第二部分　财务管理/公司理财

(financial management/corporate finance)

考试比重：30%

第三部分　财务分析
考试比重：20%

第四部分　公司重大经营财务决策
考试比重：25%

第五部分　风险管理及内部控制之风险管理和职业道德操守
考试比重：25%
（其中，企业风险管理 10%，职业道德操守 15%）

第一部分

CMA 概述以及 CMA 对提升企业效益和会计人员价值的巨大作用*

（非直接考试内容，但对实际工作至关重要，建议认真学习!!!）

* 说明：书中、讲课中，涉及的任何公司名称、个人名称、相关举例等，均为虚构，但现实中有可能确实存在。这样做是为了模拟实战，更加便于学员理解，请勿对号入座！

随着企业资源计划系统（ERP）、人工智能等对传统核算会计工作的大幅取代，转型至管理会计已经是历史大势所趋，不可逆转！

CMA 对管理会计的定义和诠释

管理会计 = 会计 + 管理 = 深入参与企业运营和管理的会计（师）。现在越来越多的企业投资者、董事会、最高管理层迫切期待管理会计师能深入参与公司运营和管理。欧美顶尖企业在这方面已经做得很成熟，管理会计师已经是企业运营、管理的核心成员。

企业为什么迫切需要管理会计师（而不是管理销售师、管理生产师、管理物流师、管理人事师等，而且实际工作中也没有管理销售师、管理生产师、管理物流师、管理人事师等，唯独有管理会计师）深入参与企业运营管理呢？答案是：管理会计师深入参与企业运营和管理可以大幅提升企业效益和创造财富、推动企业长久可持续成功发展。这是因为会计或者财务人员是企业财富最大化/绩效最大化（注：财富最大化、绩效最大化、效益最大化这几个词意思基本一样，可以互换）的专家，因为：

（1）会计人员是专业制作利润表、现金流量表、资产负债表等反映公司财富状况的人，因此，会计精通企业方方面面运营所产生的财务影响，例如，小到购买存货的财务影响、客户信用期的财务影响，大到自制与外包、企业并购中的财务影响等；

（2）会计掌握众多非常专业的可持续财富最大化的技巧和技能，例如，自制 VS 外购、客户盈利分析及利润最大化的最优客户组合、TOC、长期投资决策、战略规划平衡计分卡、绩效考核平衡计分卡等；

（3）会计的保守原则又促使会计擅长风险管理和内部控制，因此，可以让企业更健康、更稳定，从而可持续成功发展。

企业最重要的目的和使命是可持续投资者财富最大化，而公司里最精通可持续投资者财富最大化的人是会计人员。实际工作中，欧美公司对管理会计师非常重视，而且明确希望会计人员从后台走向前台，更积极地参与企业管理和运营。笔者过去在欧美顶尖企业做财务总监等管理职位的真实工作经验也佐证了这一点。

因此，最懂钱、最懂财富创造的人最应该进入企业核心管理层，深入参与企业的运营，和企业团队一起实现可持续财富最大化这一企业最根本的目的。管理会计师 = 会计 + 管理 = 深入参与企业运营和管理的会计师，以显著提升企业效益/财富创造。管理会计师或者具备管理会计思维和技能的真正意义上的财务总监需要做以下六门功课。

功课一：每年和 CEO 及其他职能部门经理一起制订计划，包括战略规划和预算。使用欧美顶尖公司最先进的方法，例如平衡计分卡之战略规划、零基预算、弹性预算、滚动预算等，而非传统的务虚、走过场地制定规划和预算。（一个字简称为“计”）

功课二：领导公司财务管理，融资—投资—以钱生钱，进行财富最大化创造。目前此功能在绝大多数中国公司的财务部门中基本没有。但在欧美顶尖公司中，此职能（英文称 treasury department）对公司至关重要、不可或缺！（一个字简称为“财”）

欧美大公司中财务部下都会有 treasury department 部门，笔者认为 treasury department 应该翻译成财务管理部，简称财管部，也有人翻译成司库。在财务部项下，和财管部相对应的部门主要是会计核算部、风险管控部、税务管理部等，它们都属于财务部下面的重要职能部门。财务管理部的主要职责是，融资（资产负债表的右边）、长期投资管理（资产负债表的左下）、营运资本投资管理，包括现金管理、应收账款管理、存货控制等（资产负债表的左上）等。根据上面的表述，公司财务管理实际上可以简单总结为一张资产负债表的管理和经营。公司财务管理的最终目标是通过财务管控，“以钱生钱”（“以钱”是资产负债表右边的融资，“生钱”是通过资产负债表左边的投资来创造更多的财富），实现投资者财富最大化。企业的最根本目标就是投资者财富最大化。公司财务管理是企业财富最大化创造之引擎！公司财务管理的具体路径和概述如下。

融资及融资定律（资产负债表右边）：

• 保障资金的充足性。必须要提前建立多种融资渠道（如银行关系、债券、有价证券融资、租赁融资、IPO、私募、人际关系等），保证随时用钱，随时到账！避免缺钱时临时建立渠道。缺钱好比人急着要输血抢救，临时建立渠道可能后果不堪设想！

• 风险可控。资本结构要合理（资产负债率），速动比率、现金比率等要适当，以防止企业的财务风险/流动性风险。

• 最低成本。融资成本应合理地最低化。

“以钱生钱”投资之法则（资产负债表左侧）：

（1）融到资金后先支持企业的常规运营，即销售、生产、采购等。

• 合理但尽可能最低的存货投资。占压（也叫投资）一部分资金在存货。其中，在原料存货以支持生产，使其顺畅进行、不缺料；在产成品存货以支持销售，使其顺畅进行、不缺货。但需考虑尽可能合理最大化使用适时存货制（just in time，JIT）模式。存货的相关成本巨大，合理的省钱就是赚钱，就是创造财富！（资产负债表左侧之存货科目）

• 合理但尽可能最低的应收账款投资。占压（也叫投资）一部分资金在应收账款上是为了使对外营销有竞争力。若竞争对手提供信用期，企业也要有这方面的竞争力。但须考虑通过提高产品性能、质量等竞争力及通过提高客户服务水平等使信用期处于合理、尽可能低的水平。另外，控制应收账款的方法是应收账款保理以及由财务部作为中立部门独立审批客户信用，而不是由销售部门审批信用，销售部门审批信用可能会存在

利益冲突。应收账款的维护和坏账成本巨大，合理的省钱就是赚钱，就是创造财富！（资产负债表左侧之应收账款科目）

- 充足但合理的最低现金储备以支持销售人员营销、生产、采购、财务等部门的正常开支（如办公费、人员工资等）、未来购买存货等。但须考虑部分现金投资到有价证券赚取收益，既不影响用钱，又能赚得收益。（资产负债表左侧之现金科目）

（2）为未来寻找可持续财富创造增长点。

- 并购其他公司及其业务。（资产负债表左侧之非流动资产）
- 固定资产更新或扩建。（资产负债表左侧之非流动资产）

资金支持并购等长期投资的终极目标为：以钱生钱、投资者财富最大化。具体而言，净现值（NPV）>0 且 NPV 最大化。长期投资决策的严密科学的程序为：事先考察—人员渗入—尽职调查—财务现金流模型—IRR + NPV + 折现回收期并用—风险分析—事后审计等。

总结：财务管理部门为企业创造巨大财富并促进企业把控财务风险以实现长久可持续成功发展！

功课三：同其他部门经理和 CEO 一起做企业重大决策，比如，TOC 引进新产品/新业务（整体/生产）、自制与外包（生产）、采购与租赁（生产）、产品长期定价（销售）、特殊订单（销售）、并购（整体）等。因为任何决策的最重要的衡量是决策的财务影响（当然也要同时考虑非财务因素），即最终是否能为公司增加财富。但非财务人员对企业运营中细节的财务影响以及专业决策公式和专业财务术语并不精通，因此财务人员（管理会计师）必须深度参与，甚至主导。如果没有管理会计师的参与，很多企业决策容易出现失误，甚至酿成重大损失、企业倒闭（一个字简称“决”）。下面举个例子。

举例：自制与外购或外包决策（CMA P2）。现在产成品或零部件外购/外包在全世界非常盛行，因为企业“大包大揽”的路走不通，企业应该更专注于自己特定领域的优势。例如，很多国际大汽车公司都在外购一些重要零部件从而可以更专注于汽车整体设计、整体性能等；计算机公司外购芯片，苹果公司外包手机生产业务等。另外，外购还有节省成本、避免产品更新换代的风险、表外融资等众多优点。如此重大的决策如果没有管理会计师深入参与并使用非常专业的决策公式，很可能让本来一片光明的战略宏图变为企业倒闭的导火索。

案例：HIJ 汽车公司欲就其旗下一品牌汽车外购其发动机，公司目前一直采用自制发动机。采购部经理和总经理经过精心严密的考察和挑选，选择一家著名供应商提供的发动机，原因除了良好的非财务因素外，如质量、性能等，很重要的一点是该发动机一台报价成本只有10 000元，而HIJ公司的该款发动机自制的生产成本是12 000元。整个事件没有管理会计师参与，采购部经理和总经理都知道公司自制发动机的生产成本为12 000元。这样公司如果一年生产50万辆车，则公司会节省成本10亿元。然而一年下来实际的财务结果却让董事会极为震惊和不满，因为：

- 外购价不能和人们常说的产品成本（即直接材料、直接人工和制造费用）直接进行比较，应该主要与可避免成本以及机会成本比较，此时假设12 000元的生产成本里可避免成本（即外购后，这些成本会消失）是8 000元，另外4 000元是即使外购也不可避免的固定成本，即，即使外购后，这些成本仍会照常发生，比如厂房及设备的折旧、租金、生产部总监的薪水等，这些费用根据会计法或合同规定还须照常发生。如果接受外购，则单位产品成本变为：买价10 000 +4 000 =14 000（元），比自己生产还贵了2 000元，从而产生10亿元的巨大损失！当然还要考虑机会成本，如果不自产了，闲置的生产设施可以生产其他产品，取其他产品的边际贡献为机会成本，或者将生产设施租赁出去获取租金收入为机会成本等。

- 专业的决策公式较为复杂，一般非财务经理（如CEO、COO、生产部经理，采购部经理等）以及财务会计人员（即非管理会计人员）对此不知晓。正确的自制与外购决策公式为：看外购的价格是否小于（不自产的）可避免成本 + 相应的机会成本。若小于则接受，大于则不接受。决策公式里涉及大量的会计专业术语和运营要素。我们在后面章节会详细讲述。因此，有管理会计师深入参与企业的运营和管理中，企业可以创造巨大财富，但如果没有管理会计师的参与，企业很容易做出错误决策从而导致企业亏损，一般的企业可能就此被击垮而倒闭。

可见有无管理会计深入参与的企业运营的效果天壤之别！以上只是“小菜一碟”的一个例子，能对企业产生重大影响的决策还有很多，后面我们将逐步享受CMA这一“盛宴”！

功课四：充当中立的裁判，独立、客观、准确地记录实际运营业绩，即会计核算及财务报告、平衡计分卡等。之所以管理会计包括了这部分本来是财务会计的内容，是因为管理会计的很多信息和基础数据来自财务会计，因此管理会计对此要熟知（即这些信息和数据是怎么来的），另一个原因是管理会计有控制和监管的功能，因此也要精通财务会计的机制和系统，才能更到位地控制和监管。（一个字简称为“核”，CMA P1）

另外，因为管理会计的核心思想和使命是为企业增值、为企业提高效益，可持续地为投资者最大化创造财富，所以即使在财务会计/核算会计方面也要充分体现此核心思想和使命，即研究、剖析如何进行革新和改进，从而在核算会计方面为企业增值、提升效益。管理会计人员可以帮助财务会计人员在这方面出谋划策，财务会计人员本身也应该要学习并具备管理会计的思想和理念，而不只是机械地传承过去的核算会计做法。近几十年核算会计方面创造性地出现了很多革新从而给企业带来明显增值，比如：

- 标准成本法的使用，存货报告以标准成本计价、双线制核算；
- 作业基础成本法；
- 后推成本法；
- 变动成本法损益表编制等。

其中，重要性原则是法宝之一。上述这些革新并不是终点，会计人员应该在会计核算方面持续改进以使企业实现增值，切记不能只是机械地照搬过去。

功课五：深入、客观地进行财务分析和全面企业经营分析（即平衡计分卡分析），为绩效考核、企业决策提供信息和数据。（一个字简称“析”，CMA P1、P2）

功课六：领导风险管理、内控与监管以使企业可以长治久安、可持续地成功发展，而非只是昙花一现。主要内容包括：（1）风险管理；（2）内部控制；（3）职业道德操守；（4）监管（内审、外审、道德热线）等。（一个字简称为“控”，CMA P1、P2）

管理会计的六门功课贯穿企业基本的经营顺序。企业经营基本顺序为：

1. 制订计划。包括战略规划和预算。管理会计在此的角色是：领导/协助制订计划。（简称“计”）

2. 按照计划实施运营。包括宏观资本运营，即公司财务管理和常规企业运营（如：销售、生产、采购、人事等）。管理会计在此的主要角色是：（1）领导公司财务管理，简称“财”。（2）和常规运营的其他部门经理以及总经理一起做重大决策。（简称“决”）

3. 记录运营实际业绩。管理会计在此的角色是：中立、独立地记录企业实际运营业绩。（简称“核”）

4. 期末对比实际运营业绩和计划从而进行绩效评估与考核。管理会计在此的角色是：进行财务分析以及全面企业经营分析（平衡计分卡分析），为绩效评估和企业经营决策提供数据和信息。（简称“析”）

5. 总结经验、教训，展望未来，再制订下一年的战略规划和预算，以此年复一年，周而复始。为了企业能长久可持续成功发展，管理会计须在整个企业经营过程中进行风险管理和内部控制。（简称“控”）

以上科学地诠释了管理会计＝会计＋管理＝会计深入参与企业运营管理。管理会计最根本的职责使命是推动、提升企业效益，最大化地为投资者创造财富！

上述当代真正意义上的财务总监（或者又称最高级别管理会计师）的六门功课，可以浓缩简称为：计、财、决、核、析、控。这六门功课会大幅提升企业效益和财富创造。核算会计/财务会计所占的比重很小，核算会计只占10%左右的比重。

从这六门功课可以看出，管理会计师或者真正意义上的财务总监责任重大，对企业的作用和影响巨大，完全可以将真正意义上的财务总监（顶级管理会计师）比喻成现代商界的诸葛亮。文能提笔安天下，武能上马定乾坤。真正意义上的CFO是企业大脑、核心智库，为企业及董事长、CEO出谋划策，运筹帷幄，例如，以平衡计分卡思想来指导战略规划、预算、运营实施和绩效考核；精妙的利润最大化之客户最优化组合；智慧的TOC；睿智的自制与外购决策（如苹果公司）等。又能从后台走向前台，带领人马，决胜千里，例如，领导企业进行意义重大的公司财务管理，以钱生钱、最大化财富创造，以及“攘外必先安内”之领导企业进行全面、综合的风险管理和内部控制。

CMA从内容上来看基本等同于MBA，属于企业绩效推动型MBA，而且是代表着世界上最先进的财务管理和企业运营知识的MBA，并且有第三方非常严格的考试，因此，如果不认真学习、不真正理解和掌握知识根本无法通过考试，当然这也更增加了CMA的含金量！

欧美顶尖企业非常重视管理会计的作用，例如，美国著名的宝洁公司（procter & gamble）将财务和会计部（finance & accounting）的使命定义为：股东利益和股东财富最大化。这正是我们讲述的管理会计的核心思想和使命。宝洁公司也正因为如此，其利润等财务指标多年来一直是全球最出色的公司之一。而且因为其对管理会计重视（持续创造财富而且良好地把控风险等），宝洁公司一直能够可持续成功发展，宝洁公司成立于1837年，至今已经近200年历史。

对比起来，中国现在的很多所谓的财务总监和其领导的财务部只做了上述六门功课的15%左右，其主要工作还是传统的财务会计/核算会计。很多先进理念和技能亟须提高，否则根本无法满足现代企业管理的需求。

大总结

1. CMA对管理会计的定义和诠释：管理会计 = 会计 + 管理，是深入参与企业运营管理的会计师，可以显著提升企业效益。具体方法是上面讲述的CMA六门功课。

2. 管理会计对提升企业效益和会计人员的价值的显著作用为：学习CMA会大幅提升会计人员的技能和价值，推进会计人员的迅速转型，即从仅在后台、日复一日不怎么为企业增值的会计核算，转变到走向前台成为促进企业实现投资者可持续财富最大化（绩效最大化）的核心力量！具体方法是管理会计师/CFO的六门功课！

IMA 颁布的 CMA 考纲

IMA 颁布的 CMA 考纲分两部分，P1 和 P2。P1 叫作财务规划、绩效与分析；P2 叫作战略财务管理。

CMA P1 包括：对外财务报告与决策（占 15% 的考试比重）、规划、预算编制与预测（20%）、绩效管理（20%）、成本管理（15%）、内部控制（15%）、科技与分析（15%）。

CMA P2 包括：财务报表分析（20%）、公司财务（20%）、决策分析（25%）、风险管理（10%）、投资决策（10%）、职业道德（15%）。

另外请注意，学习 CMA（一个相当于绩效推动型、美国纯正血统、代表着全球最先进财务管理和运营管理知识的一个 MBA 高端培训），不仅有新鲜有趣、令人兴奋的元素，也会有枯燥、烦琐的知识和大量计算。请大家务必要同等重视这些“枯燥、烦琐的知识和大量计算”，因为：（1）当今世界上唯一不变的是不断变化，这些知识在职业生涯甚至退休后的某个节点都可能会用得上，“书到用时方恨少”在当今存在各种变数而且竞争激烈的世界尤为突出，千万别因此酿成懊悔，因为别人可能准备得更好。（2）耐心、平和、良好的心态是成功人士所必须具备的，若不具备这些关键品质，则很容易最终半途而废，因此，可以将这些“枯燥、烦琐的知识和大量计算”作为一种锻炼、修行！（3）大量计算可以让头脑更灵活。

哪些人群最应该学习管理会计

- 会计在职人员以及会计类专业的高校学生；
- 所有 CEO、总经理、总裁、董事长、董事、董事会秘书、COO 以及未来有志于从事上述岗位的人才；
- 商业银行、投行（险资、基金等）机构投资者等（股神巴菲特的心得：要想真正创造财富不光要会挑选合适的投资目标，更重要的是要精通企业财务管理和运营管理。上述这些机构经常是众多大公司的幕后大老板，因此，他们要精通可持续财富最大化的技能和技巧）；
- 审计人员：外审（实际工作中很多外审人员不太被企业人员尊重，是因为很多外审人员只懂账务会计，而对企业运营和管理知之甚少）和内审（内审必学）；
- 高校会计类老师；
- 有志于成为复合型人才的非财务会计类在职人员及在校大学生等，复合型人才（既懂技术又懂财务及运营管理）在当今社会非常稀缺、非常有价值，深受企业欢迎！

CMA P2 学习收益

通过学习公司理财/公司财务管理部分，可以让大家学到：

• 作为欧美顶尖公司最重要的部门之一，财务管理部（也叫司库，treasury department）职能全面、精细运作。财务管理部对公司至关重要，是公司的财富制造引擎。

• 世界上最先进和权威完整的融资、营运资本管理、长期投资决策、金融衍生品、国际理财等知识和技能。

通过学习财务分析部分，可以让大家学到：

• 完整、权威、专业的财务分析，从而可以精准地分析企业的利润状况、现金流状况、财务风险状况、财富制造效率水平等。

通过学习企业重大决策部分，可以让大家学到：

• 对企业至关重要的关键重大决策，例如自制与外购、约束条件下最优化运营、CVP、长期和临时定价决策等。从不怎么为企业增值的核算会计蜕变升华至企业重大决策者。

通过学习风险管理和职业道德操守，可以让大家学到：

• 世界上最权威的风险管理工具——ERM；

• 对企业稳定运营至关重要的企业及个人方面的职业道德操守准则。

在讲正课之前，先讲解学习及考试注意事项！

• 一定要将每堂课当作最后一堂课且结束后马上就要考试，从而抓紧时间刻苦学习，充分备战。否则，总觉得时间还早，最后很可能突然发现时间所剩无几，自己对知识仍然一知半解。这是很多人的痛苦教训！

• 考试时，一定要合理安排答题的时间，千万要避免前面用时过长，耽误答作文题的情况，作文题的占分很多。

• 由于现在大家手写文字的机会很少，因此，平常大家一定要有针对性地训练书写作文题，从而养成字迹清晰、回答知识点有条理的好习惯。否则，答得再好，无法让阅卷人看清楚也只能得低分甚至零分！

• 看到题干特别长的题，最好先看问题问的是什么，有可能题干中的很多信息都是干扰，是没有用的。否则，如果正常地先看完题干再做题，花了很多冤枉时间。当然题干若不是很长，则还是正常去看。

• 每次上课前必须提前预习和及时复习，这样更容易吸收和掌握。CMA 相当于绩效推动型 MBA，研究生/博士级别，应该是 2 年的课程，但培训时间全国所有的机构都只有不到一个月的时间，因此，课堂上不可能讲得太慢，需要大家有一定的基础而且提前预习，然后及时复习。

• 每次学习一段时间后，一个小时、半天或一天等，一定要及时找个安静的地方自己不出声或者出声讲述所学的知识。只有这样才能将知识记牢，方便通过考试，而且容易在实际工作中应用。科学早已验证，学习后若不及时回顾，无论你当时学得多刻苦多认真，人的记忆会在一天后减少 80% ~90%，相当于没学。因此必须及时回顾！

• 所有学员必须大量做题！只有这样才能真正彻底理解和记牢所学的知识，否则根本无法真正把知识学到手！大量做题既对考试有好处，也是最佳的能让学员真正可以在实际工作中将所学知识可以熟练地学以致用的方法！为什么很多人学了很多课程但没感觉到自己有明显的进步，原因就是只是泛泛地学习而没有通过大量做题来真正牢固地吸收知识!!

• 要耐心多精读几遍书籍，书开始越读越厚，随着精读次数的增加，书会越读越薄。

• 好心态会显著促进考试得到好结果。考前一定要充分休息好，考试时要精神抖擞。

• 学习是最好的养生。现在大家都热衷养生，养生最重要的是静心、心静。学习可以让大家心静、向上、充实。人若心不静，很容易生病。因此，要在不影响身体健康的情况下，多学习。

• 亘古不变的真理：严师出高徒！只有强化精细的培训才能真正造就人才，松松散散的培训误人子弟，浪费时间。哈佛、斯坦福、剑桥等人才辈出的名校教育都极为严格。要求不严的老师是在耽误学生！

第二部分

财务管理/公司理财
(financial management/
corporate finance)

考试比重：30%

第1章　现代财务管理概述

（非考试内容，但对实际工作非常有用，建议仔细阅读！）

科学的企业运营应该分成两部分：资本运营（又称公司财务管理、公司理财、资产负债表的运营和管理）和常规企业运营。此划分好比一个人或一个家庭一方面挣钱，同时另一方面进行理财和财务管理。很多人工资薪水一直很可观，但忽略了理财和财务管理，由于通胀引发货币贬值等原因而导致财富严重缩水，有些人甚至多年后仍租房、无自己房产，日子过得窘迫。而相反，不少既注重常规的挣工资又关注理财和财务管理的人，结果虽然可能薪水只是上面那些人的1/2，甚至更少，但多年后房产数套、财富满满。

道理近似，很多企业过于重视传统常规运营的细节，每天忙碌于采购、生产、销售等，而忽略了系统的公司理财和财务管理，结果导致：

（1）忽略了对不增值资产的合理最小化，比如应收账款、存货。省钱即赚钱。

（2）丧失了相对一大块的有价证券投资收益。

（3）没能更科学、更严谨地控制和促进大型固定资产投资的回报超出股东的要求回报率，从而达到股东财富最大化的目的。

（4）没能建立广泛且合理的融资渠道，从而造成企业资金“供血”不足。

（5）没能实时把控企业的短期流动性和长期流动性，从而造成一些企业成为“风中的蜡烛”，随时出现债务问题，甚至破产倒闭等。

公司最根本的目标是公司投资者财富最大化，即公司投资者给企业投资最重要的目的是产出的现金最大化，即最大化营运现金流。注意，并不是利润最大化，因为：

营运现金流＝净利润＋/－不影响现金的费用/收益（如折旧费用等）
＋非人为融资（如银行贷款、发行商业票据等）的流动负债的增加额（即期末金额减期初金额）
－非现金的流动资产的增加额（即期末金额减期初金额）

因此，公司财富（营运现金流）的来源主要分为两部分：一是常规运营带来的利润；二是公司理财，即资产负债表的运营和管理带来的财富。有时候公司理财带来的财富远大于常规运营带来的利润，比如，适时生产制存货系统的零存货机制和传统的存货系统相比，对于一些大企业，可以节省、创造几亿元的现金流。而且同时减少与存货相关的巨大管理成本从而增加了利润，又比如将暂时富余的现金投资到有价证券也能带来可观的其他业务收入等。因此，所有企业必须同时重视常规的企业运营（如损益表）和资本运营（即财务管理，如资产负债表），可以形容为所有企业必须“两条腿”走路。

但遗憾的是，目前很多中国企业只是“一条腿”走路，只注重常规的生产、销售运营，而没有完善的公司理财或又称资产负债表的运营和管理机制，从而失去创造大量财富的机会，企业效益因此相对低迷，而且因为没能在公司理财中实时把控企业的短期流动性和长期流动性，从而造成一些企业成为“风中的蜡烛”，随时出现债务问题，甚至破产倒闭等。

公司理财/财务管理（corporate finance/financial management）是欧美国家著名而且非常实用的财经类课程之一，它实际上同时基本上是欧美顶尖企业中财务部项下 treasury department 部门的工作内容。我个人认为 treasury department 应该翻译成财务管理部，简称财管部。有人将它翻译为司库。注意，在本书中，我们统一称为财务管理部，简称财管部。

财务管理部的主要职责也基本上是本书的主要内容，即：融资（资产负债表的右边）、流动资产的投资管理（资产负债表的左上）、长期投资管理（资产负债表的左下）。根据上面的表述，公司财务管理实际上可以将一本厚厚的书浓缩精髓，总结为简单的一张资产负债表的管理和经营。

在财务部项下，和财管部相对应的其他职能主要是预算计划、会计核算、经营分析、风险管控等，它们都属于财务部下面的重要职能。

公司财务管理的最终目标是通过财务管控，“以钱生钱”，实现投资者财富最大化。企业的最根本目标也是投资者财富最大化，公司财务管理是企业财富最大化创造之引擎！因此，本课程非常实用，对企业意义重大。

公司财务管理的路径和概述如下。

1. 融资及融资定律（资产负债表右边）。

（1）保障资金的充足性。必须要提前建立多种融资渠道（如银行、债券、租赁融资、上市、私募、朋友圈援助等），保证随时用钱，随时到账！不要缺钱时临时再建立融资渠道，缺钱好比人急着要输血抢救，临时建立渠道后果不堪设想！

（2）财务风险可控。保持合理的长期流动性（总负债和权益的比例）和短期流动性

（速动比率、现金比率等）。此项工作非常重要！财务风险的成本巨大，甚至可以让企业倒闭破产。

（3）最低成本。融资成本应合理的最低化等。

2.“以钱生钱”投资之法则（资产负债表左侧）。

（1）融到的资金先支持企业的常规运营，即采购、生产、销售等。

• 合理但尽可能最低的存货投资。占压（也叫投资）一部分资金在存货上。原料存货以支持生产，使其顺畅进行、不缺料；产成品存货以支持销售，使其顺畅进行、不缺货。但需考虑尽可能合理最大化使用适时存货制（JIT）模式等，使得存货最小化。存货的相关成本巨大，因此，压缩存货可以节省成本。省钱就是赚钱，就是创造财富！另外，存货占压资金，压缩存货可以增加现金流。现金为王。（资产负债表左侧之存货科目）

• 合理但尽可能最低的应收账款投资。占压（也叫投资）一部分资金在应收账款上是为了使对外营销有竞争力，因为很多客户都要求信用期。竞争对手提供信用期，我们也要有这方面的竞争力。但须考虑通过提高产品性能、质量等竞争力以及通过提高客户服务水平等使得信用期处于合理、尽可能低的水平。应收账款的维护和坏账成本巨大，合理的省钱就是赚钱，就是创造财富！而且应收账款占压资金，因此压缩应收账款可以增加现金流。现金为王。（资产负债表左侧之应收账款科目）

• 充足但合理的最低现金（是现金和银行存款的统称）储备以支持销售人员营销、生产、采购、财务等部门的正常开支（如办公费、人员工资等）、未来购买存货等。但须考虑部分现金投资到有价证券赚取收益，这样既不影响用钱又能赚得收益。（资产负债表左侧之现金科目）

（2）投资非常规业务运营。

• 投资其他公司股票（资产负债表左边非流动资产）。目前全世界范围内投资其他公司甚至竞争对手股票的行为很常见。主要目的是：

■ 寻觅回报率高的公司的股票从而赚取收益。在广大市场上找“猎物”，赚取较高收益。

■ 这样做也是为了分散常规运营的风险（即以防企业常规运营业务有闪失）。

■ 通过持股增加对目标公司的影响力，以达到公司想要的目的，例如控制原料高质量并及时供应、未来伺机兼并等。

- 投资债券等业务（资产负债表左侧非流动资产）。赚取收益、分散风险。

（3）为未来寻找可持续创造财富增长点。

- 并购其他公司及其业务（资产负债表左侧之非流动资产）。
- 研发投资等（资产负债表左侧之非流动资产及损益表中费用化的大型研发支出）。
- 固定资产更新或扩建（资产负债表左侧之非流动资产）等。

资金支持非常规业务运营以及兼并等长期投资的终极目标为：以钱生钱、投资者财富最大化。具体而言为：净现值（NPV）>0 且 NPV 最大化。

在公司财务管理方面，目前美国是发展最成熟、最先进的。因此，本书主要介绍美国的公司财务管理，这样大家可以学到更为先进、成熟的财务管理机制以提高国内企业在此方面的竞争力并最大限度地提升企业效益。

附注资料 1：资产负债表样表

ABC 公司资产负债表

	2010 年	2009 年		2010 年	2009 年
流动资产：			流动负债：		
现金及现金等价物	$140	$107	应付账款	$213	$197
应收账款	294	270	应付票据	50	53
存货	269	280	预提费用	223	205
其他	58	50	总流动资产	$486	$455
总流动资产	$761	$707			
			长期负债：		
固定资产/非流动资产：			递延所得税	$117	$104
固定资产/PPE	$1 423	$1 274	长期负债	471	458
减：累积折旧	(550)	(460)	总长期负债	$588	$562
净固定资产	873	814			
无形资产及其他	245	221	所有者权益：		
总固定资产/非流动资产	$1 118	$1 035	优先股	$39	$39
			普通股（$1 面值）	55	32
			资本公积	347	327
			留存收益/未分配利润	390	347
			减：库藏股	(26)	(20)
			总权益	$805	$725
总资产	$1 879	$1 742	总负债及权益	$1 879	$1 742

附注资料 2：财务部组织结构

参考欧美大公司财务部的组织结构和岗位细分，建议总公司层面的财务部的职能划分如下。

1. 会计部。负责人称为会计总监（controller）。

（1）财务会计。

- 总账会计。
- 明细账会计（如应收、应付等会计）。
- 税务会计。税务会计核算及税务管理。

（2）成本会计。成本会计核算及成本控制与管理。

2. 财务管理部。资产负债表的运营和管理。负责人称为财务管理总监。

（1）现金管理部。现金最优化、收益最大化管理（包含了有价证券投资管理）。

（2）营运资本管理部。营运资本最优化控制。

- 信用及存货控制。从独立角度进行信用控制（应收账款）和存货控制。应收账款和存货是企业至关重要而又最容易出事的资产。
- 应付账款控制。从独立角度控制应付账款，既合理地最大化现金流，又不能要求过长的信用期甚至恶意拖欠账款。应付账款经常因贪婪和没有合理控制而出问题，而且此问题经常会导致企业形象的受损以及公关危机。企业和供应商是平等、合作伙伴关系，而不是过去那种“爷孙”或者尔虞我诈的关系，因为“没有人是傻子”，供应商也需要存活。应付账款如果管理控制不好，非常容易造成企业遭受重创！

（3）长期投资管理部。长期投资（包括债券、股票、并购、固定资产投资等）最优化、收益最大化管理，包含长期投资建模及风险性分析等。

（4）融资部。包括上市、发行股票、债券、银行贷款等。融资部需要在风险可控的前提下做到融资成本最低化以及资金到位及时化。

（5）投资者关系管理部等。

3. 预算计划部。制订预算、展望预测等计划。

4. 风控部（风险管理及内部控制部）。进行企业风险管理和内部控制建设。

5. 财务及企业经营分析部。定期进行财务分析以及企业经营分析。

6. 税务管理部。

注意：不同公司根据规模的大小以及其他具体情况灵活对待上述财务部的组织结构，例如，对于规模较小的公司，根据实际情况可以将财务部其中两个或两个以上职能合并。

附注资料3：如何诠释投资者财富最大化

投资者财富最大化有很多种定义，推荐下面的定义：投资者权益回报率（return on

equity，ROE）最大化，同时营运现金流最大化（现金为王），并保持合理的财务风险（即合理的短期流动性和长期流动性）。具体请看财务分析一章。

附注资料4：世界公司理财（corporate finance）的十大定律

这十大定律应该是财务总监、CEO以及其他公司高层管理者进行企业日常管理、决策必备的基础，它有很强、很实用的参考指导价值，可帮助大家增强对企业管理运作的理解和分析。

1. 风险和回报对等（risk-return trade-off）：增加的风险要有增加的回报，否则不去冒这样的风险。比如因风险增大而提高项目的要求回报率。

2. 货币的时间价值（the time value of money）：今天收到一元钱比将来收到的一元钱更值钱（因为早收钱可早投资赚取回报，至少可赚取利息）。广泛应用在涉及年限超过一年的决策上。

3. 现金（而非利润）为王（cash，not profit，is king）：现金比利润更有意义，持有现金可以投资，而利润不能，利润只是个数字，而且不少企业利润不错但最终出现了财务危机甚至倒闭，所以要重视现金流。资本预算等决策一般都用现金流而不是损益表之利润。

4. 增加的差额现金流才是决策真正应该用的，例如，在做资本预算时，一定要使用做这个项目比不做这个项目额外增加的现金流。

5. 很难发现特别赚钱的项目或市场。这被称为市场竞争的规律产物（有人称之为市场竞争的咒语）。

（1）现实中评估一个赚钱的项目很容易，但寻找赚钱的项目很难，因为市场定律是：当一个企业赚钱较多时，马上会吸引很多其他企业涌入，从而造成价格战、产能过剩、回报率低等。在竞争的市场环境下，一般来讲特别赚钱的项目不会太长。

（2）企业需要做的不仅是不停地寻找赚钱的新市场，而且要提高自身竞争力，比方说产品差异化、成本低的领导者等。

6. 效率资本市场：市场反应迅速，金融产品价格是对的。有效市场假设（efficient market hypothesis，EMH）认为，股票的市场价格会迅速反映所有相关信息，一般有三种形式，即强有效市场、半强有效市场、弱有效市场。书中会细讲。

7. “代理商”问题：这是由于公司的管理者和拥有者经常是分开造成的，因此，管理者需要被监督如审计等。另外，可以通过期权、奖金等方式使得管理者和拥有者利益一致。

8. 税收影响商业决定：在很多地方税务都是需要考虑的重要因素，比如资本预算、转移价格、政府吸引投资等，这是因为税务是企业一块很大的成本。

9. 风险不都一样。有些风险可以分散掉，因此企业要做好分散风险的工作，比如企业多元化经营，又如不同特点的资产投资组合等，相比，有的风险不能分散掉，如市场风险。虽然市场风险不能通过分散的方法予以消除，但企业应想办法尽可能地规避市场风险，比如，通过套期保值规避利率风险、汇率风险等，通过产品持续改进的机制尽可能减少技术变革的风险，通过跨国经营规避特定国的市场风险/宏观风险等。我们在另外的地方详细讲述投资风险以及企业风险管理。

10. 职业道德操守是指将事情做对，财务管理中有很多职业操守难题。职业道德操守越来越被更多的企业高度重视，因为现在企业竞争日趋激烈，而且面临的难题也越来越多，没有很好的职业道德操守规范员工的行为，企业很难在竞争中存活，很多不道德的行为操守会给企业带来重创，已经有很多这样的实际案例让企业蒙受巨大损失。

注：下面黑体+斜体+下划线+非宋体的文字部分是非 CMA 考试部分，但其重要性和考试内容等同，因为它们对实际工作非常之重要并且可以帮助间接理解和消化考试的知识点!!

第2章　融　　资

（资产负债表右边，包括权益类融资和负债类融资）

2.1　融资概述

企业要以钱生钱，要先通过融资融到钱。企业的资产都是用融资得到的钱来支持的，融资包括：（1）股东投的钱；（2）赚的利润未进行分配而产生的留存收益（也叫未分配利润）；（3）长期负债，如债券等；（4）租赁；（5）短期负债，如短期银行贷款、应付账款等。

融资又可分为：（1）永久性/长期融资来源（permanent source of financing），如长期负债、优先股和普通股、租赁等。（2）短期融资。短期融资又可分为两部分。一是人为短期融资来源，如短期银行贷款、商业票据等；二是自然融资来源，如应付账款、预提费用等，即日常经营所自然产生的短期负债。

对冲法融资

对冲法（也叫到期日配比法）是指每项资产都有一种与它的到期日大致相同的融资工具对应的一种融资方法，短期或季节性的流动资产通过短期负债融资，永久性的流动资产（是指满足企业长期最低需求的那部分资产，例如安全现金库存、最低赊账的应收账款、存货的安全库存等）和固定资产通过长期负债或（长期）权益资本融资。可总结为：

1. 短期/临时性资产＋短期融资：适度的风险和适度获利能力。
2. 短期/临时性资产＋长期融资：低风险和低获利能力。
3. 长期/永久性资产＋短期融资：高风险和高获利能力。
4. 长期/永久性资产＋长期融资：适度的风险和适度获利能力。

注：适度的风险和适度的获利能力一般情况下受企业青睐。

金融/金融市场

金融或金融市场就相当于一个桥梁或中介，将有富余钱的个人或机构与缺钱、需要融资的个人或机构连接起来，从而各取所需，即，有富余钱的人可以通过借出钱或将钱进行投资而得到适当的回报，而融资的一方得到钱后去完成事业梦想、获取更多利润，将其中一部分利润回赠给借给钱或投资钱的人作为相应的回报。另外，这些金融中介收取相应的费用。金融中介机构包括商业银行、保险公司、养老金公司、基金公司、投资银行等。

金融市场可分为资本市场和货币市场。资本市场是指到期日在一年以上的证券的交易市场，例如债券等长期债务证券、权益类证券等；而货币市场是指到期日在一年以下的证券的交易市场，例如商业票据、央票等。

投资银行，简称投行，是与商业银行相对应的一种类型的金融机构，主要从事证券发行、承销、并购、企业重组顾问、投资分析等业务的非商业银行金融机构。投行相当于一个中介公司。很多情况下，首次公开招股或增发股票都会借助于投行，投行给企业提供相关方面的建议和协助，帮助企业在证监会进行注册登记，帮助企业为股票定价，进行股票承销，股票发行后稳市等。

投行的证券承销业务一般分为两种。一种是包销，即购买公司所有新发行的股票，将钱支付给股票发行公司，然后自己向机构投资者、个人投资者进行股票销售。承销商是否能将股票最终全部销售出去和股票发行公司已经没有关系。这样股票发行公司可以较快地完成融资，但承销商提出购买的价格一般较低，从而使其能从包销中获利，这样对发行股票的企业不利。另一种是最佳努力销售或叫代销，即只是代理尽最大努力帮助推销，从而收取一定的费用，但承销商并不承诺将股票全部销售出去。这样股票发行企业完成融资的速度较慢，当然融资金额（因不像包销那样承销商以低价收购股票）也会较多。另外如果股票发行数量大，不同的承销商（投行）经常会联合起来一起行动，其中分主承销商和其他分销商。

公募 VS 私募

融资又可以分为公募和私募。公募是指公开向社会大众进行募集资金（包括通过发行股票或债券等）。公募的具体特点如下。

公募的优点：

- 以众多投资者为发行对象，不限定于特定投资者，因此募集资金范围广而且金额大。
- 股票初次公募后可申请上市，从而建立稳定的融资渠道，融资潜力大。
- 公募可提高公司的名声及扩大公司影响力，像做了一次广告。
- 公募的证券流通性好，对投资者有利。
- 募集资金的资金使用成本（即给投资者的回报，比如支付的利息、股息等）相对私募低，因为对于投资者而言公募的风险比私募低，因此，要求的回报也会相对较低。

• 相对私募来讲，公募募集的资金用途受投资者限制的程度小。

公募的缺点：

• 公募发行成本一般比较高。注意：发行成本和资金使用成本是两回事，前者是指与发行相关的费用，如审计费、律师费等，后者是指股利、利息支付等。

• 融资速度慢，因为程序复杂。

• 只有有一定规模和条件的公司才可公募，一些条件差的小公司受限。

• 公募信息公开，容易暴露公司运营机密等。

私募是指向少数投资者募集资金，不公开面向大众，投资者往往是机构投资者或资金充裕的个人投资者。很多不够上市条件的中小企业选择私募，而且私募综合成本较低。私募具体的特点如下。

私募的优点：

• 融资速度快。相对于公募来讲手续简单，急需用钱时可迅速让资金到位。

• 融资成本低。

• 融资条件灵活，资金供需双方可以较灵活地协商和制定相关条款。

• 私募操作较保密，可更好地维护商业机密。

• 对于不能达到上市条件的小企业可能是一个较好的融资渠道。

• 可以引进战略投资伙伴，帮助改善企业经营等。

私募的缺点：

• 私募只能面向少数投资者募集，不面向大众，因此募集资金有限。

• 虽然融资成本低，但资金使用成本高。因为私募风险较大，因此投资者要求的回报率也高。

• 资金使用的限制条件较多。私募募集来的资金的用途往往受到提供方的一些限制，以保护投资者的利益。

• 私募悄无声息，无法像公募那样可提高公司的名声及扩大公司影响力。

• 私募后，企业并不能挂牌上市，从而不能建立一个稳定的融资渠道等。

注：有私募融资就有私募的投资者。私募股权投资（private equity，PE）在中国一度很流行，PE 包括风投（venture capital，VC）和一般私募股权投资。风投通常投资有潜力的高新小企业，投资后帮助经营、改进，然后将来上市增值后套现。一般私募股权投资是投资成熟企业进行经营、改进，然后考虑退出机制从而获利。

下面我们按照资产负债表的科目详细讲解融资，先从权益类融资开始，从资产负债表的右下到右上。

2.2　长期融资之权益类融资

权益类融资主要包括两部分。

1. 外部资金。

上市公司：

• 普通股，代表公司最终所有权和风险的有价证券，由两部分组成，即普通股的面值和附加实收资本（又称资本公积，发行价格与面值的差额）。

• 优先股：一种固定股利的股票。优先股在股利支付和财产请求权方面优先于普通股，优先股可以说是债券和普通股的混合体。

• 其他：优先认股权、认股权证（warrants）、可转换优先股等。

非上市公司：若不是上市公司则权益类的外部资金主要指投入的注册资本。

2. 内部资金（上市和非上市公司）。通常来自由企业运营产生的但没有分配给股东的利润，即留存收益。其优势在于，内部资金不会产生融资发行发生的成本。

上市

现在很多私有公司选择上市。公司发行股票是在一级市场，所谓一级市场是指投资者可以购买公司新发行的证券，如股票、债券等。之后拥有股票或债券等的投资者可以在二级市场上进行买卖转手。所谓二级市场是指投资者之间相互买卖以前已发行的证券，此时和证券发行公司已没有关系。注：新发行的股票包括首次公开招股（initial public offering，IPO）和增发。

欲上市公司编制并向证监会（securities exchange commission，SEC）提交注册登记表（registration statement），SEC 需对提交的注册登记申请进行审准。注册登记表主要包括：

• 上市申请者的经营业务和特点的介绍。
• 供销售的证券的关键说明。
• 最近被审计过的财务报表。
• 管理层的信息等。

首次公开发行股票完成后，公司挂牌上市。

上市的优点：

• 增加融资渠道，可面对广大投资者筹集更多的资金；

• 增加了公司股份的流动性（相对来说，私有业主不容易转让股份）；

• 提高企业名声（因为一般来讲，只有达到一定条件的较优秀的公司才可上市）；

• 引进优秀的战略投资者，帮助企业改善运营和管理；

• 增加客户（众多股东也很可能成为公司产品的客户）；

• 可能会更快地增加投资者财富（相对于私营），由于上市公司因资金更充足等原因可能发展得更快等。

上市的缺点：

• 各种报告及披露成本很高而且费时；

• 竞争对手可以查阅公司的经营数据；

• 来自股东要求增加企业利润的压力很大（很多大股东是一些保险机构、养老金机构等，它们本身对回报要求的压力非常大）；

• 财富被别人分享；

• 原有业主可能会对公司失去控制（因为其他人可以购买股份）；

• 增加了被恶意收购的风险等。

股票最经常的分类是普通股股票和优先股股票，下面进行详尽介绍。

普通股

普通股是代表公司最终所有权的有价证券，普通股股东是公司的所有者。股东所承担的责任是以股票面值为限，面值股本不能进行分红。在公司清算时，普通股股东在公司全部清偿完债权人与优先股股东之后，对公司剩余资产（如果还有）享有追索权。普通股股票没有到期日，但股票持有者可以在二级市场买卖股票。对于普通股股票来讲，没有人承诺未来会赚钱。

普通股股东的权利：

• 投票权。因为普通股股东是公司的所有者，他们有权对公司的重大事项进行投票，例如选出公司董事会等。当然也可以授权别人投票。

• 收益权。只要公司发放普通股股利，普通股股东就有权收到股利。注意，法律没有规定普通股股东每年都可以收到股利。因此，每年收取股利并不是普通股股东的权利。只有公司决定发放普通股股利，普通股股东才可以有权收取相应金额的股利。

• 剩余资产分配权。如果公司进入清算程序，在清偿完所有债权人及优先股股东等之后，普通股股东才有权获取剩余的资产。

公司股票市值（又称公司市值，market capitalization）是指当前的普通股股票的每股市价乘以当前在市场流通的普通股股票的数量，例如，一个公众公司有 2 000 万股在流通的普通股股票，现在每股市价为 40 元，则该公司市值 = 2 000 万 × 40 = 8（亿元）。公司市值经常简称为 CAP，公司市值经常被用来进行大公司之间的排名。

在美国，公司分为：

1. 大型市值公司：大于或等于 150 亿美元。
2. 中型市值公司：在 20 亿美元和 150 亿美元之间。
3. 小型市值公司：在 3 亿美元和 20 亿美元之间。
4. 微型市值公司：在 3 亿美元以下。

大型市值公司经常会定期发放红利。公司失败的风险相对较低。一般来讲，市值较小的公司发展机会更大，但风险也更大。

普通股股票的主要类别如下：

1. 蓝筹股（blue-chip stocks），是指最大型而且系统盈利的公共交易公司的股票。
2. 成长股（growth stocks），是指有强劲的增长潜力，在销售收入、利润以及市场份额等方面的增长速度比一般公司快的公司的股票。
3. 周期性股票（cyclical stocks），是指利润非常依赖于宏观经济状况（如经济萧条、经济复苏等）的公司的股票。例如，一些高科技公司的股票。
4. 防御股票（defensive stocks），是指股票相对稳定、一般不受宏观经济状况（如经济萧条、经济复苏等）影响的公司的股票。例如一些农业、食品公司的股票（经济好也不会多吃俩馒头，经济不好也不会少吃俩馒头）。
5. 价值股票（value stocks），是指就对比利润和其他业绩指标来讲，股票价格看起来不贵、较便宜的公司的股票。
6. 收入股票（income stocks），是指业绩一贯表现不错、稳定发放红利的公司的股票。
7. 投机股票（speculative stocks），是指投资于还未证明其真正价值的公司的风险较大的股票。

优先股

优先股是一种固定股利的股票。它是介于债券和普通股之间的一种证券。

与债券的相似点：

- 没有投票权。
- 每年固定的股息。
- 在清算时，优先于普通股股东。
- 股息发放优先于普通股股东。
- 类似于债券的其他一些特征：可赎回、可转换、偿债基金等。

与普通股相似之处：

- 在公司财务困难期，无须支付股利。

- 按所得税之后利润支付股利。股利不能抵税。
- 清算时，在清偿了债权人之后才能分配剩余的资产。

优先股的类别：

- 累积优先股和非累积优先股。可累积优先股：当年未支付的股利可以累积结转到下一年，如果公司根本不打算向普通股股东支付股利，那么它也就没有必要付清优先股的积欠股利，但公司若要发放普通股股利则必须先发放累积的优先股股利。若是非累积优先股，当年如果没发股利，则以后也不会发股利了。

- 可赎回优先股。发行人可以回购，赋予了企业财务上的灵活性。
- 可转换优先股。有些优先股发行时规定：根据持有人的选择，优先股可转换为公司的普通股。

股票估值（即如何给股票定价）

所有资产（包括实物资产和金融资产）都涉及如何估值/定价。实际上所有资产的估值有以下五大类方法。

- 公允价值法：未来现金流折现（又称贴现）。
- 相对估值法（又称类比法）。
- 账面价值法。
- 市场价值法：供求博弈。
- 清算价值法等。

评估一个公司的股票价格在股票发行、股票买卖、公司并购等时候很常用。股票估值的方法的具体介绍如下。

股票股价计算之折现法（公允价值法）

股利折现模型（dividend discount model，DDM）：基本原则是股票的价格根据该股票未来所产生的所有现金流折现计算。

普通股的股价计算

固定恒等增长股利的普通股股票定价 = 下一期普通股股息/(要求回报率 - 股息增长率)。

非固定恒等增长股利的普通股股票定价。比如，1 ~ T 年是一个增长率（A%），T 年后是另外一个增长率（B%）。这种情况下股价计算如下：

(1) 计算 1 ~ T 年股利的现值，有两种算法：第一，分别计算每年的股利然后折现

（原则上超过一年的现金流按照货币时间价值原理需要折现）；第二，增长年金法（请见下面的公式）。举例：1～T年股利增长率为零，每年股利1.5美元，即等额股利，这样查年金现值系数表即可。又如1～T年不发股利，那就不用计算了。另外，鉴于增长年金公式较复杂，如果1～T年时间不长，比如只有2～3年，则分别计算每年的股利，然后查复利现值系数表也可以。

（2）用股利折现模型计算T年底（因为1至T年年底的现金流在上面已计算）的股票价格，即T年底股票价格＝第T年的股利×（1＋T年后的股利增长率）/（要求回报率－T年后股利增长率），然后把由此计算的T年底的股价再折成零年的现值。其中"第T年的股利×（1＋T年后的股利增长率）"相当于下一期的股利。

（3）前两步计算结果相加即可。

1. 不同股利增长的股票股价。计算公式如下。

（1）1～T年股利每年的增长率为g_1：

$$P_A = \frac{C}{R-g_1}\left[1-\frac{(1+g_1)^T}{(1+R)^T}\right]$$

- C＝第一年的股利，R＝要求回报率，g_1＝1～T年的股利增长率。
- 另一种方法是1～T年每年的股利折现然后相加。

（2）T年年底的股票股价（注：g_2＝T年后的股利增长率）：

$$P_B = \frac{\left(\frac{\mathrm{Div}_{T+1}}{R-g_2}\right)}{(1+R)^T}$$

（3）股价＝$P_A + P_B$或合并公式为：

$$P = \frac{C}{R-g_1}\left[1-\frac{(1+g_1)^T}{(1+R)^T}+\frac{\left(\frac{\mathrm{Div}_{T+1}}{R-g_2}\right)}{(1+R)^T}\right]$$

注：Div＝股利。另外，上面1～T年的股利计算公式中C实质上是将要发放的下一期的股利，一定不是已经发放过的股利。

2. 不同股利增长的股票股价。

举例：一个公司刚支付了普通股股利为\$2。在未来的3年股利预计每年递增8%，3年后递增4%，要求回报率为12%，计算该股票的股价：

$$\begin{aligned}
P &= \frac{\$2\times(1.08)}{0.12-0.08}\left[1-\frac{(1.08)^3}{(1.12)^3}\right]+\frac{\left(\frac{\$2(1.08)^3(1.04)}{0.12-0.04}\right)}{(1.12)^3}\\
&= \$54\times[1-0.8966]+\frac{(\$32.75)}{(1.12)^3}\\
&= \$5.58+\$23.31\\
&= \$28.89
\end{aligned}$$

第二种方法：1~3 年每年的股利折现然后相加。

2×1.08×0.8929+2×1.08×1.08×0.7972+2×1.08×1.08×1.08×0.7118=1.9287+1.8597+1.7933=$5.58

结果一样！

1~3 年的股利计算等于 $5.58，然后加 3 年以后的 $23.31，结果为：5.58+23.31=$28.89。

练习 1. 公司 5 年内不发股利，5 年以后 8% 的股利增长，要求报酬率是 12%，预计 6 年末将发每股 2 元股利，那么现在股票价格是多少可接受？

解答：这是一个典型的不规则股利的股价计算题型，分为两个阶段，第一阶段：1~T 年股利是零；第二阶段：T 年后开始发放股利并有一个恒定的增长率。此题 T=5。解题思路是：分清两个阶段，先计算第一阶段的股利的现值，然后计算第一阶段最后一年年末的股票价格，然后折现到零年，最后两个阶段的现值相加就可以。此题第一阶段是 1~5 年，但股利是零，因此现值也为零；第二阶段是 5 年以后，即第 6 年开始，因此需要计算第 5 年末的股价，然后折到零年。因此，5 年末的股票价格 =2/(12%-8%)=50（元），注：2 是下一期的股利。股票价格折成零年现值，则有：50×0.5674（第 5 年末的折现系数）=28.37。

优先股的股价计算

优先股股价 = 规定的优先股股利/要求回报率。

股票股价计算之相对估值法（又称类比法）

具体步骤：

1. 寻找一个影响企业股价的关键变量（如盈利额、现金流、净资产、销售收入等），从而确定计算股票股价需使用的市场倍数（market multiple）。较常用的市场倍数为：市盈率（= 每股市价/每股收益率）、市净率（= 每股市价/每股净资产）、市销率（= 每股市价/每股销售收入）等，其中市盈率是最常用的。企业可以同时用市盈率、市净率、市销率等，然后确定一个股票价格范围。

2. 找到同类或近似的可比企业（包括现在的上市公司或最近出售的公司）。同类或类似的可比企业一般考虑：企业的经营业务的类似性、地域、规模、财务结构等。然后获取可比企业的市场倍数。如果没有在相似度方面非常突出的企业，可以选用几个同类或类似的企业，列出每种市场倍数的最低值和最高值，例如，有三个类似的企业，在用市盈率时，列出这三个企业中最高的市盈率值和最低的市盈率值。

3. 市场倍数指标有一个共同的特点，即：分子 = 每股市价。假设可比企业的平均市

盈率 = A，A = B（每股市价）/C（每股收益率），因此 B（每股市价）= A × C。保留 A，然后用目标企业的 C（而非可比企业的 C），从而目标企业的股票股价 = A × 目标企业本身的 C。另外，企业需要的话，可根据目标企业和可比企业的风险差异，调整可比企业的市场倍数指标从而反映目标企业的风险状况。确定目标企业的每股股票价格后，用此每股股票价格乘以目标企业的股票数量则可计算出目标企业的整体估值。

注意：目标企业的相关财务数据应该是一段时期的财务报告的平均数，而且要剔除非常项目等非正常（偶发的）的收入和支出。

下面通过案例讲解相对估值法的股票价值的计算以及各种市场倍数的优缺点等。例如，MNO 公司欲购买 FMC 公司的股票，甚至考虑将来收购 FMC 公司，因此，MNO 公司找到了 5 家和 FMC 公司非常近似的可比企业，简单起见，假设有一个企业的近似度很突出，因此下面的计算量只需计算一个企业就可以了。当然实际工作中有多个企业，则都要进行相应的计算。MNO 公司决定同时使用三种市场倍数，即市盈率、市净率和市销率。

市盈率法

市盈率是股票估值最常用的市场倍数。盈利能力是决定股票价值至关重要的因素。目标公司的每股股价 = 目标公司的每股收益率 × 可比公司的市盈率。

市盈率有两种选择：（1）历史市盈率（trailing P/E），即每股市价除以最近 12 个月的每股收益率。（2）预期市盈率（leading P/E），即每股市价除以预计的下 12 个月的每股收益率。假设 FMC 公司现在有 1 000 万股流通股票。FMC 可比公司去年的 EPS = 1，预计未来 12 个月的 EPS = 1.1，另外股票市价为 12 元。则历史 P/E = 12/1 = 12，预期 P/E = 12/1.1 = 10.9。假设企业选择使用历史的 P/E，即 12。FMC 公司正常的每股收益率为 0.5，则 FMC 每股股票的估值 = 0.5 × 12 = 6（元）。FMC 公司整体的估值 = 10 000 000 × 6 元 = 0.6（亿元）。

使用市盈率方法的优点：

- 在投资界很常用；
- 研究、调查表明不同市盈率和长期平均股票的回报存在重大关联，股价等于市盈率乘以每股收益率是有一定道理的。

使用市盈率法的缺点：

- 如果利润是负数，即亏损，则市盈率比率就没有用处了；
- 利润的经常变化使得对市盈率的解读很困难；
- 管理层的不同会计方法选择会生成不同的利润数字。

市净率法

市净率 = 每股市价/每股账面净资产。市净率是代表着市场愿意对公司每股账面净资产（又称每股账面权益）支付多少比例的钱。这里的账面净资产是不包括优先股的，账面净资产 = 总的账面净资产 - 优先股，因此，市净率 = 每股市价/每股账面除优先股净资产。每股账面除优先股净资产 = 账面除优先股净资产/流通的普通股总数量。

即使某期利润是负数，EPS 是负数，账面净资产一般肯定是正数，否则企业资不抵债就倒闭了。目标公司的每股股价 = 目标公司的每股账面除优先股净资产 × 可比公司的市净率。例如：假设 FMC 公司现在有 1 000 万股流通股票。FMC 可比公司市净率为 3.9。FMC 公司正常的每股账面除优先股净资产为 1.4 元，则 FMC 每股股票的估值 = 1.4 × 3.9 = 5.46（元）。FMC 公司整体的估值 = 10 000 000 × 5.46 元 = 0.546（亿元）。

使用市净率法的优点：

- 即使 EPS 是负数，但账面净资产一般肯定是正数。
- 账面净资产一般比 EPS 更稳定，在 EPS 高低变化大时使用市净率比使用市盈率可能更好。
- 市净率可以用来评估将要进行清算的公司的价值。

使用市净率方法的缺点：

- 市净率忽略了像客户的商誉、人力资本等这样的非实物资产的价值，因为账面净资产里并不包含这些。
- 技术变更和通胀等原因可能会使得资产的账面价值和市场价值相差迥异。
- 如果公司之间资本结构差异大从而造成净资产的较大差异，进而导致每股净资产额的不可比，最终影响股价估值的有效性。
- 股东的投资可能会被公司采用的不同会计方法影响，因为不同的会计方法影响利润和净资产从而影响股票的股价。

注：账面净资产对于持有的资产大部分是流动性较强资产的公司（如保险公司、银行等）来说，较适当地反映了其净资产额，这是因为流动资产的账面价值和公允价值差异较小，而非流动资产的账面价值和公允价值可能会存在较大差异。

市销率法

市销率 = 每股市价/每股销售收入。市销率是代表着市场愿意对每股的销售收入支付多少比例的钱。每股销售收入 = 全年总的销售收入/流通的普通股的总数量。目标公司的每股股价 = 目标公司的每股销售收入 × 可比公司的市销率。例如：假设 FMC 公司现在有 1 000 万股流通股票。FMC 可比公司市销率为 0.58。FMC 公司正常每股销售收入是 10.2 元，则 FMC 每股股票估值 = 10.2 × 0.58 = 5.92（元）。FMC 公司整体的估值 = 10 000 000 × 5.92 = 0.592（亿元）。

使用市销率法的优点：

• 销售收入数字比 EPS 和账面净资产更可靠，因为销售收入数据不像 EPS 和账面净资产那样容易被扭曲，销售收入确认的方法相对客观。

• 市销率对于那些没有利润的企业更有用。

• 此指标即使对处于困难中的公司也是一个比较有意义的指标，因为此时公司利润可能出现负数，另外净资产也可能接近或达到负值。

使用市销率法的缺点：

• 高销售收入并不一定意味着利润和现金流也多。销售收入和企业股票股价的关系，不如利润与企业股票股价的联系更直接。

因此，通过市盈率法、市净率法和市销率法的计算，FMC 公司的股价估值为 5.46 ~ 6 元。公司的整体估值为 0.546 亿 ~ 0.6 亿元。

相对估值法的优点：（1）相对现金流折现法而言操作较简单；（2）明确企业关键量（如 EPS、销售收入、净资产值等）和企业股价以及企业整体价值的关系；（3）同类企业比较可让企业更了解其他企业的运作。相对估值法的缺点：（1）同类可比企业不一定好找；（2）相对估值法计算的价值是相对值而非企业的内在价值等。

股票股价计算之会计估价法（账面价值调整法）

此方法是指：在账面净资产价值基础上，考虑相关资产和负债的公允价值以及企业自身多年培育的商誉无形资产，从而在账面净资产基础上调整到公允价值，然后再加商誉，得出企业价值。最终定价取决于买卖双方的协商。

其他股票估价方法

• 股票市价调整法：根据现在的股票市价进行相应的调整。

• 清算价值法：假设企业要清算变卖资产从而计算其清算价值。此方法只适合目前运转有很严重问题的企业。

注：企业股价的估值或者整体企业的估值一般联合使用以上多个方法。

股利发放

普通股股利（又称股息、红利）的发放是不受法律约束的，没有法律硬性规定企业是否必须发放股利以及发放股利的具体金额。发放股利的形式有以下四种。

• 现金股利：以现金的形式发放股利（一般是通过银行转账），现金股利经常是按季度发放。

• 股票股利：例如 10% 发放股票股利，股票数量会变为：原来的数量乘以（1 + 10%）。股票股利的发放一般是为了一些好项目保留现金，但同时也起到了给予股东回报的目的。股票股利不用纳税。注意：股票股利不会影响总所有者权益，只是其内部科目之间调整。

• 财产股利：为了保存现金以用在其他项目或为了保持分红的连续性等，将财产作为红利分给股东，如固定资产、存货等。

• 清算股利：是指红利超过了留存收益的余额，因此被迫减少资本公积。这种红利被认为是资本的退回或减少，而不是资本的回报。清算股利不用交税。注意：公司的股本面值是不能用来分红的！

影响分发股利政策的因素

• 红利的稳定性。即使企业利润可能有起伏，但企业也一般希望保持较稳定的红利发放，因为股民一般都希望年年能得到红利。如果企业的利润不稳定，企业往往在好的年份不分发太多的红利，因为这样在不好的年份也可以有积攒而发放红利以保持稳定的红利发放。

• 考量分红和企业未来的发展。一般企业在快速增长时不分发太多红利，因为企业发展需要资金，企业不断发展对股民有好处，这样股票可以快速增值。

• 债务协议上的限制。例如，在很多债券的契约上都会限制红利的发放额。

• 法律限制。股票面值的股本不能用于分红。

• 税务影响。红利和股票出售所得之间的纳税情况可能不一样，因此，具体看分红对股民好，还是不分红而出售股票对股民好。

• 现金状况或流动性状况。即使有留存收益，没现金也无法分发红利。

• 通货膨胀。如果通货膨胀率很高，公司可能会对留存收益进行再投资，因为如果发股利，钱在手里会迅速贬值。

• 借债能力。如果借债能力低，企业可能考虑对留存收益再投资而不是分红。

• 公司如果已破产不能再分红。

股利政策的方法/基本类型

• 稳定的股利金额政策：无论好年景还是不好的年景，企业一般都保持相对固定金额的股利发放。如果企业发展较好而且确定能在未来较长的一段时间内维持较高的股利，公司则会提高股利，然后在未来一段时间内又呈现平稳的股利发放。目前很多企业采取此方法。

• 平常低股利＋额外股利政策：平常股利稳定，但股利金额相对较低，企业年景发展好时，额外派发股利，相当于年终奖，美国一些大公司用此方法。

• 剩余股利政策：留存收益优先满足公司那些回报率超过公司要求回报率的投资项目上，剩下的考虑发放股利。优点：（1）以最低成本的内部融资来进行企业扩大发展，（2）企业重视未来的拓展规模和可持续发展；（3）这样的企业 PE 可能大，资本利得机会可能大等。缺点：因为优先满足企业发展，股利会很少或很不稳定。

• 固定股利支付比率的政策：每年的税后利润按固定的股利支付比例提取以支付股利，利润多盈多分，少盈少分，股利金额随当期利润上下波动。股利波动容易给投资者造成公司经营不稳定、投资风险大的不良印象。

注：企业一般采取第一或第二种，但结合第三、第四种。

在美国现金股利的发放步骤

1. 股利宣布日：董事会宣布发放股利的日期，会计此时应做会计分录：

借：留存收益

　　贷：应付股利

在股权登记日时，根据最后的名单可能还要对应付股利的金额进行微调。

2. 除息日：在这一天及以后买到股票的股票持有者将不能得到刚宣布的股利，在这一天之前持有股票可以获得股利，当然在这天及后来买的股票的价格因不能收红利则价格也要相应的便宜。在除息日及之后的卖方仍可享受股利，因为他/她是除息日之前就持股。根据 SEC 规则，除息日通常是在股权登记日的前 2～4 个交易日。除息日是股票登记日的一个缓冲，因为企业需要几天的时间去更新股东花名册，总得选择一天截止来出具一张表作为到底谁应该得到红利的依据，如果股权登记日和除息日合成一天，即股票登记日就是截止日（除息日），但之前一两天刚交易的股票很可能在这一天不能完全完成更新登记，因此，SEC 规定提前 2～4 天截止。

3. 股权登记日：宣布的股利只分配给这一天出现在最终股东花名册上的股东。

4. 股利支付日：股利转账给登记在册股东的日期。会计做分录：借：应付股利，贷：现金。

股票分割（stock splits）或称股票拆分

股票分割是指股票数量按照规定的比例增加，如股票分割比例为2∶1，意味着原来的股票数量假设是100万股，股票分割后变为200万股，即100万股×2；如若是股票分割比例为3∶1，则股票分割后股票数量为300万股，即100万股×3；如股票分割比例为3∶2，则股票分割后的数量为原来的数量除以2，然后用得出的数乘以3，续用此例则为：（100万股/2）×3＝150（万股）。

股票分割同时增加已批准的股票数量、已发行的股票数量、库藏股股票数量和在流通的股票数量。另外，股票分割后，股票的面值正好和股票数量的计算相反，例如，刚才例子中的股票分割比例为2∶1，股票数量乘以2，但面值是除以2。股票的市场价格一般也随着减半，但因为股票数量翻倍，因此公司股票的整体市值是一样的。另外，股票分割后，公司的资本结构、股东权益总额都保持不变。而且股票分割没有税务影响。

公司进行股票分割的目的和好处：（1）在股票价格太高时，降低股票的价格，使得股票价格更有吸引力，以刺激股票交易量。股票价格太高时，投资者一般不太愿意购买此类股票，一方面是因为购买股票的支出太大，另一方面是因为投资者认为股票价格可能已经到达巅峰，没有升值空间。（2）股票分割后，虽然股票整体市值基本不变（因为股票价格降低了，股票数量增加了），但等股票价格上升后，投资者就可以从股票分割这一行为中获利。

反向分割（reverse split），又称作并股。与股票分割正好相反，反向分割是减少股票数量、增加股票价格。例如，反向分割比例为1∶2，续用上例，股票数量由原来的100万股变为50万股。股票反向分割可以在股票价格非常低的情况下，通过反向分割提高股票价格以提升股票的吸引力。股价过低，可能被认为是公司的竞争力和吸引力不够。股票反向分割也可能是为了能让公司股票价格满足股票市场要求的最低股票价格。股票反向分割没有税务影响。

股票回购/库藏股

库藏股（又称库存股），是由公司回购自己的股票而形成。股票回购的目的是：

（1）给员工激励报酬、员工储蓄计划、可转换证券的持有者等提供股票，或用于未来收购别的公司时置换股票使用；

（2）减少公开市场上股票的数量以抵御被恶意收购，另外减少股票数量从而造成股票快速升值而抵御被恶意收购；

（3）当公司认为目前股票估值偏低时进行投资，从而赚取回报；

（4）减少权益对负债的比重；

（5）通过回购股票暂时活跃市场，提高投资者对股票的信心。

内幕交易

内幕交易，是指对公司有义务进行相关非公开信息保密的个人或机构在知晓重大非公开（内幕）信息后进行相应的股票等有价证券的销售或购买以获取利益。这些个人或机构包括公司高管、员工、顾问、银行、记者、政府官员等。SEC 可能会对进行内幕交易的人采取相应的惩罚措施。

证券市场效率（market efficiency）

市场效率假设或市场效率理论一般将证券市场分为三种形式，即强有效市场、半强有效市场和弱有效市场。

强有效市场。股票的市场价格反映了所有相关信息，无论是公开信息还是内部信息。广大投资者可以迅速、同时知晓：（1）过去公司股票交易的信息；（2）公司公开的信息，比如年报和各种披露；（3）公司内幕人才可知道的公司内部信息。因此内幕交易没有了舞台。强有效市场认为股票都是以公允价值交易，即，股票的价格等同于它未来的现金流，净现值 =0。投资者无法购买到估值低的股票，也无法以高于公允价值的价格出售股票。这意味着投资股票的回报只有它未来的现金流，而没有投机赚钱的机会。

半强有效市场。广大投资者可以迅速、同时知晓：（1）过去公司股票交易的信息；（2）公司公开的信息，比如年报和各种披露等。内幕交易因此有可能获利。

弱有效市场。广大投资者可以迅速、同时知晓过去公司股票交易的信息。

2.3 长期融资之长期债务类融资

目前长期债务类融资最主要的形式就是发行债券。债券是融资方或又叫借款方（如公司、政府等）面对广大个人以及机构发行的一种债务类票据。到期日在一年以上。融资方得到融资后按规定定期向债券持有人支付利息，并到期归还本金。

债券包含面值、票面利息、发行日、到期日、付息日期等。票面利率和市场利率一般都是指全年的。利息支付很多都是半年付息。

债券按发行方基本可分为：

（1）公司债券（corporate bonds）。由大、小公司发行，一般用来支持企业增长及其他活动。

（2）政府债券（government bonds）。由一个国家的政府的信用担保，一般用来维持政府工作运营、为国债支付利息等。美国政府债券包括：美国长期国库券（treasury bonds），又叫长期国债或财政公债；美国中期国债（treasury notes）；储蓄债券（saving bonds）等。

（3）市政债券（municipal bonds）。由各州或城市发行，用来支付建筑工程或其他活动。市政债券并不是纯公债，因为市政债券一般包括以地方政府税收为基础的债券（这一部分可以称为地方政府公债）以及以地方企业收益为基础的收益债券。

（4）代理机构债券（agency bonds）。由联邦政府代理机构、州政府代理机构、当地政府代理机构发行。

（5）国际债券（international bonds）。同时在好几个国家上市，通常由国际银行伦敦分支机构和证券商发行。

债券契约/债券条款

债券契约/条款，又称信托契约，是指债券发行方与债券持有人之间签订的法律文件。债券契约包括面值、票面利率（通常叫作息票率，coupon rate）、到期日、付息日等，另外债券契约可能包含额外的一些条款。比如：

■ 约束性保护条款。大部分公司发行债券都包含偿债基金条款，要求公司定期向受托人支付偿债基金以确保能到期偿还本金。另外还可能有保护性契约，限制企业某些行为。保护性契约分为两类：（1）消极保护条款，限制或禁止公司一些行为，例如，不能将资产再抵押给别人；限制分红；限制更多的债务融资；限制出售主要资产；限制和其他公司兼并等。（2）积极保护条款，是指按合同规定应有的那些义务和责任，例如，定期付利息，到期付本金，保持一定的负债率，维护好抵押资产的状况等。如果债券发行者不能遵守积极保护条款，可能导致债券发行者违约。

■ 赎回条款。即债券发行企业可以在债券到期之前回购债券。赎回条款赋予企业融资灵活性。如果利率大幅下降，企业可以赎回旧债券而以更低的利息成本再筹资，从而使企业不必等到最后的到期日再重新筹资。

■ 可转换债券是一种可让债券持有者把债券转换成固定数量的普通股股票的期权（后面细讲）。

■ 界定违约的条件。

■ 次级信用条款，是指企业在清算时资产的索取权低于其他优先级债权，但在清算时仍排在优先股和普通股股东前面。

债券融资的优缺点

债券融资的优点：

（1）债券的利息费用可以税前抵扣；

（2）资金使用成本（即利息费用）相对较低，一般来讲比优先股和普通股都要低；

（3）相对来讲融资成本（是指发行相关的成本）较低并且手续相对简单，融资速度较快；

（4）不会丧失股东所有权；

（5）债券的成本是有限和已知的（长痛不如短痛，相对比股票没有到期日）；

（6）由于很多债券是公司可赎回的（提前收回），因此这种灵活性使得企业能够在利息向下时收回债券再发行从而减少利息支出等。

债券融资的缺点：

（1）需要按约定的时间还本付息，否则面临倒闭的危险；

（2）债券必须定期支付固定利息以及在到期日支付本金，即使现金流不好，也必须支付，因此容易造成现金流问题；

（3）债券发行企业必须严格遵守债券的各种限制条款，如分红限制、公司兼并限制等。

注意：企业在进行任何形式融资时都应该保持合理的短期流动性，即流动资产和流动负债的相关配置，以及长期流动性，即总负债和权益的比率，以把控风险。

债券其他分类（除了上面按发行方的分类以外）。

■ 抵押债券：以企业资产为担保的债券，风险较低，利息率较低。

■ 信用债券：无担保的债券，以企业自身信用为基础，其利息率一般比有担保的债券高，因为风险更高。

■ 次级信用债券：对于企业在清算时的资产的索取权低于其他优先级债券，但在清算时仍排在优先股和普通股股东前面。其风险比信用债券高。

■ 收益债券：企业有足够的利润时才能支付利息的债券。

■ 投资级别债券 vs 垃圾债券：按照评级级别分为投资级别债券（即高质量债券）和垃圾债券。垃圾债券是指投资级别以下的高风险、高利息率的债券，垃圾债券往往用在杠杆或管理层收购上。

注：债券按风险排序（从低往高）为，抵押/担保债券—信用债券—从属/次级信用债券—收益债券等。

债券信用评级

标准普尔、穆迪是目前美国最大的两家债券信用评级机构，而且世界闻名。信用评级机构对发行债务证券的企业或者政府的信用进行评估，然后给其评定相应的信用级别。债券评级可以让投资者在购买债券前对债券的风险程度有一个评估。对债券发行的评级考虑的因素有：（1）发行者现在的财务状况；（2）发行者未来财务展望；（3）债券有无抵押，如果有抵押，对抵押物的评估等。

标准普尔和穆迪对债券的评级如下（括弧里代表穆迪的评级）：

■ AAA and AA（Aaa and Aa）：偿债能力非常强，违约的可能性非常低。

■ A and BBB（A and Baa）：投资级别债券，偿债能力很强，违约风险很小，相对来讲收益较高，适宜投资。

■ BBB 到 AAA（Baa 到 Aaa）：被认为是高质量的债券。

■ CC 及以下（Ca 及以下）：垃圾债券，收益率很高，但违约风险也很高。

■ BB 到 CCC，介于高质量债券和垃圾债券之间。

注：标普的整个评级为：AAA，AA，A，BBB，BB，B，CCC，CC，C，D。穆迪的整个评级为：AAA，AA，A，Baa，Ba，B，Caa，Ca，C。基本区别是，多个 B 和多个 C 的评级中，穆迪的评级在第一个 B 或 C 后的相应的 B 或 C 用 a 代替，比如，标普的 BBB，BB 分别相当于穆迪 Baa，Ba，标普的 CCC，CC 分别相当于穆迪 Caa，Ca. 债券评级越低，违约的风险越大，利率就越高。

理解债券评级的一些主要事项：

（1）债券评级是针对公司发行的债券的评级，而不是给整个公司的综合评级。债券发行只是公司众多运营行为里的一种，债券评级不是针对公司的所有运营行为，或者说不是针对公司整体综合情况的评级；

（2）美国长期国债的评级是 AAA，因为它依靠的是整个美国政府的信用；

（3）在债券的整个有效期内，债券评级可能会针对现实情况调高或调低。评级调低意味着未来要发行的债券要给投资者提供更高的利率以吸引投资者；

（4）AAA and AA（Aaa and Aa）级别的债券因其风险最低从而支付的利息也最低；

（5）垃圾债券风险高，因此其利率也高。

债券管理

债券一般由合格的信托机构进行管理。第三方的信托机构（trustee）是作为债券持有者的正式代表。信托机构的责任是：

（1）核实债券发行的合法性；

（2）保证所有合同规定的义务和责任得到履行；

（3）保证偿债基金和利息付款准确及时；

（4）如果借款人（即债券发行方）未能履行其义务，负责采取相关的行动；

（5）在法律诉讼过程中，代表债券持有者；

（6）管理债券赎回事项等。

债券发行方须支付信托机构信托费用，这些费用包含在债券发行方融资成本里。

债券的利率

债券的利率分为固定利率、浮动利率和零利率。零利率债券即零利息债券。目前绝大部分债券都是固定利率债券。债券发行后，会在二级市场进行买卖交易。债券的价格会随着市场利率波动而反向变化，即：市场利率增长时，债券价格下降；相反，市场利率下降时，债券价格提高。

注：利率的期限结构（term structure of interest rate）是指不同期限资金的收益率和到期期限的关系。其中，债券利息期限结构是指债券的收益率和债券期限的关系。一般来讲，到期日越长，利率或债券收益率越高。因此，利率期限结构就是长期利率与短期利率之间的关系。利率期限结构图中，X 轴是到期期限，Y 轴是利率/收益率。

债券收益率

当期收益率（current yield of bond）= 年票面利息额/债券现在的市价。例如：10 年期债券，年利息为 \$50，若现在债券价值为 \$1 250，则当期收益率为 4% =50/1 250。

到期收益率（yield to maturity）是计算债券从购买到到期日的实际收益率。具体计算很像资本预算里的内部回报率（IRR）的计算，即：使购买价（即初始现金流出额）等于债券未来直至到期日所产生的现金流（即利息和本金）时的折现率或回报率。例如：30 年期债券，面值 \$1 000，票面利率为 8%，半年付息，现在卖 \$1 276. 76。因此 1 276. 76 =(8%/2) ×1 000 × 年金现值系数（r，60 期）+1 000 × 现值系数（r，60 期），用财务计算器或 EXCEL 软件，到期收益率 r =3%。这是手工无法算出的，只能借助财务计算器或其他软件计算。实际上，到期收益率就是有效市场利率。到期收益率是债券定价的变异形式：债券发行价是正推，即通过市场利率对未来现金流进行折现计算出发行价，具体见债券定价公式，而到期收益率是倒推。

注：在有通胀的情形下，债券回报率（即收益率）和通胀率比较会得出债券的真实回报率。例如，债券的回报率是 8%，而通胀率是 3%，则债券的真实回报率为 5%（即 8% 减 3%），又如债券的回报率是 6%，而通胀率是 9%，则债券的真实回报率是亏损 3%（即 6% 减 9%）。

债券久期

债券存续期又称久期（duration），用来量化债券的风险，久期越大，债券价格对利率的敏感性越高，因而债券的风险就越大。债券久期的计算有多种方法，如麦考利久期、有效久期等。下面我们介绍其中一种方法，即有效久期（effective duration）。

债券有效久期 =（市场利率下降一定百分点时债券的价格 - 市场利率上升同样的百

分点时债券的价格）/（2×目前债券的价格×市场利率的变动百分点）。例如：10 年期半年付息的债券，票面利率为9%，目前市场利率为8%，债券现在定价为 \$1 067.95。如果市场利率 8% 下降 50 个基点到 7.5%，债券的价格上升至 \$1 104.22。如果市场利率 8% 上升 50 个基点到 8.5%，债券的价格下降至 \$1.033.24。因此久期 =（1 104.22 - 1 033.24）/（2×1067.96×0.5%）= 6.65。这意味着市场利率变化 1% 引起债券价格 6.65% 的变化，倍数为 6.65。另外的观察是，利率变化同样是 50 个基点，市场利率下降 50 个基点时债券价格增加了 36.27（=1 104.22 - 1 067.95），而市场利率上升 50 个基点时，债券价格下降了 34.71（=1 067.95 - 1 033.24），正好符合一个规律，即同样幅度的市场利率变化时，市场利率下降引起的债券价格上升的速度大于（市场利率上升同样幅度引起的）债券价格下降的速度。

久期数值越大，则因利率变化而引起的债券价格变动的幅度就越大。

久期的特点或属性

久期的属性（即特点）如下：

（1）债券期限越长，久期就越大，风险也越大；

（2）债券票面利率越大，久期越小，风险越小；

（3）市场利率越大，久期越小，风险越小。

注：上述（1）~（3）条的记忆窍门，其中第 1 个规律大家都知道，即债券期限越长，风险越大，久期越大，因此记住后两种情形与此正相反。

注：基点经常用来表达利率，100 个基点 =1%，从基点换算成百分比的窍门是，基点数先除以 100，然后冠以百分比就可以了，如 35 个基点：35/100 =0.35，即 0.35%。

债券久期在实际工作中有一定用途，它帮助债券投资者了解债券品种的价格波动的风险从而采取相应的措施。

练习题　X、Y 两个债券面值都是 1 000，票面利率为 12%，X 还有 3 年到期，Y 还有 10 年到期，如果市场利率提升，X 的价值变化为（　　）。

A. 比 Y 增加得多　　　　B. 比 Y 增加得少

C. 比 Y 减少得多　　　　D. 比 Y 减少得少

参考答案：选 D。债券的价值和市场利率变化正好相反，因此两个债券价值都会减少，只是看谁比谁减少得多或少，根据债券久期的规律，到期日越长债券的久期越大，因此每变化 1% 的利率，其价值变化也越大。

可转换债券

可转换债券，简称可转债（又称作混合证券），是指在未来一段时间内可转债的持有者可以（但不是必须）将债券按最初约定的股票价格转成普通股。可转债是普通债券加可转换成普通股股票的期权。此处的期权一般被称作权证或又叫认股权证（warrant）。

期权的价值（又称纯债溢价）= 购买可转债的价格 - 如果没有“可转换”条款的纯债券的价格。例如：债券面值为 1 000 美元，如果没有“可转化”条件，债券现在价格为 990 美元，而可转债的价格为 1 100 美元，则期权价值 = 1 100 - 990 = 110（美元）。

可转债里约定的股票价格一般比可转债发行时的股票市价高 15% ~30%。约定的可转换股票价格按规定不能比当时市价低！注：可转债一般都是信用或又称无担保债券。

可转债的优点：

■ 可转债因为有潜在的期权好处，一般来讲，利息费用相对其他普通债券要低。

■ 可转债增加融资的灵活性，即如果一个公司想发行股票融资，但考虑当时发行价较低，可考虑发行可转债。随着股票价格的上涨，一般可转债很快就转换成股票了，这样则增加了融资金额（因为转换的股票价格比可转债发行时的股票价格高）。可转债也通常被称作递延股票融资或递延权益融资。

■ 可转债可避免发行股票的巨大发行成本。

■ 融资速度更快，因为相对普通债券更具吸引力，而且相对于发行股票而言手续更简单。

债券估值（即债券定价）

债券发行定价：债券先注册、后发行。注册、审批需要一段时间，可能出现发行时的市场利率和当时注册时制定的利率已经有变化。如果票面利率和发行时的市场利率有区别。发行价则和债券的面值会有区别。债券具体发行价的计算公式为：每期债券的利息支出（即债券的面值乘以票面利率）以市场利率折现计算的年金现值 + 债券到期后偿还的面值用市场利率折现计算的现值。市场利率也叫投资者要求回报率。融资方发行债券时，确定的市场利率是指对比市面上同等风险证券的利率或回报率而得出的利率。

发行价计算举例：某公司在 2015 年 7 月 1 日发行 800 股债券，每股面值为 1 000 美元，债券期为 10 年，票面利率为 6%，每年 7 月 1 日付利息，市场利率为 8%，则发行价计算如下：利息现金流的年金现值为：1 000 × 6% × 6.7101（8%、10 周期的年金现值）= 402.6（美元），本金的现值为：1 000 × 0.4632（8%、10 周期的现值）= 463.2（美元），所以发行价为：402.6 + 463.2 = 865.8（美元）。

注意：债券经常是半年付息，因此利息现金流会由每年付一次利息变成了每年付两次，计算发行价时就完全不同了，变为，折现时市场利率及票面利率都除以2，而折现期（无论利息的还是本金的）要随之乘以2！例如上例改成半年付息，则发行价计算如下：利息现金流的年金现值为：1 000×3%（即6%/2）×13.5903［4%（即8%/2）、20（即10×2）期的年金现值］=407.7（美元）；本金现值为1 000×0.4564（4%、20期）=456.4（美元），所以发行价=407.7+456.4=864.1（美元），和每年付息一次的发行价865.8美元不同！

总结：票面利率>市场利率，说明公司给的回报比市场的回报多，所以（有资格）溢价；若票面利率<市场利率，说明公司给的回报少，则（心虚）折价。

零息债券：不发利息，发行价深度折扣，发行价计算公式和普通债券一样，但因为利息费用是零，因此发行价等于面值按市场回报率及具体期间计算的现值。举例：某公司在2018年7月1日发行800股债券，每股面值为1 000美元，债券期为5年，票面利率为0，平常不发放利息，市场利率为8%，则此零息债券的发行价=0+1 000×0.6806（8%、5年期的现值），即：1 000×0.6806=680.6（美元）。

债券价格除了受上述的债券面值、债券期限、票面利率、利息支付周期、市场利率等影响外，实务中，债券的发行价还受以下因素影响：

1. 供求关系。如果此时正好企业大量发行债券或者国家的货币政策趋紧从而大量发行债券（目的是将钱收回国库）等，从而形成的债券供大于求，则债券价格会下降，反之债券价格会提高。

2. 债券发行公司的资信程度。发债者资信程度高，其债券的风险小，因而其价格就高，相反，资信程度低的公司的债券价格会较低。所以在债券市场上，对于其他条件一样的债券，一般国债的价格高于金融债券，金融债券的价格高于企业债券。

3. 投机因素。在债券交易中，一些实力较为雄厚的机构大户可能会利用手中的资金而人为地拉抬或打压债券价格从而引起债券价格变动。

4. 对未来一段时间的市场利率的预期。发行时的市场利率有可能只是非常短暂的停留，如票面利率是6%，发行时市场利率是7%，按照理论应该折价发行，但如果预期7%的市场利率已经见顶，参考当时低迷的宏观经济状况，市场利率可能很快跌到5%，则债券的价格将会出现一定的博弈。

另外，当债券发行后流通到二级市场，那时债券的价格也是理论上遵守现金流折现法则，但具体的定价也像债券发行定价一样受上面提到的其他诸多因素的影响。

债券价格规律总结

1. 债券的价格和市场利率（又称到期收益率）呈反方向变化，即：市场利率下降，债券价格增高；市场利率上升，债券价格降低。因此，债券投资者如果预期市场利率会下降，可以提前买入债券，因为那样如果市场利率下降了，而债券价格提高了，可以从中获益。

2. 债券的期限越长，债券价格对市场利率波动的敏感性越强，即债券价格波动越大，风险也就越大；相反，债券的到期日越短，则债券价格受市场利率波动的敏感性越低，风险也就越小。

3. 债券票面利率越大，债券价格受市场利率变化的影响就越小，债券风险越小。

4. 市场利率越大，债券价格受市场利率变化的影响就越小，债券风险越小。

5. 市场利率变化幅度越大，债券的价格变化的幅度也越大。

6. 无论债券溢价发行还是折价发行，到期时价值都会变为面值，此现象又称为趋同。最终债券发行方在债券到期时以面值支付投资者本金。

7. 债券在二级市场买卖时，如果买卖时的市场利率还是和最初发行时一样，则若当初是折价发行，则后来卖价比当初要高，高的差额是这几年折价的已摊销额的合计，折价发行在市场利率不变的情况下，价值会不断增加直至等于面值；若是溢价发行，则后来的卖价不断降低，直至面值本金额。债券无论折价还是溢价发行，随着时间推移到期时都变成面值。另外，如果后来的市场利率和面值利率一样，则无论后来的哪一年买卖，价格都是面值！

8. 遇到其他不规则支付本息的债券的股价，分别计算现金流的现值就可以。

2.4 中期融资

中期融资是指到期日在 1 ~ 10 年，实际在广义上来讲它们也是长期融资的一部分，长期融资通常是一年以上。中期融资主要有定期贷款、租赁等。

定期贷款（term loan）

定期贷款是指 1 ~ 10 年期的债务贷款。相对于短期贷款，定期贷款的金额比较大，但定期贷款比债券、权益类融资规模相对要小。定期贷款的提供者一般是保险公司、养老金公司、商业银行等。

定期贷款因为金额较大，贷款提供者为了防控风险，一般要求借款方采取分期等额本息还款的形式，从而避免到到期日借款者才一次偿还贷款总额的风险，因为万一到了到期日借款者出现问题则贷款提供方损失太大。而若采用分期等额本息还款，贷款提供方的本金每期都能收回一部分，等到到期日时，本金金额已所剩不多。等额本息还款可以是每年、每季度或每月等。

等额还款的计算很简单，每期的等额还款额等于贷款总额除以还款周期次数和利率百分比的年金现值（假设贷款的等额还款发生在期末）。例如：假设定期贷款总额为1 500万美元，年利率为8%，期限为5年，每年等额还款。每年等额还款数 = 1 500 ÷ 3.9925（8%，5周期的年金现值）= 375.7（万美元）。

在每期的等额还款中既包含了利息费用也包含了本金的偿还。具体计算为：先计算利息费用，利息费用 = 上期末的贷款余额 × 利率。然后用等额偿还贷款额减去利息费用就是每期要偿还的本金。依此类推，具体请看下面的例题，为了节省空间，下面表中的数额以千美元计。续用上面的案例，即假设定期贷款总额为1 500万美元，年利率为8%，期限为5年，每年等额还款。每年等额还款数 = 1 500 ÷ 3.9925（8%，5周期的年金现值）= 375.7（万美元）。

年份	利息费用		偿还本金		每期偿还额	期末本金净额
						$15 000
1	15 000 × 8% = 1 200		3 757 − 1 200 = 2 557		3 757	15 000 − 2 557 = 12 443
2	12 443 × 8% = 995		3 757 − 995 = 2 762		3 757	12 443 − 2 762 = 9 681
3	9 681 × 8% = 774		3 757 − 774 = 2 983		3 757	9 681 − 2 983 = 6 698
4	6 698 × 8% = 536		3 757 − 536 = 3 221		3 757	6 698 − 3 221 = 3 477
5	3 477 × 8% = 278		3 757 − 278 = 3 479		3 757	3 477 − 3 479 = −2*
合计	3 783	+	15 002*	=	18 785	

注：

（1）* 表示小数点四舍五入的原因。

（2）利息费用随着贷款余额递减而相应递减。由于每期等额偿还贷款额不变，因此，偿还的本金额不断递增。

（3）如果还款频率是每月，则每月的还款额 = 贷款总额 ÷ A。A = 年利率除以12和按年还款的周期乘以12的年金现值系数。如果是按季度还款则是年利率除以4，年周期乘以4，依此类推。年金现值系数的公式 = (1 ÷ R) − 1 ÷ {R × [(1 + R)的N次方]}，注意：是（1 + R）的N次方而不是［R × (1 + R)］的N次方，另外在1 ÷ {R × [(1 + R)的N次方]}中，1是分子而{R × [(1 + R)的N次方]}是分母。其中R代表的是利率，(1 + R)的N次方的N代表还款次数。如果是按月等额本息还款，则R = 年利率 ÷ 12，而N = 按年还款的次数 × 12，依此类推。

一般情况下，如果债权人提供金额较大的借款，都希望用上述定期（每月/每季/每年）等额本息还款的形式，因为这样可以规避平常只支付利息，但等到到期日一次性归还巨大总额本金的风险，如租赁费、按揭房贷还款等都是这样的形式。另外，虽然债券金额巨大，但债权人数量相对庞大，平均个体债权人提供的借款数额可能不会很大，但即使是这样，目前市场上也有等额本息还款的债券。

按揭房贷还款在生活中很常见，下面举例列示计算过程。计算过程非常简单。假设张某房贷借款100万元，当时房贷年利率为6.5%，20年还清，请计算每月等额本息还款的金额。

答案：

1. 月利率=6.5%÷12个月=0.005417

2. 还款周期次数=20年×12个月=240（期）

3. 0.5417%、240期的年金现值系数=(1÷0.005417)－1÷{0.005417×[(1+0.005417)的240次方]}=184.60－[1÷(0.005417×3.6567)]=184.60－50.48=131.12。注：求N次方时，用手机里的计算器中的科学计算器功能即可，很方便。

4. 每月的等额本息还款额=100万元/131.12=7 626.60（元）

定期贷款一般是需要抵押担保的。而且定期贷款提供者可能会规定一系列约束条件，和债券类似，但具体条款可能不尽相同。

租赁

租赁在企业运营中甚至普通人的生活中很常见，租赁在企业中占非常重要的地位。租赁的双方分别称为承租方和出租方。注意，现在很多国家都在探讨租赁的会计处理方法，请遵循最新的租赁会计处理方法。

从承租方的角度，租赁可分为短期租赁、经营性租赁、融资性租赁三种。短期租赁是指12个月以下，无须记入资产和负债。短期租赁以外的租赁须区分出是经营性租赁还是融资性租赁（也叫资本性租赁）。短期租赁以外的其他租赁符合以下任意一个条件即形成融资性租赁：

■ 资产所有权在租赁期末转移给承租方。

■ 租赁协议中有廉价购置权条款。廉价购置权是指在租赁协议条款里表示：承租方可以在租赁期结束时以低于公允价值很多的价格购置此资产，比如1万 vs 5万。

■ 租赁期等于或超过资产估计经济寿命期的75%。

■ 最低租赁支付款总额的现值等于或超过资产公允价值的90%。

■ 相关租赁的资产有特殊性质，在租赁期结束后，该资产对于出租方没有用途。

注：融资性租赁合约必须是不可撤销合约，如果合约可撤销，就不属于融资性租

赁，而属于经营性租赁。

无论经营性租赁还是融资性租赁，企业都需借：资产使用权@总租赁费支出的现值，贷：资本化租赁负债@总租赁费支出的现值。这样经营性租赁将无法像以前一样进行表外融资了。之后每次支付租赁费时，借：利息费用，借：资本化租赁负债，贷：现金。另外定期要对资产使用权进行摊销，借：摊销费用，贷：资产使用权。

资本性租赁实质上是另一种形式的采购行为，其形式类似于分期付款采购，是一种融资性采购，支付款包含利息和本金。

其中廉价购置权是指在租赁协议条款里表示：承租方可以在租赁期结束时以非常低廉的价格（相比资产的预估剩余价值）购置此资产。例如，租赁期结束时，资产账面价值 100 万元，但租赁合约上标注承租方可以 10 万元购买。

租赁期：是指不可撤销的租赁期加上如果租赁协议有非常吸引人的续约条款而很可能导致承租方续约的续约期。注：承租方如果想避开资本性租赁的界定而签订比较短的租赁合同是非常危险的，因为万一租赁期到了，出租方将设备收回不租了，则承租方就麻烦了。

最低总租赁支付款：是指租赁费支出（但不包括 executory costs，即履约成本）加上保证资产的剩余价值。履约成本是指日常资产的维护费、税金和保险等。保证剩余价值是指有的协议规定承租方要保证租赁协议结束时资产的市场价值是多少，如果少于这个价值，承租方要补齐。

最低总租赁支付款的现值：用利息率去折现租赁费，例如：租赁费每年 65 000 欧元，其中履约成本是 5 000 欧元。5 年后保证残值是 10 000 欧元，折现率是 12%。则现值 = (65 000 − 5 000) × 2.402（年金现值）+ 10 000 × 0.712（期末现值）= 151 240（欧元）。如果资产现在价值为 160 000 欧元，此租赁可界定为资本性租赁，因为 151 240/160 000 = 94.5% > 90%。其中，折现利息率的选择：FASB 规定要用租赁方和承租方融资利息率较低者，如租赁方的融资利息是 12% 而承租方是 14%，应该用 12%。一般出租方的利率会小一些，因为在融资方面的规模经济。用的利率越低，现值就越大，资本性租赁的界定就越严格。

租赁的优点或缺点（对于承租方）

租赁的优点：

● 避免资产过时、跌价的风险。现在科技变革很快，机器设备很容易出现过时而造成快速贬值。相对而言，出租方抵抗这方面风险会强一些，因为可以转租到比较落后的地区等。（此优点主要针对经营性租赁，因为资本性租赁是不可撤销的，而且租期时间

较长，这方面作用会弱）

• 相对于购买，租赁可能会更节省成本。因为：（1）出租方在融资规模、大批量采购等方面会享受较大优惠，从而可以让利给承租方。（2）根据企业实际需要，租赁期可以比资产的经济寿命期短。（适用于经营性租赁和资本性租赁）

• 相对于发行债券、贷款等常规融资形式，租赁融资手续更加简单从而使融资更快速，而且融资周期上也更加灵活（指租赁期）。租赁融资一般没有很多限制性条款。（适用于经营性租赁和资本性租赁）

•（相对于要花现金购买）租赁能更好地保留资金用于其他用途。因为租赁不需要一大笔资金支付，而是分期支付。（适用于经营性租赁和资本性租赁）

• 租赁能提供100%的融资。相对来说，很多银行贷款都要求补充性余额，另外一些设备融资贷款需要借款人先支付一笔预付款（down payment）等，这样就相当于实际融资额减少了，从而不是100%融资了。（适用于经营性租赁和资本性租赁）

租赁的缺点：

• 租赁在有些方面不灵活。如出租方可能不允许承租方改变租赁的资产、提前结束租赁可能要面临罚款等。

• 拥有较好信用的公司可能会感觉购买设备在综合成本上更合算。

• 租赁的资产可能不是全新的，安全性上容易引起顾虑等。

注：以上缺点对经营性租赁和资本性租赁都适合。

出租方如何计算向承租方的租金报价
（或者也可以称作承租方如何验证租赁方租金报价的合理性）

出租方计算租金报价的方法：

1. 计算租赁资产的基础价值，又称回收价值，基础价值 = 该资产的公允价值 − 租赁期对应的折旧费的税盾的现值（这是针对经营性租赁，若是资本性租赁则无此项，因为若是资本性租赁，出租方相当于售出资产从而不能再提折旧费）− 租赁期结束时设备的市值的现值。

2. 计算能取得公司规定投资回报率的年度税后租金（计算过程请见下面案例）。

3. 将税后租金“税前化”从而得出需向承租方收取的租金。注意：有些人会误以为计算出第二步就可以了，其实不对，一定要除以（1 − 所得税税率）从而推算出税前的金额。

案例：MNO公司想要租出一台价值100 000欧元的设备给PQR公司，租期5年，每年初支付租金。该设备预计使用寿命为8年，5年后此设备预计市值为20 000欧元。MNO使用直线折旧法进行提取折旧，每年底提取折旧，此设备8年后的残值为1万欧元，MNO公司的投资回报率为11%。所得税税率为40%。请问MNO公司应该向PQR公司收取的年租金是多少？

计算如下:

1. 计算 MNO 公司需回收的价值。

此设备每年的折旧费 =(100 000 - 10 000)/8 = 11 250 (欧元)。前 5 年折旧费的税盾的现值 = 11 250 ×40% ×3. 696 (11%, 5 期的年金现值系数) = 16 632 (欧元)。

另外 5 年后残值的税后现金流的计算为:
设备在 5 年后的账面价值 = 100 000 - 11 250 ×5 = 43 750 (欧元)。
5 年后设备残值的税后现金流 = 20 000 - (20 000 - 43 750) ×40% = 29 500 (欧元)。
其现值 = 29 500 ×0. 593 (11%, 5 期的期末现值) = 17 493. 5 (欧元)。

则回收价值 = 100 000 - 16 632 - 17 493. 5 = 65 874. 5 (欧元)。

2. 计算 MNO 公司满足规定的 11% 的投资回报率的每年的税后租金。

假设此数值为 A, 因为是年初支付租金, 则 A + A ×3. 102 (11%, 4 期的年金现值系数) = 65 874. 5 (欧元), 则 A = 16 059. 12 (欧元)。注意: 如果是年末支付租金, 则为 A × 3. 696 (11%, 5 期的年金现值系数) = 65 874. 5 (欧元), 则 A = 17 823. 19 (欧元)。

3. 因为租金收入需要缴纳所得税, 因此 MNO 公司如果只收取在上面步骤计算的租金则无法收回在第一步骤计算的回收价值, 那样 MNO 公司就不合算了。因而 MNO 公司最终向承租方收取的租金报价应该推算出税前价, 即: 16 059. 12/(1 - 40%) = 26 765. 2 (欧元)。

注: 如果承租方进行数据倒推, 则能进一步验证, 即: 26 765. 2 × (1 - 40%) + 26 765. 2 × (1 - 40%) ×3. 102 (11%, 4 期的年金现值系数) = 65 874. 5 (欧元), 这样和出租方的回收价值完全一样!

采购与租赁的决策

很多企业会经常需要做出采购还是租赁的决策, 看怎么样更节省成本以及/或完成融资需求等。采购与租赁的决策就是对比采购的成本和租赁的成本。用采购的成本减去租赁的成本, 它们之间的差额称作租赁净收益 (net advantage of leasing, NAL)。如果 NAL > 0, 采购的成本更大, 因此采用租赁; 如果 NAL < 0, 则采购的成本更小, 因此选择租赁。注意, 采购与租赁决策容易和自制与外购决策混淆, 它们的区分是: 采购与租赁决策是针对设备、设施, 而自制与外购决策是针对企业的半成品、产成品或职能部门。

相关 NAL 计算公式多达 15 种，而且相互之间可能会有些差异，并且在学术界一直存在一些争议。下面讲述较常用的方法。

采购的成本（A）：采购设备支出。采购设备支出包括设备本身的成本以及从购买直至使得设备达到可使用状态前发生的一切费用，比如运费、安装费、培训费等。

租赁的成本（B）：包括租赁的显性成本以及机会成本。

1. 租赁的显性成本：（1）租赁费支出；（2）减去因租赁可能节省的履约成本或也叫经营费用（operating expenses），比如维修费、财产税、保险费等，因为有些租赁，租赁方负责设备的修理费、财产税及保险费等。

2. 租赁的机会成本包括：相对于采购而言，租赁，因无法进行采购，失去了如下机会收益（一般称作机会成本）即，折旧的税盾和残值收入。

注意，上述决策中是否考虑利息费用税盾的机会成本存在很大争议。

NAL = A – B，若 NAL >0 则租赁，因为采购的成本更大；若 NAL <0 则采购。

一般决策都要用（税后）现金流，无论成本还是收入都要用税后的现金流，因为现金流比利润更客观、更可比。但上面的税盾除外，因为税盾已经考虑了税务影响。另外考虑到货币的时间价值，超过一年以上的现金流必须进行折现。

在采购与租赁决策中，当采购设备的使用寿命年限和租赁期限不一致时，应该以租赁年限为出发点去计算，因为租赁年限代表着企业打算使用设备的期限。例如：如果采购设备，该设备的经济寿命年限为 10 年，而企业只需使用该设备 6 年，则企业如果租赁的话，租期则为 6 年。采购与租赁的决策应从租赁的 6 年为基础进行相应的计算。若采购设备，设备 6 年后的处理应有明确的说明，因为企业只打算使用设备 6 年，假如企业打算 6 年后将设备卖掉，从而产生残值的计算，而且折旧方法及折旧年限要有明确的提示。当然也有很多时候，设备的预计使用寿命年限和租赁期是一致的，因为很多时候，企业想采购某种设备，然后一直使用到设备不能使用为止，此时企业想对比是否租赁更合算，因此在这种情况下，租赁期和设备的使用年限是基本一致的。具体情况，具体分析。

案例：MNO 公司正在考虑是购买还是租赁一台设备。此设备的经济寿命年限为 8 年，但 MNO 对该设备的使用期限仅为 5 年，5 年后公司预计不再使用此设备。该设备的采购价为 1 500 万美元。如果采购该设备，折旧期为 8 年，直线折旧法，8 年底的预计残值为 100 万美元，但企业因为只使用 5 年，因此将在 5 年底将机器出售，预计可售 210 万美元。在未来 5 年每年可带来税前现金流 500 万美元（不包含折旧）。如果采购，采购后每年的经营费用为 100 万美元，若租赁可节省每年 100 万美元的经营费用。如果租赁，每年年末租赁费支出为420万美元，公司加权平均资本成本是12%，所得税税率是40%。此租赁假设根据所有条件都属于经营性租赁。请问公司应该采购还是租赁该设备？

解析：计算NAL。

一般来讲，在计算现值时，除了最后一年的残值收入外，其他现金流，因为风险很小，从而采用较低的折现率，即税后利息率：10%×(1－40%)=6%（折现的利率要用税后的，在计算加权平均资本成本时的利率就是税后的），这是因为这些现金流（如租赁费、折旧费等）要么有合同保证，要么根据会计法计算，不像销售收入、残值等有那么大的不确定性。

残值要用12%去折现，因为残值的风险大，这是因为多年以后真正的价值非常不好确定。5年、6%的年金现值系数为4.212，5年、12%的期末现值为0.567。注：如果计算采购设备项目的净现值（NPV），则要用12%折现，因为项目的NPV涉及的销售收入、成本、残值等都是不确定性较大的项目。

- 采购的成本：固定资产支出15 000 000美元。

- 租赁成本（现金流须是税后）。
- 税后租赁费开支的现值：4 200 000×(1－40%)×4.212=10 614 240（美元）。5年、6%的年金现值系数为4.212。
- 减：5年节省的税后经营费用的现值，1 000 000×(1－40%)×4.212=2 527 200（美元）。
- 加：因租赁而不能采购设备从而不能发生折旧费的税盾的现值（机会成本），[(15 000 000－1 000 000)/8]×40%×4.212=2 948 400（美元）。
- 加：因租赁而不能发生的残值收入的现值（机会成本），第五年末设备的账面价值=15 000 000－[(15 000 000－1 000 000)/8]×5=6 250 000（美元），因此残值的折现值=[2 100 000－(2 100 000－6 250 000)×40%]×0.567=3 760 000×0.567=2 131 920（美元）(0.567是第5期，12%的期末现值)。
- 合计开支为：13 167 360美元。

- NAL=15 000 000－13 167 360=1 832 640（美元）>0。

- 结论：采购的成本大于租赁的成本，因此采用租赁。

虽然此题是租赁费在期末交，但很多时候租赁费是先交，即期初交，所以计算现值时要特别注意，下面的案例是期初交纳租赁费，并有另外一些数据发生变化。

案例：MNO 公司正在考虑是购买还是租赁一台设备。此设备的经济寿命年限为 8 年，但 MNO 对该设备的使用期限仅为 5 年，5 年后公司预计不再使用此设备。公司设备价值 15 000 000 美元。如果采购该设备，折旧期为 8 年，直线折旧法，8 年底的预计残值为 1 000 000 美元，但企业因为只使用 5 年，因此将在 5 年底将机器出售，预计可售 2 100 000美元。在未来 5 年每年可带来税前现金流 4 000 000 美元（不包含折旧）。如果采购，采购后每年的经营费用为 1 000 000 美元，若租赁可省掉每年 1 000 000 美元的经营费用。每年年初租赁费支出为 3 000 000 美元，公司加权平均资本成本是12%，所得税税率是 40%。此租赁假设根据所有条件都属于经营性租赁。

解析：计算 NAL。

- 采购的成本：固定资产支出 15 000 000 美元。

- 租赁成本（现金流须是税后）。

税后租赁费开支的现值：3 000 000 ×（1 – 40%）+ 3 000 000 ×（1 – 40%）× 3.465 = 8 037 000（美元），3.465 是 4 年 6% 的年金现值（假设租赁费支付和享受税盾是在同一时间，即都发生在年初）。规律是若年初支付，则：税后支付额 + 税后支付额 × 少一期的年金现值。

减：5 年节省的税后经营费用的现值，1 000 000 ×（1 – 40%）× 4.212 = 2 527 200（美元）。假设均发生在年末。

加：因租赁不能发生的折旧的税盾的现值，[(15 000 000 – 1 000 000)/8] × 40% × 4.212 = 700 000 × 4.212 = 2 948 400（美元）。4.212 是 5 年 6% 的年金现值。

加：因租赁而不能发生的残值收入现值（机会成本）：

a）第五年末设备的面值 = 15 000 000 – [(15 000 000 – 1 000 000)/8] × 5 = 6 250 000（美元）。

b）第五年的税后残值收入现值 = [2 100 000 –（2 100 000 – 6 250 000）× 40%] × 0.567 = 3 760 000 × 0.567 = 2 131 920（美元）（0.567 是第 5 期 12% 的现值）。

合计开支为：10 590 120 美元。

- NAL = 15 000 000 – 10 590 120 = 4 409 880（美元）> 0。
- 结论，应租赁设备。

注：关于租赁费支出的计算，假设租赁费的税盾发生在年末，则上面题中租赁费支出的计算需将租赁费支出和税盾分别计算，然后减税盾，即租赁费支出的现值为 300 万

美元 + 300 万美元 × 3. 465，减税盾的现值 300 万美元 × 40% × 4. 212。因为租赁费的税盾在期末发生，因此计算税盾总额时用了 5 年的年金现值，即 4. 212，而租赁费是期初支付，因此是 300 万美元 + 300 万美元乘以 4 年的年金现值，即 3. 465。

注意：在考试中上述决策公式可同时适用于经营性租赁和资本性租赁。但在论述题中应写上，目前世界范围内有 15 种以上租赁与采购的决策公式，学术界也有一定的争论，在此使用的是较常用的一种决策公式。

实际上从最准确的角度来讲，采购与租赁的决策公式应该分为经营性租赁和资本性租赁。经营性租赁的采购与租赁决策公式就是上面讲述的。下面讲述资本性租赁的采购与租赁决策，可以考虑在实际工作中使用。当然如果未来会计准则发生了改变，即将租赁都定义为资本性租赁，则建议使用下面的决策公式。

资本性租赁之采购与租赁决策分析

严格意义上来讲，资本性租赁的决策公式和上述经营性租赁的采购与租赁的决策公式不是完全一样。资本性租赁之采购与租赁决策的自然决策法如下：

采购净成本（A）：

（1）采购设备的成本；

（2）加：修理费等履约成本或也叫经营费用；

（3）减：折旧费的税盾；

（4）减：残值。

资本性租赁的成本（B）：

（1）非税后的租赁费开支：因为此租赁为资本性租赁，因此租赁费里包含了租赁负债和利息费用，租赁负债是不能抵税的，而利息费用的抵税在下面计算。

（2）减：租赁费中利息费用的税盾。

（3）加：修理费等履约成本或也叫经营费用（如果有）。

（4）减：折旧费的税盾。因为是资本性租赁，因此承租方需要借记租赁固定资产，从而提取折旧。租入时：借：租赁固定资产，贷：租赁负债@ 最低租赁支付款总额的现值（若此现值超过资产的公允价值，则用资产公允价值记账）。在每个期间都要计提折旧：如果是符合所有权转移或廉价购置权，折旧年限用资产的经济寿命期，否则用租赁期。

（5）减：残值（如果租赁期末所有权转移给了承租方）。

$NAL = A - B$

案例：MNO 公司正在考虑是购买还是租赁一台设备，设备价值 15 000 000 美元，预计经济使用寿命为5 年，企业计划使用4 年。企业一律采用直线折旧法进行折旧，不考虑残值。若采购，第四年年底预计机器可售2 100 000 美元。若采购，采购后每年的经营费用为1 000 000 美元，如租赁可省掉每年1 000 000 美元的经营费用。如果租赁，租赁期为4 年，每年年初支付租赁费3 000 000 美元，租赁期结束后，租赁方收回设备。借款利息率为10%，公司加权平均资本成本是12%，所得税税率是40%。

请问：(1) 此租赁属于经营性租赁还是资本性租赁？原因是什么？

(2) 请计算租赁净收益。

解析：

此租赁属于资本性租赁，因为租赁期超过了资产使用年限的75%，即租赁期为4 年，除以资产的使用寿命5 年等于80%，大于75%。另外租赁费现值 = 3 000 000 + 3 000 000 × 2.487 = 10 461 000（美元），2.487 是3 年10% 的年金现值（注意，在此不用税后的折现率进行折现，即不用6% 进行折现，否则不可比）。租赁费现值除以资产的公允价值 = 10 461 000 ÷ 15 000 000 = 69.7%，并没有超过90%。

计算NAL。因为只使用4 年，因此按4 年计算。

采购净成本（A）：

- 固定资产支出：15 000 000 美元。
- 加：4 年的经营费用，1 000 000 × (1 − 40%) × 3.465 = 2 079 000（美元）。3.465 是4 年6% 的年金现值。6% = 10% × (1 − 40%)。
- 减：4 年折旧费用的税盾，[(15 000 000/5) × 40%] × 3.465 = 4 158 000（美元）。
- 减：残值。残值的现值计算：

租赁结束时设备的账面价值 = 15 000 000 − (15 000 000/5) × 4 = 3 000 000（美元）；

残值的现值 = [2 100 000 − (2 100 000 − 3 000 000) × 40%] × 0.636 = 1 564 560（美元）(0.636 是第4 期12% 的现值)。

- 合计：11 356 440 美元。

租赁成本（B）：

- 非税后的租赁费开支的现值：3 000 000 + 3 000 000 × 2.673 = 11 019 000（美元），2.673 是3 年6% 的年金现值。

- 加：修理费等履约成本（如果有），0，因为如果是租赁，承租方不会发生修理费等履约成本，这些成本由出租方负责。

- 减：折旧费的税盾。因为不属于所有权转移或廉价购置权，因此折旧按租赁期4年进行，每年的折旧额 = 10 461 000 ÷ 4 = 2 615 250（美元），因此折旧税盾的现值 = 2 615 250 × 40% × 3.465（4期、6%的年金现值）= 3 624 736.5（美元）。

- 减：残值0，因为租赁期结束后，出租方将设备收回。

- 合计：7 394 263.5 美元。

NAL = 11 356 440 − 7 394 263.5 = 3 962 176.5 > 0。

结论：因为采购的成本比租赁的成本更大，因此采用租赁。

实际上，如果不考虑货币的时间价值，上述资本性租赁决策公式和经营性租赁的决策公式计算的结果相差无几。

练习题：购置设备价值200万美元。残值20万美元。计划使用5年，经济寿命是6年。折旧率是MARCS：33%，45%，15%，7%，采购每年要支付维修费7.5万美元以及每年支付2.5万美元的保险费以及5万美元的财产税。租赁是每年支付60万美元，年底支付。税率是40%，税前资本成本10%，2.5万美元的保险费用以及5万美元的财产税是出租方负责，7.5万美元是承租方负责。

请问：(1) 租赁还是购买？

(2) 如果是租赁，是资本租赁还是经营租赁，并解释原因。

(3) 租赁的好处。

解析：

(1) 租赁还是购买：因为计划使用5年，所以按5年计算，一般按租赁期算。另外税前资本成本是10%，要折成税后的，即10% × (1 − 40%) = 6%。

- 采购成本：200万美元的支出。
- 租赁的成本：

租赁费：60万美元 × (1 − 40%) × 4.2124（5期6%的年金现值）；

减：租赁节省了（2.5万美元 + 5万美元）× (1 − 40%) × 4.2124（5期6%的年金现值）

加：残值，[20万美元 − (20万美元 − 0) × 40%] × 0.7473（第5期6%的现值）。

注：此题没有注明残值是第6年末发生的还是第5年末发生的。题中说明了资产的寿命年限是6年，但使用期为5年，因此设备使用5年后再等一年，即第6年末，才去处理设备不合乎常理，因为旧设备时间越长越不值钱，而且还有设备闲置成本，如占用空间等。因此按照常理，将设备残值理解为第5年末发生的。

加：折旧费税盾，200万美元 × 33% × 0.9434 × 40% + 200万美元 × 45% × 0.89 × 40% + 200万美元 × 15% × 0.8396 × 40% + 200万美元 × 7% × 0.7921 × 40%。

共计 2 131 149 美元。

• 租赁净收益为 2 000 000 – 2 131 149 = – 131 149（美元），采购的成本小于租赁的成本，应采用采购。

（2）判断是资本租赁还是经营租赁：应该是资本性租赁，因为租赁期有限，此租赁是一年以上，另外租赁期占经济寿命期的 83%，即 5/6 = 83%，超过了 75%；而且最低付款额的现值是机器原值的 60 万美元 × 3.7908（5 年，10% 的年金现值系数，注意在此种情形不用税后折现率）/200 万美元 = 114%，完全超过了 90%。考试中资本性租赁的 5 个条件都要进行分析，凡是符合的条件都要写上，有几个写几个。

假设租赁费是年初支付，则：

• 租赁费支出：假设租赁费的税盾发生在年末，则租赁费支出 = 60 万美元 + 60 万美元 × 3.4651 – 60 万美元 × 40% × 4.2124 = 1 668 084（美元）；因为租赁费的税盾在期末发生，因此计算税盾总额时用 5 年的年金现值，即 4.2124，而租赁费是期初支付，因此是 60 万美元 + 60 万美元乘以四年的年金现值，即 3.4651。

• 如果题中告诉假设租赁费的税盾和租赁费支付是同一时间，即都是在年初，则变成：60 万美元 ×（1 – 40%）+ 60 万美元 ×（1 – 40%）× 3.4651（4 期 6% 的年金现值）。

租赁与采购之自然决策法

注意，上面讲述的 NAL 的决策公式更适合西方人的思维，但对于很多中国读者来讲比较难理解，尤其租赁费支出后面加的一些机会成本。我创造发明了另一种更好理解的采购与租赁的决策公式，比较适合中国人的思维，我将它叫作自然决策法则，即里面避免了抽象、不好理解的机会成本。我创造的自然决策法则同时会用在自制与外购等有关重大决策中。所谓自然决策法则就是顺其自然去考虑决策中的各种因素，而不像机会成本法那样别扭、不好理解，而且因为不好理解、别扭从而在决策中容易遗漏掉某个或某些机会成本的要素。采购与租赁的自然决策法则具体如下：

采购净支出（A）：（1）采购设备的支出，包括了相关的运费、安装费等；（2）减：（设备采购后产生的）折旧费的税盾；（3）减：（设备采购后末了带来的）残值；（4）减：（因设备采购而融资带来的）利息费用的税盾（如果一些考试中没有相关信息，请忽略利息费用的税盾）；（5）加：修理费、保险等履约成本。注：（1）–（2）–（3）–（4）+（5）= 采购的净支出。以上决策因素的考虑都是自然而然地就想到了，很好理解，很自然。不像机会成本那样不好理解。

租赁的成本/支出（B）：（1）租赁费支出；（2）加相关的修理费、保险等履约成本（如果有）。

NAL = A − B，若NAL > 0，由于采购的成本更大，因此采用租赁；若NAL < 0 则采用采购。决策结果和机会成本法完全一样，只是将机会成本法的机会成本要素都挪到了决策的另一侧，当然正负号正好相反。

建议：实际工作中用我的决策方法，简单、好理解，而在一些欧美证书的考试中不要用，因为欧美国家对我的方法还不太了解，相信欧美国家知晓了我发明的方法后会用我的这种决策方法，因为这样的方法简单、自然、好理解。在大家接触了自制与外购等更多重大决策后，更会感觉到机会成本法的晦涩和自然决策法则的益处。

2.5 流动负债融资管理

流动负债是指企业的短期融资。短期融资主要包括：

1. 抵押银行贷款：需要有一定资产作为抵押的一种银行贷款形式，抵押物一般是存货、应收账款、固定资产等。其中：

• 应收账款抵押贷款。银行需要先考察借款企业的应收账款收款情况、预期收款比例、坏账比例等，然后决定（未收）应收账款的一个比例作为贷款的基础。贷款额等于该比例乘以抵押的应收账款额。此后，客户一般会将款项直接支付给银行。

• 应收账款保理（在某种程度上来讲，应该属于特殊的有抵押的贷款的一种），又称应收账款让售（factoring），是指公司将应收账款出售给保理商（金融中间商），从而公司可以立即从保理商那里得到现金，这样公司不用自己等到应收账款到期日才得到现金。公司进行保理的原因很多，比如当下急缺现金；或者保理公司在应收账款收款方面更专业、更高效等。保理是外包公司的信用和收款责任的有效途径。公司出售的应收账款的质量不尽相同，有的是完好的应收账款，有的可能是回收困难的应收账款。

另外，存货也可以“保理”。拥有存货的公司在存货还未卖出前就可以立即得到一笔贷款。一般是通过信托收据（trust receipts）。具体机制为，公司（债务人）以特定的存货进行担保贷款，承诺此部分存货的销售收入用来还贷。只要此部分存货卖出，公司应立即用收到的款还贷。银行或保理机构可以随时检查担保的存货，确保企业没有隐瞒存货的销售收入。此种借款协议在汽车经销商、设备销售和家庭耐用品经销商那里广为使用。

2. 无抵押融资形式：

• 商业信用（trade credit），即应付账款。商业信用被称为自发性融资，因为只要一采购，如果供应商授予了信用期，就可产生商业信用，即应付账款。商业信用最常见的一种形式是赊账。赊账又称记账贸易（有人直译成公开账户，即英文 open account），是指供应商允许购买者在一定时间之后付款。

• 应计费用（又称预提费用）。债务已形成，但还未支付现金，比如应付工资、应付税金、应付利息、应付股利等。应计费用属于自发性融资。

• 预收账款，又称未实现收入（unearned revenue）。预收客户一定金额的款项。

• 无抵押短期银行贷款。即此种贷款没有抵押物，无抵押贷款是基于借款人的良好财务状况以及良好的信誉。具体贷款条款由借款人和银行商定，最终借款人须签署期票（promissory note）作为正式的履行相关还款、付息等义务的承诺。无抵押短期银行贷款主要有两种形式。

• 信用额度（line of credit）。它规定企业可以得到银行贷款的最高限额，企业可根据需要去提取贷款，不需要的时候可以不提取贷款。利息按实际提取贷款的金额计算。时间一般是一年以内。

• 循环信用额度（循环贷款协议）。企业可以借了款然后还上，若需要还可以再借。银行有可能要求借款者对额度中未使用的部分支付承诺费。例如：循环信贷额度是 100 万美元，而该年的平均借款是 40 万美元，则借款者可能被要求为没有使用（但可用）的 60 万美元部分支付承诺费。如果承诺费是 0.5%，则承诺费 = 60 万美元 × 0.5% = 3 000（美元）。循环信用额度可短期，但也有很多时候时间相对较长，达 1 ~ 5 年；

• 商业票据。在流动资产管理部分细讲。商业票据融资有以下优点：（1）利率一般会低于银行贷款的利率。银行要收取“中介”费。（2）无须补偿性余额。（3）相对于银行贷款等来讲，融资范围广，广大机构和个人都可以直接购买。（4）无须担保抵押等。

• 银行承兑汇票。在流动资产管理部分细讲。

注意：当公司增加短期融资（相对于长期融资）的比例时，它不能支付本金和利息的风险就增大，因为短期融资到期日快，急促，容易出问题。从投资角度来讲，如果其他公司增加短期融资（相对于长期融资）的比例，道理一样，那么它不能支付本金和利息的风险就增大。

短期融资工具的融资成本

普通银行贷款：是指贷款时得到 100% 全额本金，利息是在规定的每个付息日支付，本金在到期日一次性全额支付。例如：1 000 万美元借款，年利率为 12%，实际利率 = 1 000 万美元 × 12%/1 000 万美元 = 12%。

附有补偿性存款余额的银行贷款：银行要求借款者在银行保持一定的存款余额，该余额一般表达为所借资金的一定百分比。若此要求的余额高于公司在银行的日常的正常存款数额，实际上是加大了公司的融资成本。这部分额外留在银行账户中金额会减少实际的贷款金额。

附有补偿性存款余额贷款的实际利息费用 = [(贷款期间利息费用 - 贷款期间补偿性余额的利息收入)/减去补偿余额后的净贷款额] × [365 天/贷款期间的天数]。注：有时候银行会对授信额度贷款收取承诺费，承诺费的表达形式可能是授信额度总额的一定百分比，或未使用额度的一定百分比。这样也会加大实际利息费用。从而公式变为：[(贷款期间的利息费用 + 贷款期间的承诺费 - 贷款期间的补偿性余额的利息收入)/减去补偿余额后的净贷款额] × [365 天/贷款期间的天数]。

另外，若企业在补偿性余额之前已经有一部分资金在银行里，则分子的利息收入只用额外增加存款额的那部分利息收入，作为分母的“减去补偿余额后的净贷款额”等于只减掉需额外增加的那部分存款（即补偿性余额减已有存款的那部分）的净贷款额。如果已有存款比要求的补偿性余额还大，则补偿性余额净额为零。

注：贷款期间利息费用 = 贷款总额（而非减掉补偿性余额的净贷款额）× 规定利率。

案例：贷款金额 100 万美元，贷款期限为 1 年，贷款年利率为 12%，补偿余额为 15%；存款账户的年利率为 4%，银行现在已有 10 万美元存款，则实际利率 = [100 万美元 × 12% -(100 万美元 × 15% - 10 万美元) × 4%]/[100 万美元 -(100 万美元 × 15% - 10 万美元)] × (365/365) = 12.42%。

案例：贷款金额 100 万美元，贷款期限为 5 个月，贷款年利率为 12%，补偿余额为 15%；存款账户的年利率为 4%，银行现在已有 10 万美元存款，则实际利率 = [100 万美元 × 12% × 5/12 -(100 万美元 × 15% - 10 万美元) × 4% × 5/12]/[100 万美元 -(100 万美元 × 15% - 10 万美元)] × [365/(365 × 5/12)] = 12.42%。

应收账款保理的成本。通过应收账款保理，企业可以立即得到现金，但保理是有成本的。保理成本包括：

佣金（又叫承购费）。承购商会收取一定的佣金，佣金一般因应收账款的金额和品质的不同而不同。

利息费用。应收账款出售给承购商后，承购商立即支付现金，这相当于承购商给应收账款出售企业的贷款。因为此时应收账款还未收回，贷款就需要收取相应的利息费用。如果保理商放贷金额中已经减去了佣金，则利息费用的计算是：应收账款减去佣金，然后再减保证金或剪发费（下面有解释），然后按变卖应收账款时间到应收账款到期日之间的时间段计算利息。例如：如果出售 10 000 美元的应收账款，承购费为 2%，利息费用为 18%/年，应收账款到期日是在 1 个月以后，预留保证金（reserve）为 500 美元，则利息费用 =（10 000 - 10 000 × 2% - 500）× 18%/12 = 139.5（美元）。企业收到的现金为 10 000 - 200 - 500 - 139.5 = 9 160.5（美元）。注：保证金有时候以百分比形式出现，如，应收账款的 10%。

如果保理商放贷前扣除利息费用和佣金，则应收账款让售企业收到的现金 = 应收账款全额 - 佣金 - 保证金或剪发费 - 利息费用。

若保理商的放贷金额并不减去佣金，即佣金单独收取，则利息费用计算的基础并不减掉佣金。因此就上例而言，利息费用 =（10 000 - 500）× 18%/12 = 142.5（美元）。具体情况，具体分析。

保证金或"剪发费"。有些保理商会向企业收取保证金，以防止有坏账产生，如果最终没有坏账产生再退给企业。也有些保理商并不收取保证金，而是对应收账款进行打折从而放贷金额会低于应收账款金额，这种方法也俗称"剪发"（英文是 haircut）。例如，假设应收账款金额为 800 万美元，剪发率为 15%，则保理商放贷金额 = 800 ×（1 - 15%）= 680（万美元）。"剪发费"也是为了保障保理商的利益，从而若有些款项收不回来，可一定程度上进行弥补。"剪发费"属于保理成本。

总结，企业的保理成本 = 佣金 + "剪发费"（如果有）+ 利息费用。但若企业因应收账款让售而节省应收账款收款管理费用，此部分节省应该从上述保理成本中扣除从而得出应收账款保理的净成本。

注：当然实际工作中或者考试中，承购费、"剪发费"、利息费等可能有不同的规定和相应不同的计算，请具体情况，具体分析。

应付账款的资本成本。一般来讲应付账款的资本成本为零，因为没有利息产生。

2.6 资本成本

前面我们讲完了所有的融资形式，权益类融资、长期负债融资（包含了中期）、短期负债融资。"天下没有免费的午餐"，资产负债表右边的所有融资都有融资成本

（“代价”）。我们已经讲述了短期融资的成本，下面我们着重讲述非短期融资或又叫长期融资的资本成本。长期融资的资本的成本经常就简称为资本成本。因此，一般来讲，资本成本是指长期融资的资本成本。这是因为，相对来讲，短期融资的资本成本非常低，比如应付账款等自发性融资没有融资成本，短期人为融资比如商业票据、短期银行贷款，就其期限和利率而言成本都较小，因此一般情况下资本成本是不包括短期融资的成本。

资本成本最常用的表达方式是加权平均资本成本（weighted average cost of capital，WACC），即各自的融资方式的融资成本乘以各自融资方式的权重然后相加。在决策中，当计算加权平均资本成本时，一般都要用边际的概念，需计算边际加权平均资本成本，即新的、未来的额外融资所产生的融资成本，而不能使用现在或者过去的融资成本。因为决策是面对未来的，对已成为事实的现在或者过去进行决策没有任何意义，因此决策中使用的WACC也是要针对未来。现在或过去的WACC没有意义。以下没有特殊说明的话，都是使用边际加权资本平均成本的概念。

为了促进企业长久平稳发展，企业必须从风险管控的角度建立合理的资本结构，即长期负债类和权益类的比例，并密切监控。很多时候一旦债务过多，很容易造成失控，届时债权人为了自身利息容易诉诸法律，很多企业因此遇到严重的财务危机，甚至倒闭，因此一定要防患于未然，密切监控合理的资本结构。

影响资本结构的因素（即如何组建合理的资本结构，即长期债务类和权益类的比例）。

■ 税收：债务融资产生的利息费用可抵税，这对公司有利。

■ 风险：如果债务较多，企业可能面临倒闭的风险也越大。

■ 公司资产的组成情况：公司的长期资产应用权益类、长期负债类等长期融资来支持，而流动资产用短期融资来支持。

■ 融资成本：融资成本要合理最小化，相对而言债务类的融资成本因为可以抵税从而较低。

■ 企业的前景和行业情况：一般企业发展前景特别好的、未来有很多好的投资机遇的行业的公司资产负债率较低，因为企业用负债去支持发展的风险太大而且力度不足。

资本成本的计算

资本成本的计算主要涉及普通股、优先股、留存收益、长期负债。下面我们分别详细讲解。

普通股资本成本的计算有3种方法：（1）股利增长模型；（2）资本资产定价模型（CAPM）；（3）历史报酬率。

股利增长模型

股利增长模型：适用于企业发放股利而且企业的股利呈现一个持续的增长。随着企业的不断发展，股民期望着股利的持续增长。

普通股的资本成本之股利增长模型为：（D1/Pn）+G，即股利收益率+股利增长率。

■ D1=下一期的股利，即下一期要发的股利，已发的股利不能用！不一定是指明年的股利。今年要发的股利也算作下一期的股利，关键看股利是否已发。

■ Pn=发行普通股的净收入。股价要减掉相关的发行成本，如审计费、律师费、证监会的费用、抑价损失（underpricing）等。普通股的价格要使用新发行普通股的价格。

■ G=股利增长率，或表达为企业经营增长率，其实股利增长率和企业经营增长率是相辅相成的。

例如：MNO公司现在的普通股每股市价为100美元，该公司计划用普通股融资。公司预计明年的股利为7美元，股利预计保持不变。股票发行需发生发行费每股5美元，发行抑价损失3美元，该公司普通股的资本成本为（　　）。

A. 7%　　B. 7.6%　　C. 7.4%　　D. 8.1%

解答：7/(100－5－3)+0%=7.6%，因此选B。

留存收益的资本成本：和普通股成本的公式几乎一样，除了留存收益没有股票的发行成本部分，另外留存收益只用现行的股票价格，而不用未来的新发行的股票价格。留存收益虽然没有直接的现金支出，不像债券或股票会直接付出利息或股利，但留存收益成本是代表的机会成本，即股东因没有分红而丧失了将那份红利投资到其他地方而获取的机会收益。另外，一般来讲，当公司要进行普通股权益融资时应先用完留存收益然后再考虑新发行普通股股票，因为留存收益成本相对较低。

资本资产定价模型

资本资产定价模型（capital assets pricing model，CAPM）可用来计算普通股股票或留存收益的回报率，即普通股股票或留存收益的资本成本。尤其在股利贴现模型不适用的情形下，比如不发放股利或发放股利不规则。

资本资产定价模型：$R_j=R_f+\beta(R_m-R_f)$。R_j 表示某公司普通股的预期报酬率；R_f 表示无风险利率（一般以美国国库券的回报率或美国长期国债的回报率为代表，在资本预算中，使用美国长期国债回报率的较多）；R_m 表示整体市场的期望收益率，整体市场一般是指一个国家，或一个国家的大型的证券交易所；β表示贝塔系数，代表风险系数。

■ $R_m - R_f$ 表示市场风险溢价。

■ $\beta \times (R_m - R_f)$ = 风险溢价。风险溢价是指增加的风险所相对应的收益的补偿部分。

练习题：使用资本资产定价模型，某企业的贝塔系数为1.25，市场回报率为14%，无风险利率为6%，该企业的预期回报率应为（　　）。

A. 6.0%　　B. 7.5%　　C. 17.5%　　D. 16.0%

解答：6% +1.25×(14% -6%) =16%，选D。

CAPM中预期回报率和无风险利率的相互联系

当贝塔值大于1时，如果无风险率下降会增大预期报酬率。具体验证如下，假设无风险利率用A来表示，贝塔值用B来表示，整体市场回报率用C来表示，预期报酬率用D来表示，因此 $D = A + B \times (C - A)$。如果无风险利率下降N%，则新的预期回报率 = $A \times (1 - N\%) + B \times [C - A \times (1 - N\%)] = A + B \times (C - A) + B \times A \times N\% - A \times N\%$。因为B大于1，因此 $B \times A \times N\% - A \times N\%$ 的结果会大于零，新的预期回报率会加大。

推理，若贝塔值大于1，则若无风险利率增加，预期回报率会降低。具体验证如下：如果无风险利率增加N%，则新 $D = A \times (1 + N\%) + B \times [C - A \times (1 + N\%)] = A + B \times (C - A) + A \times N\% - B \times A \times N\%$。因为B大于1，因此 $A \times N\% - B \times A \times N\%$ 的结果会小于零，新的预期回报率会降低。

同样道理，若贝塔值小于1，规律和上面正好相反。

资本资产定价模型的假设：

■ 影响投资决策的主要因素为期望收益率和风险两项。

■ 买卖证券时没有税负及交易成本。

■ 在竞争市场里风险溢价和贝塔值成正比的联动关系以及单一贝塔值的影响。

CAPM的用途：

■ 很好地诠释了（证券）风险和（证券）回报的关系，即风险与回报对等，投资者如果想取得更多的回报，需接受更大的风险。用图来表示，则用证券市场线（security market line），下面会讲解。

■ 用来计算投资的要求回报率/资本成本。

■ 用来给资产估值和定价。估值和定价依赖要求回报率，而CAPM提供了关键的要求回报率的数据。

CAPM $[R_j = R_f + \beta(R_m - R_f)]$ 中贝塔值代表着对系统风险的度量，上市公司的贝塔值一般在权威的出版物上可以查到。若贝塔值 =0，则此证券的要求回报率 = 无风险回报率，若贝塔值 = 1，则此证券的要求回报率 = 市场整体的回报率。

贝塔值是一个“双刃剑”，贝塔值越大，会在经济向好的时候更大地推动该证券的回报率（即比整体市场回报率还要大），但同样在经济非常不好的时候，而且如果市场回报率小于无风险回报率时，贝塔值越大则回报越少。

注：一般来讲，一个较好的投资组合里，由于分散作用（diversification）将非系统风险减少了很多甚至完全去除，一般投资者都会建立一个较好的投资组合，因此证券的风险绝大多数都是系统风险即β，因此系统风险更重要，更值得重视和研究。另外我们会在单独的地方细致讲述风险。

判断回报率是低估还是高估，具体规则为：如果通过 CAPM 预测的该证券的回报率高于该证券的实际回报率，则说明该证券的回报率是被高估了，否则就是低估了。窍门是以实际回报率为准来对比（通过 CAPM 计算的）预期回报率是高估了还是低估了。请看例题：市场的无风险报酬率为 6%，市场平均报酬率为 11%，有三只股票 A、B 和 C，实际的报酬率分别为 11%、12.5% 和 8.5%，贝塔值分别为 1、1.2 和 0.86，请问这三只股票的回报率是（　　）。

A. A 股票和 B 股票都被高估　　B. A 股票和 B 股票都被低估

C. B 股票被高估，C 股票被低估　　D. B 股票被低估，C 股票被高估

答案：D。股票预计报酬率 = 无风险收益率 + 贝塔值 ×（市场报酬率 − 无风险报酬率）。

A 预计报酬率 = 6% + 1 ×（11% − 6%）= 11%，等于实际报酬率 11%。

B 预计报酬率 = 6% + 1.2 ×（11% − 6%）= 12%，小于实际报酬率 12.5%。

C 预计报酬率 = 6% + 0.86 ×（11% − 6%）= 10.3%，大于实际报酬率 8.5%。

因此，A 股票回报率既不高估也不低估，B 股票回报率被低估，C 股票的回报率被高估。

证券市场线

证券市场线（security market line，SML）是 CAPM 图示的表达形式。SML 是描述单个证券（或证券组合）的期望收益率与由贝塔系数衡量的系统风险之间线性关系的斜线。斜线，又叫特征线，代表市场风险溢价。SML 和 Y 轴的交叉点为无风险回报率，SML 的起始点是无风险回报率。无风险回报率变化，SML 线也随着变化。SML 假设及特点如下：

■ 市场是有效率的，所有正确定价的证券一定都会在 SML 线上。

■ 所有 SML 线以上的证券的价值是暂时被低估了，但随着时间的推移，投资市场上对此证券的需求加大，由于供求关系影响，该证券的价格随之增长从而此证券的回报率又回落到 SML 线上，反之亦然。因此，从长远来讲，所有股票或股票投资组合的期望回

报率都在 SML 线上。注意：线上和线以上的概念是完全不同的！

■ 竞争市场里风险溢价和贝塔值成直接正比的联动关系以及 CAPM 只考虑单一贝塔值的影响。

■ 投资者越厌恶风险，SML 线越陡峭或越垂直，这样同样的回报率但风险更小。

SML 线 = 要求回报率 = 无风险回报率 + 贝塔值 × 市场风险溢价（见下图）。

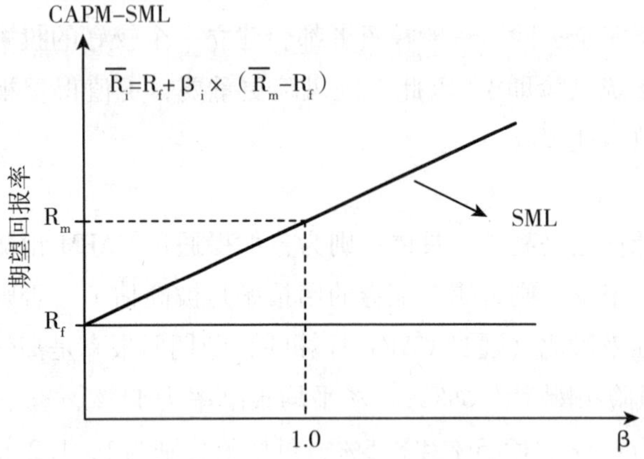

注：R_f 表示无风险回报率；R_m 表示整体市场回报率。

历史报酬率

普通股权益的资本成本参考过去的回报率。这种方法很少用，因为过去发生的并不一定代表着将来也会如此。

我们上面讲完了普通股融资和留存收益的资本成本。下面讲述优先股和长期负债的资本成本。

优先股的资本成本 = 优先股红利/优先股发行净收入。优先股红利 = 优先股面值 × 股利率（一定不能用优先股的市值）。优先股发行净收入 = 售价 - 发行成本。例如：ABC 公司发行了 2 500 万元累积的不可参与优先股。优先股的面值为 65 元，股利率为 6%。股票的发行价格为 68 元，发行成本为 4 元。ABC 优先股的成本为（　　）。

A. 5.42%　　B. 5.74%　　C. 6.00%　　D. 6.09%

解答：6% ×65/(68 -4) =6.09%，选 D。

长期负债的资本成本 = 实际利率 ×（1 - 边际所得税税率）。实际利率的计算方法为票面利息（即面值乘以规定的书面利率）除以企业融资收到的净额（比方说减掉补充性余额，或债券的面值减折价或加溢价）。对具体债券而言，债券的实际利率 = 债券面值 × 票面利率 ÷ 债券发行实际收到的现金。因此，实际利率既不是票面利率也不是市场利率或者到期收益率。

债券发行实际收到的现金 = 债券发行价（或有时也称作债券的市价）- 发行成本（若有）。例如：MNO 公司欲发行面值为 1 000 元，票面利率为 12% 的债券，合计 5 000 万元。这些债券是折价销售的，每份债券公司收到了 985 元。如果公司的所得税税率是 40%，第 1 年公司债券的税后成本（实际利率）是（　　）。

A. 12.00%　　B. 7.09%　　C. 4.87%　　D. 7.31%

解答：债券的资本成本是实际利率而不是票面利率，实际利率 =（面值 × 票面利率）/债券发行实际收到的现金，然后计算税后的数，因此（1 000 × 12%/985）×（1 - 40%）= 7.31%。选 D。

注意，若一些考试中无法计算债券的实际利率，但题中给出了债券的当前收益率，当前收益率就是债券的实际利率。当前收益率 = 票面利率 × 面值 ÷ 当前市价。

我们讲过，融资的资本成本要用边际概念而不能用过去实际发生的。因此债券的资本成本应该用将来要发生的实际利率，即现在新发行债券的实际利率。

加权平均资本成本

加权平均资本成本（WACC）等于长期融资的每种方式（普通股、优先股、留存收益、长期负债）的资本成本乘以各自的权重，然后加总即可。注意，权重一定要按照各融资方式的市值计算，切记不能用资产负债表上的账面价值。

WACC 最低化是一个公司融资及建立资本结构的重要目标之一。比较而言，长期融资中，长期负债的融资成本是最低的，因为其可以税收抵扣。

案例：MNO 公司的资产负债表显示，长期负债 7 000 000 元；优先股（100 000 股）1 000 000 元；普通股（200 000 股）7 000 000 元。债券是以面值的 80% 进行销售的，目前的收益率为 9%，公司的所得税税率为 40%。优先股是以面值发行的，股利率为 6%。普通股的当前市价为 40 元，今年预计支付每股 1.2 元的现金股利。股利增长率为每年 10%。MNO 资本的加权平均成本为（　　）。

A. 9.0%　　B. 11.0%　　C. 10.1%　　D. 9.6%

解答：K 代表“千”。市值分别为，债券：7 000K × 0.8 = 5 600K，优先股：1 000K，普通股：200K × 40 = 8 000K，合计 14 600K。债券的目前收益率就是要使用的实际/有效利率，税后为 9% × 60% = 5.4%，优先股的资本成本因为没有发行成本而且市价和面值一样因此仍是 6%，普通股的成本为：1.2/40 + 10% = 13%，因此，WACC = 5.4% × 5 600K/14 600K + 6% × 1 000K/14 600K + 13 × 8 000K/14 600K = 9.6%。

注：下一期股利是指今年还未发的，不一定非要乘以增长率，除非告诉去年的股利，然后算下一期也就是今年的股利则要乘以增长率。

练习题：MNO公司目前没有负债，其普通股的贝塔系数为0.95。管理层正在考虑将其资本结构调整为30%债权和70%股权。这一调整会引发普通股的贝塔系数上升至1.05，公司的税后债券成本为7.5%。股权的期望回报（市场回报率）为16%，无风险利率为6%。MNO（　　）调整其资本结构，因为（　　）。

A. 不应该，股权资本的成本会上升

B. 应该，资本的加权平均成本会下降

C. 不应该，资本的加权平均成本会上升

D. 应该，这对资本的加权平均成本没有影响

解答：目前的资本成本 $=0+6\%+0.95\times(16\%-6\%)=15.5\%$，而建议方案的资本成本 $=7.5\%\times30\%+[6\%+1.05\times(16\%-6\%)]\times70\%=13.8\%$。融资成本最低化是建立资本结构的一个重要考量，因此选B，因为融资成本（WACC）降低了。

融资管理练习题

1. FWC电信公司正在考虑来年的一个耗资50 000 000元的项目。公司计划使用以下的负债与权益组合来为这个投资项目融资。

发行15 000 000元的20年债券，价格为101元，票面利率为8%。发行成本为票面价格的2%。使用来自收益的35 000 000元。

权益市场的回报率是12%。国债的回报率是5%。公司贝塔值估计是0.6。公司所得税税率是40%。

使用资本资产定价模型，公司权益的期望回报率是（　　）。

A. 9.20%　　B. 12.20%　　C. 7.20%　　D. 12.00%

2. 一个分析师分析CB矿产公司的普通股。他估计明年有以下的信息：

市场组合的期望回报率是12%；

国债的期望回报率是5%；

CB的贝塔值是2.2；

使用CAPM模型，分析师估计明年CB的风险溢价接近于（　　）。

A. 7.0%　　B. 10.4%　　C. 15.4%　　D. 21.4%

3. 企业为了满足资本需求，必须从几个融资安排中进行选择。为了获得更多的发展资本，同时使每股收益最大化，企业一般应该（ ）。

A. 努力使负债和权益以相同的比例增长，这样就可以保持一个稳定的资本结构，维持投资者的信心

B. 首先选择负债而不是权益，虽然增加负债会伴随利息成本和更高的风险

C. 首先选择权益而不是负债，这样可以避免利息成本和最小化风险

D. 不发股利而使用当前的现金流，这样可以避免增加负债的成本和风险，以及增加权益带来的稀释作用

4. 在资本市场，一级市场主要通过（ ）来为资本投资提供资金。

A. 新债券和股票证券的第一次发行

B. 现有债券和股票证券的交易

C. 出售货物的远期合同或期货合同

D. 新债券和股票证券的第一次发行以及现有债券和股票证券的交易

5. 分期还本债券吸引投资人的地方在于（ ）。

A. 所有被发行的债券在同一天到期

B. 所有被发行债券的到期收益都是相同的

C. 投资者可以选择适合他们融资需要的到期日

D. 这些债券的票面利率根据到期日而调整

6. 对发行者来说，零票面利率债券的最大好处是（ ）。

A. 债券要求更低的发行成本

B. 在债券到期之前，持有者或发行者都不需要计算利息收入

C. 可以用 APR 法来进行年度利率摊销，对发行者来说，不需要显示利息费用

D. 利息可以用直线法进行年度摊销，而不发生现金支出

7. 当比较债券融资的各种选择时，下面表述正确的是（ ）。

A. 一个有提前兑回条款的债券通常比相似的但没有这个条款的债券有更低的到期收益

B. 一个可转换债券一定会在到期日前转换成股票

C. 一个提前兑回条款一般被认为对投资者是有害的

D. 提前兑回溢价要求投资者在购买时支付高于面值的价格

8. 以下不会降低以面值发行债券的票面利率的是（ ）。

A. 沉淀资金　　B. 提前兑回条款

C. 等级从 Aa 变成 Aaa　　D. 转换权

9. 一个企业想获取12万元的流动资金贷款，利率为12%，银行要求保留5%的补偿性余额，为了获取贷款，实际利率以及需偿付银行的利息分别是（　　）。

A. 13.3%　1 880元　　B. 13.3%　15 880元

C. 12.3%　1 880元　　D. 13.3%　15 158元

10. 短期利率（　　）。

A. 一般低于长期利率　　B. 一般高于长期利率

C. 只有在高通胀期间低于长期利率　　D. 与长期利率没有显著的关系

11. 一般来说，一个公司的权益融资成本要高于负债融资成本，这是因为（　　）。

A. 长期债券有一个到期日，必须在未来被偿还

B. 权益投资者面临更高的风险

C. 负债的利息是法定义务

D. 权益资本的需求量大于负债资本

12. FWC公司的资产负债表的权益部分显示如下：

优先股，100元面值	12 000 000元
普通股，5元面值	10 000 000元
超过面值的实收资金	18 000 000元
留存利润	9 000 000元
净价值	49 000 000元

公司的普通股股东有优先购股权。如果公司发行400 000股额外的普通股，每股股价6元，一个持有20 000股的人一定有权力购买（　　）股。

A. 1 000　　B. 3 774　　C. 4 000　　D. 3 333

13. 普通股的面值是（　　）。

A. 当股票发行时估计的市场价格

B. 当公司破产时，股东责任的上限

C. 发行公司记录中的总股票价值

D. 面值100美元的股票的理论价值，任何差异将作为普通股的折价或溢价进入公司的记录

14. 财务经理通常喜欢发行优先股而不是债券，这是因为（　　）。

A. 支付给优先股股东的股利不被认为是固定支付

B. 固定负债的成本更低，因为它可以扣税，虽然有时要求赎回债券的沉淀资金

C. 优先股股利一般是累计的，而利息支付不是

D. 从法律上讲，优先股是权益，因此，股利支付不是法定责任

15. 公司从银行获得200 000元的信用额度。条件是必须在有息账户保持总信用额度5%的余额，并获得2%的利息。贷款利息是10%。公司共使用100 000元的信用额度，其实际贷款利率为（　　）。

A. 9.8%　　B. 10%　　C. 10.89%　　D. 12%

16. 流动资金担保最不可能用（　　）做担保。

A. 应收账款　　B. 完工产品　　C. 保留盈余　　D. 有价证券

17. 除非有具体规定，有优先购股权的普通股股东不可同比例地参与（　　）。

A. 选举董事　　B. 清算公司资产

C. 累计股利　　D. 新发行的同等级股票

18. 当企业为每一个资产融资时，使用与资产寿命大致相同的金融工具，这是（　　）。

A. 现金流管理　　B. 回报最大化　　C. 财务杠杆　　D. 避险方法

19. 一个企业计划发行可兑回债券，票面利率为8%，10年到期，一个有相同利率的普通债券的价格是1 000元。如果发行人的兑回权利的价值是50元，可兑回债券的价值是（　　）元。

A. 1 000　　B. 950　　C. 1 050　　D. 900

20. 在融资中使用认股权证的主要目的是为了（　　）。

A. 降低负债成本　　B. 防止每股收益的稀释

C. 保持管理层控制　　D. 允许在到期日之前赎回债券

21. 公司面值1 000元的优先股在当年的4月得到每股100元的股息。优先股在股息发放日的当前市场价是960元。公司的边际税率是40%，公司打算保持当前的资本结构关系。对公司来说优先股的个别成本接近于（　　）。

A. 6%　　B. 6.25%　　C. 10%　　D. 10.4%

22. 资本成本的理论主要关心的是（　　）的成本。

A. 长期资金和旧的资金　　B. 短期资金和新的资金

C. 长期资金和新的资金　　D. 短期资金和旧的资金

23. 以下会导致一个企业在资本机构中增加负债的因素是（　　）。

A. 公司所得税率的增加　　B. 经济的不稳定性增加

C. 联邦资金利率的提高　　D. 市盈率提高

24. 公司已经确定在负债权益比为2/3时加权平均资本成本（WACC）最低。如果公司的税前负债成本是9%，税前的权益成本估计是12%，税率是40%。公司的 WACC 是（ ）。

A. 6.48%　　B. 7.92%　　C. 9.36%　　D. 10.80%

25. 一个企业的目标或最优资本结构与（　　）是一致的。

A. 每股收益最大化　　B. 负债成本最小化

C. 风险最小化　　D. 加权平均资本成本最小化

26. 优先股的卖价是每股 101 元，面值每股 100 元，发行费每股 5 元，年股息是每股 10 元。如果税率是 40%，优先股的资金成本是（　　）。

A. 4.2%　　B. 6.2%　　C. 10.0%　　D. 10.4%

27. A 公司想计算它的总资本成本，并收集了以下信息。在以下条款下，公司可以销售无限量的证券。

• 公司可以销售 1 000 元，8%，20 年的债券，每年支付年利息。每个债券公司可以收到 30 元的溢价。公司要支付发行价每份债券 30 元。所得税税率是 40%。

• 公司可以销售票面价 8 元的优先股，每股 105 元。发行和销售优先股的成本是每股 5 元。

• 公司普通股的销售价格是每股 100 元，企业希望明年支付现金股息 7 元，并且股息保持稳定。股价需要降价每股 3 元，发行成本每股 5 元。

• 公司希望来年有 100 000 元的留存利润，一旦留存利润被用完，企业将使用新股票作为权益融资。

• 公司偏好的资本结构是：

长期负债	30%
优先股	20%
普通股票	50%

如果公司需要资金 1 000 000 元，加权平均资本成本是（　　）。

A. 6.8%　　B. 4.8%　　C. 6.5%　　D. 27.4%

28. 电信公司正在考虑来年的一个耗资 50 000 000 元的项目。公司计划使用以下的负债与权益组合来为这个投资项目融资。

发行 15 000 000 元的 20 年债券，价格为 101 元，票面利率为 8%。发行成本为票面价格的 2%。使用来自股票发行的收入 35 000 000 元。

权益市场的回报率是 12%。国债的回报率是 5%，公司的贝塔值估计是 0.6。公司的实际公司所得税税率是 40%。公司的加权平均资本成本是（　　）。

A. 10.50%　　B. 9.50%　　C. 7.9%　　D. 6.30%

29. 公司当前资本结构如下所示。这个结构是最优的，公司会维持在这个结构上。

负债	25%
优先股	5%
普通股	70%

公司的管理层计划建造一个 75 000 000 元的设施，并用期望的资本结构进行融资。当前公司有 15 000 000 元的现金用于资本扩张，75 000 000 元中新发行股票会占的比例是（　　）。

A. 52.50%　　B. 50.00%　　C. 70.00%　　D. 56.00%

30. 企业的新资本来源中通常有最低的税后成本的是（　　）。

A. 留存收益　　B. 债券　　C. 优先股　　D. 普通股

31～34 题基于以下信息：

FWC 公司在东南部经营着酒店连锁业务。公司稳步地成长到目前的 48 家酒店的规模。董事会最近批准了对酒店进行大规模的改造，并正在考虑两种融资选项。

第一个方案：

发行 9% 票面利率的债券，扣除 4% 的发行成本后可以得到 19 200 000 元的资金。

有固定股利 6% 的优先股，扣除 4% 的发行成本可以得到 4 800 000 元的资金。

普通股在扣除 5% 的发行成本后可以产生 24 000 000 元的资金。

第二个方案是发行市场利率 11% 的债券，扣除发行成本后可以得到 48 000 000 元的资金。

当前普通股的市场价格是每股 30 元。过去 12 个月的股利是每股 3 元。投资者估计股利的增长率是 6%。公司的实际税率是 40%。

31. 第一个融资选项中，普通股的税后成本是（　　）。

A. 16.00%　　B. 16.53%　　C. 16.60%　　D. 17.16%

32. 公司第一个融资方案的税后加权平均边际资本成本是（　　）。

A. 7.285%　　B. 11.43%　　C. 10.375%　　D. 11.700%

33. 公司仅包含债券的第二项融资选项的平均加权边际资本成本是（　　）。

A. 5.13%　　B. 5.40%　　C. 6.26%　　D. 6.60%

34. 第二个融资方案中的债券成本要高于第一个融资方案中的债券成本。这是因为（　　）。

A. 第一项组合分散化对投资者来说风险更大

B. 只有负债的选项会导致太多的供给，因而比较难出售

C. 仅有负债的选项有更容易违约的风险

D. 第一个选项有增加股利支付的风险

35. 企业的边际资本成本（　　）。

A. 应该与企业的权益回报率是相等的

B. 不受企业资本结构的影响

C. 与企业用于资本预算的期望回报率是反比关系

D. 是投资者期望的负债与权益的加权平均

36. 让企业暴露在不能偿还到期债务的最大风险的营运资本的融资政策是（　　）。

A. 用长期负债来为波动的流动资产提供资金

B. 用长期负债来为固定的流动资产提供资金

C. 用短期负债来为固定的流动资产提供资金

D. 用短期负债来为波动的流动资产提供资金

37. 下面不是使用商业票据市场作为短期融资企业的优势的是（　　）。

A. 这个市场以比其他方法更低的利率提供更多的资金

B. 借款人避免了在商业银行中保留补偿性余额的费用

C. 对进入这个市场的公司类型没有限制

D. 这个市场为借款提供广泛的分配

38～39 题基于以下信息：

FWC 是一家咖啡店，顾客可以一边喝咖啡，一边在自己的座位上网和玩游戏。顾客是根据在计算机上登陆的时间来支付费用。这个店也卖书、T 恤和计算机配件。公司都是在账期的最后一天付款，因而放弃了供应商的折扣。下面是公司的两个供应商的数据，包括每月平均购买和信用条款。

供应商	每月平均购买（元）	账期
A	25 000	2/10，net 30
B	50 000	5/10，net 90

38. 假设每年 360 天，公司继续在账期的最后一天支付，公司这两个供应商的贸易信用的加权平均年度利率（忽略复利）是（　　）。

A. 27.0%　　B. 25.2%　　C. 28.0%　　D. 30.2%

39. 是否应该使用贸易信用，继续在账期的最后一天支付？以下回答正确的是（　　）。

A. 是的，如果其他的短期融资成本更低的话

B. 是的，如果企业的资本加权平均成本等于贸易信用的加权平均成本的话

C. 不是，如果其他的短期融资成本更高的话

D. 是的，如果其他的短期融资成本更高的话

40. 商业票据（ ）。

A. 有超过 1 年的到期时间

B. 通常仅仅通过投资银行的代理来销售

C. 一般没有活跃的二级市场

D. 利率低于国债

41. 以下是提供给一个企业的短期借款种类：

- 浮动留置权
- 应收款代理
- 循环信用证
- 动产抵押
- 银行承兑汇票
- 信用额度
- 商业票据

以下短期借款属于无担保信用的是（ ）。

A. 浮动留置权，循环信用证，动产抵押，商业票据

B. 应收款代理，动产抵押，银行承兑汇票，信用额度

C. 浮动留置权，动产抵押，银行承兑汇票，信用额度

D. 循环信用证，银行承兑汇票，信用额度，商业票据

42. 1 月 1 日，公司从银行得到 300 000 元的信用额度，利率是 12%，并在 2 月 1 日用了全部的额度，信用额度协议要求 15% 的信用额度存在补偿性余额的账户内。这个贷款安排的实际每年的信用成本是（ ）。

A. 11.00%　　B. 12.00%　　C. 12.94%　　D. 14.12%

43. 一个公司获得短期的银行贷款 250 000 元，年利率是 6%。作为贷款的条件，公司要在支票账户中保持 50 000 元的补偿性余额。公司的支票账户能得到的年利息是 2%。一般情况下，出于交易的目的，公司会在账户中保持 25 000 元的余额。这个贷款的实际利率是（ ）。

A. 6.44%　　B. 7.00%　　C. 5.80%　　D. 6.66%

44. 公司刚赢得一个大客户，需要增加营运资本 100 000 元。公司财务发现了 4 种资金来源：

（1）让应收账款代理商购买公司的应收款，每月平均 125 000 元，平均账期 30 天。应收账款代理商将支付应收款票面价值的 80%，利率为 10%，并收取全部应收款的 2% 为费用。公司财务估计企业将节省每年 24 000 元的收账费用。假设费用和利率不能事先被扣除。

（2）向银行借 110 000 元，利息是 12%。要求 9% 补偿性余额。

（3）发行 110 000 元的 6 个月的商业票据，得到现金 100 000 元。（新的票据每 6 个月发行一次）

（4）向银行借款 125 000 元，折扣率为 20%，不需要补偿性余额。

所有的计算使用每年 360 天。

公司应该使用的途径是（　　）。

A. 途径（1）　　B. 途径（2）　　C. 途径（3）　　D. 途径（4）

45. 公司最近得到的商业银行贷款条款是 7% 的折扣利率，20% 的补偿性余额，贷款期限为 1 年。实际借款利率是（　　）。

A. 8.75%　　B. 9.41%　　C. 7.53%　　D. 9.59%

46. 公司有 300 000 元的循环贷款，1 年的有效期。年利率是 6%，同时循环贷款的未使用部分支付 1/2% 的承诺费。这一年的平均贷款余额是 100 000 元。这个融资安排的年度成本是（　　）元。

A. 6 000　　B. 6 500　　C. 7 000　　D. 7 500

47. 一个公司与应收款保理商签订了一个协议，保理商同意购买公司的应收账款，平均每月 100 000 元，平均账期 30 天。保理商将预付 80% 的应收款面值，年利率 10%，费用是全部应收款价值的 2%。公司的财务主管估计公司将每年节省 18 000 元的收账费用。费用和利率不事先扣除，假设每年 360 天，融资的年度成本是（　　）。

A. 10.0%　　B. 12.0%　　C. 14.0%　　D. 17.5%

48. 证券市场提供的经济功能是（　　）。

A. 无效率的和昂贵的投资交易在那里发生

B. 因为频繁的价格变化而导致的不稳定证券价格

C. 少数的交易

D. 为新证券的发行和交易提供便利

49. 以下关于金融市场的表述不正确的是（　　）。

A. 金融市场是所有证券的总供给和总需求

B. 金融市场便于借贷金融资产和负债

C. 在完全竞争的市场，金融中介作为价格的设定者来出清市场

D. 金融市场随时间而变化，导致人们调整他们的消费方式

50. 交易到期日少于 1 年的负债证券，并且由经纪人驱动的金融市场称为（　　）。

A. 一级市场　　B. 资本市场　　C. 二级市场　　D. 货币市场

融资管理综合练习题解答

1. 答案：A。要看清题的要求！期望回报率 =5% +(12% -5%) ×0.6 =9.2%。

2. 答案：C。要仔细看题，别将风险溢价和市场风险溢价混淆。此题是要求计算风险溢价，因此2.2 ×(12% -5%) =15.4%。

3. 答案：B。如果用负债而不是权益来融资的话，每股收益一般会更高，除非公司过度使用杠杆。理由是负债成本一般低于权益成本，因为利息是可以扣税的。但是更高的 EPS 前景往往伴随着更高的风险。实际工作中必须 EPS 最大化同时保证风险可控。

4. 答案：A。

5. 答案：C。分期还本债券有不同的到期日，它们在一系列的时期内到期，因此，投资者可以选择到期日来满足他们的投资需求。

6. 答案：D。零票面利率债券不支付期间的利息。债券用面值的折扣价销售，投资者只有在债券到期时才能得到利息，发行者不需要每年发生现金支出，但是折扣必须每年摊销，并汇报成利息费用。

7. 答案：C。A 和 D 都说反了，B 明显不对。C 的说法也不是绝对是对的，但比较起来是最正确的。

8. 答案：B。A、C、D 都是对投资者利好。票面利率低些也可以接受。但 B 对投资者不利，因此投资者期望更高的收益来抵消此不利因素。

9. 答案：D。A ×(1 -5%) =12 (万元)，则 A =12 万元/0.95，实际利率 =(12 万元/0.95) ×12%/(12 万元 ×0.95) =15 158/114 000 =13.3%，支付银行的利息 =(120 000/0.95) ×12% =15 158 (元)。

10. 答案：A。从过去的历史来看，短期利率一般比长期利率更低。这是因为短期的风险更小。

11. 答案：B。

12. 答案：C。优先购买权的目的是允许股东保持他们现有的股份比例，公司有

2 000 000股普通股（10 000 000 ÷ 5），增发40万股普通股，则相当于目前每股可以额外得到0.2股，即40万/200万，因此持有20 000股的股东可以购买：20 000 × 0.2 = 4 000（股）。

13. 答案：B。面值表示股票的法定资本，它是股票发行前主观定的价值，面值代表股东责任的上限。

14. 答案：D。

15. 答案：C。因为银行规定在20万元的信用额度内无论使用多少金额，都要在银行存款20万元 × 5% = 1（万元）。注意关键词：要求存款为总额度的5%。因此企业实际使用的钱为净额，此题说企业使用信用额度10万元，则实际利率 =（10万元 × 10% − 20万元 × 0.05 × 2%）/（10万元 − 20万元 × 0.05）= 10.89%。

16. 答案：C。留存收益不属于流动资金。

17. 答案：C。注意看清楚题，不少题都是有一定干扰的。普通股对累计的未支付股利没有权利。这个权利属于优先股股东。

18. 答案：D。到期日匹配是避险的方法。否则，如果资产时间长，而融资工具的期限短，企业会面临有可能届时融不到资金从而没有钱支持资产运营的风险，相反，企业不需要融资了，但融资工具还未到期，则企业有浪费融资费用的风险。

19. 答案：B。因为可兑回债券在投资者眼中不如一般债券那样有价值，因此50元的兑回权证将从1 000元的价值中减去，得到950元的价值。

20. 答案：A。注意期权和认股权证的区别。认股权证的英文是warrants。认股权证同样是赋予持有人在一定时间内按照特定价格购买一定数量普通股股票的权利而非义务。但认股权证是公司发行的，而期权是证券交易所的产品。常见的认股权证有可转换债券，在可转债中就包含了认股权证。

21. 答案：D。当股票价格是960元时，优先股的股息是100元，结果成本是10.4%（= 100 ÷ 960）。注意，一定要使用市价，而不能用面值。

22. 答案：C。资本成本主要用于面对未来的决策，如资本预算等，因此要关注新资金。

23. 答案：A。公司所得税率的增加可能会鼓励一个公司多借债，因为利息是可以抵扣税的，这样税收抵扣就越大。B不对，因为经济不稳定，企业不敢增加负债，万一经济形势不好，可能会产生债务违约。C明显不对。D不对，市盈率和负债没有多少直接关系。

24. 答案：C。9% ×(1 −40%) ×2/5 +12% ×3/5 =2.16% +7.2% =9.36%。

25. 答案：D。注意，D只是最优化资本结构的条件之一。每股收益最大化太笼统。

26. 答案：D。因为股息不能扣税，所以税的影响可以忽略。因此，相关的计算是将10元的年股息除以发行股票所收到的资金。在这个案例中，收到的现金是96元（=101 −5），因此，成本是10.4%（=10 ÷96）。

27. 答案：A。债券的成本 =[(1 000 ×8%)/(1000 +30 −30)] ×(1 −40%) =4.8%，优先股的成本 =8 ÷(105 −5) =8%，普通股的成本 =7/(100 −3 −5) +0% =7.6%，留存利润的成本 =7 ÷100 =7%（注意：留存收益只有目前的股票市价，而不用未来的股票市价，因此用100元，而不用100 −3 =97）。因为需先用完10万元的留存收益，因此需要发行新普通股40万股，最后计算这4个要素，根据资本结构进行加权：

30% ×4.8% =1.44%

20% ×8.0% =1.60%

40% ×7.6% =3.04%

10% ×7.0% =<u>0.70%</u>

合计 <u>6.78%</u>

28. 答案：C。负债的成本 =[100 ×8%/(101 −100 ×2%)] ×(1 −40%) =4.85%；股票融资的成本 =5% +0.6 ×(12% −5%) =9.2%，因此答案为4.85% ×15 000 000/50 000 000 +9.2% ×35 000 000/50 000 000 =1.45% +6.44% =7.9%。

29. 答案：D。此题并没有说明新发行股票是指普通股还是普通股加上优先股，还是优先股。

（1）先算普通股，看是否有答案。由于公司已经有15 000 000元的现金，因此公司必须再融资60 000 000元。其中有70%，也就是42 000 000元应该来自新发行的普通股股票。42 000 000元占75 000 000元的56%，答案为D。

（2）再看普通股加优先股。由于公司已经有15 000 000元的现金，因此公司必须再融资60 000 000元。其中有75%，也就是45 000 000元应该来自新发行的普通股股票和优先股股票。45 000 000元占75 000 000元的60%，没答案。

（3）再看优先股。由于公司已经有15 000 000元的现金，因此公司必须再融资60 000 000元。其中有5%，也就是3 000 000元应该来自新发行的普通股股票和优先股股票。3 000 000 元占 75 000 000 元的 4%，没答案。

因此，最后选 D。

30. 答案：B。负债融资，如债券，通常比权益融资有更低的税后成本。负债的利息是可以抵扣税的，而股利不能抵扣税。而且债券的风险比权益的更小，因而给投资者的回报也可以更低。

31. 答案：D。新普通股的税后成本 = 下期股利/净现金收入 + 股利增长率 = (3.00 × 1.06)/(30 ×95%) +6% =17.16%。

32. 答案：B。债券没有提到是溢价发行还是折价发行，因而认为发行价就是面值，市场利率就是票面利率，即 9%。因此债券的税后成本 = [9%/(1 -4%)] ×(1 -40%) = 5.625%；优先股在题中没有提到面值和市价的不同，则认为是相同的，则优先股的成本 = 6%/(1 -4%) =6.25%。普通股的税后成本已经在前面计算了，即 17.16%。

另外，需计算这三种融资方式的权重。债券的权重 =19 200 000/48 000 000 =40%；优先股的权重 =4 800 000/48 000 000 =10%；普通股的权重 =24 000 000/48 000 000 =50%。

因此，第一个融资方案的加权平均资本成本是：

	权重		资本成本		加权成本
长期负债	40%	×	5.625%	=	2.225%
优先股	10%	×	6.25%	=	0.625%
普通股	50%	×	17.16%	=	8.58%
					11.43%

33. 答案：D。债权资本成本是市场利率乘以 1 减税率，也就是 6.60% [=11% × (1 -0.4)]。注意，看清楚题，题中已经给出了市场利率。

34. 答案：C。企业资本结构里如果是由太多比重的负债来支撑，这意味着该企业债务违约导致企业出问题的风险会更大，因此融资者必须要支付更多的利息来平衡风险，否则债券购买者不会购买该企业的债券。

35. 答案：D。C 正好说反了。边际成本代表了负债与权益的加权平均。边际资本成本是下一个单位美元投资的成本，有时候边际成本将持续上升因为低成本的资金被先使用，但这不是绝对的规律。

36. 答案：C。

37. 答案：C。

38. 答案：B。A 供应商现金折扣的回报率 =［2%/(1－2%)］×360/(30－10)=36.73%；B 供应商现金折扣的回报率 =［5%/(1－5%)］×360/(90－10)=23.68%。如果公司放弃这样的现金折扣，原因一般是：(1) 存款利率高于此；(2) 企业根本拿不出钱来提前还款，如果融资，融资的利率高于此，因此不合算。第一种可能性没有。应该是第二种可能性。

企业一般情况下原本可以提前 20 天而在第十天支付给 A 供应商 24 500 元，从而节省 500 元。企业没有这样做，是因为企业没有现金而且也无法以低于上述利率，即 36.73%，通过别的途径借钱 24 500 元从而在第十天支付给 A 供应商以获得 500 元的现金折扣。因此，在这种情况下就相当于企业只能以上述利率，即 36.73%，向 A 供应商融资 24 500 元，20 天后，支付给 A 供应商 24 500 元本金和 500 元利息，共计 25 000 元。虽然 A 供应商实际并没有将 24 500 元贷款给企业，但 A 供应商给了相当于 24 500 元的产品，等同于给了贷款。如果没有上述现金折扣条款，实际上意味着企业向 A 供应商融资 25 000 元，30 天后支付给 A 供应商 25 000 元本金和零利息。

同样道理适用于 B 供应商。企业一般情况下原本可以提前 80 天而在第十天支付给 B 供应商 47 500 元，从而节省 2 500 元。企业没有这样做，是因为企业没有现金而且也无法以低于上述利率，即 23.68%，通过别的途径借钱 47 500 元从而在第十天支付给 B 供应商以获得 2 500 元的现金折扣。因此，在这种情况下就相当于企业只能以上述利率，即 23.68%，向 B 供应商融资 47 500 元，80 天后，支付给 B 供应商 47 500 元本金和 2 500 元利息，共计 50 000 元。虽然 B 供应商实际并没有将 47 500 元贷款给企业，但 B 供应商给了相当于 47 500 元的产品，等同于给了贷款。如果没有上述现金折扣条款，实际上意味着企业向 B 供应商融资 50 000 元，30 天后支付给 A 供应商 50 000 元本金和零利息。

在计算加权平均贷款额时，不能直接用 24 500 元加 47 500 元，因为它们基础不同，前者是 20 天期的借款金额，后者是 80 天期的借款金额，因此可以将它们统一基础然后可以直接相加，即，都折算成每天计算利息的金额，因此 A 供应商 = 24 500 × 20 = 490 000（元），B 供应商 = 47 500 × 80 = 3 800 000（元），因此 A 供应商的加权系数 = 490 000/(490 000 + 3 800 000) = 11.42%，A 供应商的加权系数 = 3 800 000/(490 000 + 3 800 000) = 88.58%。

因此，本题的答案为 36.73% × 11.42% + 23.68% × 88.58% = 4.19% + 20.98% = 25.17%。

千万注意：每做一道题，一定记住此类题！

39. 答案：D。C 肯定不对，D 有道理，B 不对，是因为权益类融资属于长期融资，此处用短期融资更合适。A 肯定不对。

40. 答案：C。

41. 答案：D。书上都有详细的讲解。

42. 答案：D。注意，此题问的是每年的利率，而不是第一年的，而且第一年的数据也没有说清楚。每年的利息是 36 000 元（300 000 × 12%），得到的资金是 255 000 元[300 000 -（15% ×300 000）]。因此，实际的利率是 14.12%（36 000 ÷ 255 000）。

43. 答案：A。[250 000 × 6% -（50 000 - 25 000）× 2%]/(250 000 - 25 000) = 6.44%。因为银行里平常已经有 25 000 元，因此补偿性余额只需要 50 000 - 25 000 = 25 000（元）。这 25 000 元每年的利息收入 = 25 000 × 2% = 500（元）。另外，企业真正可使用现金的贷款额 = 250 000 - 25 000 = 225 000（元）。在 6% 的利率情况下，250 000 元贷款每年需要支付的利息是 15 000 元。另外 25 000 元补偿性余额每年的利息收入 = 25 000 × 2% = 500（元）。这样使用 225 000 元的实际利息是 14 500 元。

44. 答案：分别计算这四种资金来源的成本。

（1）因为此题指明利息费用和佣金并不在放款时提前扣除，因此保理商每个月预先付 100 000 元（= 80% ×125 000），相当于贷款给企业。因为应收账款账期是一个月，因此，一个月后保理商则可以收到现金/本金，就相当于企业还了保理商贷款，每个月的贷款的贷款期为一个月，每年发生 12 次这种情况，则每笔贷款的利息 = 100 000 × 10% ×30/360 = 833.33（元），一年的利息 = 833.33 元 × 12 = 10 000（元）。注意，如果其他题中说账期是 2 个月，则每个月都会支付两个月的利息，例如：1 月支付 1 月的利息以及去年 12 月的第二个月的利息，2 月支付月份的利息以及 1 月的第二个月的利息，因此每个月的利息费用 = 100 000 × 10% × 60/360，然后乘以 12 等于一年的利息，若其他题中是 45 天，则每月支付 1.5 个月的利息。

此外，公司的年度费用是 30 000 元，所以总的年度净成本是 16 000 元（= 10 000 + 30 000 - 24 000）。故而，每年的成本是 16%（= 16 000 ÷ 100 000）。

（2）虽然公司将借 110 000 元，但它只能用到 100 100 元，因为有 9% 的补偿性余额。因此，有效的年利率是 13.2% [=(12% ×110 000) ÷ 100 100]。

（3）这和折价贷款道理一样。通过发行商业票据，公司将收到 100 000 元，然后每

6 个月还 110 000 元。因此，公司使用 100 000 元的资金，每 6 个月要支付 10 000 元的利息，也就是每年 20 000 元。所以年度平均利率是 20%（＝20 000 ÷ 100 000）。

（4）公司将得到 100 000 元（＝80% × 125 000），每年的成本是 25 000 元。所以年度利率是 25%（＝25 000 ÷ 100 000）。

因此，公司应该使用第二种途径。

45. 答案：D。注意，此题中的 7% 是指合同利率，而不是实际利率，因为题中说的是折扣利率，折扣利率是指较小的利率，实际利率显然是更大的利率。7%/(1－7%－20%)＝9.59%。或者假设 1 000 元的贷款，1 年的利率 7% 是 70 元。贷款的资金是 930 元（＝1 000－70）。而且，20% 的贷款，即 200 元不能被借款人使用，因为它是补偿性余额。因此，只有 730 元可以被借款人使用。支付 70 元的利息，使用 730 元得出利率是 9.59%（＝70 ÷ 730）。

46. 答案：C。年度费用＝平均余额的利息费用＋未使用部分的承诺费＝平均余额×年利率＋（信用额度－平均余额）× 承诺费%＝100 000 × 6%＋（300 000－100 000）× 0.5%＝7 000（元）。

47. 答案：D。公司每月平均将从代理商那里收到 80 000 元。整年来看，预选支付的 80 000 元的平局利息是 8 000 元（10% 的利率），此外，代理商还要收取 2% 的费用，即每年 24 000 元（＝100 000 × 12 × 0.02）。但是，24 000 元的费用被 18 000 元的节省抵消了一部分，净支出是 6 000 元，将 6 000 元加上 8 000 元的利息得到净成本 14 000 元。将 14 000 元的成本除以 80 000 元的资金，得到成本 17.5%。

48. 答案：D。

49. 答案：C。金融市场将有资金进行投资的实体与有融资需求的实体聚在一起，它便于资产和负债的转移。鉴于这个活动，金融市场导致人们改变他们的消费方式。金融中介通过更好地分配金融资源，提高了金融市场的效率，但它并不是出清市场的决定者，市场的所有参与者来出清市场。出清市场就是调节市场供需实现平衡的意思，一般来讲商品价格会自动调节供需从而形成市场出清。

50. 答案：D。

第3章　投资管理

我们讲完了融资以及融资的资本成本，也就是讲完了资产负债表的右边部分。企业融资后一定要以钱生钱以最大化地为企业创造财富。企业融到资金的投资主要有两大方向：一是投资流动资产；二是投资非流动资产，又称作长期投资管理或资本预算。

3.1　流动资产投资管理

现在国际上流行流动资产投资管理的说法，而不是传统的流动资产管理的说法，其中关键词是投资两个字。投资就意味着要有回报。企业的回报最简单的总结是开源节流，即要么节约成本，要么增加收入。因此现代化企业在流动资产投资管理上压力要大很多，因为要在合理基础上尽可能降低成本、增加收入，从而实现股东财富最大化这一公司最根本的目标。

我们先介绍营运资本。净营运资本/净营运资金 = 流动资产 - 流动负债。净营运资本衡量企业的短期偿债能力。净营运资本有时候被简称为营运资本。下面将净营运资本简称为营运资本。

营运资本的管理主要涉及现金管理、有价证券管理、应收账款管理、存货管理、短期负债管理等，其中我们在其他地方讲述了短期负债/流动负债的管理。营运资本管理的目标是，以最小的成本来保持充足的流动性，通过持有足够的流动资产以偿还即将到期的负债。营运资本管理的政策可以分为进取型营运资本管理政策、保守型营运资本管理政策、温和型或又称配比型营运资本管理政策。

进取型营运资本管理政策：营运资本的规模很小，甚至是零或负数，因此流动比率也会很低，这样企业会承担一定的现金流的风险，但企业的资产回报率/投资回报率、利润率会提高，因为这样会节省流动资产相关的成本，如存货保管、坏账费用、存货跌价等成本，因此增加了利润。另外流动资产的规模减小了，因此会提高资产回报率。现金流因流动资产减少也会增加。当年美标公司和通用电气公司都使用了非常进取的政策，因此使企业节省了大量现金流以及很大程度上提高了利润（因为存货等流动资产会产生相应的管理费用等）及利润率和资产回报率/投资回报率。

保守型营运资本管理政策：与进取型正好相反，即：营运资本规模较大，流动比率会较高，这样企业在短期流动性上虽然不错，但会因此产生很多存货、应收账款等相关的费用，而且现金流因较多地占压在存货、应收账款等流动资产上，因此资金可能会较紧张。另外，企业的利润率、资产回报率/投资回报率都会受到不利的影响。

温和型/配比型营运资本管理政策：尽可能地寻求流动资产和流动负债规模的平衡，其中使用对冲或到期日配比法。对冲（到期日配比）法是指每项资产都有一种与它的到期日大致相同的融资工具对应的一种融资方法。短期或季节性的流动资产通过短期负债融资，永久性的流动资产和所有的固定资产通过长期负债或权益资本融资。

流动性和获利能力呈反向关系，即流动性越强，则流动资产如存货、应收账款等规模越大，从而产生巨大的相关成本和费用，因而获利能力会越低。流动性和风险也呈反向关系，即流动性越强，则流动资产相对于流动负债的比率越大，负债违约的风险相对越小。获利能力与风险呈正向关系，即获利能力越强则意味着流动资产相对于流动负债的比率越小，从而会增加获利能力，但此时风险也越大。

根据时间，营运资本可以划分成永久性的和临时性的。永久性营运资本是指满足企业长期最低需求的那部分资产，如安全现金库存、最低赊账的应收账款、存货的安全库存等。临时性营运资本是指随季节性等需求变化而变化的流动资产。当然一般非流动资产都属于永久性资本，如固定资产、无形资产。

营运周期：指存货从购买直到销售已回款之间的天数，即存货在销售之前企业持有的天数与应收账款在收款之前企业持有的天数之和，即存货周转天数+应收账款周转天数，反映了企业需要将资金投入/占压在营运资本中的总天数。**现金周期**：是营运周期减去应付账款周转天数，体现了企业从现金购买存货到从销售收到现金的总天数，为了缩短现金周期，提高盈利能力，企业可以在合理的范围内，采取加快应收账款的回收速度和（或）延迟支付货款。例如，A公司存货平均周转天数为60天，应付账款平均周转天数为60天，平均的应收账款周转天数为45天，则营运周期为105天（=60+45），而现金周转天数为45天（=105-60）。

3.1.1　现金及有价证券投资管理

在欧美国家，现金是指现金加银行存款，它们统称现金。短期来讲，企业持有现金的理由有：

（1）交换的媒介。持有现金用于企业的正常运营，如购买存货、差旅费等。

（2）防范的手段。持有现金用于那些不可预见的且需较大量现金的情况。

（3）投机。利用富余的现金进行短期投资赚取收益。

(4) 补偿性余额。当给企业贷款时，银行通常要求企业在其银行账户中保留最小额度的余额。这主要为了降低银行的贷款风险，但对于企业来讲，却加重了企业的利息负担。

现金管理，无论复杂还是简单，应该要符合如下目的：

(1) 加速现金流入；(2) 延缓现金流出；(3) 最小化闲置现金；(4) 最小化现金流相关的管理成本，如保管费、手续费等；(5) 和供应商以及客户保持良好的关系；(6) 最小化后备流动性（安全现金库存）的成本；(7) 最大化提供给管理层的财务相关信息的价值。

加速现金流入

收款浮差/浮账（collection float）：从对方支付开始到本方收到并可使用现金为止的时间，一般包括邮寄浮差、处理浮差、变现浮差（或叫取款浮差）。客户邮寄支票到公司收到支票 = 邮寄浮差，公司收到支票到公司存入支票 = 处理浮差，公司存入支票到银行贷记到银行账户 = 变现浮差。

加速现金回流的有效方法：

1. 采用鼓励买方尽快支付货款的付款条件。这里重点讲解现金折扣政策，例如：若在到期之前支付发票金额，给予现金折扣，如3/10，净30，即10天之内付款，客户可享受货款3%的折扣，若等到30天才付款，则客户需全额付款。

买方会对比提前付款可享受现金折扣带来的收益和不提前付款而将钱保留在银行挣取利息得到的收益，看谁更大，若前者大则买方会提前付款从而享受折扣，否则不提前付款。具体的计算分为：

(1) 绝对值方法。客户/买方提前付款的收益是：提前了N天（即，正常信用期的天数 - 规定的享受折扣的天数）付款能享受的现金折扣额。例如：ABC公司购买了MNO公司100万元的产品，MNO公司给ABC公司提供了下面信用条款，2/10，净/45。ABC公司的存款利率为年利率8%，假设一年为360天。

解析：ABC公司如果提前付款，则提前30天，即45天减30天，支付：100万×(1 - 2%) = 98（万元）（因为公司可以享受2%的现金折扣），这样做的收益 = 100万元×2% = 2（万元），节省了2万元的开支。注意：此处的假设是买方是在折扣期的最后一天付款，因为在折扣期的任何时候支付，客户都可以享受规定的现金折扣比率，因此在折扣期的最后一天支付对客户最有利。

ABC公司若不提前30天付款而是将“100万元×(1 - 2%) = 98（万元）”的资金保

留在银行而挣取这30天的利息得到的金额=100万元×(1-2%)×8%×(45天-10天)/360天≈7 622(元)。注意：公式中使用了“45天-10天”，即30天，是为了和第一个方案对比，因为第一个方案是提前30天将资金从银行支付走，而此方案正好是将这些资金留在银行30天挣取利息，因此在此公式中不能使用45天，否则两个方案就不可比了。另外“8%×(45天-10天)/360天”是因为8%是年利息，而此方案需计算30天的利息。

通过上述对比，提前付款得到的收益是2万元，而不提前付款从而留在银行挣利息的收益是7 622元，显然提前付款更好。

(2) **百分比法**。上述两个方案的计算公式可以转变为另一种形式，即，客户提前付款的年收益率：[现金折扣率/(1-现金折扣率)]×360/(正常信用期天数-规定享受折扣的天数) VS 客户不提前付款的年利率收益率。注意，此处客户提前付款从而享受折扣的年收益率又可以称作客户不提前付款的机会成本或机会收益。

就此例而言则变为：[2%/(1-2%)]×360/(45-10)=20.99% VS 8%。因此，提前付款的年收益率更高。在公式中，信用期减折扣期相当于提前付款的天数，然后乘以360是将比率年化以与年利率可比。

练习题1：假设1年为360天，购买方没有享用3/10，净/45的机会成本是(　　)。

A. 55.67%　　B. 31.81%　　C. 22.27%　　D. 101.73%

答案：[3%/(1-3%)]×360/(45-10)=31.81%，选B。

练习题2：FM制造公司的借款成本为12%。公司的一个供应商刚刚给出了新的采购条款。以前的条款规定使用货到付款，而新的条款为2/10，净/45(10天内付款折扣2%，到期日为45天)。公司应该在前10天内付款吗?

A. 应该，因为不接受商业折扣的成本高于借款成本

B. 不应该，因为交易信贷的成本超过了借款成本

C. 不应该，因为负债的使用应该尽量避免

D. 答案取决于公司现在是否要借款

答案：此案例相当于企业是否应该借钱去提前支付供应商的货款。成本收益分析。贷款的成本是12%，享受现金折扣的收益=2%/(1-2%)×[360/(45-10)]≈21%，收益大于成本，因此应接受。选A。

2. 电子资金转账(EFT)。通过银行电子转账的方式支付款项，速度很快，对于相距较远的企业尤为有利。

3. 信用卡。顾客一刷卡，银行就立即将相应的款项给销售方，然后货款回收的责任和风险就转移至发卡行，发卡行一般会向销售方收取销售金额的一定百分比的费用。

4. 锁箱法。具体机制如下所述。

锁箱法（lockbox system）

锁箱法：将特制的信箱安置在不同的地区，供客户到最近的信箱支付货款。企业授权银行来收取这些款项，并将钱款直接存入银行的账户中。如果企业自己收钱会较困难，尤其在较偏远的地方，而且收到钱再存进银行又要花一定的时间。采用锁箱法的条件：现金加快回收后所产生的利息 > 锁箱法的成本（即银行收取的费用）。案例：B 公司是一家零售型企业，应收账款平均 8 天后收回。该公司正在考虑通过锁箱法使回收天数减少至 5 天。该收款系统的年成本为 10 万元。银行利息为 0.025%/天，每天通过邮箱收到的款项为 1 000笔，平均每笔收款金额为400 元，因此每天收款合计 = 400 × 1 000 = 400 000（元）。由于加速收款每天收款金额可比原来提前三天（即 8 天减为 5 天）存到账上挣利息，因此每天增加的金额为 = 400 000 元 × 3 = 1 200 000（元）。因此每天产生的利息收入 = 1 200 000 × 0.025% = 300（元），因此每年产生的利息收入 = 300 × 365 = 109 500（元）。从而净收益 = 109 500 − 100 000 = 9 500（元），结论是可行。

我们通过另外一个案例详细讲解这样做的原因。例如：假设每天的交易额为 10 万元，不使用锁箱法，平均收款周期为 5 天，使用了锁箱法后收款周期降至 3 天，即加快了 2 天。假设企业 20 × × 年 5 月 1 日开始在某较偏远地区的销售业务，如果不使用锁箱法，则 5 月 1 日销售的 10 万元，在 5 月 6 日收回从而银行账户上有 10 万元，依此类推，5 月 2 ~ 4 日的销售分别在 5 月 7 ~ 9 日分别到账。5 月 6 日时银行有 10 万元存款，5 月 7 日时银行有 20 万元，依此类推到 5 月 9 日时银行有 40 万元存款。存入银行就开始挣取利息。

如果企业 5 月 1 日开始使用锁箱法，5 月 1 日销售的 10 万元，在 5 月 4 日收回从而银行账户上有 10 万元，依此类推，5 月 2 ~ 4 日的销售分别在 5 月 5 ~ 7 日分别到账。5 月 4 日时银行有 10 万元存款，5 月 5 日时银行有 20 万元，依此类推到 5 月 7 日时银行有 40 万元存款，存入银行就开始挣取利息。相对比，使用锁箱法后，企业在 5 月 5 日时银行已有 20 万元存款，5 月 6 日时银行有 30 万元，5 月 7 日有 40 万元，而如果不用锁箱法银行上的存款在 5 月 5 ~ 7 日分别是 0、10 万元、20 万元，可见如果使用锁箱法，银行每天的存款余额相比不使用锁箱法每天的银行存款余额，每天都是相差 20 万元，从而使用锁箱法每天比不使用锁箱法多挣 20 万元的利息，因此一年的利息收入等于 20 万元乘以每天的利率再乘以 365 天，或者等于 20 万元乘以年利率。此 20 万元等于每天的交易额 10 万元乘以加快回款的天数，即 5 − 3 = 2（天）。

因此，使用锁箱法多挣的利息为：回收期减少的天数 × 每天的款项 × 年利率。

锁箱法的延伸

请大家注意，即使锁箱法在一些国家或地区已不再使用，但其成本收益分析的机制可以延伸到其他领域。实际上不论是锁箱法还是其他方法（比如电汇或信用政策改变等，比如收款期从45天改为30天，提前15天等），只要能缩短款项到账时间，决策及相关的计算方法都和锁箱法一样。

另外，对于后面的延缓现金流出，道理和前面一样，只是延缓现金流出是：如果延长款项支付的时间，则企业会受益，决策和计算方法与前面一样。例如：B方案比A方案延迟付款2天，假设每天的支付款项为10万元，假设5月5日开始付款业务，每天上午10点付款，5月5日时企业的银行存款为1 000万元。

A方案：5月5日10点后企业还有990万元挣利息收入，6日10点后有980万元存款，7日970万元，8日960万元，9日950万元，10日940万元，11日930万元……

B方案：5月5日10点后企业有1 000万元存款挣利息收入，6日10点后1 000万元存款，7日10点后990万元，8日980万元，9日970万元，10日960万元，11日950万元……

相对比B方案每天的银行存款都比A方案的相应那一天的存款多20万元，即10万元×2天。因此，B方案一年可多挣利息收入为：10万元×2天×年利率。由此可见，决策及相关的计算和锁箱法的道理是一样的。当然实际工作中，有可能会延期15天，甚至30天等。例如：MNO企业的应付账款周期从原来的30天，变为45天，则延长了15天。

延缓现金流出

延缓现金支出的具体方法如下。

1. 零余额账户。零余额账户是银行为企业提供的一种特殊账户形式（不像传统的账户需要企业有一定的银行存款余额在账户上，以防止空头），这种零余额账户不需有任何余额，但企业可以开支票或汇票进行付款，支付款项后透支的金额会自动立即从企业的主账户上将需要的钱划到零余额账户从而填平恢复成零余额。银行为企业提供此服务，一般是收费的。企业经常会有多个零余额账户，有些零余额账户可以同时做付款用，但每天都要清为零。尤其一些企业会有多个地方的办事处，每个办事处都有银行开户，这些账户使用零余额账户对企业很有利，因为平常不用在这些账户里放钱，这样可以让企业有更大额的钱集中在一个账户里，好管理，也可以集中投资有价证券等以赚取更多的收益。

2. 通过支票或汇票支付款项。支付方开出支票或汇票，然后持票方存入银行，银行通过一定时间的结算才可以最终将钱转到持票人的账上，中间的时间差叫支票/汇票浮差。

3. 集中付款系统。很多企业将分公司的钱集中管理，统一在某地集中进行货款支付，通常是在总部或指定的某一地点，这样付款可能会慢些。

普及一个小常识：银行的收支账户中，借方（debit）是指银行支出；贷方（credit）是指银行收款，和企业的银行存款相关的会计分录正好相反。

有价证券

有价证券（marketable securities，又称速现证券）是指流动性很高的证券，一般来讲其到期日在一年以内，企业需要现金时能快速以合理的价格将其销售变现。有价证券是传统的翻译，值得商榷，翻译成速现证券更合理，即可快速变现的证券。

因此，债券如果没有特殊说明（比如，如果不是离到期日还不到一年）则不属于有价证券，因为债券一般的到期日是一年以上，除非购买离到期日还不到一年的债券。股票也不属于有价证券，因为股票没有到期日，而且股票的价格风险太大，有时候会被套住。有价证券的到期日不到一年，若企业发现到期日前变现不划算，企业能等一等，等到到期日再变现，如果到期日超过一年则无法等那么长时间了。

企业应保持一定水平的现金以满足交易需求等，但钱本身不生钱，企业应该投资有价证券，既可以得到回报又可以保持流动性。但注意，有价证券投资，安全性和流动性是首要考虑，回报率是次要考虑。

持有有价证券的三个目的：

（1）保持流动性。有价证券相当于备用现金。如果流动性有问题，需要时可随时变现，同时可以挣取一些额外回报。

（2）以备支付企业可预知的定向现金流支出，同时赚取回报。企业有些很重要的可预知的现金流出，例如，企业支付股利、利息、税费等，这些支出都是未来企业需要支付的，这样企业必须提前准备资金以支付，因此可以将此部分资金投资到有价证券，既可以保证这些重要支出可以准时付现，又可以同时挣取额外的回报。

（3）挣取收益。自由现金部分，这部分是企业近期没有直接或迫切的用途（即除了上面讲的两部分的需求），这部分资金主要目的是要挣取收益。

选择有价证券考虑的因素：

■ 安全性，即收回的风险性，安全性是投资有价证券最基本的考虑。政府国库券相比较而言是没有风险的。

■ 变现性（流动性），证券短期内是否很容易能在二级市场变现，而且变现时没有大的损失，有无此类活跃的二级市场是流动性强与弱的标志。如果证券短期内很难变现或者需要以较大的损失才能变现，这表明此证券存在着流动性风险。

■ 收益性，即有价证券回报的高低。一般来讲，回报率和流动性呈反向关系，即流动性越高的有价证券回报率越低，否则越高，而回报率和风险呈正向关系。

■ 到期日（maturity）。到期日就是证券的寿命，即证券的本金偿付前的时间长度，企业选择有价证券的到期时间是往往看自己什么时候需要资金，若暂时不需要就可以选择到期日稍长一些。到期日越长，收益率也就越高，但收益所承担的风险也就越大。

■ 税收考虑。看看是否有证券的利息所得等可以免税或减税等。

有价证券一般是在货币市场出现，货币市场工具通常是短期，一年以内到期，而资本市场一般是指金额大宗而且一年以上到期。有价证券对于投资方是投资赚取回报，对于出售方实际上就是融资了，因此这些也是相对应的短期融资/短期负债的工具。

有价证券的类型如下：

美国政府证券（US treasury securities）。由政府信用担保，由美国财政部发行。其利率一般是其他证券的参考基点。政府有价证券是最安全而且流动性最强的货币市场投资工具，但收益率一般是最低的，这些证券的利息收入要征收联邦所得税，但不再征收州和地方政府的所得税。美国政府证券包括：

- 美国央票或称美国短期国库券（treasury bill）。政府国库券是由美国政府完全保证其信用并由政府直接偿付。美国短期国库券是由财政部以折价的方式发行的、在到期日按面值赎回的短期、无息的美国政府有价证券。到期日一般是30天、90天或120天。美国央票的实际利率＝[（面值－出售价格）/出售价格]×360/到期日。例如：面值为$1 000，90天到期的国库券，出售价格为$980，实际利率＝[（$1 000－$980）/980]×360/90＝8.16%。

- 美国中期国库券是由美国政府发行的中期（1～10年）债券。

- 而美国长期国库券，也叫长期政府债券，是由美国政府发行的长期（10年以上）债券。若没有特殊说明，中期和长期国库券/国债不属于有价证券。只有购买不到一年就到期的中长期美国政府债券属于有价证券投资，例如：2000年1月1日发行的5年的中期美国政府债券，到期日是2005年1月1日，因此在2004年1月1日后购买此证券属于有价证券投资，因为该证券的到期日虽然是5年，但2004年1月1日后，该证券的到期日只有不到一年了。

回购协议。回购协议相对于投资角度来讲是购买对方（往往是银行或证券商）的证券（通常是政府证券）并在一定时期后根据协议按一个特定的较高价格再出售给对方的协议。对于融资者来讲是先卖出协议得到一笔钱，但在一定时期后以更高的价钱回购，就好像一个短期的有担保的贷款。回购协议一般以美国政府证券为原生证券，一般被认为是相对安全的投资，因为原生证券是美国政府证券，经常被转移给第三方，流动性好，最短期限只有一夜。

银行承兑汇票（bankers' acceptance）。银行承兑汇票是由企业发行的，但由某家银行承诺在票据到期日向持票人支付票面金额的一种短期商业票据，相比而言，商业票据（commercial paper）是由企业发行、企业承兑，其风险会大一些。投资人购买银行承兑汇票的风险相对很小，而且流动性较高，有活跃的二级市场，而且可以贴现，另外经常用在国际贸易中。在中国，目前银行承兑汇票并不带利息，而且只是一个货款支付的工具，当然对支付方是一种免利息的融资工具。

商业票据（commercial paper）。商业票据是一种短期的、由企业发行、企业承兑的无担保票据，一般由知名度高、信誉好的大公司发行。发行金额较大，一般至少是10万美元，主要由大公司或机构投资者购买。一般是持有到期，因为商业票据的二级市场较弱。商业票据的回报率也相对较高。商业票据和短期国库券一样以折价方式出售，到期日一般最多是270天，即9个月。一般像穆迪、标普这样的评级机构要对商业票据进行评级以帮助投资者评估风险。在中国目前，商业票据叫商业承兑汇票，是不带息的，一般只是一个支付工具，因为是企业承兑，风险较大，一般企业更愿收银行承兑汇票。

可转让定期存单（negotiable certificate of deposit）。可转让定期存单一般由银行或储蓄贷款机构发行，受联邦储备系统监管。这种可转让定期存单一般大面额发行，至少10万美元甚至100万美元，可以是1~3个月，也可以是几年。如果发行额超过10万美元，将不受联邦存款保险公司担保，因此发行银行须被认真调查，如果是由信誉好的大银行发行，其二级市场很活跃。此证券回报率一般高于政府短期证券，但低于商业票据。

• **欧洲美元存款（eurodollar）**：是以美元标价、不能转让的、不受美国银行业法规制约的、存于美国境外（不一定像名字那样非要在欧洲，泛指一切美国以外的地域）银行的定期美元存款。到期日从一夜到几年不止，一般是6个月及以内。在国外有美元存款可在支付美元时直接用美元存款支付就可以了，这样节省了手续费，当然在国外有美元存款也可以一定程度上规避汇率风险。

• **货币市场共同基金**：主要投资于国库券、可转让定期存单、商业票据等，因为很多货币市场工具的面值巨大，如商业票据、可转让定期存单等，一般小投资者无法涉及，但小投资者可以通过货币市场共同基金以集资的方式购买。当然共同基金也有另外一种形式，即可以接触资本市场。

现金与有价证券投资管理练习题 & 解答

1. FWC是直邮零售商，它现在使用中央收款系统，所有的支票全部寄到波士顿的总部。收到支票平均需要6天时间，DLF处理这些支票需要3天时间，支票从银行过户需要2天时间。一个锁箱系统的方案将邮寄和处理时间减少至2天，支票通过银行时间减少至1天。DLF平均每天的入账金额是$150 000。如果公司采用锁箱系统，它的平均现金余额将增加（ ）。

A. $1 200 000　　B. $750 000　　C. $600 000　　D. $450 000

答案：A。支票现在的兑现时间是11天（6天邮寄，3天处理，2天通过银行）。如果这个周期减少至3天，因此加快了8天，DLF的现金余额将上升$1 200 000（8 × $150 000）。

2. FWC制造从几个银行那里得到了建立锁箱系统（加快现金到账）的方案。公司每天平均收到700张支票，每张平均面额$1 800。短期资金每年的成本是7%。假设所有的方案都将产生相同的处理结果，并使用每年360天。下面方案中对公司最优的是（ ）。

A. 每张支票$0.50的费用　　B. 每年固定费用$125 000

C. 0.03%的进款金额　　D. 补偿性账户余额$1 750 000

答案：D。将700张支票乘以360天，得到每年总的支票数252 000。因此，在方案A下的每年成本是$126 000（$0.50×252 000），没有方案B的$125 000好。由于每年的进账是$453 600 000（$1 800×700×360），因而它的每年费用是$136 080（0.03% × $453 600 000），方案C更差。保持补偿性账户余额$1 750 000，当资金的成本是7%时，总成本是$122 500（0.07 × $1 750 000）。因此选D。

3. Cleveland公司的大部分顾客住在加利福尼亚州和内华达州。K国家银行同意为公司提供锁箱系统服务，固定成本每年$50 000，变动费用是银行的每笔支付处理$0.50。平均而言，公司每天都到50笔支付，每笔平均$20 000。有了锁箱系统，公司的到账期减少2天。货币市场债券的年利率是6%。如果公司使用锁箱系统，每年使用365天，公司得到的净收益是（ ）。

A. $59 125　　B. $60 875　　C. $50 000　　D. $120 000

答案：B。如果付款可以提早2天到账，公司可以得到$120 000的收益（$20 000 × 50×2×0.06），而成本是$59 125［$50 000 +（50×365× $0.50）］，净收益是$60 875。

4. FWC公司是在几个城市中经营的零售商。每个店的经理将每天的营业款存到当地银行的没有利息的账户，每周两次，当地的银行签发存款转移支票（DTC）给总部的中心银行。公司的财务控制正在考虑使用电子转移，每个转移的额外成本是$25，到款可以加快2天，中心银行的每年利率是7.2%（0.02%每天）。假设每年350天。当转移的金额是（ ）时，使用电子转移比DTC更有利。

A. 它永远不会更有利　　B. $125 000或以上

C. 任何大于 \$173 的金额　　　　　　　　D. 任何大于 \$62 500 的金额

答案：D。假设转移的金额是 Y，则 $Y \times 2 \times 0.02 = 25$，Y = \$62 500。注意，也可以年化，但年化后的结果是一样的。另外，请一定注意，很多别的题是指每天有银行入款/付款，而此题是两个星期才一次，因此即使年化，也不可以乘以此题中 350 天，应该乘以 2 再乘以（350/7）。乘以 2 是一周两次，350/7 = 50，即一年 50 个星期的意思。

5. FWC 是新建的公司，公司老板正在考虑开什么样的支票账户。公司计划每月开大约 80 张支票。银行对标准商业支票账户（没有最低余额要求）收取每月 \$10 以及每张支票 \$0.10 的费用。公司也可以开高级商业支票账户，它要求有 \$2 000 的最低余额，但是没有月度和每张支票的费用。如果公司的资金成本是 10%，公司应该选择（　　）账户？

A. 标准账户，因为每年节省 \$34
B. 高级账户，因为每年节省 \$34
C. 标准账户，因为每年节省 \$16
D. 高级账户，因为每年节省 \$16

答案：D。标准账户的成本是每月 \$10 加 \$8（\$0.10 × 80），每月是 \$18 或每年 \$216。高级账户没有费用，但是它要求超过预期 \$2 000 的最低存款。在 10% 的资本成本，\$2 000 的最低存款的成本是每年 \$200。因此，高级账户应该被选中，因为它每年少花 \$16。

6. 一种增加应付款的浮差以减缓现金流出的营运资本技术是（　　）。

A. 集中银行业务　　　　　　　　B. 汇票
C. 电子数据交换　　　　　　　　D. 锁箱系统

答案：B。A 貌似对，但实际上错的。企业集中支付业务会减慢付款。通过汇票支付，第三方（出票人要求受票人付钱给收款人）是减慢现金外流的方法。支票是一种最常用的汇票，支票在途时间是从支付到支票通过银行系统过户的时间。

7. 下面不是可转让定期存单特征的是（　　）。

A. 有针对投资者的二级市场
B. 被联邦储备系统所规范
C. 一般以最小面值 \$100 000 出售
D. 收益高于银行承兑汇票和商业票据

答案：D。可转让 CD 是一种储蓄存款，在没到期前不能兑现。可转让 CD 可以交易。CD一般有还不错的利率因为它们是固定的、长期的，但是它的收益不如商业票据和银行承兑汇票，因为它的风险更低。

8. 当管理现金和短期投资时，一个公司主要关心（　）。

A. 使回报最大化

B. 使税负最小化

C. 投资国债，因为它们不会有违约的风险

D. 流动性和安全性

答案：D。

9. 以下选项中不适合投资的有价证券是（　）。

A. US国库券　B. 欧洲美元　C. 商业票据　D. 可转换债券

答案：D。D不适合，因为D是债券，债券的到期日在1年以上。

10. 假设每年360天，现在的价格面值是$100，180天后到期，6%的折现率的US国库券现在的价格是（　）。

A. $97.00　B. $94.00　C. $100.00　D. $93.00

答案：A。US国库券的到期日是1年以下而且折价发行，但平常不再支付利息。此题中年折现率是6%，因此半年的折现率为3%，因此发行价 = 100/（1 + 3%）= 97.09。

11. 对立即支付的客户提高现金折扣而引起销售增加将导致（　）。

A. 营运周期的增加　B. 平均收账期的增加

C. 现金周转周期的降低　D. 得到采购折扣的减少

答案：C。此题的语言表达有些问题，应该是对赊账支付的客户，但即使是"对立即支付的客户"，此题也只能选C。因为提高了现金折扣会更加促使企业早支付货款，因此在此基础上A、B都是错的，D明显是错的，而C是对的。当然现金折扣也可能会引起销售增加。

12. 当（　）时一个公司一般提供"2/10，净30"的信用条款。

A. 组织可以在高于年利息成本的利率上借到资金

B. 组织可以在低于年利息成本的利率上借到资金

C. 资本的成本接近最优惠利率

D. 大多数竞争者提供相同的条款，组织现金短缺

答案：D。B 和 C 不对，因为如果能以较优惠的利率融资就不用此条款了。A 有些道理，但 D 更全面、更准确。

13. 如果卖家对买家扩大信用期，并超过了买家的经营周期，这个卖家（　）。

A. 相对账期比卖家的经营周期短的其他公司有更低水平的应收款

B. 实际上是为买家提供了超过其库存需求的融资

C. 可以确定买家将在账款到期之前将库存变成现金

D. 不需要一个明示的折扣率或账期

答案：C。经营周期定义为从获得库存到收到应收款的这段时间，即 IDS + DSO。卖家给买家提供的信用期相当于买家的应付账款周转天数，即 DPO。若 DPO 大于 IDS + DSO 之和，例如：IDS = 30（天），DSO = 45（天），而 DPO = 90（天），那就意味着应付账款还未到期时，买家已经应收账款信用期到期而收回了货款。因此 C 对。A 不对，因为买家可能应收账款水平很高，但应付账款水平更高。B 不对，因为买家的存货额和买家的应付账款额是不可比的，买家的存货额可能大于，也可能小于买家的应付账款额。D 明显不对。

14. 公司有多余现金购买有价证券，最不用考虑的是（　）。

A. 投资的到期时间　　B. 投资的利率

C. 投资的价格　　D. 投资的投票权

答案：D。公司用多余的现金购买有价证券，其目的就是获取收益而不是控制，因此最不用考虑的就是投资的投票权。

15. 一个企业的收款期为 5 天，每天 11 万元，付款期为 4 元，每天 15 万元，银行都是在当天一早进行清偿（大概是这个意思），那么企业在第五天应该借款（　）万元。

A. 8　　B. 11　　C. 15　　D. 19

答案：C。付款期为 4 天意思是第四天末该付账，但钱真正收支是第二天早晨，到了第五天早晨，企业要借 15 万元用于支付，因为第六天早晨才会收到 11 万元，到了第六天早晨时企业有了 11 万元，但马上又要付下一个 15 万元，因此第六天早晨又要借 4 万元，以后每天都要借 4 万元。

3.1.2 应收账款投资管理

考虑是否给客户赊账时一般考虑以下五方面（又称 5Cs）。

■ 客户的特点（character），即客户及时付款的意愿和责任感以及此客户的付款习惯

（例如经调查此客户是“老赖”或习惯性的拖延）。

■ 客户的付款能力（capacity），即客户是否有很强的营运现金流的制造能力以及其相关的流动性指标。

■ 客户的规模实力（capital），即顾客的资产总额、注册资本总额等。

■ 抵押品（collateral），有无抵押品以及抵押品的质量。

■ 外部环境/条件（conditions）：（1）目前总体经济形式如何，例如经济周期、利率等，宏观经济形势越不好则信用控制越收紧；（2）行业情况，例如有的行业赊账期普遍长，但有的行业没有赊账的习惯等。

审批信用前，公司须得到真实客户的相关资料和信息，这极为重要！但很多时候能获得真实的资料和信息不是件容易的事，因此企业要发挥聪明才智。客户的资料和信息的主要来源：（1）要求客户提供真实的财务报表；（2）一些知名度很高的较可靠的信用评级机构，如邓白氏等；（3）此客户其他的供应商；（4）客户现在或以前的员工；（5）和此客户打过交道的银行；（6）上市公司的年报季报；（7）和此客户以前的经验（若有）等。

另外，在实际工作中客户信用的审批应该由独立于销售部的其他部门人员负责，一般是由设立在财务部下面的信用控制部门人员审批。这是因为销售部的人员在这方面有利益冲突，他们的主要业绩考核指标是销售收入等，因此他们可能会为了自身利益有意放松信用的审批。另外，财务部在审核客户财务资料上更专业。

信用政策的决策

信用政策要平衡收益和成本，最佳的信用政策是能最大化净收益（即利润最大化）。

1. **现金折扣政策**。为鼓励客户/买方尽快支付货款从而提供一定的现金折扣，例如：2/10，净 30，即客户如果提前付款，在 10 天之内付款，客户可享受货款的 2% 的折扣，若等到 30 天才付款，则客户须全额付款。

实际工作中，企业采用现金折扣的目的可能会是：（1）竞争对手采用现金折扣，为了保持竞争性，公司也采用现金折扣；（2）企业急需钱而且无法通过其他途径以低于现金折扣成本的方式尽快地得到资金等。如果是第 2 种原因，则企业如果可以以低于现金折扣成本融到资金，企业则不必采用这样条款的现金折扣。相应地，如果现金折扣对客户有利，但客户并没有提前付款从而享受现金折扣，原因可能是客户实在没有现金而且无法以低于现金折扣成本的价格融到资金来提前付款享受现金折扣，当然这也说明客户的现金流可能有问题。

2. **放宽信用政策的决策**。放宽信用政策之收益一般包括：（1）增加销售收入，从而增加利润（等于增加销售收入乘以边际贡献率）；（2）增加公司在信用政策方面的竞争力。

放宽信用政策之成本是：

- 增加坏账。
- 增加催账费用。
- 增加应收账款的机会成本（或又称资金占压成本）。计算公式为：增加的应收账款×变动成本率×税前要求的回报率或资金成本。注：之所以乘以变动成本率（即变动成本/销售收入），是因为增加应收账款的边际贡献部分，即赊销收入×（1－变动成本率），已经和进入资产负债表权益的相应的本年利润部分抵销。资产负债表左边的资产是由右边的资本支持，应收账款也一样。因为应收账款的边际贡献部分已经由本年利润部分支持，因此只有应收账款的变动成本部分需要额外的资金支持，资金本身是有成本的。换言之，如果没有这部分应收账款，企业则无须借钱或者/以及用其他的融资手段支持。

另外，注意，计算增加应收账款时经常用的公式：应收账款＝赊账天数×每天的赊销销售收入。增加的应收账款＝新的赊账天数×新期间的每天的赊账销售收入－旧的赊账天数×上一期间的每天赊账销售收入。

- 增加应收账款的管理成本，如记账、分类、分析等费用。
- 增加存货及相应的管理成本。
- 增加存货的相应的机会成本。
- 减去增加应付账款部分的资金成本。
- 增加的现金折扣成本，如果涉及提前还款可享受现金折扣等。

注：为了统一、可比，以上成本和收益分析都用税前的数字和税前的资金成本。

相对应，紧缩信用政策之收益一般包括：（1）减少坏账；（2）减少催账费用；（3）减少应收账款的机会成本；（4）减少应收账款的管理成本，如记账、分析等费用；（5）减少存货及相应的管理成本和存货的机会成本等。但代价是：（1）减少销售收入及相应的利润；（2）降低公司在信用政策方面的竞争力等。

案例：假定一家企业目前的年赊销营业收入为2 400万元，应收账款平均周转天数为30天，收账费用为1万元，坏账比例为5%，变动成本率为60%，公司的资金成本为10%（税前），目前的信用条件为n/30。该企业为了增强竞争能力，考虑将信用政策从30天改为2/30，n/60，估计有一半客户会享受现金折扣优惠。预计年赊账销售收入会增至2 800万元，同时收账费增至1.5万元，坏账比例达到6%。由于销量增加，平均存货水平从3 000万元增加至3 200万元，应付账款同时增加了100万元。假设每年360天，请分析该不该改变信用条款。

解析：

增加的收益 =（2 800 − 2 400）×（1 − 60%）= 160（万元）

增加的成本：

■ 应收账款的机会成本。

■ 应收账款的增加额 =（2 800/360）×（60 × 50% + 30 × 50%）−（2 400/360）× 30 = 350 − 200 = 150（万元）。注：如果信用期是从 30 天增加至 60 天，计算则简单多了，即（2 800/360）× 60 −（2 400/360）× 30。

■ 增加应收账款的机会成本 = 150 × 60% × 10% = 9（万元）。

■ 增加的存货成本的机会成本为：（3 200 − 3 000）× 10% = 20（万元）。

■ 减：增加应付账款释放的资金成本，100 万元 × 10% = 10（万元）。

■ 现金折扣成本的增加：2 800 × 50% × 2% − 2 400 × 100% × 0 = 28（万元）。

■ 增加的收账费用为：1.5 万元 − 1 万元 = 5 000（元）。

■ 增加的坏账费用为：2 800 × 6% − 2 400 × 5% = 48（万元）。

■ 合计增加的成本为：48 + 0.5 + 28 − 10 + 20 + 9 = 95.5（万元）。

净收益为：160 − 95.5 = 64.5（万元），因此信用条款应该调整。

应收账款保理/让售

企业可以考虑将应收账款让售给专业保理商，这样可以立即得到现金。突出的优点是"现金为王"，早收回现金早踏实，但保理要付出相应的成本，比如利息费用、佣金等，企业需综合考量以做出正确决策。具体细节，我们在短期融资部分讲过，请详见该部分。

应收账款管理的其他一些指标和办法

应收账款周转天数（DSO）（又称应收账款回收期）= 平均应收账款/每天的赊销销售收入。应收账款周转率 = 年赊销销售收入/平均应收账款。DSO = 365/应收账款周转率。DSO 和应收账款周转率是反方向的，应收账款周转率越大，则 DSO 越小，相反，应收账款周转率越小，则 DSO 越大。注意，应收账款余额应该使用未减去坏账准备的应收账款原额，而不应该使用应收账款的净额，因为否则通过提取坏账准备就可以提高应收账款周转率。另外，坏账准备也是应收账款的一部分。

DSO 不一定是越低越好，因为太低了意味着给客户的赊账天数太少，可能会失去市场的竞争力。

应收账款账龄分析是一个非常有用的进行应收账款分析、催款、估值等的工具。企业一般每月编制所有客户的应收账款账龄分析表，表中将没有超信用期的列一栏，然后逾期的最初每逾期30天放一栏，之后可以根据会计准则以及公司政策，期间可以长些，如逾期180天，逾期360天，逾期两年及以上。现在好的ERP软件一般都可以自动生成此报告，无须烦琐的人工计算和编制。管理层定期根据逾期账龄进行计提坏账准备，这样相对更准确一些。

应收账款投资管理练习题 & 解答

1. 某企业正在考虑缩紧其信用政策。新政策将平均的收款天数从75天缩短至50天，并且将赊销占总销售的比例从70%降至60%。如果执行该政策的话，企业预计销售额会比今年的销售额下降5%。今年的销售金额为5 000万元，假设1年为360天，该政策对于应收账款的影响是（　　）。

A. 下降3 819 445元　　B. 下降6 500 000元

C. 下降3 333 334元　　D. 上升18 749 778元

答案：现在的政策的应收账款额 =（5 000万 ×70%/360）×75 = 7 291 650（元），新政策的应收账款额 =（5 000万 ×0.95 ×60%/360）×50 = 3 958 350（元），差额 = 3 958 350 − 7 291 650 = −3 333 300（元），因此选C。

2. 信用政策的变化导致了销售的增长、折扣的增长、应收账款投资的减少，以及疑问客户数量的减少。根据这些信息，我们知道（　　）。

A. 净利润增加　　B. 平均收款期降低

C. 毛利润降低　　D. 折扣的规模降低

答案：B。如果应收账款周转天数不变，销售增长了而应收账款理应增加，如果这里应收账款却减少了，因此肯定应收账款周转天数减少了。也可以用公式衡量，即DSO = 应收账款/每天的销售收入，分子小了，分母大了，DSO肯定小了。A不一定，因为折扣增加了，C也不一定，因为虽然折扣增加了，但销售收入也增加了，因此销售成本可能会减少。D肯定错。

3. 平均收款期是一个企业衡量（　　）的天数。

A. 典型的赊账销售之后到企业收到货款

B. 一个典型的支票从银行系统过户

C. 超过信用期后收到顾客的付款

D. 在一个典型账款变成拖欠之前

答案：A。

4. FWC公司的销售经理有信心认为，如果改变公司的信用政策，销售将增加，因而公司可以利用多余的产能。有两种信用方案可以考虑：

	方案A	方案B
销售增加	$500 000	$600 000
边际贡献	20%	20%
坏账率	5%	5%
经营利润的增加	$75 000	$90 000
期望销售回报	15%	15%

目前，支付条款是净30。方案A和方案B的支付条款分别是净45和净90。用于分析比较这两种信用方案变化的因素不包括（　　）。

A. 公司的资金成本

B. 现在的坏账情况

C. 只扩大信用给某些顾客会对其他顾客的影响

D. 银行贷款关于销售应收款天数规定

答案：B。A要考虑，因为这样会增加应收账款。C要考虑，因为公司给其中一些客户增加信用期天数，其余客户可能会不满意，D明显需要考虑，B不用考虑，因为它是沉没事项。

5. 下面表示一个企业平均毛应收款余额的是（　　）。

Ⅰ. 应收款天数×应收款周转数　　Ⅱ. 平均每天销售×平均收款期

Ⅲ. 净销售÷平均毛应收款

A. 只有Ⅰ　　B. 只有Ⅰ和Ⅱ　　C. 只有Ⅱ　　D. 只有Ⅱ和Ⅲ

答案：C。Ⅰ=365天，Ⅱ=应收账款余额，Ⅲ肯定不等于应收账款余额。因此一定要熟记应收账款周转天数、应收账款周转率公式，而且会拆开组合。

6. 应收款的账龄衡量的是（　　）。

A. 公司满足短期义务的能量

B. 应收款已经发生的平均时间长度

C. 在一个给定期间内，有多少百分比的销售款被收回

D. 在一个给定时间长度内，应收款的数量

答案：D。

7. 下面在信用和收账期政策决策中最不会考虑的是（　　）。

A. 可接受客户的质量　　B. 数量折扣

C. 现金折扣　　D. 收账费用的水平

答案：B。数量折扣是为了促进销量。

8. FWC 公司的信用条款是“1/15，净/30”，预测明年的毛销售是 \$2 000 000。信用经理估计 40% 的顾客将在折扣期内支付，40% 在账款到期前支付，20% 在账款到期之后 15 天支付。假设销售是均匀分布的，一年算 360 天。预计销售应收款的天数是（　　）天。

A. 20　　B. 24　　C. 27　　D. 30

答案：C。由于 40% 的销售在 15 天支付，40% 在 30 天，20% 在 45 天，应收账款天数可以将收款期分别乘以它们的比重。因此，预计的应收款天数等于 27 天［=(40%×15)+(40%×30)+(20%×45)］。

9. FWC 分销商销售到零售商的信用条款是“2/10，净/30”。每天的平均销售是 150 个，单价 \$300。假设所有的销售都是赊账销售，60% 的顾客在 10 天内支付，得到折扣，而其他的顾客在 30 天支付。公司的应收账款是（　　）。

A. \$1 350 000　　B. \$990 000　　C. \$900 000　　D. \$810 000

答案：D。要能熟练地使用 DSO 公式，此题是求应收账款余额，因此应收账款余额 = 应收账款周转天数 × 每天的赊销额。应收账款周转天数 = 60% ×10 + 40% ×30 = 18（天），每天的赊销收入 = 150 × \$300 = \$45 000。因此，应收账款余额 = 18 × \$45 000 = \$810 000。

10. 一个企业每天平均销售是 \$4 000，平均 30 天内付款。在收到发票时，55% 的顾客会支付支票，剩下的 45% 支付信用卡。某天它的资产负债表中应收账款数大约是（　　）。

A. \$4 000　　B. \$120 000　　C. \$48 000　　D. \$54 000

答案：B。答案 = 30 天 × \$4 000 = \$120 000。无论是支票还是信用卡支付都会销应收账款的账，但在支付之前都是先形成应收账款。

11. FWC 公司明年的预算销售 \$40 500 000，80% 是信用销售，条款是净/30。公司估计放松信用额度标准将增加信用销售 20%，并将平均收款期从 30 天增加到 40 天。基于 1 年 360 天，信用标准的放松将导致平均应收款余额增加（　　）。

A. \$540 000　　B. \$2 700 000　　C. \$900 000　　D. \$1 620 000

答案：D。\$40 500 000 的销售额中，80% 是信用销售，即 \$32 400 000。每天的信用销售是 \$90 000（= \$32 400 000/360）。因此平均应收款余额 \$2 700 000（=30 × \$90 000）。如果信用销售增加 20%，前面的 \$90 000 平均每天销售额将增加到 \$108 000（=120% × \$90 000）。因为有 40 天的平均账期，平均应收款余额是 \$4 320 000（=40 × \$108 000）。

因此，增加了 \$1 620 000（= \$4 320 000 - \$2 700 000）。

12. 一个公司计划收紧它的信用政策。新的政策将平均收账天数从 75 天减少到 50 天。并将赊账比例从占总收入的70%减少到60%。如果政策被执行，公司估计销售将减少5%。如果来年预期的销售是 \$50 000 000，这个账期政策的变化对应收款的影响（假设每年 360 天）是（　　）。

A. 减少 \$3 819 445　　B. 减少 \$6 500 000

C. 减少 \$3 333 334　　D. 增加 \$18 749 778

答案：C。如果销售是 \$50 000 000，70%的销售是赊账，总赊账销售是 \$35 000 000，每天的赊销 = \$35 000 000/360 = \$97 222，因此，平均应收款 = 75 × 97 222 = \$7 291 667。在新的政策下，销售是 \$47 500 000（= 95% × \$50 000 000），赊账销售是 \$28 500 000（= 60% × \$47 500 000）。因此，平均应收款余额 = 50 × \$28 500 000/360 = \$3 958 333，减少了 \$3 333 334（= \$7 291 667 - \$3 958 333）。

13. 汽车公司每年出售 20 000 辆汽车，每辆汽车 \$25 000。企业的平均应收款是 \$30 000 000，平均存货是 \$40 000 000。公司的平均收款期接近于（　　）天。

A. 17　　B. 22　　C. 29　　D. 61

答案：B。DSO = 30 000 000/[(20 000 × 25 000)/360] ≈ 22（天）。

14. 一个公司每年有 \$4 800 000 的赊账销售，计划放松它的信用标准，预测将增加赊账销售 \$720 000。公司新顾客的平均收账期预期是 75 天，现有顾客的支付行为不会发生变化，变动成本是80%的销售，公司的机会成本是税前20%，假设每年 360 天，公司计划改变信用条款的利益（损失）将是（　　）。

A. \$0　　B. \$28 800　　C. \$120 000　　D. \$144 000

答案：C。增量销售将产生边际贡献 \$144 000（= 20% × \$720 000），但是，这个数量将被投资到应收款的资金的成本所抵销。与增量销售相关的变动成本是 \$576 000（= 80% × \$720 000）。因为是 75 天的账期，投资到应收款的平均投资是 \$120 000 [= \$576 000 × (75 ÷ 360)]。因此，额外应收款的投资成本是 \$24 000（= 20% × \$120 000），计划中的信用条款变化的收益是 \$120 000（= \$144 000 - \$24 000）。

3.1.3　存货等投资管理

企业持有存货的原因主要是为供求关系提供一个缓冲，比方说考虑到客户需求比预期大、采购到货延迟、批量优惠等，从而保证生产和销售顺畅，不缺料不缺货。

经济订货量（EOQ）是指能使总存货成本，即总存货储存成本加上总订购成本（不包括采购物品本身的成本）之和，达到最低的订货量，这可以用来计算每次最佳订货量。它的基本假设是：

- ■ 不考虑采购物品本身的成本；
- ■ 订货周期是已知并且固定的；
- ■ 没考虑批量购买折扣的因素；
- ■ 需求是已知并且固定的；
- ■ 每个订单的采购成本是已知并且固定的；
- ■ 单位储存成本是已知的并且固定的；
- ■ 立即补充存货、不考虑缺货成本；
- ■ 每次采购的数量是一样的等。

EOQ（简称 Q）=（2×D×P/C）之平方根，D=1 年的需求量（注意：D 代表的是一年的需求量而不是一个季度或一个月），P=每个订单的边际/增量订购成本（注意：不是每个存货物品的采购成本），C=每单位存货每年的边际/增量储存成本（注意：期间是指的一年）。公式记忆的窍门：可以按实际运营的顺序记，先有需求，然后采购，然后存储，分子是前两个环节：2×总需求（简称 D）×单位订单采购成本，然后除以分母单位存货储存成本。例如：MNO 公司每年需求 100 万个部件 A，每个订单的成本是 75 元，每个部件的储存成本是 1.5 元，则经济订购批量 =（2×100 万×75/1.5）之平方根 =1 万个部件 A。

通过公式，要非常熟悉 EOQ 中某一个要素增大或减小对 EOQ 的影响以及 EOQ 各要素之间的关联。例如：A 公司采用经济订货模式管理存货，今年存货订货总量和去年一样。公司今年提高了经济订货批量，那么（　　）。

A. 单位订货成本占存货持有成本的比重增加

B. 单位订货成本占存货持有成本的比重下降

C. 存货持有成本保持不变

D. 存货持有成本上升

答案：A。持有成本与订货量呈反向关系，订货成本与订货量呈同向关系。当企业在订货总量不变的同时增加每一次的订货数量时，表明存货的单位订货成本上升或单位持有成本下降，因此单位订货成本占存货持有成本的比重增加。

EOQ 可以使总的存货管理成本降到最低。总存货成本分为两个阶段。

第一阶段：从订单准备、下订单一直到存货进入仓库进行储存之前发生的下订单成本、运输成本、收卸货物成本等，叫作订单成本或又称订购成本（ordering cost）。订单的固定成本，如人工工资等，是不相关的，订购的货品本身的成本也不包含在这里。总订单采购成本的常用表达公式是：(D/Q)×单位订单的订购成本。

第二阶段：从存货入库进行储存一直到存货运出仓库之前的成本。这个阶段叫作储存成本（又叫存货持有成本），包括了存货占压的机会成本、保险费、相关税费、租金、折旧、相关人工成本、仓库内整理搬运成本、损耗、过时跌价等成本。某期间总储存成本的常用表达公式为：(Q/2)×单位储存成本，但如果公司有安全存货量，那总储存成本=[(Q/2)+安全存货量]×单位存货成本。单位存货成本经常用存货购置成本的百分比来表示，比如单位存货成本是存货成本的15%。其中"某期间的平均存货的计算=订购量÷2，即Q/2"，这是假设每次订购的存货可以一直使用到零件，然后新采购的存货又马上可以补充上来。此处的"某期间"是指从采购进仓库到该存货物品用完的期间。例如：假设5月1日订购了A商品900件，5月26日A商品剩零件了，当天马上新采购的A商品900件补充到仓库中。A商品在5月1日到5月26日间的平均存货=(900+0)/2=900/2=Q/2=450（件）。

注：在考试中或其他情形中，如果无法简单地分清某项成本是订购成本还是储存成本，则从它们所处的阶段来分，因为两个阶段的区别是鲜明的。

EOQ是让上述这两个成本之和为最低，这样意味着，从某种程度上来讲，EOQ的订货量是最让公司节约储存和订购成本的。

EOQ的缺点：

- EOQ的假设有时候是不现实而且不准确的。需求量、订货周期、相关成本等是确切已知的情形很罕见。
- EOQ的计算是基于预测的成本和预测的需求。如果能基于实际的成本和实际的需求会更好，JIT是基于实际的需求进行采购。
- EOQ可能会导致过多的存货量及相应的过大的存货成本。
- EOQ忽略了批量打折以及运费优惠等因素。

实际工作中，需要时公司可对EOQ进行修正或补充，比方说考虑进批量打折、运费优惠等因素。

订货周期及再订货水平

订货周期有时被值得商榷地翻译为订货前置时间（lead time），是指下订单到将货物收进仓库达到可使用状态之间的时间间隔。有效的存货管理一般希望减少订货周期，方法有：

（1）减少订单准备的时间。订单准备是指搜集相关订单信息、填写订单等。

（2）减少订单传递给供应商的时间。

（3）减少供应商的订单处理时间。

（4）减少供应商送货时间。

（5）减少货物送到后的货物检验、存货整理等时间。

再订货水平，又称订货点（即存货到达多少量时需进行订货）= 订货周期 × 每订货周期的销售量或生产耗用量。注：周期可以是月、星期或天，乘号前后的时间单位必须一致！即订货周期如果是 1 个月，则时间单位为月，订货周期的数字是 1，后面乘的也必须是每个月的销售量/生产用量，而不能乘以每个星期或每天的销售量/生产用量。同理订货周期如果是 2 个月，则订货周期的数字是 2，后面乘的必须是每个月的销售量/生产用量。如果订货周期是 3 个星期，则时间单位为星期，订货周期的数字是 3，后面乘的也必须是每个星期的销售量/生产用量，而不能乘以每个月或每天的销量！同理，如果订货周期是 5 个星期，则时间单位为星期，订货周期的数字是 5，后面乘的也必须是每个星期的销售量/生产用量！例如：某企业预期一年需要 360 万件 A 商品，一年假设是 360 天，交货期为 5 天，那么订货点 =5 天 ×360 万/360 个 = 5（万个）。又如：假设交货期变为 6 个星期，一年有 52 个星期，则订货点为 =6 × 360 万/52 =415 385（个）。

考虑到订货周期可能延长造成货物迟到或需求量过大都有可能带来缺货，而且在现在公司运营里缺货的成本是巨大的，因此一般公司都会设定一个安全库存。适当的安全存货数量取决于四个因素：（1）预计存货需求的不确定性越大，企业希望持有的安全存货越多；（2）存货补充的交货期的不确定性越大，存货短缺的风险越大，企业希望持有的安全存货也就越多；（3）存货短缺成本越大，企业希望持有的安全存货也就越大；（4）存货持有成本越大，维持安全存货的成本就越大，则希望持有的安全存货越小。

缺货成本，是指由于缺货导致的无法销售而产生的成本，即失去的边际贡献。缺货成本还可能包括，造成公司在客户中的信誉下降，以及客户相互之间对不好信誉的传播，虽然这些很难用金钱衡量，但无疑损失是巨大的。

若有安全库存，再订货水平 = 订货周期 × 每订货周期的销售 + 安全库存量。例如：某企业的安全存货量为 1 000 个，预期一年需要 360 万件 A 商品，一年假设是 360 天，交货期为 5 天，那么订货点 =5 ×360 万/360 +1 000 个 =5.1（万个）。

决定最佳存货水平的因素有：EOQ、订货周期、生产用量、销量、安全库存、生产模式（比如适时生产制还是传统生产制）等。

适时生产制系统

适时生产制（just in time，JIT）是一种综合的生产和存货控制机制。适时生产制度是以订单驱动的，只有在有实际销售需求时才进行一系列的材料采购和生产行为，平时不备货或尽可能少备存货，又称为需求牵引式/拉动式系统，有别于传统的推动系统。传统的推动系统是以销售预测驱动的，根据销售预测进行排产、采购和生产。在市场变化多端的今天，销售预测经常不准，累积的销售预测不准可能会造成大量存货积压以及相关的成本浪费和资金占压。

JIT 的目的是：创造精益生产，减少或根除资源浪费。

JIT 的基本流程：接到客户订单—及时排产—及时采购原料—及时生产—及时发货交付订单。JIT 属于精益生产的一种，精益生产是一种理念，JIT 是具体的经营模式。

JIT 因此会大量节约存货的积压，但相对于传统模式中客户可以购买现货来讲有一个缺点是客户取货速度相对较慢。因此 JIT 要想适时成功需具备以下特点：

- 车间布置要非常紧凑，放在一个空间内，设置传送带，高度自动化，必要时车间可设置仓库，就像一些仓储式商场一样，这样可以节约时间和成本。很多企业的车间布置是由很多便捷的 U 型制造单元（manufacturing cell）组成。使用制造单元可以形成多条小生产线，布局设置紧凑，企业可以灵活、快速、同时生产不同定制的产品，另外要求工人在制造单元里都是熟练的多面手，这样可以显著地提升生产效率。
- 缩短批次间的设备调整时间（setup time）。
- 缩短生产周期（其英文为 manufacturing lead time，有时候被值得商榷地翻译为生产前置期或提前时间），即从接到客户订单，到产品完工送至客户。
- 可靠的供应商的关系。非常依赖优秀的供应商并与之有紧密的合作。JIT 的企业对供应商要求非常多，如，必须及时供货、供货质量必须非常高、能适应供货材料规格变化的要求等，因此通常使用 JIT 的企业需要给这些供应商相应的补偿，如，缩减供应商的数量，从而可以给供应商相对较大金额的合同，另外和供应商有长期的合作等。
- 可进行产品定制，产品个性化，更有利于市场的拓展和提高竞争力。这样可以弥补客户拿货较慢的缺点。
- 相比传统的生产模式，即先提前生产出来成品再往市场上推，JIT 的立即生产模式可以用最新的科技，从而吸引客户。这样可以弥补客户拿货较慢的缺点。
- 最高管理层强有力的支持，因为这是一个跨部门的较复杂的工作。
- 原来被放入制造费用的一些间接成本变为可追溯的直接成本，例如，一些间接人工成本、折旧等成本因为特定的制造单元的安排有可能可以和具体的某个订单、某种产品直接联系起来。

JIT 的优点/益处：

- 更好的存货控制，大幅减少存货甚至到零存货。减少了存货投资及存货持有成本。JIT 提高了存货周转率或又叫作降低了存货周转天数。注意，一般来讲，存货周转率越大越好，但存货周转天数越小越好。这两个指标是相反的，别混淆！在适时制中，存货被看作是不增值的。

- 生产周期缩短和批次设备调整时间缩短。
- 质量控制改善，这样是为了高质量、快速地完成客户订单。如果质量控制不好会引起交货延迟或/以及交货物品不达标。
- 强有力的供应商关系。
- 消除了过多生产的情况。例如，传统的机制很容易造成过多生产，如销售预测不准、存货过时等。
- 减少了库房和生产空间的投资。例如，存货更少，生产设施更精小、生产设施安排更紧凑，另外生产车间可以充当库房等。
- 节约、减少生产成本，提高了利润。例如，减少了废品、返工、浪费等。
- 因为存货的大量减少从而改善营运资本和现金流。
- 减少了日常文书工作（paperwork）。例如，大量销售预测、销售计划等。
- 优秀的质量管理，提高了质量。例如，使用 TQM 质量管理系统、六西格玛等，减少次品对生产速度的耽搁。
- 生产更灵活，以市场需求的变化为主导，而且 JIT 没有存货的累赘，可以实现产品的灵活变化。
- 可进行产品定制，产品个性化，更有利于市场的拓展和竞争力。
- 相比传统的生产模式，即先提前生产出来成品再往市场上推，JIT 的立即生产模式可以用最新的科技，从而吸引客户等。

JIT 的缺点：

- 没有安全富余存货，容易造成存货断档，导致增加生产停工时间，销售缺货等，影响生产和销售。因此企业不应走极端，可以考虑建立少量的安全库存。
- 过度依靠供应商，风险大。万一供应商有闪失，将损失巨大。
- 紧急订单可能需要经常加班，加班费增加。另外，生产运营可能过于紧张和严苛，影响员工士气和满意度等。
- 因为都是有订单才生产，会失去大批量生产产生的高效率和低成本。

注意，实际工作中，未必所有的公司都能百分之百地使用 JIT 系统，但可以根据此理念，合理最大化地应用 JIT，例如，有的公司在销售方面是推动式的，但在生产工序和材料采购方面使用 JIT 的理念，即只有有生产需求时才进行备料或采购等。JIT 的益处巨大，需要实际工作中大家创造性地合理最大化应用到本企业。

看板系统（kanban）：是 JIT 的一种初级形式，属于精益生产模式。机制为：除非下游部门（如销售部，或生产部的接近成品的工序等）通过看板卡片提出要求，否则上游部门不进行任何采购或生产动作，可避免上游存货积压。每个车间及采购部的生产或采购完全根据下游的需求而及时安排相应的工作。这样可避免先大批量采购及生产，那样会造成存货大量积压以及机器、人工等成本的浪费。

适时生产制和经济订货量

适时生产制和经济订货量有相似的地方，比如：(1) 都是跟踪存货水平，需要时订购特定量的存货来补充存货；(2) 都本着如何更经济地进行存货采购，降低存货相关的成本；(3) 它们都忽略了大批量采购的折扣优惠因素等。它们之间的主要区别有：(1) 适时生产制只有有实际需求时才进行采购，而经济订货量是根据预测的需求；(2) 适时生产制同时涉及了整个生产运营过程，而经济订货批量只涉及采购环节；(3) 适时生产制没有强调最低化订购成本与储存成本之和。

适时生产制和经济订购批量可以相互借鉴和补充，比如：(1) 适时生产制在有实际需求要进行采购时，如果可行的话（比如数量比较大的订单），可以考虑使用经济订货批量的模型，以最低化订购成本与储存成本之和。例如：MNO 公司接到 1 万台特殊防静电椅子的订单，MNO 采购时可以选择经济订货里更科学、更节省成本的分批量采购，而不是一次性地采购全部原料。(2) 经济订货批量可以借鉴适时生产制，尽可能使用实际的需求量或者比较接近实际的预测，而不是完全凭自己的展望预测需求量，另外采购的动机因下游的实际需求而定，这样更合理。

存货管理的一些指标

存货周转天数 = 平均存货/每天的销货成本。存货周转天数应和过去比较或跟同行业比较或与公司的标准比较以发现问题。存货周转天数不一定是越小越好，因为太小了可能意味着存货太少产生缺货，影响生产、销售。注：包括周转天数在内的指标的公式中一般都是 A = B/C，要能熟练推出 B = A × C，例如，告知存货周转大数和每天的销售成本，要能推出来存货 = 存货周转天数 × 每天的销售成本。类似地，如应收账款周转天数等。

存货周转率 = 年销售成本/平均存货。存货周转率代表着一年存货能周转几次，若等于 12，则意味着一个月周转一次，若等于 6，则意味着 2 个月周转一次。365/存货周转率 = 存货周转天数，相应地，存货周转率 = 365/存货周转天数。

存货周转天数和存货周转率是反方向的，存货周转率越大，则存货周转天数越小；相反，存货周转率越小，则存货周转天数越大。

独立存货控制

存货控制应有独立于负责决定采购数量的部门的其他部门人员参与控制，一般是财务部相关人员从独立角度参与存货控制。这是因为决定存货采购数量的人员单独执行工作可能会存在一定的利益冲突，因为采购数量越宽松，该工作就越轻松，从而避免被埋怨等。但存货的成本以及资金的占压对企业来讲过于巨大且危险，中立的财务人员应该积极、深入地参与到存货的控制和管理中以确保存货处于合理的水平。

存货投资管理练习题 & 解答

1. 最佳的库存水平不受（　　）的影响。

A. 每个时间段内库存的使用频率　　B. 库存的单位成本

C. 当前的库存水平　　D. 下订单的成本

答案：C。最佳库存水平受到经济订货量模型中的因素以及交付和生产周期的影响。这些因素是每年的需求量、持有成本（包括投资在库存上的资金成本）、使用频率，以及下订单的成本或生产设置的成本，现在的库存水平与最佳库存水平没有关系。注意，此处的使用频率是指生产用量或销售用量的意思，例如，在汽车生产公司，轮胎的使用频率是一天使用500个，即每天生产汽车需要用500个轮胎。

2. 下面选项中将不被考虑为与库存相关的持有成本的是（　　）。

A. 保险成本　　B. 投资到库存的资金

C. 过时的成本　　D. 运输的成本

答案：D。持有成本是保持库存时发生的，包括仓库、保险、投入到库存中的资金成本、库存税以及过时或损害的成本，运输和库存自身的成本都不是持有成本。

3. 持有成本的一个例子是（　　）。

A. 生产计划的打乱　　B. 失去的数量折扣

C. 搬运成本　　D. 损耗

答案：D。C应该是翻译错了，C原意应该是运输成本，如果运进物品的运输成本则属于存货本身成本的一部分，若是运出物品的运输成本则属于销售运费。但若是仓库内部的一些整理搬运成本则属于持有成本。

4. 与库存管理有关的订单成本包括（　　）。

A. 保险成本、采购成本、运输成本和损坏

B. 过时、设置成本、数量折扣损失和存储成本

C. 采购成本、运输成本、设置成本和失去的数量折扣

D. 运输成本、过时、设置成本和投入的资金

答案：C。订单成本包括下订单与收订单时发生的成本。它包括采购成本、运输成本、装卸成本等。

5. 一个主要的供应商向 A 公司提供一个特殊采购——Alpha 购买 180 000 箱运动饮料，每箱 \$10，A 公司一般每月订 30 000 箱，每箱 \$12，A 公司的资本成本是 9%。在计算这个订单的机会成本时，持有增加的库存的成本是（ ）。

A. \$32 400 B. \$40 500 C. \$64 800 D. \$81 000

答案：A。A 公司一次购买 18 万箱，相当于一次购买了 6 个月的特殊订单（180 000 ÷ 30 000），6 个月的平均库存是 \$900 000[=(180 000 × \$10) ÷ 2]。如果不做这个特殊采购，同期每月的平均库存是 \$180 000[=(30 000 × \$12) ÷ 2]。因此，增量库存是 \$720 000(= \$900 000 - \$180 000)，6 个月投资的利息成本是 \$32 400[=(\$720 000 × 9%) ×6/12]。

6. 在库存管理中，如果发生（ ），安全库存将增加。

A. 持有成本增加 B. 断货成本下降

C. 前置时间的波动性增加 D. 使用率的波动性减少

答案：C。书上有详细的解释。D 的使用率是不恰当的语言表达，实际上应该是使用量的波动性减小。

7. 库存管理的安全库存水平不取决于（ ）。

A. 销售预测的不确定性的水平 B. 顾客对晚到货的不满意程度

C. 断货的成本 D. 再订单的成本

答案：D。

8. FWC 公司在利物浦经营着一个连锁五金店。公司要确定一个空气清洁器的最佳库存水平。库存经理编制了下面的数据：

- 每年的库存持有成本大约是库存投资的 20%。
- 每个产品的库存投资平均是 \$50。
- 断货的成本估计是每个 \$5。
- 每年的公司平均订单数为 10 次。
- 总成本 = 持有成本 + 预计的断货成本。
- 每个订单周期断货的可能性与安全库存水平的变化如下所示：

安全库存	断货	概率
200	0	0
100	100	15%
0	100	15%
0	200	12%

在安全库存水平 100 个的基础上，安全库存的总成本是（ ）。

A. \$1 750　　B. \$1 950　　C. \$550　　D. \$2 000

答案：A。总成本的定义是持有成本加期望的断货成本。每件产品的持有成本 = 20% × \$50 = \$10，100 个安全库存的持有成本是 \$1 000，在这个安全库存的水平上断货有 15% 的概率，断货的成本是每发生一次 \$500（= 100 × \$5）。如果企业每年订货 10 次，断货的预测数量是 1.5 次（= 15% × 10），因此，总的期望断货成本是 \$750（= \$500 × 1.5）。总成本是每年 \$1750（= \$1 000 + \$750）。

9. 公司使用经济订单量（EOQ）模型来管理库存。下面（　　）的减少将使 EOQ 增加。

A. 每年的销售　　B. 每个订单的成本

C. 安全库存水平　　D. 持有成本

答案：D。要熟记公式，尤其按照书上写的窍门记忆公式。

10. 某企业要订购 12000 顶帽子，供应商答应如果该企业每次订购 2000 顶或以上，可以给 20% 的折扣，购买价是 \$100，订单费用 \$5/件，订单处理 \$0.3/件，卸货费用 \$400/订单，如果该企业每次订购 2000 顶，全年订货费用是（　　）。

A. \$10 100　　B. \$95 000　　C. \$74 000　　D. \$66 000

答案：D。全年订货费用 = 订单费用 + 订单处理费用 + 卸货费用 = 12 000 × \$5 + 12 000 × \$0.3 + (12 000/2 000) × \$400 = \$66 000。考试中一定要灵活运用所学的知识，会有一部分考点是有灵活变化的，思考要灵活而且细心！

11. 某制造公司使用经济订单量（EOQ）模型。如果产品 A 的 EOQ 是 200 个，公司保持 50 个安全库存，产品 A 的平均库存是（　　）个。

A. 250　　B. 150　　C. 125　　D. 100

答案：B。Q/2 + 安全库存 = 200/2 + 50 = 150（个）。

12. 如果某公司实施适时生产存货管理计划，预计它的存货周转率将（　　）。

A. 增加，其存货销售天数将减少

B. 增加，其存货销售天数将增加

C. 减少，其存货销售天数将减少

D. 减少，其存货销售天数将增加

答案：A。

3.2　长期投资管理

我们讲完了资产负债表运营和管理（也叫作公司财务管理/公司理财）的长期融资、短期融资以及流动资产投资管理，下面我们讲解资产负债表的最后一部分，非流动资产/长期资产的投资管理。非流动资产/长期资产一般包括固定资产、无形资产、长期投资科目等。长期投资管理经常叫作长期投资决策或者资本预算。

长期资产投资决策（一般称作资本预算）是指时间超过一年而且金额较大的投资的决策。长期投资项目包括并购、采购生产设备、建厂房、研发投资（当然研发投资之后可能会有一部分费用化从而并不体现在长期资产里，但包括这些费用化投资在内的整个研发投资仍然属于长期投资决策范畴）等。

企业进行长期投资主要是着眼于未来可持续发展。不进行长期投资的企业则没有未来，因此企业的运营主要依靠长期资产。这在实际工作中至关重要，尤其现在越来越多中国企业国际化经营，常常有巨资并购、工厂扩建等大项目，但因为长期投资的金额一般会非常大而且对企业的影响也非常重大，因此长期投资可以形容为“成也萧何败也萧何”。长期投资决策做好了，企业可能从默默无闻的小企业摇身变成巨型、举世关注的跨国集团，但如果长期投资决策没做好，企业也可能从此遭受重创甚至有些企业因此大伤元气以致倒闭。

货币的时间价值

今天收到的1元钱要比多年以后收到的1元钱更值钱，这是因为今天收到的1元钱可以以复式利率存在银行挣取回报或投资其他资产赚取回报。例如：假设今天收到1元钱，以复式利率6%存入银行，在第6年年底，这1元钱变成了1.419元，即1×[（1+6%）的6次方]（可以查终值/未来值表），第7年年底变成了1.504=1×[（1+6%）的7次方]……注：这里并没有考虑货币通胀的因素，因为这里讲述的是一贯的准则，并不是所有国家都有通胀，甚至有些国家还有通缩现象。如果某国有通胀因素，企业除了考虑货币的时间价值外，还应额外考虑通胀的影响。在这里货币的时间价值理论并不考虑货币通胀或通缩的因素。

因此，越早收到钱就可以越早进行投资而得到回报，则钱就越值钱，相反相对来讲钱越往后越不值钱。推算起来，第6年年底收到的1元钱相当于现在的0.705元=1/[（1+6%）的6次方]，第7年年底收到的1元钱相当于现在的0.655元=1/[（1+6%）的7次方]。正好和上面的终值算法倒过来。

下面两种诠释货币时间价值的方式：

回报率 =6%	0 年/time 0	第 1 年……	第 6 年	第 7 年
终值（FV）	1		1. 419	1. 504
现值（PV）	0. 705		1	
现值（PV）	0. 655			1

进行现金流折现时，大家要会非常熟练地查复利现值系数表（即未来某年/某期的 1 元钱在回报率 X% 的情况下相当于现在的多少元）和年金现值系数表（每期发生现金流 Y，一共 N 年/期，在回报率 X% 情况下，N 相当于的具体的数值，假设查表后是 M，因此折现后的现金流总和 = M × Y）。当然也要会非常熟练地查终值表。

练习题：某行业市场总量为 200 万个，某企业其产品在行业中售价为 75 元。分析师预计三年内若价格每年上涨 5%，市场份额按复利 10% 增长。若每年价格下降 5%，份额将按复利 25% 增长。该企业现在保持 10% 占有率。预期企业第三年营业范围是（　　）个。

A. 1 711 万 ~2 911 万　　　　B. 2 311 万 ~2 711 万

C. 2 201 万 ~2 311 万　　　　D. 2 311 万 ~2 511 万

解析：第一种增长趋势：75 ×1. 05 ×1. 05 ×1. 05 ×10% ×1. 1 ×1. 1 ×1. 1 ×200 万 = 2 311（万）。

第二种增长趋势：75 ×0. 95 ×0. 95 ×0. 95 ×10% ×1. 25 ×1. 25 ×1. 25 ×200 万 = 2 511（万）。选 D。

永续年金

永续年金（perpetual annuity）是指无限期等额收付的特种年金。它是普通年金的特殊形式，即期限趋于无穷的普通年金。永续年金现值计算公式为：V0 = A/i。A 代表每年的相同金额，i 代表利息率或回报率。例如：若永续年金每年年底的收入为 800 元，利息率为 8%，则永续年金的现值 =800/0. 08 =10 000（元）。

练习题：本杰明为他的女儿杰西投资了 $10 000 的终身年金。这个年金将永远每年产生 $400 的收益。这个年金的预期内部回报率是（　　）。

A. 如果没有额外的信息不能确定　　　　B. 4. 0%

C. 2. 5%　　　　D. 8. 0%

解答：$10 000 = $400 ÷ I；I =0. 040 =4. 0%。选 B。

资本预算详解

资本预算具体的六个阶段如下。

- 确认投资需求阶段。确认公司目前最需要解决的问题，如并购其他公司扩展新的业务、扩建增加产能等。

- 寻找项目阶段。需找那些能符合企业目前需求的项目，从某种意义上来讲这是这几个阶段里最难的，尤其涉及并购项目的资本预算。

- 信息、数据获得及整理阶段。项目总投资额，额外流动资本需求，项目期间净现金流等。

- 项目确定、选择阶段（IRR/NPV/折现回收期/风险分析等）。

- 融资阶段（如果需要）。

- 项目实施和控制阶段。项目实施后，目前很流行项目后审计，因为项目后审计的优点有：

■ 项目后审计是资本预算的一个重要且不可分割的一部分。对比实际和当时的资本预算，如有重大差异，需寻找原因、明确责任，建立问责机制，如此可以促使经理们在制定项目预算时谨慎诚实。资本预算因此一定要认真对待！不能故意虚报或者资本预算制定得不精细，否则会给企业带来巨大损失。

■ 通过实际和预算对比可以提供机会去加强甚至扩展成功的项目。

■ 及时发现问题并改进问题，提高绩效。如果实在无法继续下去应及时停止该项目以避免更大的损失。

■ 积累经验教训，促进将来更好地制定资本预算等。

下面我们着重详细讲解：

- **资本预算的现金流的计算和整理；**
- **资本预算决策工具（IRR/NPV/折现回收期等）；**
- **资本预算的风险分析。**

以上又称资本预算/长期投资决策建模。

资本预算之现金流

资本预算一定要用现金流，而非利润！现金流一定要用增量现金流，即有无此项目的差异现金流，或者叫额外增加的现金流。例如：MNO 公司考虑是否要扩建目前生产线的规模，假设扩建该生产线的投资为 2 亿元人民币，预计 MNO 扩建后 10 年中，企业每年的现金流分别为 1 亿元、2 亿元、3 亿元……一直到第 10 年。资本预算是否可以直接用这些现金流？答案是否定的！应该要用增量现金流！如果企业不扩建该生产线，企业在未来 10 年的现金流分别为 5 000 万元、1 亿元、1.5 亿元……一直到第 10 年，因此增量现金流分别为：第 1 年，0.5 亿元；第 2 年，1 亿元；第 3 年，1.5 亿元。因为只有增量现金流才和增量的零年投资配比。

另外，项目现金流一定是指此项目直接制造的现金流，这里并不包括融资现金流，如本金的借入和偿还等，这些不是项目直接制造的。另外，融资的利息费用也不包含在项目现金流里，因为折现率里已考虑了利息费用（具体请见WACC的计算）。

注意：资本预算是指未来还未发生的支出，如果支出已发生，即使该支出和项目有关，也不能做资本预算的现金流。例如：ABC公司为了一个要在北方区上市的新产品花费了600 000元搜集市场信息及做市场测试。这600 000元属于沉没成本，资本预算不要考虑此项支出。这项支出属于沉没成本，和项目决策无关了！因为项目批不批准，这些支出都已经发生，都是无法改变的。关键词是：已发生！

整个项目的现金流一般可分为两部分：（1）项目初始现金流；（2）项目运营现金流（operation cash flow）。

项目初始（项目零年）现金流

所谓的零年是指项目正式启动运营前的初始建设阶段，可能是一年，也可能是两年等。零年现金流主要包括：

零年的设备投资。设备款，以及相应的安装、搬运费等这些让设备能开始运营的所有必要费用，后期增加的一些与此项目关联的投资额，即和此项目是一个整体的其他固定资产投资，比如设备增补等。例如：项目期为10年，有些固定资产的使用寿命只有5年，因此，5年后仍需投资来更换这些设备，这些投资需体现在后期（即项目中）的现金流里。

零年的流动资金/营运资本需求，即流动资产减流动负债。流动资金在项目开始后可能还要增加，增加的部分体现在当期现金流，但最终无论是零年的还是项目中间增加的流动资金全部要在期末回收。后面将详细解释。

零年需要发生的一些费用。比如培训费、营销费用等，费用一定要用税后的！因为整个资本预算都用税后现金流！

零年旧设备变卖的税后现金流。

零年的一些机会成本。是指新项目没花钱占用的公司的其他设施，但这些设施本来可以卖掉或有其他用途。此设施机会成本 = 其现在的市值。一般此设施会在项目最后一年卖掉体现现金流入。例如：新项目没花钱占用了公司的仓库，目前价值150万元，这150万元要体现到零年的机会成本中，作为一项现金流出。

注意：零年的沉没成本是不相关的，即使该花费和项目有关联。关键词是：已发生！已支出，则为沉没成本。

项目期间现金流

项目期间现金流包括项目产生的增量营运现金流和与此项目直接相关的后补的投资现金流。

项目产生的增量营运现金流。一般的表达形式为，间接法的现金流量表，即先列出损益表：销售收入－销售成本－销、管费用、利息费用及税费等＝净利润，然后净利润：

（1）加税后利息费用，即加利息费用乘以所得税税率。注意，不是直接加利息费用，而是需加利息费用乘以所得税税率，可以自行进行验证计算。净利润里已减利息费用，而资本预算中，现金流不能减利息费用，这是因为在折现的资本成本里已考虑了利息费用，如果现金流里再减利息费用，则算重了。另外一种方法是损益表的最终利润用税前利润×(1－所得税税率）来表达，即不减利息费用的税前利润，然后乘以（1－所得税税率）得出最终利润，有时候也叫营运净利润，这样在计算营运现金流时就没必要加回税后利息费用了。

（2）加/减损益表上不影响现金的费用/收益。例如：折旧费用、摊销费用、固定资产处理损益等，注意是加费用，减收益。

（3）加(不包括短期贷款等人为融资的）流动负债的增加额（＝期末数－期初数。窍门：都用期末减期初）。

（4）减非现金流动资产的增加额（＝期末数－期初数。窍门：都用期末减期初）。

其中，非现金费用和收入事项主要包括：(1）折旧、无形资产摊销（加)；(2）处理固定资产损益（加损，减溢)；(3）递延所得税费用/递延所得税收益（加费用，减收益）等。

其中，净营运资本（流动资产减流动负债）一般是随着销售而起伏，比如销售增加了，应收账款一般要增加，要多备货从而存货增加，存货增加了从而根据相关的信用期应付账款也要增加。因此，营运资本的每月余额在项目期间会有相应的增加或减少。每期的营运资本增加额（此数有可能为负数）＝期末营运资本－期初营运资本。但到项目最后一年，所有之前每期的（包括零年在内的，但不包括最后一期的）营运资本增加额（包括零年的）都要收回作为现金流入，因为在项目的最后一年年末，是假设项目已结束，要进行清算，项目最后一年的营运资本余额因此必须为零。

“所有之前每期的营运资本增加额（包括零年的）都要收回作为现金流入”比较抽象，实际上从零年开始（包括零年在内）每期，但不包括最后一期，营运资本增加额相加，实际上就等于最后一年前一年的期末营运资本余额，后面有综合例题可以试验，当然自己也可以演算和理解。因此以上理解就是：这是因为营运资本从零年的投入开始，假设2 000万元，然后随着项目的开始经营，营运资本会自然地随着销售和经营的需要而发生存货消耗、存货采购、每月计算存货余额，应收账款随着销售和回款自然增加和减少，然后每月计算其余额，其他营运资本项目同理，项目的最后一年的前一年底的营运资本余额就像刚才讲的自然而然因为销售和经营等的需要发生增加、减少、增加等从而形成了项目最后一年的前一年的营运资本余额。

因此，最后一年营运资本的回收额等于最后一年之前（包括零年的）每年营运资本的增加额的累加额，简单的窍门是：实际上就等于最后一年的前一年年末的营运资本额。

项目期间的现金流除了上面讲的营运现金流，在项目进展过程中，增加一些相关该项目必须发生的后续固定资产投资，比如设备增补，设备更新（例如，项目期为10年，有些项目的设备寿命是2年，因此，在项目内需再投资进行更新这些到期的旧设备以维持项目的正常运营）等。这些直接作为流出的现金流。但注意：公司里和该项目无关的固定资产支出不能放置在项目现金流里。因此，项目期间的现金流主要是营运现金流，但因为有可能有项目进展中的一些后续固定资产投资支出，因此项目期间现金流还包括这些投资现金流。

在做资本预算中，没有必要编制完整的资产负债表，只需预测营运资本相关的数据即可。因为主要是预计营运现金流。

注意，在项目期间现金流中包含一种特殊的现金流，叫作项目期末剩余价值现金流（terminal value，TV），或又称作项目期末处理现金流（disposal cash flow）。项目期末剩余价值的含义是项目期间现金流之最后一年的特殊项目的现金流，主要包括：

（1）相关项目设施、设备处理现金流，其中也包括了零年机会成本相关设施处理的现金流。

（2）期初和期中增加营运资金的回收。注意：最后一年的营运现金流（即净利润+折旧等）不属于项目期末剩余价值。另外，因为最后一年的营运资本的变化额，即最后一年的期末金额减最后一年期初金额，算作项目期末剩余价值，因此在计算项目期间营运现金流时就不应该包括项目最后一年的营运资本变化额，否则重复计算。

额外要注意的是：

- 项目现金流一定不包括融资本金以及利息的现金流，融资本金不是项目运营直接产生的。另外折现率已考虑了利息成本，因此不考虑利息的现金流。

- 一定要用税后现金流，整个资本预算都用税后净现金流，哪怕只涉及成本项目，成本也要用税后的（比如项目期间节约的成本等）。

• 设备处理的现金流，一般发生在项目之初或项目最后。窍门公式：资产变卖现金收入 -（变卖现金收入 - 资产账面价值）× 所得税税率。若变卖亏损则能增加现金流（负负得正），若变卖收益则减少现金流。

项目营运现金流的 2 种算法

税盾法（更多的是出现在教科书或考试中）。在计算现金流时经常会出现营运现金流，或营运费用（也称经营费用），同时又列举了折旧费用的数据。此情景，如果没有特殊说明的话，营运现金流是没有计算（即没有减去）折旧的。若净利润的计算中没有考虑折旧，即没有减去折旧，则在计算最终净现金流时公式为：净利润 + 折旧 × 税率（即税盾）。另外，如果题中告诉的是税前营运现金流，那应该先算出税后营运现金流，然后再加税盾。例如：收入 100 万欧元，一般经营费用为 30 万欧元（不包括折旧），折旧费用为 20 万欧元，税率为 30%，则最终净现金流 =（100 - 30）×（1 - 30%）+ 20 × 30% = 55（万欧元）。

全额折旧加回法（更多地用在实际工作中，也有可能出现在考试中）。在实际工作中净利润都是考虑了折旧费，即减去折旧费后的净利润，因此此时在计算营运现金流时：净现金流 = 净利润 + 折旧 × 100%。同样用上例，收入 100 万欧元，一般经营费用为 30 万欧元（不包括折旧），折旧为 20 万欧元，税率为 30%。最终净现金流 =（100 - 30 - 20）×（1 - 30%）+ 20 × 100% = 55（万欧元），结果一样！

资本预算之现金流综合案例——MNO 公司

• 已发生市场测试费用：$100 000。

• 预计构建一条生产线的成本：$100 000 000（用 MACRS 折旧方法，MACRS 是美国一种较常用的折旧方法，MACRS 折旧率是：33%、45%、15%、7%），并且预计第 5 年设备的残值收入为 $2 177 000。

• 在零年会发生 $600 000 培训费及一些营销费用，另外增加净营运资本 $10 000 000。

• 新设备购进的同时卖掉旧设备，预计变卖旧设备的收入为 $200 000，折旧已提完，账面价值为 0。

• 预计的增量收入及成本信息如下：

  ■ 加权平均资本成本为 10%。

  ■ 税率为 35%。

  ■ 每年净营运资本是每年销售收入的 10%。

• 假设所有现金流都发生在年底。

解析：

为简化篇幅，下面的非百分比数据是以百万美元计，简写为 M。

项目零年的现金流支出

项目零年的现金流支出包括：

- 加已发生市场测试费用 \$0.1M×0=0（沉没成本，属于无关成本）。
- 加购置机器成本 \$100M。
- 加在零年会发生培训费及一些营销费用 \$0.6M×(1-35%)=\$0.39M。
- 加增加净营运资本 \$10M。
- 减卖掉旧设备税后现金流 \$0.2M-(\$0.2M-0)×35%=\$0.13M。

合计：100M+0.39M+10M-0.13M=\$110.26M。

项目期间现金流

（以百万计，即 M）	零年	第 1 年	第 2 年	第 3 年	第 4 年	第 5 年
损益表						
销售收入（A）		100.00	163.20	249.70	212.24	129.89
销售成本（B）		40.00	65.28	99.88	84.96	51.96
毛利（C=A-B）		60.00	97.92	149.90	127.28	77.93
*经营费用（销、管费用等）（D）		10.00	22.72	45.32	48.14	9.92
*折旧费用（E）		33.00	45.00	15.00	7.00	
税前利润（F=C-D-E）		17.00	30.20	89.58	72.14	68.01
净利润［G=F×(1-35%)］		11.05	19.63	58.23	46.89	44.21
现金流量表						
净利润（G）		11.05	19.63	58.23	46.89	44.21
加：折旧费用（E）		33.00	45.00	15.00	7.00	
期末净营运资本（H=A×10%）	10	10	16.32	24.97	21.22	*0
减：净营运资本增加额（I）	10	0	6.32	8.65	-3.75	-21.22

（净营运资本增加额=期末额-期初额，比如第 1 年=10-10=0，第 2 年=16.32-10=6.32）

营运现金流（J=G+E-I）	44.05	58.31	64.58	57.64	65.43

（注意，对于净营运资本的增加额，即期末额减期初额，需要使用减号）

项目后续的固定资产投资额（K）	0	0	0	0	0
期末设备、设施残值（L）					*1.42

项目收获的总现金流（M=J－K+L）　44.05　58.31　64.58　57.64　66.85

注：

（1）＊0：项目1～4年的年末营运资本余额=销售收入×10%，但最后一年不能再用销售收入乘以10%，因为最后一年是假设的项目清算年，年末净营运资本要归为0。净营运资本的规律是从零年到最后一年的前一年的所有每年增加的净营运资本的总额都要在最后一年收回，即：10+6.32+8.65－3.75=21.22。如果项目期间没有再增加净营运资本，则零年增加的净营运资本在最后一年全部收回，即：10+0+0+0+0=10。注：实际上从零年开始每期（但不包括最后一期）的营运资本增加额相加实际上就是项目最后一年的前一年末的营运资本余额，比如上面的10+6.32+8.65－3.75=21.22，而项目最后一年的前一年的营运资本余额也是21.22，所以另外一个窍门就是最后一年回收的净营运资本就等于前一年年底的净营运资本额，即第4年底的21.22，这是因为零年最初的10，加上后来每年的增加额，从而最终达到在第4年底的21.22的余额。

（2）＊折旧费：根据MACRS折旧率是33%、45%、15%、7%，第1年折旧为100M×33%=33M，以此类推，第2至第4年的折旧费分别为45M、15M、7M。因此表中的其他营运成本中没有涉及折旧费，而是将折旧费用单独列示。

（3）＊1.42M=设备残值收入=$2.18M－(2.18M－0)×35%=1.42M

（4）＊经营费用在有些年份增长的百分比较大，是因为经营费用里包括了不少变动成本，如销售佣金、销售运费、技术转让费等。

（5）净营运资本在项目期末的回收。有人可能会问：假设零年预计发生净营运资本后，项目的其他年份没有净营运资本的增加，为什么零年的净营运资本会在项目的最后一年全额回收呢？零年的净营运资本不会过期、过时吗？实际上项目最后一年只是回收了零年净营运资本那么多的金额，并不是实物上回收的零年的净营运资本，实际上实物回收的是最后一年年初近期的净营运资本。因为如果项目期间的年份里并没有再增加净营运资本，则零年的净营运资本消耗后，第1年的年底又有零年那么多金额的新净营运资本出现，第1年的消耗后又在第2年底出现了同样金额的新的净营运资本，一年压一年，实际上项目最后一年回收的净营运资本是最近期的，而不是真正零年的净营运资本的实物。

（6）注：在计算现金流时，实际工作中一般是净利润加非现金费用等的全额，但在很多教材中和考试中，经常使用另外一种形式的计算，即在计算净利润时不考虑折旧等相关项目，然后在计算项目现金流时用该净利润加折旧等的税盾，即加折旧等乘以税率，这种方法的计算如下：税后现金流之税盾法［P=(C－D)×(1－税率)+E×税率］，结果是一样的。

注：如果问项目期末现金流，则项目期末现金流：

■ 加最后一年营运现金流（除营运资本） $44. 21M（即 65. 43M - 21. 22M）；

■ 加营运资本 $21. 22M；

■ 加残值收入 $1. 42M；

■ 合计 $66. 85M。

另外请注意：在以新换旧的项目里现金流一定要用差额现金流：

■ 营运现金流，即新设备带来的收入和成本的影响减去旧设备本来对收入和成本的影响，例如：新设备安装后可实现销售收入 5 000 万元，旧设备能产生 3 000 万元的销售收入，相关现金流是 5 000 - 3 000 = 2 000（万元），又如，上新设备后可节省人力 50 万元但增加设备维护费 30 万元，差额现金流是 50 - 30 = 20（万元）。

■ 折旧也要用差额现金流。例如：买了新设备，然后造成旧设备在项目期初卖掉。这时折旧带来的税收抵扣优惠一定也是新、旧设备折旧费的差额的那部分乘以税率，即使通常旧设备在项目之初卖掉了。这是因为整个项目所有现金流的计算都要用差额现金流，即，新方案和旧方案的差额现金流，新方案的折旧是多少，旧方案的折旧是多少，求其净额或差额，即使旧机器在零年已卖掉。

另外也可以理解成用了新机器从而丧失旧机器本来可以有的折旧税收抵扣优惠，因此可以理解成丧失的机会成本/机会收益。例如：续用上面的例子，假设旧设备在零年变卖时，折旧还未提完，即，如果没有该资本预算项目，折旧还有两年未提完，最后两年每年的折旧额为 5 万美元，预计残值为 0，这意味着在零年时旧设备的账面价值为 10 万美元，则零年的旧设备现金流 = 20 - (20 - 10) × 35% = 16. 5（万美元），另外项目前两年的折旧费用分别为：$33M - $0. 005M，45M - $0. 005M。从另一个角度去理解，则为：方案 A，没有上述新的资本预算项目，旧设备继续使用，则旧设备会在第 1、第 2 年产生折旧费分别为 $0. 005M、$0. 005M；方案 B，考虑资本预算新项目，则新项目在前两年产生的折旧分别为 $33M、$45M，因此差额现金流为：$33M - $0. 005M，$45M - $0. 005M。

资本预算的决策方法

资本预算决策的方法：

- 回收期法 - PB；
- 折现回收期法 - DPB；
- 净现值 - NPV；
- 内部回报率 - IRR。

如何选择要求回报率/折现率

要求回报率（required rate of return，RRR），是用来对项目的现金流进行折现或用于作为标杆和 IRR 进行比较。要求回报率代表了投资一个项目所期望的最低回报率，经常也叫作折现率、加权平均资本成本/WACC（又称作资金成本率）、资本的机会成本（即，将资金投在该项目上而不能往其他项目上投资所牺牲的资本的机会成本）。

要求回报率基本上就是 WACC 的代名词，但严格意义上来讲，要求回报率是从公司投资者角度来讲的，即公司的投资者在投资某公司/项目时会有一个要求回报率或又称期望回报率，此要求回报率就是所要投资资金的机会成本/机会收益。而 WACC（又称作资金成本率）是从公司角度来讲的，公司筹资（无论是债务类还是权益类）都是有资金成本的，天下没有免费的午餐。要求回报率和 WACC 很多时候是通用的。

一般来讲，公司在确定折现率/要求回报率时，对于上市公司而言，使用 WACC 计算清晰而且数据更容易取得，其中债务部分很容易，权益部分可以使用 CAPM。若实在无法取得数据可以使用类比法，找上市公司中的同类公司。但如果是非上市公司，债务部分仍然较容易，但对于权益部分较难，首先权益金额是历史成本，不够准确，另外，分红的数字不容易确定，建议可以寻找可比的上市公司获取相关数据。

现在很多大公司都是业务多元化，即有多个战略业务单元/SBU，一般来说，公司有一个平均的折现率，而不同的 SBU 会有自己的折现率。另外，针对新项目的特点及风险等，折现率可能要进行调整。

回收期法

回收期法代表着要花多长时间才能将项目的初始投资额收回，即保本时间或盈亏平衡点时间。公司要设立回收期的标准年限，一般不同类型的项目会设立不同标准的回收期年限。如果项目的回收期小于或等于公司设立的标准回收期，则此项目可以被接受，否则拒绝。

如何计算回收期?

（1）从第 1 年开始依次累加每年的现金流直到累加的现金流超过了初始投资额则暂停。

（2）累加暂停那一年的前一年作为回收期的年数整数。

（3）然后用初始投资额减暂停那年的前一年的累加现金流总额的差额，除以暂停那一年的现金流，得出的小数加刚才的整数即为回收期年数。

案例：初始投资 100 000 英镑，净现金流从 1 ~4 年分别是：34 432 英镑、39 530 英镑、39 359 英镑、32 219 英镑。

解析：

（1）第1年为34 432英镑。小于初始投资额，累加第2年的现金流后的总计为73 962英镑，仍然小于初始投资额，继续往下看，累加第3年的现金流后的总额为113 321英镑，此时超过了初始投资额则暂停。

（2）暂停年的前一年是第2年，则2作为回收期的年数的整数。

（3）然后用初始投资额减暂停那年的前一年的累加现金流总额，即100 000 − 73 962 = 26 308（英镑），然后用此差额除以暂停那一年的现金流，即26 308/39 359 = 0.66，则回收期为2 + 0.66 = 2.66（年）。注：如果每年的现金流都是均等的，则回收期 = 初始投资额/年现金流。

回收期法的优点：

1. 回收期法使用项目最初期间的现金流，这样数据相对更可靠，因为一般来讲，现金流越往后越不确定。因此，回收期法可以帮助评估风险：回收期越短，风险越小，反之越大。由于回收期法使用项目最初期间的现金流，因此在评估高科技项目上很有用，因为高科技项目都希望在设备过时前将项目初始总投资收回（高科技设备更新换代快、很容易过时）。

2. 简单、直观、容易理解。

3. 在有多个建议的情况下可以用它进行初步筛选，但回收期不能作为最终项目接受与否的依据。

4. 体现了项目的流动性，即投入的资本多长周期能回收。

回收期法的缺点：

1. 忽略了回收期以后的现金流，对长期项目不利、可能有较大影响。

2. 没考虑货币时间价值和资本成本。

3. 即使项目回收期小于公司期望的回收期，但项目的NPV有可能小于零。因为回收期法没有计算现值。比如：公司期望3年，该项目为2.6年，但项目的现金流过于集中在前几年，如果计算现值，可能NPV < 0。因此回收期法一般不能作为项目最终是否被接受的直接依据，一般只可以作为初步筛选或从不同角度考量的工具。

4. 选择可接受回收期较主观和武断。

5. 不能反映整个项目的回报率，因为它计算到能回收初始投资额后就不再计算。

折现回收期法

折现回收期是前面回收期法的改进版，即，对现金流进行折现，从而考虑了货币的时间价值和资本成本，这样会避免有的项目虽然回收期达到了要求，但整个项目的NPV

却小于零。折现回收期法虽然不会导致 NPV <0，但同样不能作为项目最终是否被接受的直接依据，因为还有很多前面回收期法中讲的缺点。一般可以作为初步筛选，比如在项目回收风险方面等。折现回收期又称作项目盈亏平衡时间点。

净现值法

净现值法（net present value，NPV），是指某个投资项目从项目的第 1 年一直到项目的最后一年每年净现金流（流入 - 流出）的现值的合计，然后减项目初始即项目零年的现金流出额之差。若项目的 NPV≥0，则该项目可接受，若 NPV <0，则应该放弃。项目期间现金流用企业的要求回报率/WACC 进行折现折成现值。若 NPV >0，则意味着此项目带来的收益高于预期的要求回报率/WACC。要求回报率/WACC 代表着给股东或/和债权人的期望回报率，因此企业如果接受了一个 NPV >0 的投资项目，企业会（除了满足债权人期望的回报外）给股东增加了财富，企业股票的市价一般会上扬。

实际上，企业的运营就是周而复始地依靠每年的 N 个长期投资项目（资本预算项目）组成，例如，投资兼并另一个企业/市场，投资新厂房，投资研发，投资新设备，开发新市场等。不进行长期投资（资本预算），企业不可能有未来！

大家应该要会非常熟练地查复利现值系数表和年金现值系数表。其中若整个项目期并不是等额现金流，但项目期中间有为数不少的几年是等额现金流，这时一个窍门是：有等额现金流的年份用正常的年金现值计算，然后再乘以等额现金流的第 1 年的上一年年末的现值系数，这样比每年都查复利现值系数要简单一些，尤其中间等额现金流的年份较多时。例如，项目期每年的净现金流如下：Y1（第 1 年）= \$20 万，Y2、Y3、Y4 每年都是 \$30 万，Y5 = \$15 万，项目初始投资额为 \$60 万，假设折现率为 12%，项目的 NPV 为多少？

解析：

- 12% 的折现率第 1 年的现值系数 =0.893，（Y2 至 Y4）3 年的年金现值系数 = 2.402，第 5 年的现值系数 =0.567。
- 因此 NPV =20 万 ×0.893 +30 万 ×2.402 ×0.893 +15 万 ×0.567 -60 万 =178 600 + 643 496 +85 050 -600 000 =307 146（美元）。其中 0.893 是等额现金流的第 1 年即项目的第 2 年的前一年，即项目的第 1 年年末的复利现值系数。
- 最好不要一个一个地查 Y2、Y3、Y4 的现值去计算，那样太麻烦！结果是一样的！

另外注意：有一种情况是，项目前期投资额并没有完全在零年投完，而是在最初的几年才投完。例如，投资额在零年和第 1 年都有（甚至在第 2 年才投完）。再如，零年投资额是 900 万美元，第 1 年投资是 600 万美元，第 2 至第 5 年税后净现金流入分别为 600 万美元、700 万美元、800 万美元、900 万美元。资本成本为 12%。则请计算项目的

NPV。遇到这种情形，自然而言计算就可以，即，将第 1 年（甚至第 2 年）的项目初期投资额算作相关的每一年的现金流出额即可。因此，NPV 计算如下：－600 ×0. 893（12% 第 1 年的现值）+600 ×0. 797（12% 第 2 年的现值）+700 ×0. 712（12% 第 3 年的现值）+800 ×0. 636 +900 ×0. 567 －900 =478. 2 +498. 4 +508. 8 +510. 3 －535. 8 －900 =559. 9（万美元）。又假设：另外一个项目零年投资额是 900 万美元，第 1 年投资是 600 万美元，第 2 年投资额为 300 万美元，第 3 到第 7 年的现金流都是 950 万美元，资本成本为 12%，则 NPV =950 ×2. 402 ×0. 797（12% 第 2 年的现值）－300 ×0. 797（12% 第 2 年的现值）－600 ×0. 893（12% 第 1 年的现值）－900 =1 818. 7 －239. 1 －535. 8 －900 =143. 8（万美元）。

NPV 的优点：

● 绝对值数据在某种意义上更直观，因为知道具体是多少钱，而且和公司股东利益/财富最大化的目标相一致。

● 如果不同项目的投资额相差较多，可能用 NPV 更好，因为有的项目 IRR 虽然很大，但 NPV 的值可能很小。例如：A 项目 IRR 非常可观，但因为项目投资额仅 $6 000，NPV 则仅 $5 000。

● 不同年份可选用不同的折现率。IRR 不可以。

● 多个项目之间的 NPV 可相互累加，IRR 不可以。

● 当项目开始后的某个期间有负的净现金流，不能用 IRR，一般用 NPV。

● NPV 的再投资回报率是 WACC，更合理。NPV 方法的假设是每年赚取的现金流并没有分配给股东，而是再投入企业的运营。NPV 方法认为项目期间收到的现金流再投资到以后年度能得到的回报率和 NPV 计算中用的要求回报率一样。相对 IRR 而言，IRR 的回报率是 IRR 的比率相对太高，不太合理。

NPV 的缺点：

● 从某种方面来讲，不同投资额的项目之间不太好比较。例如，有的项目 NPV 很大，但因为投资额也巨大，项目投资回报率可能会很小。根据众多机构的实际调查，在实际工作中，IRR 的使用率是最高的，高于 NPV。其原因就是 NPV 只是一个绝对值，无法进行不同规模项目之间回报效率的比较。

● 选择折现率比较主观，折现率确定比较复杂。

● 只是一个绝对值数值，并没有显示项目的具体投资回报率，回报率很多时候更直观（IRR 做到了）。

● 需要整个项目期现金流的预测和准备，比较复杂（所有使用现金流的方法的一个共同缺点）。

练习题：项目最初要投资 50 万美元来购置新设备，项目预计经济寿命为 8 年，预计每年能得到增加的税前经营现金流为 10 万美元；折旧：8 年直线折旧法，预计残值 5 万美元，在项目期结束时，预计变卖收入为 5 万美元。同时预计项目期初会有 12 000 美元的流动资金需求，旧设备现在账面价值为 20 000 美元，还有四年需每年计提折旧 5 000 美元，旧设备将在项目期初卖掉，预计收入为 5 000 美元。资本成本为 12%，税率为 40%，请计算项目的 NPV。

解析：

期初现金流支出为 50 万 +12 000 -[5 000 -(5 000 -20 000) ×40%] =501 000（美元）。

项目期间总现金流现值为：

- 常规（不包含折旧）现金流，100 000 ×(1 -40%) ×4.968（8 年，12% 的年金现值）=298 056（美元）。
- 折旧税盾，[(50 万 -5 万)/8] ×40% ×4.968(8 年,12% 的年金现值) -5 000 ×40% ×3.037(4 年,12% 的年金现值) =111 771 -6 076 =105 695（美元）。
- 项目结束的剩余价值现金流：[50 000 -(50 000 -50 000) ×40% +12 000] ×0.404(8 年,12% 的现值) =25 042（美元）。
- 合计，298 056 +105 695 +25 042 =428 793（美元）。

项目 NPV：428 793 -501 000 = -72 207（美元）。

内部收益率

内部收益率/内涵报酬率（internal rate of return，IRR）：是使得投资项目第 1 年及以后的未折现的净现金流的现值等于项目初始投资额的折现率/回报率。一般只能通过财务专业计算器或 Excel 等软件才可以计算。但如果每年的净现金流是相同的，可以手工计算 IRR，计算的窍门是：假设项目期是 A 年，用项目期初投资总额除以每年现金流后假设等于 B，然后在年金现值表上找哪个回报率/折现率能让 A = B。例如：项目期初投资 50 000 000 美元，项目期为 6 年，每年净现金流为 15 000 000 美元，因此 50 000 000/15 000 000 =3.3，在年金现值表上找哪个回报率乘以 6 等于 3.3，结果是 20%，因此 IRR =20%。

如果每年现金流不是等额的，在计算 IRR 时只能用试算法，即先试算一个回报率，用该回报率去计算 NPV，如果 NPV >0，则再试算较大的回报率，若 NPV <0，则试算较小的回报率，直至试算到 NPV =0，然后取该回报率为 IRR。

决策标准是：一般来讲，若 IRR≥要求报酬率，则项目可以接受；反之，则投资项目不可接受。接受一个内部收益率比预期收益率高的项目应该会使该企业股票的市场价格上扬。

IRR 的优点是：

- 不同初始投资额的项目之间相对容易进行比较回报率这一重要的绩效指标（相对

NPV)。

• 可以明确知道项目的投资回报率是多少，管理层一般很注重回报率。

• 使用了现金流，考虑了货币的时间价值。

IRR 的缺点是：

• IRR 体现的是百分比，没有绝对值。有时候项目的 IRR 很大，但因为初始投资额很小，结果 NPV 非常微不足道。

• 如果项目期间每年的现金流（即现金流入减现金流出的净额）在正数现金流的那一年后的一年出现负数现金流，则项目会出现多个 IRR，而且在这多个 IRR 里没有一个 IRR 是可用的，这时项目决策应该用 NPV。

• 如果有几个项目，IRR 是不可累加的，这一点不如用 NPV。

• 如果项目现金流是非常规的，项目期初是现金流入，项目期间是现金流出，IRR 可能会误导，因为不能用常规的判断标准（常规的判断标准是 IRR 比期望回报率大可以接受）。正确的评判标准正好和常规的相反。这时可能用 NPV 更好。

• IRR 在再投资回报率上有一定的问题。IRR 意味着在项目期间收到的现金流进行再投资时会赚得等同 IRR 指标的回报率，可能太高了，不太现实。

下面我们就 IRR 的回报率的机制通过举例进一步介绍。例如：假设 MNO 公司的某项目的初始投资额为 $111.76 M（M 为 1 百万），项目开始后第 1 年到第 5 年的净现金流入分别为 $34.05M、$38.01M、$44.58M、$47.64M、$26.93M，通过 Excel 表格的 IRR 功能，计算出此项目的 IRR = 21.1%，因此可以表述为下列等式：$111.76M = 34.05M/(1 + 21.1%) + 38.01M/[(1 + 21.1%) 的二次方] + 44.58M/[(1 + 21.1%) 的三次方] + 47.64M/[(1 + 21.1%) 的四次方] + 26.93M/[(1 + 21.1%) 的五次方]。等号后面的数分别为 = 34.05M × 0.83 + 38.01M × 0.68 + 44.58M × 0.56 + 47.64M × 0.47 + 26.93M × 0.39 = 28.1M + 26.2M + 25.1M + 22.2M + 10.4M = $112M，和初始投资额 $111.76M 相比差的小数点，是四舍五入的问题。

总结：IRR 从最精确的角度来讲，并不意味着初始投资额（如此例中的 $111.76M）的回报率是计算的 IRR（如此例中的 21.1%）。最精确的解释是：

(1) 初始投资额 $111.76M 中的 $28.1M 在第 1 年的回报率为 21.1%，然后本金收回；

(2) 初始投资额 $111.76M 中的 $26.2M 在前两年的回报率为 21.1%，然后本金

收回；

(3) 初始投资额 \$111.76M 中的 \$25.1M 在前三年的回报率为 21.1%，依此类推。IRR 有些像定期贷款或租赁费，定期贷款和租赁费都是等额分期偿还贷款形式，即投资的本金总额，会在每年将部分本金收回。或者相当于同时存了 5 笔存款，总计金额为 \$111.76M，其中 \$28.1M 存的是一年期，\$26.2M 存的是两年期，\$25.1M 存的是三年期，\$22.5M 存的是四年期，\$10.4M 存的是五年期。

如果将 IRR 定义成全部初始投资额的回报率，必须有一个假设，即，每年回收的钱，回收后又继续投资，而且回报率是该项目的 IRR（如此例中的 21.1%）。因此，有些学者对此提出异议，即，此假设中的投资回报率太高。

因此将 IRR 和要求回报率对比来决定项目是否应该被批准有一定问题。要求回报率一般是指一定金额的资金整体总的回报率，而 IRR，如上所述，是代表着一定金额资金分批的回报率。因此它们不太可比，从而从最准确的角度来讲，IRR 确实存在一定问题，IRR 不能单独作为项目是否该被批准的依据。但不同项目之间的 IRR 是可比的（注：黑体＋斜体＋下划线＋非宋体字体的文字是非考试内容，但对于实际工作很重要，建议仔细阅读）。

资本预算的决策方法到此并没有结束

资本预算决策完后其实并不应该画上句号，目前是假设资本预算中的设备是购买，实际上应该继续比较设备是采购合适还是租赁合适。因为考虑租赁与采购的决策有可能让 NPV 为负数的项目起死回生（例如 NPV 为 −100 万元，而租赁净收益为 160 万元，因此此项目也可以进行，但企业应租赁设备而不是购买设备，或者企业购买不如租赁更好等）。因此，要进一步分析租赁还是采购，计算 NAL，即租赁净收益。

资本决策中的一些特殊情况

首先，在任何情况下，若在项目期间，不同期间需要使用不同的资本成本/要求回报率。此时只能使用 NPV，无法使用 IRR。例如：项目期 10 年，1～4 年的资本成本为 12%，5～10 年因某些宏观经济因素影响资本成本为 16%。

对于一个独立项目而言（独立项目是指其接受或拒绝不会影响正在考虑的其他项目的决策，独立项目的情形在实际工作中很多见），内部收益率法、净现值法所得出的“接受或拒绝”结论都是一样的。

对于非独立项目（类型如下），此时内部收益率、净现值对于接受还是放弃的结论可能会不一样。

- **相互依存/依赖项目**：接受一个项目，其他相关项目也要同时被接受，如添置一台大型机器可能需要建造新的厂房。因此决策是要考虑整体，不能单独考虑其中某个项目。方法：（1）计算合计的 NPV；（2）整体计算 IRR，因为单个项目之间的 IRR 不能直接相加。

- **互斥项目**，指的是接受该项目就必须放弃一个或多个其他项目，两个互斥项目不可能同时都被接受。具体有下面几种情形：

■ **初始投资规模不同**。这种情形下，IRR、NPV 可能会有不同的结论，比如 IRR 很大，但因为项目投资规模较小因此带来的 NPV 较小，相反，有的项目 NPV 很大，但因为投资规模也过大，因此 IRR 可能不是很好看，此时 NPV 可能是更好的决策工具，因为最终看哪个项目赚的钱最多，即 NPV，而不是赚的比率最多，如 IRR。

■ **即使项目投资额相同，但项目期间现金流的时间分布不一样**。例如，A 项目的现金流是先高后低，而 B 项目的现金流是先低后高，这时 IRR 和 NPV 可能会得出不同的结论。例如：某美国公司打算在亚洲投资建厂，因为资金有限，建厂的投资为 1.5 亿美元，有三个选择，即 A、B、C 三个国家。做完预算后，发现三个项目虽然项目期限一样，但现金流每年的分布不同。A 项目 NPV 最大，但 IRR 却最小，C 项目 IRR 最大，但 NPV 最小。此时如何做决策？此时 NPV 是最好的选择。因为公司最终赚的是钱而不是比率。这时是互斥的情形，即只能选一个项目，因此还是要最终看哪个项目赚的钱最多，即 NPV，而不是赚的比率高。具体举例：X 项目的初始投资额为 1 000 万美元，项目三年的净现金流入分别为 100 万美元、200 万美元、2 000 万美元。而 Y 项目的初始投资额同样是 1 000 万美元，项目期间三年的净现金流分别为 650 万美元、650 万美元、650 万美元。X 项目的 NPV 为 758 万美元，而 Y 项目的 NPV 为 617 万美元，X 项目的 NPV 大于 Y 项目的 NPV，但 X 项目的 IRR = 35%，而 Y 项目的 IRR = 43%，从而 Y 项目的 IRR 大于 X 项目的 IRR，结论正好相反。根据上面讲述的决策规则，应该选择 X 项目，因为其 NPV 更大。

■ **项目期不一样**。例如，A 项目 10 年，B 项目 6 年。此时要使用 NPV，不能用 IRR。但在用 NPV 时，不能简单地下结论，即不能哪个项目的 NPV 大就接受哪个项目，因为一般来讲时间短的项目 NPV 处于劣势，但时间短的项目结束后，有可能还可以继续投资赚钱，因此可以选择使用等期法，即让两个项目等期。然后计算各自的 NPV，看哪个项目的 NPV 大，就接受哪个项目。

资本限额下如何选择资本预算项目

资本限额，是指某一时期内的资本支出总量必须保持在预算金额内，不能超过预算。类似的约束在一些企业中有的时候确实存在，因为即使好项目很多，而且不少很有吸引力，但公司的资金毕竟是有限的，即使现在现金不够可以去额外融资，但融资也要考虑杠杆的风险性，另外融资也是有局限的。由于资本限额的约束，企业会在不超过预算上限的条件下尽量选择能最大限度增加企业价值的投资项目组合。注：广义上的资本限额实际上还包括除了资金的限额外的其他限制，如，很难招到优秀的技术和管理人才、总公司在某些方面的经验还不够充足等。在当期存在资本限额时，选择项目的方法是：（1）可以先按盈利指数排序，看看能不能选出前几名的项目组合而且同时用足了资本限额；（2）如果此方法没能用足所有资本限额，仍要看有没有其他组合产生的 NPV 是最大的，衡量的最终标准还是看哪个组合 NPV 最大，PI 是一个辅助工具。

资本预算之现金流及项目决策方法综合案例——MNO 公司

续用前面的资本预算之现金流综合案例：

- 已发生市场测试费用为 $100 000。
- 预计构建一条生产线的成本为 $100 000 000（用 MARCS 折旧方法，MARCS 折旧率是 33%、45%、15%，7%），并且第 5 年设备的残值收入为 $2 177 000。
- 在零年会发生 $600 000 培训费及一些营销费用，另外增加净营运资本 $10 000 000。
- 新设备购进的同时卖掉旧设备，收入为 $200 000，折旧已提完，账面价值为 0。
- 预计的增量收入及成本信息，如下所示。
  - ■ 加权平均资本成本为 10%；
  - ■ 税率为 35%；
  - ■ 每年净营运资本是每年销售收入的 10%。
- 假设所有现金流都发生在年底。
- 请计算项目的 NPV、IRR、折现回收期。

解析：

为简化篇幅，下面的非百分比数据是以百万美元计，简写为 M。

- 项目零年的现金流支出包括如下：

■ 加已发生市场测试费用 $0.1M × 0 = 0（沉没成本，属于无关成本）；

■ 加购置机器成本 $100M；

■ 加在零年会发生培训费及一些营销费用 $0.6M × (1 − 35%) = $0.39M；

■ 加增加净营运资本 $10M；

■ 减卖掉旧设备税后现金流 $0.2M − ($0.2M − 0) × 35% = $0.13M；

■ 合计：100M + 0.39M + 10M + 1.5M − 0.13M = $110.26M。

（以百万计，即 M）	零年	第 1 年	第 2 年	第 3 年	第 4 年	第 5 年
损益表						
销售收入（A）		100.00	163.20	249.70	212.24	129.89
销售成本（B）		40.00	65.28	99.88	84.96	51.96
毛利（C = A − B）		60.00	97.92	149.90	127.28	77.93

*经营费用（销、管等费用）（D）		10.00	22.72	45.32	48.14	9.92
*折旧费用（E）		33.00	45.00	15.00	7.00	
税前利润（F=C−D−E）		17.00	30.20	89.58	72.14	68.01
净利润［G=F×（1−35%）］		11.05	19.63	58.23	46.89	44.21
现金流量表						
净利润（G）		11.05	19.63	58.23	46.89	44.21
加：折旧等非现金（E）		33.00	45.00	15.00	7.00	
期末净营运资本（H=A×10%）	10	10	16.32	24.97	21.22	*0
减：净营运资本增加额（I）	10	0	6.32	8.65	−3.75	−21.22
营运现金流（J=G+E−I）		44.05	58.31	64.58	57.64	65.43
项目后续的固定资产投资额（K）		0	0	0	0	0
期末设备、设施残值（TV）（L）						*1.42
项目收获的总现金流（M=J−K+L）		44.05	58.31	64.58	57.64	66.85
零年初始投资合计（N）	−110.26					
总现金流（O=M+N）	−110.26	44.05	58.31	64.58	57.64	66.85

计算 NPV。NPV = −110.26M + 44.05M × 0.909 + 58.31M × 0.826 + 64.58M × 0.751 + 57.64M × 0.683 + 66.85M × 0.621 = −110.26M + 40.04M + 48.16M + 48.50M + 39.37M + 41.51M = $106.87M > 0，此项目接受。

计算 IRR。（1）打开 Excel 表；（2）将零年以及项目期间每年的净现金流输进 Excel。记住：零年的初始投资额以负数形式体现。（3）点击 Excel 表上方的"公式"，然后点击"财务"，再点击"IRR"，此时鼠标会自动出现在对话框的"VALUE"里，点击零年的数据，然后拉向第 1 年的数据，第 2 年数据，一直拉到项目最后一年的数据，然后点击对话框里的"确定"，此时 IRR 就出现了。注意：如果 Excel 里对话框挡住了数据，请记住最后一列数据是哪一列，比方说是 F 还是 G 等，这样可以判断，别将数据拉过了，或拉少了，否则 IRR 会计算错。

计算折现回收期。（1）累加第 3 年数据后，总计为 166.64M，即 44.05M + 58.31M + 64.58M，超过了初始投资额 110.26M。（2）因此这项回收期的正数为 2。（3）然后计算折现回收期的小数，即（110.26 − 44.05 − 58.31）/64.58 = 7.9/64.58 = 0.12。（4）因

此折现回收期=2.12年。假设公司制定此类项目的期望回收期为2.5年。因此，此项目的回收期比期望回收期更快。

资本预算风险分析

上述资本预算的决策方法使用完后，千万不要以为项目的决策已经结束。实际上上述的决策方法只是对资本预算/长期投资的初步决策，并不是最终的决策，接下来要对项目进行风险分析，这是因为目前只是主观预测了资本预算/长期投资的一种情形的现金流，而且主观预测本身也充满了不确定性和风险因素，因此我们必须还要进一步对项目做风险分析。资本预算的主要风险分析方法包括：

- 敏感性分析；
- 情景分析法（又称远景方案分析法）；
- 模拟分析法（也叫蒙特卡洛分析法）；
- 确定等值法；
- 风险调整贴现率法；
- CAPM等。

注意：实际工作中，在欧美企业，用得比较多的是敏感性分析和情境分析，而且它们俩一般会同时用。对于特大型项目，现在很多企业还另外使用模拟分析法。

敏感性分析法

敏感性分析的机制是：

- 预测项目的现金流。然后计算NPV、IRR等。

- 确定可能影响现金流的主要变量，比如售价、销量、产品单位变动成本、总固定成本、初始投资额、设备残值、折现率等。

- 通过测试确定变量的敏感级别，即哪些变量的变化很容易引起整个结果（NPV/IRR）的较大变动，哪些影响相对较小。然后按最敏感到最不敏感，对这些变量进行排序。注意：进行变量测试时，逐个变量单独进行测试，而且某个变量测试时的前提假设是其他变量不变。具体方法为倒推法（也叫盈亏平衡点分析法），即让NPV=0，计算这些变量变化的百分比，然后将百分比进行从小到大的排序，这样排在最前面的变量就是最敏感的变量，因为它们的影响最强，它们变动的比例很小就可以将项目置于要被否定的境地，排在后面的是影响力相对较小的变量。除了倒推法，还有正推法，我们稍后举例演示。

- 对变量进行敏感测试并排序后（假设排序为：售价、销量、设备残值等），如果有必要，企业应重新审查资本预算模型的内容看是否需要进行修改，将内容夯实。

• 最终确定后，要进行变量及项目的风险评估。即：研究如果项目变成不能被接受时，各个变量变化的百分比发生的可能性的大小，如果可能性较大，说明该项目的风险较大，否则风险较小。企业应对所有变量逐个分析，因为变化比例大的变量发生的可能性未必小，变化比例小的发生概率未必大，最重要的是看所变化比例发生的可能性。这样所有变量（总共也不会很多）做完研究和评估后，通盘来评估项目的风险。比如，经分析、评估，发现项目有一个或多个变量较容易引起项目失败，则此项目风险很大，若发现很难有变量可以导致项目失败，则此项目风险较小。

例如：若销售价格下降20%，项目就不能被接受。经研究和评估，售价在未来五年下降20%的可能性较大，则此项目风险较大。假设经研究和评估，在未来五年竞争不会太激烈，而且售价目前已见底，则价格下降20%的可能性基本上没有，因此项目的风险较小，如此逐一分析，最后通盘评估项目的风险。

通过上述分析企业确定哪些变量是最危险因素，即较容易导致项目失败，这些变量也可以叫作关键变量。

• 非常值得注意的是：此时敏感性分析并没有结束，项目资本预算的相关负责人必须要将变量和项目风险分析结果与未来负责项目运营的相关人员进行有效沟通，以使得负责项目运营的人密切关注和控制风险较大的变量，促进项目成功运营。注：实际工作中，很多企业在上述这种沟通上不做或做得不好，很大地影响了项目开展。

通过案例讲解变量敏感测试

1. 倒推法。

MNO 公司正在考虑投资 500 000 美元购买设备，生产一种新型产品 M9，这种产品可销售 3 年，在第 3 年底设备处理卖掉，可得到税后残值 $80 000，投资后预计每年可增加销售收入 600 000 美元（税后），相应变动成本是 350 000 美元（税后），每年固定成本增加 40 000 美元（税后）。资本成本率是 15%，3 年的年金现值是 2. 283，第 3 年复利现值为 0. 658。（1）计算 NPV；（2）敏感性分析：下列参数的变化百分比是多少可使得在（1）中得出的结论改变？

A. 最初投资　　B. 设备处理收入　　C. 销售价格　　D. 销量

解析：（1）计算 NPV。注：下面表中除了百分比和折现率数据，其他都是以千美元计。

时间	项目	现金流	15%折现率	净现值
第 0 年	设备投资	(500)	*1	(500)
1 ~ 3 年	销售收入	600	*2. 283	1370
1 ~ 3 年	变动成本	(350)	*2. 283	(799)

1~3年	固定成本	(40)	*2.283	(91)
第3年	设备残值	80	*0.658	53
项目期间净现金流流入合计:				533
净现值				$33(即533减500)

基于以上计算，此项目得出正的净现金流为$33 000，此项目初步（但非最终）判断是应该接受。

（2）变量敏感测试。如果决策发生变化，则意味着项目的NPV必须减少到零，即NPV必须降$33 000，也就意味着相关变量的变化比例对整个项目NPV影响的结果是减少$33 000。计算此相关变量变化百分比的一个窍门是：用项目的NPV金额（此例中是$33 000）除以该变量所相关指标的项目期间的总现值即可。确定该变量相关指标的规则是看哪个指标对项目净利润和净现金流产生最终影响。

销量变量。销量比例的变化会对销售收入和变动成本同时产生影响，而销售收入和变动成本都会对项目的净利润和净现金流全额直接产生影响。例如：销售收入减少500万美元，则项目的净利润和净现金流直接全额减少500万美元，如果同时变动成本减少300万美元，项目的净利润和净现金流直接全额增加300万美元，因此最终对项目净利润和净现金流产生影响的指标并不是销量也不是销售收入等，而是销售收入和变动成本同时受影响，也可以总结为与销售变量相关的指标是**边际贡献**（即销售收入减变动成本）指标。

• 此题的计算为：如果销量变化，销售收入和变动成本都会随之变动，因此对项目净利润及净现金流的影响是边际贡献的金额，因此销量下降的比例等于项目的净现值除以项目的边际贡献的总现值，即，如果净现金流必须降$33 000，销量下降的比率是33 000/(1 370 000 - 799 000) = 5.8%，即若销量下降5.8%，项目的NPV就变为零。注意：如果做题时题中给的是非税后的销售收入和变动成本，一定记住，在计算相关现金流现值时，一定要计算税后的！

销售价格变量。销售价格比例的变化对销售收入产生影响，而销售收入会直接全额对项目的净利润和净现金流产生影响，销售价格的变化并不对成本产生影响，因此与销售价格变量相关的指标是**销售收入**。

• 此题的计算为：如果销售价格变化，只有销售收入随之变化，而变动成本等不变，因此对项目净利润及净现金流的影响是销售收入的金额，则销售价格下降的比例等于项目的净现值除以项目的销售收入的总现值，即33 000/1 370 000 = 2.4%。因此，从另一个角度来讲，若销售价格下降2.4%，整个项目的NPV将变为零。注意：如果做题时题中给的是非税后的销售收入，一定记住，在计算相关现金流现值时，一定要计算税后的！

初始设备投资额变量。初始设备投资额变化引起的影响比较复杂，因为它同时影响“两边的数据”，即一边是零年的数据，另一边是项目期间的数据，这两边是相减的关系。具体而言，初始投资额增加不光引起本身初始投资额的增加，还会增加另一边的项目期间的现金流，即加折旧费的税盾和项目期末设备残值。

- 此题的计算为：因为此题中没有给出相关增加投资额所带来的折旧税盾和残值等相关数据，因此假设这些数据为零。因此增长的比率等于项目的净现金流除以项目的初始投资额的现值，即 33 000/500 000 = 6.6%。

设备残值变量。设备残值变化仅影响设备残值本身，设备残值变化意味着之前估计的残值在项目结束后会有很多不确定性因素。设备残值变量的指标就是设备残值本身。

- 此题的计算为：如果决策变化，那就意味着 NPV 必须降 33 000 美元，那意味着设备残值收入的净现值要降 33 000 美元，目前设备残值的现值为 53 000 美元，故下降比率等于项目净现金流除以期末设备残值的现值，即 33 000/53 000 = 62.3%。注：从另一个角度去测试，预计残值收入为 8 万美元，如果降 62.3%，预计残值收入变成 30 160 美元[= 8 万 × (1 - 62.3%)]，折为现值后等于 19 845 美元，比原来的残值现值 53 000 美元少了约 3 300 美元（小数点四舍五入的原因），最终整个项目的 NPV 变为零。

其他变量。(1) 单位变动成本变化影响总变动成本这个指标。(2) 总固定成本变化只影响总固定成本。(3) 折现率是折现率。

- 折现率变量的变化百分比的计算。首先计算出折现率是多少时，NPV = 0，假设上例中，当折现率为 17% 时，NPV = 0，则折现率变化的百分比 = (17% - 15%)/(15%) = 13.3%。即目前的折现率 15%，增加 13.3% 后，会使得 NPV = 0。

此题的结论：敏感变量从最敏感到往下排序为，销售价格：2.4%；销售量：5.8%；初始投资额：6.6%；设备期末残值：62.3%。

注意，遇到类似的案例时，记住要将不同变量分别计算其现值，即：

时间	项目	现金流	15% 折现率	净现值
第 0 年	设备投资	(500)	*1	(500)
1 ~ 3 年	销售收入	600	*2.283	1 370
1 ~ 3 年	变动成本	(350)	*2.283	(799)
1 ~ 3 年	固定成本	(40)	*2.283	(91)
第 3 年	设备残值	80	*0.658	53
项目期间净现金流流入合计：				533

而不是常规地列成一个计算公式，即：(600 - 350 - 60) × 2.283 + 80 × 0.658 - 500 = 533。

另外，不一定都是测试变量变化多大比例，项目会不被接受，也可以测试 NPV 等于公司的某预期值时，计算变量变化的比例，道理相同，只是此时分子是项目的 NPV 数值减去公司期望的 NPV 数值。而且同样道理，可以通过 IRR 进行变量测试，例如：目前项目的 IRR 是 35%，公司的要求回报率为 10%，公司可以测试变量变化多大比例则项目就不能被接受了，即当项目的 IRR 小于 10% 时，项目就不能被接受了。方法为：计算折现率为 10% 时，项目的 NPV 数值。然后方法和上面的 NPV 的方法一样了，即用折现率 10% 时的 NPV 数值除以相关指标从而计算变化的比例。当然如果企业想测试如果 IRR 达到一定期望值时变量变化的比例，如，续用上例，测试 IRR 达到 18% 时变量变化的比例，则方法为：计算折现率为 18% 时，项目的 NPV 数值。然后用要求回报率折现的项目的 NPV 数值减去折现率为 18% 时 NPV 数值，然后除以相关指标从而计算变化的比例。

注：实际工作中，通过 Excel 表格很容易去做敏感性测试，因为 Excel 表可以通过建立公式将所有资本预算的数据联动起来。只要某个变量一更改，NPV、IRR 就会自动变化。

2. 正推法。

正推法的机制是，每次只挑选一个变量计算其变动（假定其他变量都不变）对净现值或内部收益率的影响。这些变量都变化同样的百分比，假设是 10%，然后计算其对 NPV 的影响。然后按照影响的金额从大到小排序，这样排在最前面的变量是最敏感变量，因为它们的“破坏力”最强。

正推法举例：STU 公司，投资 20 000 000 元购买设备，按 10 年摊销，预计今后 10 年每年的销售数量为 1 500 000 件产品，售价为 20 元，变动成本为 16 元，固定成本为每年 50 万元。固定成本和变动成本里都不包含折旧。所得税税率为 40%，资本成本为 12%。折旧使用直线折旧法。

问题：（1）计算该项目的 NPV。

（2）如果销量下降 10%，计算敏感度及对项目的可行性影响。

（3）如果售价下降 10%，计算敏感度及对项目的可行性影响。

解答：

（1）计算该项目的 NPV。NPV = [1 500 000 ×（20 − 16）− 500 000] ×（1 − 40%）× 5.65（10 年 12% 的年金现值系数）+（20 000 000/10）× 40% × 5.65（10 年 12% 的金现值系数）− 20 000 000 = 316.5（万元）。

（2）销量下降对 NPV 的影响 = [销量 × 减少% × 边际贡献 ×（1 − 税率）× 年金现值系数] = [1 500 000 × 10% ×（20 − 16）×（1 − 40%）] × 10 年 12% 的年金现值系数 5.65 = 203.4（万元）。敏感度：203.4/316.5 = 64.3%，意味着销量下降 10%，NPV 下降了

64.3%。另外，因为新的 NPV = 316.5 - 203.4 = 113.1（万元），仍大于 0，因此项目仍然可行。

（3）销售价格下降对 NPV 的影响 = 销量 × 售价 × 减少% ×（1 - 税率）× 年金现值系数 = [1 500 000 × 20 × 10% ×（1 - 40%）] × 10 年 12% 的年金现值系数 5.65 = 1 017（万元）。敏感度：1 017/316.5 = 321.3%。新的 NPV = 316.5 - 1 017 = -700.5（万元），小于 0，因此项目不可行。

注意，请记住在正推法中：（1）售价变化对 NPV 的影响 = 原售价 × 售价变化百分比 × 原销量 ×（1 - 税率），然后折现；（2）销量变化对 NPV 的影响 = 原销量 × 销量变化百分比 × 单位边际贡献 ×（1 - 税率），然后折现，这是因为销量变化既影响销售收入，也影响变动成本，因此影响边际贡献。另外再嘱咐一下：在计算相关指标，比如销售收入、边际贡献等的现值时一定要乘以（1 - 税率）从而计算税后数值。

敏感性分析的优缺点

敏感性分析的优点：（1）容易理解，管理层容易做出评估判断；（2）能找出影响项目成功的关键变量，然后密切跟踪这些参数；（3）简单、容易操作，使用 Excel 表格就可以。

敏感性分析的缺点：（1）每次只能试一个变量；（2）每个参数的变化是独立的，不影响其他参数，实际上不太可能，比如，原材料价格提高，很可能公司销售价格也要提高。

远景方案分析法

远景方案分析法（也叫情境/方案分析法，scenario analysis）的机制是：

同时预测几种方案的现金流，每种方案都计算其净现值或内部收益率，方案一般是最有可能（most likely）的方案、最乐观的方案（best case）和最悲观的方案（worst case）三种。其中，最有可能的方案就是先前资本预算模型里的现金流。这样可以让企业看到更多的可能发生的方案从而进行风险评估。

情境分析法在某种程度上来讲，可以说是敏感性分析的延伸，即从每次只考虑一个变量的变化，到情境分析中，一个方案里涉及了多个变量的同时变化。当然也可以说是下面模拟分析法的简单形式，即模拟分析法的方案众多，而远景方案分析法的方案有限。

情境分析法的优点：（1）同时考虑多个变量的同时变化；（2）可以一定程度上帮助评估项目的风险；（3）这种做法较简单，实际工作中很多企业使用。缺点：（1）没有分析出影响项目的关键变量，如销售价格、销量等；（2）相对于模拟分析法，考虑的方案过少，一般就三种左右；（3）发生的概率判断较主观。

模拟分析法

模拟分析法的机制是：

- 预测项目的现金流。
- 确定影响现金流的所有变量（而敏感性分析是主要变量）及其可能变动范围。例如，售价在200~300元，间隔1元；销量在50万~190万件，间隔1件；单位变动成本、固定成本、资本成本等。
- 将信息输进计算机（相关的模拟分析法的专用计算机软件）。
- 计算机软件会随机挑选各种变量的任意组合来计算项目净现值、内部收益率。经过可能上百次的计算而形成净现值、内部收益率的概率分布图、平均值及标准差等。
- 由此可查出净现值>0或IRR大于要求回报率的概率，也可查询NPV或IRR达到一定值的概率，从而来判断风险。例如，如果该项目NPV大于零的概率为60%，则此项目的风险很大，相反，如果此项目NPV大于零的概率是95%，则风险较小。

模拟分析法可以说是敏感性分析继远景方案分析法后的又进一步延伸，即，考虑了各种变量同时一起变化的各种情景。

模拟分析法的优点：（1）模拟分析法考虑了各种变量的各种因素和项目可能发生的各种方案，因此结果会更客观，对项目的风险分析很有帮助。实际工作中很有用，尤其适用于大项目。当然模拟分析法必须依赖计算机软件。（2）借助相关的计算机软件，可以自动任意测试NPV或IRR达到一定预期数值的概率。

模拟分析法的缺点：（1）相对比较复杂、费时。比方说要考虑所有变量，并且研究所有变量的各种变化情况。（2）没有分析出影响项目的关键变量，如销售价格、销量等。（3）从成本收益原则上来讲可能不适合较简单的资本预算项目。

确定等值法

确定等值法的机制：

- 预测项目的现金流。
- 将未来有风险的现金流调整成无风险现金流。在实际运用中，一般要确定无风险系数（介于0到1之间）以调低成无风险现金流。例如，某年本来预计1 000万元的现金流，无风险系数为0.6，无风险的现金流则变成1 000万×0.6=600（万元）。
- 然后用无风险折现率计算现金流的现值，如果项目净现值>0，则项目可接受，否则放弃。如果计算内部收益率，内部收益率要和无风险折现率比较，比后者大则可以接受，否则放弃。

- 注：此方法判断风险系数较主观。但可以不同年份确定不同的无风险系数来调整现金流，这样更确切，而下面要讲的风险调整折现率法只能用一个折现率调整所有年份。

风险调整折现率法

风险调整折现率法的机制：

- 首先预测项目的现金流。

- 下一步和确定等值法相反，风险调整折现率法是保持预测的现金流不变，而调整折现率，风险高则调高折现率，风险低则调低折现率。不同的项目风险确实有可能不同，因此不能统一使用公司平均的要求回报率。正确的方法是：评估具体项目的风险程度从而对要求回报率调高或调低。然后计算净现值，如果净现值 >0，则项目可接受。如果计算内部收益率，内部收益率要和风险调整后折现率比较，比后者大则可以接受，否则放弃。

- 此方法简单，易操作，但调整幅度的判断较主观而且使用一个折现率调整所有年份现金流。

资本资产定价模型（CAPM）

我们在资本成本章节里讲述过 CAPM。CAPM 用来确定资本成本，其中贝塔值是关键要素之一。在资本预算里，在计算每个项目的 NPV 时需要确定资本成本从而对现金流进行折现。如果项目的类型、特点、风险和整个公司的一样，比如公司扩建项目，则项目的贝塔值、折现率就可以使用公司整体的贝塔值、平均折现率。但有些项目可能是非典型的，比如投资目前公司业务以外的其他业务，此时就不能再用目前公司的平均的贝塔值、折现率，此时可以参考市面上同类业务公司的贝塔值、折现率。因此，不同的项目因类型、特点、风险不同应该确定不同的贝塔值及折现率。确定后，计算项目的 NPV，若 NPV >0，则接受，小于零则放弃。

注意：在实际工作中，敏感性分析法、情景方案分析法用得比较多。模拟分析法在特别大型的项目中使用得比较多。

练习题

练习题 1：STU 公司正在分析一个 $200 000 的设备投资项目，该设备将在未来 5 年内用于生产新产品。根据预测，该项目产生的年度税后现金流量数据如下。

年税后现金流	概率
\$50 000	0. 20
\$55 000	0. 30
\$60 000	0. 20
\$65 000	0. 10
\$70 000	0. 10
\$75 000	0. 10

如果 STU 使用 14% 的最低资本报酬率，那么：

1. 项目期望（平均）NPV 是多少?
2. 得到正净现值的概率是多少?
3. 净现值大于 \$20 000 的概率是多少?
4. 项目期望平均 IRR 是多少?
5. IRR 大于 14% 的概率是多少?
6. IRR 大于 20% 的概率是多少?
7. 请对此项目做风险分析。

解析：这是典型的远景方案题型，因为从第一年开始有很多种方案，而且每一种方案在以后年度并没有“分叉”。

1. 项目期望（平均）NPV。

（1）计算每一种方案的 NPV。5 年，14% 的年金现值系数为 3. 433。

50 000 × 3. 433 − 200 000 = −28 350	0. 2
55 000 × 3. 433 − 200 000 = −11 185	0. 3
60 000 × 3. 433 − 200 000 = 5 980	0. 2
65 000 × 3. 433 − 200 000 = 23 145	0. 1
70 000 × 3. 433 − 200 000 = 40 310	0. 1
75 000 × 3. 433 − 200 000 = 57 475	0. 1

（2）期望或平均 NPV = −28 350 × 0. 2 − 11 185 × 0. 3 + 5 980 × 0. 2 + 23 145 × 0. 1 + 40 310 × 0. 1 + 57 475 × 0. 1 = −5 670 − 3 355. 5 + 1 196 + 2 314. 5 + 4 031 + 5 747. 5 = 4 263. 5。

2. 有四个方案的 NPV 大于零，则 NPV > 0 的概率为此四个方案的概率相加，即 0. 2 + 0. 1 + 0. 1 + 0. 1 = 50% 。

3. NPV > 20 000 的方案有三种，它们概率相加为 0. 1 + 0. 1 + 0. 1 = 30% 。

4. 计算项目的平均 IRR。

（1）计算每种方案的 IRR。虽然因为每年都是等额现金流，可以考虑有“窍门法”，但可惜无法在年金现值表中查到相关数据，因此只能使用 Excel 表中的 IRR 功能，这样很容易计算出这六种方案的 IRR，它们分别是 7.9%、11.6%、15.2%、18.7%、22.1%、25.4%。

（2）项目的期望 IRR 是：

7.9% ×0.2 +11.6% ×0.3 +15.2% ×0.2 +18.7% ×0.1 +22.1% ×0.1 +25.4% ×0.1 =0.0158 +0.0348 +0.0304 +0.0187 +0.0221 +0.0254 =14.7%。

5. IRR >14%的概率为 0.2 +0.1 +0.1 +0.1 =50%。

6. IRR >20%的概率为 0.1 +0.1 =20%。

7. 风险分析。此项目平均 NPV = $4 263.5，大于零，IRR =14.7%，大于要求回报率，初步来看此项目可以接受。但通过远景方案分析，NPV >0 的概率只有 50%。而且最次方案的 NPV = −28 350，IRR 只有 7.9%，大大低于要求回报率 14%，通过风险分析，此方案虽然平均 NPV >0，但风险较大，建议暂时不接受此项目。

资本预算——通胀

通胀是宏观经济中的重要因素，必须在资本预算中予以考虑。当在资本预算中考虑通胀时，我们一定要同时调整现金流和要求回报率。

（1）现金流的调整。实际现金流是指假设没有通胀影响。名义现金流包含了通胀的影响。名义现金流记入会计账，而实际现金流不记入会计账。名义现金流 = 实际现金流 × [（1 + 通胀率）的 N 次方]，N 代表现金流所处的年份，如第 1 年，第 2 年……第 N 年。例如，若不考虑通胀，假设 4 年内每年现金流为 10 000 美元，若考虑通胀，假设每年通胀率 =10%，则第一年的名义现金流 =10 000 ×1.1 =11 000（美元），第二年的名义现金流 =10 000 ×[（1 +10%）的 2 次方] =12 100（美元），第三年的名义现金流 = 10 000 ×[（1 +10%）的 3 次方] =13 310（美元），第四年的名义现金流 =14 641（美元）。

（2）要求回报率的调整。名义折现率，即名义要求回报率应该考虑通胀因素而进行调整。名义的回报率 =（1 + 实际回报率）×（1 + 通胀率）−1。例如，假设实际回报率 = 10%，通胀率 = 10%，名义回报率 =（1 + 10%）×（1 + 10%）− 1 = 21%，注意不是 10% +10%！注：实际回报率考虑了无风险利率（政府短期国库券收益率）及一定的经营风险回报率，而名义回报率考虑了无风险利率（政府短期国库券收益率）及一定的经营风险回报率及通胀因素。

再次强调，做资本预算时要将通胀因素同时调整现金流和要求回报率，例如，如果现金流考虑了通胀，则要求回报率也必须考虑通胀，不能只调一个而不调另一个。

注：实际工作中，现金流对通胀因素的调整可能有另外一种形式，即售价、产品成本、销售和管理费用等各自考虑通胀的因素，而且每年的通胀率也未必完全一样。

资本预算中的实物期权

传统的资本预算方法就是对项目当时决定批准或否定，而忽略了很多投资可以等等看，另外传统的资本预算批下来后就放置那里不管了，然后等到项目开始时具体开工。一般情况下，资本预算需提前一段时间进行报批。其实在预算审批后到项目开始前这段时间可能会发生很多变化。传统的方法常常会忽略未来的管理灵活性。所谓管理灵活性是指在情况/条件改变后，对决策加以相应改变的灵活性。

实物期权的概念 1977 年由麻省理工大学 Stewart C. Myers 发明。他利用了金融中的期权，特别是美国期权的概念，将它应用到情形不明朗/不稳定的资本预算中，这时的期权是从金融资产运用到非金融资产的跨越。

实物期权是一种战略决策的工具，最初项目的批准只是意味着经理们得到一个“期权”，即得到了可以在未来一定期限内以多少金额的预算（履行价）做该项目的权利（不是义务，不是必须要做）。随着关于项目的信息不断增多，随着形式不断确定和明朗，可能会派生出其他选择或改变，比如增资扩大或放弃投资。这样某个一开始净现值为负数的项目利用实物期权的思想最终可能能够去实施，当然最初是正净现值的项目最终可能会放弃等。

在实物期权环境下，一个项目的价值 =（没有行使实物期权的项目的）净现值 + 实物期权的价值（实物期权本身的价值）。有些类似于可转债的概念，可转债的价值 = 纯债的价值 + 期权的价值。因此，同等道理，实物期权的价值 = 行使了实物期权的项目的净现值 - 没有行使实物期权的项目的净现值。

应用的实物期权的主要类型（即未来可能采取方案的类型，如扩展、放弃看等）：

- 扩张期权。先试行一个项目（通常一开始规模较小），当条件有利时，它允许企业扩大项目规模。例如，A 公司在评估一个投资需 1 亿元的项目用来生产一种新产品，产品的销售额需非常可观才能带来正的 NPV，企业可以考虑一个实物期权为 1 000 万元的小工厂的建立，如果市场好，然后扩大投资建立 1 亿元的工厂。
- 放弃期权。若一个项目开始后的现金流不太好，这时如果继续该项目的现金流收益小于放弃（变卖）该项目的价值，则公司很可能选择放弃该项目。
- 延迟期权。若项目现金流不是特别好，或目前形势不确定不明朗，这时可以选择等等看，了解更多的信息后再确定。这还不像前两者那样有确定的行动（扩张或放弃）。

- 其他期权。产品组合、原料组合、发展期权等。

对于实物期权，不确定性越大，使用期权的机会越大，从而期权的价值也就越大。

资本预算需要考虑的非财务要素

资本预算决策过程中除了考虑量化、财务的因素（这些一般也称作定量因素）外还同时需考虑非财务和非量化的因素（这些一般也称作定性因素），如：

- 投资可能是因为政府的规定要求或环境保护的考虑；
- 投资改善公司的公关形象、信誉等；
- 投资能服务当地社区；
- 是否能招到合适的人才；
- 新技术是否能适应市场、是否能被接受等。

资本预算/长期投资管理练习题 & 解答

1. 下列不是长期投资分析所必需的是（　　）。

A. 现金流出量　　B. 内部收益率

C. 企业设定的企业文化　　D. 项目寿命期

答案：C。

2. FMC 公司正在考虑购买一台新设备。设备的价格是 \$90 000。它要花 \$6 000 运送到工厂，花 \$9 000 来安装。设备估计可使用 10 年，估计残值 \$5 000。在 10 年内，设备预计每年生产 2 000 个产品，售价 \$500，原材料和人工的合计成本是每个 \$450。联邦税法允许这类设备以直线法在 5 年内折旧完，没有残值。FMC 的所得税税率是 40%。在资本预算分析中，FMC 在项目第 1 年的年初所用到的现金流是（　　）。

A. \$85 000　　B. \$90 000　　C. \$96 000　　D. \$105 000

答案：D。在初始期公司必须投资 \$105 000。设备投资额需包括设备本身的价格 \$90 000，以及运输成本 \$6 000 和安装成本 \$9 000，共计 \$105 000。此题并没有提到营运资本的准备。因此答案就是 \$105 000。

3. FMC 公司正在分析一个资本投资方案，这个方案是在今后的 8 年用新设备生产一个产品。分析师试图在分析中确定项目寿命结束时合理的现金流。在第 8 年末，这台设备必须从工厂搬走，账目值为 \$75 000，搬走的成本是 \$40 000，残值是 \$10 000。公司的有效税率是 40%。将这些条件用于分析中，寿命结束时的合理现金流是（　　）。

A. $45 000　　B. $27 000　　C. $12 000　　D. $18 000

答案：C。答案 = $10 000 －（$10 000 － $75 000）×40% － $40 000×（1－40%）= $12 000。注意：牢记设备出售现金流的窍门公式 = 卖的价钱 －（卖的价钱 － 账面价值）× 税率。另外，在计算现金流时，成本也要用税后的。

4. 公司的成本是 12%，对某个投资项目要求的贴现率为 15%，那么说明这个项目的风险会（　　）。

A. 降低　　B. 无变化　　C. 增加　　D. 以上都不对

答案：C。

5. 在资本预算编制中，何时会产生多个内含报酬率？

A. 存在多个资本成本估计时

B. 项目是互斥性项目时

C. 项目的现金流多次在正负之间变更时

D. 项目嵌入了实物期权时

答案：C。

6. FMC 公司正在考虑购买一台新设备。设备的价格是 $90 000。它要花 $6 000 运送到工厂和花 $9 000 来安装。设备估计可使用 10 年，估计有残值 $5 000。在 10 年内，设备预计每年生产 2 000 个产品，售价 $500，原材料和人工的合计成本是每个 $450。联邦税法允许这类设备以直线法在 5 年内折旧完，没有残值。FMC 的所得税税率是 40%。在资本预算分析中，FMC 在项目第 10 年所用到的现金流是（　　）。

A. $100 000　　B. $81 000　　C. $68 400　　D. $63 000

答案：D。正常（即不考虑旧设备出售）的第 10 年的增量现金流 = 2 000×（$500 － $450）×（1－40%）= $60 000，注意折旧已经是无关的了。旧设备出售的现金流 = $5 000 －（$5 000 － 0）×40% = $3 000，因此答案为 $60 000 + $3 000 = $63 000。

7. 现在企业最愿意用的方法是（　　）。

A. 贴现回收期法和内部收益率法　　B. 贴现回收期法和约当产量法

C. 内部收益率法和净现值法　　D. 修正内部收益率法和回收期法

答案：C。

8. 某公司正在分析购买生产机械，以满足监管要求。以下事实与项目的最后一年，即第 5 年有关。

销售完全折旧的机械将实现 \$20 000 的收益。

将收回最初在运营资本上的 \$50 000 投资。

初始总成本为 \$500 000 的机械在 5 年内按直线法折旧。

在资产的使用寿命中将计提 \$50 000，以覆盖机械所在地的重建成本。但是，实际净重建成本预计只有 \$40 000。

该机械生产 10 000 件产品，每件的销售价格为 \$5.00。生产成本为每件 \$2.50。在项目的资本预算分析中，如果使用 30% 的实际所得税税率，公司在第 5 年必须考虑的税后现金流是（　　）。

A. \$68 500　　B. \$83 500　　C. \$89 500　　D. \$97 000

答案：B。在第 5 年的税后现金流会涉及：

（1）销售完全折旧的机械的现金流收入 = \$20 000 –（\$20 000 – 0）×30% = \$14 000。

（2）营运资本回收现金流 = \$50 000。

（3）重建成本支出税后现金流 = \$40 000 ×（1 – 30%）= \$28 000。

（4）经营现金流 = 10 000 ×（5 – 2.5）×（1 – 30%）+（\$500 000/5）× 30% = \$175 000 + \$30 000 = \$47 500。

因此，第 5 年净现金流入 = \$14 000 + \$50 000 – \$28 000 + \$47 500 = \$83 500，因此选 B。切记，即使是成本支出也要乘以（1 – 所得税税率）。

9. 在计算项目的简单投资回收期和贴现回收期后，贴现回收期（　　）。

A. 较短，因为货币的时间价值提高了现金流的价值

B. 较长，因为货币的时间价值提高了现金流的价值

C. 较短，因为货币的时间价值降低了现金流的价值

D. 较长，因为货币的时间价值降低了现金流的价值

答案：D。贴现会让现金流更小。故选择 D。

10. 在资本预算过程中，通常进行项目事后审计，这一做法阻碍了（　　）。

A. 项目的实施

B. 在选择项目时对现金流的乐观估计

C. 作出投资决策时进行长远展望

D. 不确定性对未来现金流影响的考虑

答案：B。

11. 一项投资初始投入 60 000 美元，预计以后 5 年每年产生 15 000 美元的现金流入，预计贴现率为 10%，是否接受该项目？

A. 是，净现值为 15 000 美元。

B. 是，净现值为 4 500 美元。

C. 否，净现值为 3 150 美元。

D. 否，净现值为 4 500 美元。

答案：C。项目净现值 = 15 000 × 年金现值系数 3.79（期数 = 5，利率 = 10%）- 60 000 = -3 150（美元）。因为净现值小于 0，所以不接受。注意：现值系数表有很多种不同的分类，考试中一定要看仔细，一般只需要查两种现值系数表，一个是复利现值系数表，另一个是普通年金现值系数表。年金现值表又分普通年金现值表和先付年金现值表等。普通年金现值表是指收付款都在期末，而先付年金现值表是指收付款在期初，考试中一般只需要查普通年金现值表。与现值正好相反的是终值。考试中可能还有其他的表，千万别查错了！

12. 有一个管理者在考虑项目的扩张和延迟的可能性决策项目，应执行（　　）方法。

A. 情境分析　B. 敏感分析　C. 蒙特卡洛分析　D. 实物期权分析

答案：D。在投资项目的有效期之内，管理当局在市场状况出现变动之后，能够采取不同于规划中的管理行为以调整项目现金流量的规模和风险的时候，这就是实物期权。在现实中，人们往往用“如果发生某种情况，那么我们将有机会做某事”这种语句来描述实物期权。

13. 已知有三个互斥投资项目，NPV 和 IRR 如下，应该选择哪个方案？

	NPV	IRR
甲项目	30 000	15%
乙项目	15 000	24%
丙项目	10 000	22%

A. 无法选择

B. 选择乙项目，其拥有高的 IRR 和正的 NPV

C. 选择丙项目，其有高的 IRR

D. 选择甲项目，其有最大的 NPV

答案：D。对于互斥的项目，在选择投资项目时应选择 NPV 最大的项目，因此选择甲项目。

14. 在资本项目预算时，净营运资本增加额（　　）。

A. 是相关现金流

B. 不是相关现金流

C. 是相关现金流，不进行贴现折算

D. 是相关现金流，不进行税后折算

答案：D。因为不是损益表科目。

15. 下列选项中与投资决策无关的是（　　）。

A. 经营中剩余的现金　　B. 旧设备的销售价格

C. 旧设备的采购成本　　D. 旧设备的账面价值

答案：C。旧设备的采购成本是沉没现金流，与投资决策无关，而且在计算旧设备处理现金流时也无须使用旧设备的采购成本数据。

16. 下列关于回收期说法正确的是（　）。

甲项目初始投资 10 000 美元：第一年 4 000 美元　第二年 2 000 美元　第三年 5 000 美元

乙项目初始投资 20 000 美元：第一年 6 000 美元　第二年 7 000 美元　第三年 8 000 美元

A. 投资回收期一样　　B. 甲项目投资回收期短

C. 乙项目投资回收期短　　D. 均考虑货币的时间价值

答案：B。甲项目投资回收期 $=2+(10\ 000-4\ 000-2\ 000)/5\ 000=2.8$（年）。乙项目投资回收期 $=2+(20\ 000-6\ 000-7\ 000)/8\ 000=2.85$（年）。

17. 关于贴现投资回收期法正确的描述是（　）。

A. 贴现回收期法未考虑资金时间价值

B. 贴现回收期法未考虑回收期后的现金流量

C. 使用折现回收期鼓励选择长期项目投资

D. 贴现回收期法考虑了回收期后的回报

答案：B。

18. 分析师在进行投资项目的风险分析时运用了大量的数据来分析一个变量变化对投资项目的影响，分析师采用（　）的风险分析方法。

A. 敏感性分析　B. 模拟法　C. 情景分析　D. 蒙特卡洛分析

答案：A。

19. 企业订单超过产能，需要投入大量资金以获得超速发展，涉及实物期权的（　）。

A. 放弃　B. 扩张　C. 延迟　D. 等待

答案：B。

20. 如果企业投入新资产，在进行资产投资决策时需要如何考虑贴现现金流采用的贴现率，以下关于贴现率描述正确的是（ ）。

A. 风险大于公司现有项目，所使用贴现率小于公司现有资本回报率

B. 风险大于公司现有项目，所使用贴现率大于公司现有资本回报率

C. 风险小于公司现有项目，所使用贴现率等于公司现有资本回报率

D. 风险小于公司现有项目，所使用贴现率大于公司现有资本回报率

答案：B。

21. 有三个相互独立的项目，贴现率为 10%，项目甲净现值 1 000 美元，项目乙净现值 400 000 美元，项目丙净现值 -500 美元，接受（ ）。

A. 项目甲 B. 项目甲和项目乙 C. 项目乙 D. 项目丙

答案：B。由于三个项目相互独立，不存在互斥，因此净现值大于零的项目——项目甲和项目乙都可以成为备选项目。

22. 以下关于 IRR 与 NPV 的表述不正确的是（ ）。

A. 没有资金限制下，所有 NPV 大于零的项目都可接受

B. 互斥项目下，IRR 可能做出错误判断

C. 每个项目都有各自的 IRR

D. 对于互斥项目，选择 NPV 为正的项目

答案：D。对于互斥项目而言，应该选择净现值最大的项目。

23. 公司正在考虑是否进行一项固定资产投资，该固定资产初始投资 250 000 美元，期限是 7 年，每年增加税后维护成本 12 123 美元，每年新增税后收入 66 902 美元，公司资本成本为 14%。该投资的 IRR 大概是（ ）。

A. 6% B. 12% C. 14% D. 20%

答案：B。年净现金流 = 66 902 - 12 123 = 54 779（美元）。250 000/54 779 = 4.5638，查年金现值系数表，N = 12%。

24. 公司在进行一项投资，初始投资额为 200 000 美元，三年后无残值。1 ~ 3 年每年税后净现金流为 100 000 美元，公司所得税税率为 20%，税后资本成本为 8%，该投资的净现值为（ ）美元。

A. 6 017 B. 57 710 C. 100 000 D. 200 000

答案：B。净现值 = 年税后净现金流 × 3 年 8% 年金现值系数 - 初始投资额 = 100 000 ×

2.5771 -200 000 =57 710（美元）。

25. 以下不属于实物期权类型的是（　　）。

A. 扩张　　B. 延迟　　C. 适应　　D. 放弃

答案：C。

26. 某企业一直专注本土发展，现有一个国外投资项目，企业之前选择10%的贴现率，国外投资有一定风险，则贴现率（　　）。

A. 选择10%贴现率

B. 选择高于10%的贴现率，因为国外投资风险高于国内投资项目

C. 选择低于10%的贴现率

D. 无法确定

答案：B。

27. 净初始成本为3 000 000美元，折现率为9%，每年税后现金流如下：

第一年500 000美元

第二年950 000美元

第三年1 200 000美元

第四年1 600 000美元

第五年350 000美元

折现回收期为（　　）年。

A. 4.47　　B. 4　　C. 3　　D. 2.5

答案：A。

第一年500 000美元，现值500 000 ×0.9174 =458 700（美元）

第二年950 000美元，现值950 000 ×0.8417 =799 615（美元）

第三年1 200 000美元，现值1 200 000 ×0.7722 =926 640（美元）

第四年1 600 000美元，现值1 000 000 ×0.7084 =708 400（美元）

第五年350 000美元，现值350 000 ×0.6499 =227 465（美元）

折现回收期 =4 +(3 000 000 -458 700 -799 615 -926 640 -708 400)/227 465
=4.47（年）

28. 购买1 000 000美元的机器，投资项目5年。每年税后净现金流相同，净现值为105 656美元，折现率为15%，会计长还提供了回收期为2.86年。以下说法正确的是（　　）。

A. 这是一个错误的回收期，没考虑折现，正确的是4年

B. 考虑了折现后的回收期为4.36年

C. 不用考虑折现，正确的回收期是 3.5 年

D. 不考虑折现回收期是 2.86 年

答案：B。假设每年的税后现金流 = Y，则净现值 = Y × 3.352（5 年 15% 的年金现值系数）- 投资额 = 105 656（美元），因此每年税后现金流 =（105 656 + 1 000 000）/3.352 = 329 850（美元），基本回收期 = 1 000 000/329 850 = 3.03（年）。

折现回收期：

第一年 329 850 美元，现值 329 850 × 0.8696 = 286 837（美元）；

第二年 329 850 美元，现值 329 850 × 0.7561 = 249 399（美元）；

第三年 329 850 美元，现值 329 850 × 0.6575 = 216 876（美元）；

第四年 329 850 美元，现值 329 850 × 0.5718 = 188 606（美元）；

第五年 329 850 美元，现值 329 850 × 0.4972 = 164 001（美元）；

考虑折现的投资回收期 = 4 +（1 000 000 - 286 837 - 249 399 - 216 763 - 188 606）/164 001 = 4.36（年）。

29. 某会计师用一个方法衡量公司的财务风险，经过多次计算最终得出 NPV 为负的概率为 50%，NPV 为 3 000 的概率为 30%，会计师用的（　　）方法。

A. 假设分析　　B. 蒙特卡洛分析　　C. 情境分析　　D. CPV 分析

答案：B。这是蒙特卡洛模拟分析法能呈现的结果，选 B。A、D 肯定是错的。C 不对，因为题中说了“经过多次计算”。

30. 公司正在进行工厂扩张，需要投资新设备 8 000 000 美元。扩张后公司销售预计每年增加 6 000 000 美元。扩张后增加的流动资产，平均为销售的 30%，应付账款和其他流动负债是销售的 10%。该项扩张预计投资总现金是（　　）美元。

A. 6 800 000　　B. 8 600 000　　C. 9 200 000　　D. 9 800 000

答案：C。增加的流动资产是销售额的 30%，但使用流动负债可以为资产提供销售额 10% 的资金。从而，原始营运资金投资等于销售额 6 000 000 美元的 20%，即 1 200 000 美元。初期现金流出总额由 8 000 000 美元的新设备款加上 1 200 000 美元的营运资金，总计 9 200 000美元。项目中间不会再增加营运资本的投资，因为每年的营运资本额一样，因此各期间增加营运资本额为零。

第4章　风险与回报

风险可分为纯粹风险和投机/投资风险。纯粹风险是指发生不好情况的可能性，例如，买保险就是规避此种风险，纯粹风险只涉及损失和不好的情况。相对比，投资方面的风险既可能涉及损失又可能涉及收益。我们在此部分重点讲述投资风险。投机/投资风险是指偏离预期回报的可能性和程度，或者表达为，预期回报率不确定性的程度。

和预期回报的波动变化常常是投资者们非常关心的，因为波动越大可能发生亏损的可能性就越大。在投资的世界里，投资者不能光想着赚大钱，一下子发财，其实损失有时可能更应该被优先考虑，因为大的损失可能会毁掉一个人。因此投资者赚钱和损失都要考虑，即，考虑和预期回报向上或向下的变化性。变化性越大，风险就越大，因为变化性越大就不一定只赚不赔了，或者说赔钱的可能性也增大，可能性越多意味着不一定会遇到什么情况。注：资产在投资及投资风险管理方面是指各种投资工具，包括投资实物资产如房地产等，也包括投资金融资产如短期国库券、债券、股票等。

投资回报/收益

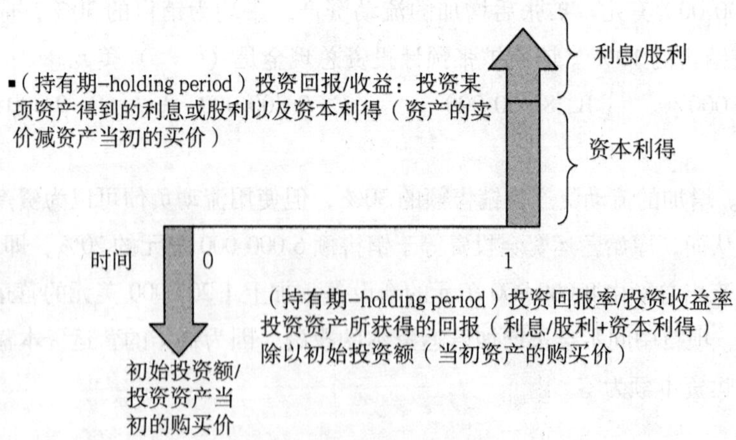

案例：ABC 公司花 4 500 元人民币投资购买普通股股票，持有 13 个月后出售，售价为 4 800 元。中间收到股利 27 元。因此投资回报 = 27 + （4 800 – 4 500） = 327 （元）。投资回报率 = 327/4 500 = 7.3%。

投资总风险 = 系统风险 + 非系统风险。系统风险也叫市场风险或不可分散风险或不可避免风险或相关风险，非系统风险又称非市场风险或可分散风险或公司特有风险或个别风险。

系统风险是指所有资产都要受影响，比如那些整个国家甚至全球的经济或政治因素，如利率、汇率、通胀、重大科技变革、经济周期（如经济萧条等）、政治动荡、战争等，这些又称为宏观经济因素。

非系统风险是独立于这些整体政治、经济因素，它只同特定公司或行业相关。非系统风险可以通过投资组合分散、减少。一个很好的分散化（well - diversified）的投资组合里的非系统风险会变得很小，甚至接近零，这就是俗话讲的“东方不亮，西方亮”，通过相互抵消，可以得到预期/平均回报率。一个分散较好的投资组合（通过相互抵消）会使非系统风险变得很小，因此在一个分散较好的投资组合里主要的风险实际上主要是系统风险。

非系统风险包括经营风险和财务风险等。

■ 经营风险，是由企业经营活动而产生的未来收益的不确定性。影响经营风险的主要要素有：市场对产品的需求；产品售价；产品成本；企业固定经营成本比重（即经营杠杆）；企业产品研发能力；新市场开发能力等，这些可以简单地总结为企业运营的所有要素 + 固定经营成本的比重。注：固定经营成本比重越大，当企业销量大幅下降时，变动成本可避免，但多数固定经营成本（如租金、工资、电费等）还必须要支付，因此企业可能会出现困境。另外，固定成本越大，当企业销售下行时，息税前利润的降幅也越大！注意，经营风险和企业资本结构（即债务和权益的比例）无关。

■ 财务风险，主要是指企业因举债从而产生定期必须支付的固定筹资成本（如利息、本金），从而当企业效益不好时，可以完全不发普通股股利，但债券本息必须支付。另外，上述固定融资成本是个“双刃剑”，当企业下行时，净利润也会受到更大的影响。财务风险主要涉及企业的资本结构。

统计美国历史上的投资回报率

从 20 世纪 30 年代到 21 世纪初的投资回报率统计，主要针对五大投资资产，这五项资产按回报率从小到大排序为：

■ 美国短期国库券

■ 美国国债

■ 公司债券

■ 大公司普通股票

■ 小公司普通股票

将美国最常见的投资资产按照风险从最低到最高排序为：政府短期国库券—政府债券—公司债券（其中从低到高排序又分：第一抵押债券—第二抵押债券—次级债券—收益债券）—优先股股票—可转换优先股—大公司普通股股票—小公司普通股股票。

回报率的顺序和风险的排序完全一样，这充分解释了风险和回报相辅相成的道理，即低风险回报率也低，高风险回报率随之增高。

总风险的主要量化指标是标准差和方差。

■ 标准差，通过统计指标，度量、展示了围绕着平均期望回报率的各种可能性结果的分布以及偏离平均期望回报率的离散程度。

■ 根据统计，有68%的可能性，实际回报率会在平均回报率加/减1个标准差（SD）的范围中间，95.5%：加/减2个SD，99.7%：加/减3个SD，这些也叫置信区间。

■ 标准差和方差越大意味着结果越分散和偏离。结果越分散，得到期望回报率的可能性就越小，风险越大。因此，标准差越大，风险越大。在做投资决定时，投资者不仅要看平均回报率是多少，而且还要考量标准差，因为标准差代表了可能发生结果的分散程度，即意味着风险。

概率理论提供了一种量化表达一件事发生的不确定性的程度，或者讲，一件事确定能发生的可能性的程度。比如，可能性太分散的话，发生某件事的概率就小，否则就大。有两种概率：客观概率和主观概率。

■ 客观概率是通过大量的历史统计数据（过去实际发生的经验数据）或大量的试验等推理来确定的。比如得某种怪病的概率是0.002%，这是根据过去的统计计算出来的。

■ 主观概率主要是一种心理评价和判断，更多的是一种感觉或直觉，判断具有明显的主观性。

概率分布是指：（1）一系列可能发生的结果；（2）每一种可能要发生的结果的概率/可能性。概率分布可分为离散型分布（discrete distribution）和连续型分布（continuous distribution）。离散型分布是指可能发生的结果是有限的、可数的，每一种结果的概率加总等于100%，而连续型分布是指可能发生的结果是无限的，连续型分布是通过正态分布图来表示，正态分布即两边相互对称的钟形图样。

单独证券的风险分析主要涉及：

■ 期望回报率（平均值）；

■ 方差和标准差；

■ 变异系数（CV）；

■ 协方差和相关系数。

假设 ABC 公司的一个投资组合里包括两种有风险的投资资产：股票和债券。每一种经济状况发生的可能性为 1/3，即 33.3%。债券的价值和利率成反比，当经济萧条时政府一般降息，此时债券价值提高，相反则降低。

方案	概率	投资回报率——股票	投资回报率——债券
经济萧条	33.3%	-7%	17%
正常	33.3%	12%	7%
经济繁荣	33.3%	28%	-3%

某一证券的期望回报率等于某一证券每一种方案的回报率乘以每一种方案各自的概率，然后加总。因此，案例中股票的期望回报率 $= -7\% \times 1/3 + 12\% \times 1/3 + 28\% \times 1/3 = 11\%$。

方差的公式：某一证券的每一种方案的回报率减期望回报率，然后进行平方，然后乘以每一种方案的相应的概率，最后加总即可。因此，案例中股票的方差 $= (-7\% - 11\%)^2 \times 1/3 + (12\% - 11\%)^2 \times 1/3 + (28\% - 11\%)^2 \times 1/3 = 0.0324 \times 1/3 + 0.0001 \times 1/3 + 0.0289 \times 1/3 = 0.0205$。

标准差等于方差的平方根。因此，案例中股票的标准差 = 14.3%，即 0.0205 的平方根。

变异系数

同一期望回报率的不同证券，标准差越大，风险则越大，反之相反，但标准差因为没有考虑不同证券的期望回报率的差别，因此很难衡量和比较不同期望回报率的不同证券的风险，即标准差大不一定风险大，因为有可能此证券的期望回报率也很大，即，不同证券的（期望回报率）基数规模不一样，而标准差只是一个绝对值的度量指标，因此很难对不同证券进行风险比较。

变异系数（coefficient of variation），有时候也翻译成差异系数/变动系数，适用于不同期望回报率的多种证券的风险比较。变异系数 = 标准差/期望回报率。变异系数越大的证券，相对投资的风险越大，变异系数越小的证券，风险越小。例如，证券 A 的期望回报率为 25%，标准差为 12%，证券 B 的期望回报率为 15%，标准差为 9%。因为期望回报率的基数规模不同，因此很难说标准差大的证券就风险越大。所以需要计算变异系数，A 和 B 的变异系数分别为 0.12/0.25 = 0.48，0.9/0.15 = 0.6，因此相比较而言，证券 B 的风险相对较大，虽然其标准差较小。

另外，最终投资哪个证券，标准差和变异系数只能是参考，因为人们对风险的看法不尽相同。人们对风险的看法/态度一般分为三种：风险厌恶、风险中立和风险追求。

对于风险大的证券，风险追求的人很喜欢，因为他们或许认为回报率可能也会相应地增高，但同样对于风险大的证券，厌恶风险的人就对此非常不待见。例如，早晨经常有不少老年人在银行排队买一些风险极小但同样回报率也很小的证券，但另外有很多人对此感觉“不可思议”，这是因为他们对风险的态度不同。

投资组合及风险

投资组合

方案	投资回报率			差异的平方
	股票	债券	组合	
经济萧条	-7%	17%	5.0%	0.0016
正常	12%	7%	9.5%	0.0000
经济繁荣	28%	-3%	12.5%	0.0012
期望回报率	11.00%	7.00%	9.0%	
方差	0.0205	0.0067	0.0010	
标准差	14.31%	8.16%	3.08%	

投资组合的期望回报率 = 组合里面所有证券的加权平均期望回报率。加权数 = 某一证券的投资额/整个组合的投资额。

$$E(r_p) = w_B E(r_B) + w_s E(r_s)$$

$$9\% = 50\% \times (11\%) + 50\% \times (7\%)$$

此案例是假设股票和债券的投资加权数各占 50%。

投资组合的风险

■ 投资组合风险（即标准差）并不是组合里所有证券的加权平均标准差，而是：

$$\sqrt{(W_B D_B)^2 + (W_S D_S)^2 + 2(W_B D_B)(W_S D_S)R}$$

■ W = 加权系数，D = 标准差，R = 相关系数，介于 -1 和 1 之间，B = 债券，S = 股票，B 和 S 只是象征性的两种证券。

■ 投资组合的标准差≤投资组合的加权平均标准差，只有当 R = 1 时它们是相等的，即用上述复杂公式计算的结果和简单地用加权平均法计算的标准差是一样的（加权平均标准差等于各自的标准差乘以各自权重然后相加）。

■ R 介于 -1 和 1 之间，只要 R 不等于 1，投资组合的标准差 < 投资组合的加权平均标准差，这就证明了组合可以减少风险。

■ 一般任意组合 20 种以上的证券，非系统风险基本消失或很小了。

注：相关系数 R 始终是在 -1 和 1 之间。R >0 叫作正相关，R =1 叫作完全正相关，R <0 叫作负相关，R = -1 时叫作完全负相关，R =0 叫作完全无关。完全负相关最能分散降低风险，而完全正相关则不能分散降低风险。相关系数 = 协方差/两个证券的标准差的乘积，而协方差 = 相关系数 × 两个证券的标准差的乘积。考试中，要熟练运用公式之间的互推，例如，若告诉了协方差 = A，则上述投资组合的标准差中的 2WbDb × WsDs × R 部分就变成了 2WbWs × A。

投资组合管理和无差异曲线

■ 投资者在选择投资组合时都希望能最大化回报及最小化风险。理想投资组合或者直译为有效率的投资组合（efficient portfolio）是指在同等的风险水平上此投资组合的投资回报最高或在同等的投资回报水平上此投资组合的风险最低。下图中的最高/最陡峭的曲线（注：每条曲线都代表上面有一系列的投资组合），即 A 曲线，代表着有效率的投资组合。

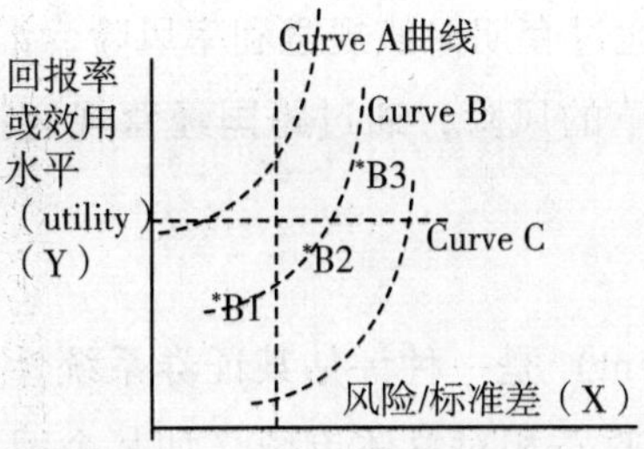

• 这是因为：图中竖着的虚线和 X 轴交叉处代表着同一风险水平，此时曲线 A 的整体回报或效用水平最高，另外图中横着的虚线和 Y 轴交叉点代表着同一投资收益水平，此时曲线 A 的风险最低。

• 投资曲线 A、B、C 都是平行运行的。总结：投资曲线越高/陡峭，整体效用水平越高，但投资者越厌恶风险（因为画一条水平线贯穿 3 条投资曲线，回报都一样但曲线 A（最陡峭的曲线）的风险最低，因此代表着投资者对风险很敏感，最厌恶风险）。当然投资者都希望能发现或组建曲线 A 这样的投资组合或项目。

投资组合管理和无差异曲线

■ 刚才曲线 A、B、C 之间对比完了，但每条投资曲线本身上的任何一个投资组合（如曲线 B 上的 B1、B2、B3 三个点代表着 3 个投资组合），它们都有相对同样的效用价值，因为 B1 点的绝对回报率最低，但风险也最低，B3 点的绝对回报率最高但风险也最高，因此相对回报或效用价值是无实质差异，因此每条曲线被称作无差异曲线。一定要注意：无差异是针对每条曲线的内部或上面的投资组合而言，并不是相对于不同投资曲线之间的比较，如并不代表着曲线 A、B、C 之间的比较。

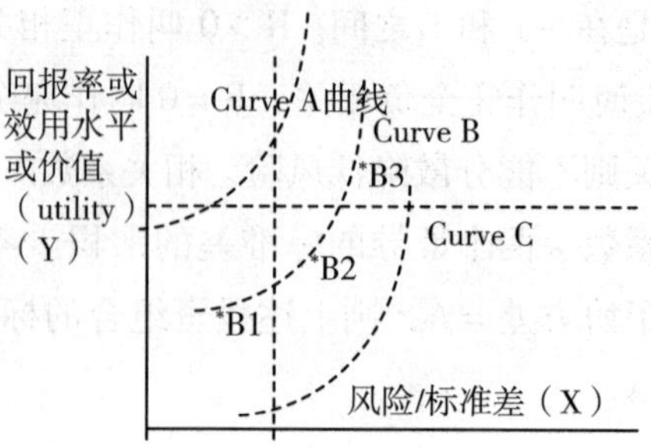

系统风险

系统风险一般是指影响整个市场的风险，原则上来讲市场中成员都受影响，只是每个公司或证券的受影响程度不尽相同。系统风险主要来源于政治及宏观经济一些普通个体无法左右的因素，如利率、通胀、汇率、重大技术变革、经济周期、战争、政治动荡等。系统风险是没有办法通过投资组合消除的，所以也称为不可分散风险，大约占总风险的25% ~50%。虽然市场风险不能通过分散的方法予以消除，但企业应想办法尽可能多地规避市场风险，例如，通过套期保值规避利率风险、汇率风险等，通过产品持续改进的机制尽可能减少技术变革的风险，通过跨国经营规避特定国家的市场风险/宏观风险等。

贝塔系数（beta coefficient）是一种评估某证券系统性风险的工具，即用以度量一种证券或一个证券投资组合收益相对总体市场（如某个国家，甚至全球）收益的波动性。贝塔值反映了某个证券和整个大市场变化的关联程度。贝塔系数是统计学上的概念，它所反映的是某一投资对象相对于大盘的表现情况。中国证券市场的上证、深证，或美国的NYSE，或伦敦证券交易所等都是整体市场的例子。一般一个国家也就最多两三个大的证券交易市场。上市公司的贝塔值一般都可以在权威出版物上查看得到。

某证券的贝塔值 =1，表明此证券的收益变化幅度和整个市场的收益变化幅度完全一样，吻合同步!

某证券的贝塔值 >1，表明此证券的收益变化幅度比整个市场的收益变化幅度还要大，比整个市场的收益变化更活跃。而且贝塔绝对值越大，显示其收益变化幅度相对于大盘的变化幅度越大。

某证券的贝塔值 <1，表明此证券的收益变化幅度比整个市场的收益变化幅度要小，而且贝塔绝对值越小，显示其变化幅度相对于大盘越小。另外如果贝塔值是负值，则显示其变化的方向与大盘的变化方向相反，大盘涨的时候它跌，大盘跌的时候它涨。很多投资者愿意在投资组合里包含一些贝塔值为负数的证券。

注：如果一个证券的贝塔值 =0，这意味着此证券是无风险的证券，往往是政府证券，这些证券的贝塔值 =0。

一个证券投资组合的贝塔值 = 投资组合里的各资产贝塔值的加权平均数。权重的计算是按照各个资产的投资额占整个投资组合总投资额的比例。

在资本资产定价模型（CAPM）中，证券回报率 = 无风险回报率 + 贝塔值 ×（市场回报率 - 无风险回报率）。贝塔值是一个“双刃剑”，贝塔值越大，会在经济向好的时候更大地推动该证券的回报（即比整体市场回报率还要大），但同样在经济非常不好的时候，如果市场回报率小于无风险回报率时，贝塔值越大则回报越惨。

每个公司的具体贝塔系数不尽相同，因此每个证券的贝塔值和这个企业的具体情形相关（贝塔值一般是根据过去的数据计算出来的，贝塔值随着时间的推移可能会变化）。决定每个企业或其某个部门（战略业务单元 SBU，或者业务单元 BU）的贝塔值的要素有：

■ 企业受经济周期变化的影响程度。有些企业受经济周期（如繁荣或萧条）影响很大，如众多高科技公司。但有些企业是抗周期的，如电力、水利、食品行业等，好比经济繁荣也不会多吃两碗米饭，经济萧条时也不至于少吃两碗米饭。一般受经济周期影响大的行业或公司贝塔值大，反之则小。

■ 经营杠杆。一般固定经营成本越大，经营杠杆越大，当然经营风险也越大（无论经营利润的波动还是支付固定成本的难度）。一般来讲，公司的经营杠杆越大，贝塔值也越大，反之则越小。

■ 财务杠杆（也叫资产负债率）形同经营杠杆，即财务杠杆越大，贝塔值越大，反之则越小。

■ 一般来讲，项目的年限较长，利率变化可能性就越大，项目的价值变化就越大，其贝塔值也较高。

现在很多大公司都是业务多元化，企业有多个战略业务单元/SBU，不同的 SBU 可能会有不同的贝塔值，因此不同 SBU 可能会有不同的资本成本/要求回报率。在这种情况下，如果企业只使用一个平均的贝塔值及相应的资本成本/要求回报率显然是不合适的。

风险与回报知识点和融资以及投资都有关联，例如，融资方要了解风险与回报以便于制定融资工具的回报率，以使得融资方给予的回报率在市场上有竞争力，否则会影响融资的效果。企业投资时也要了解风险与回报知识点以寻找最佳的投资工具从而得到相对最大的回报，包括计算资本预算现金流时都会用到折现率，折现率的确定和风险是直接关联的等。

风险与回报练习题 & 解答

1. 预期报酬率和风险标准差相同的两种证券，何种情况下最能帮助投资者分散风险？

A. 无此情况

B. 两种证券的相关系数完全负相关时

C. 两种证券的相关系数大于 0 时

D. 两种证券的相关系数完全正相关时

答案：B。

2. 在过去的几年里，尽管 FWC 的股票风险较高，但仍然是一个成功的股票。经济状况对公司的期望回报有极大的影响（如下所示）。

经济状况	概率	回报率
萧条	0.05	-45%
衰退	0.15	-10%
放缓	0.20	5%
稳定	0.40	10%
膨胀	0.15	30%
显著膨胀	0.05	35%

回报率的变异系数是（　　）。

A. -1.0　　B. 1.0　　C. 1.3　　D. 2.31

答案：D。

先计算期望回报率：

经济状况	概率	回报率	加权平均
萧条	0.05	-45%	-2.25%
衰退	0.15	-10%	-1.50%
放缓	0.20	5%	1.00%
稳定	0.40	10%	4.00%
膨胀	0.15	30%	4.50%
显著膨胀	0.05	35%	1.75%
			7.50%

再计算总加权方差：

回报率	-	期望回报率	=	差异	平方差		概率	=	加权方差
-45%	-	7.5%	=	-52.5%	27.563%	×	5%	=	137.81
-10%	-	7.5%	=	-17.5%	3.063%	×	15%	=	45.94
5%	-	7.5%	=	-2.5%	0.063%	×	20%	=	1.25
10%	-	7.5%	=	2.5%	0.063%	×	40%	=	2.50
30%	-	7.5%	=	22.5%	5.063%	×	15%	=	75.94
35%	-	7.5%	=	27.5%	7.563%	×	5%	=	37.81
总加权方差									301.25

标准差是总加权平均方差的平方根，因此标准差是 17.35。变异系数 = 标准差/期望回报率 = 17.35/7.5% = 2.31。当投资的回报率和标准差不同时，变异系数是有用的。由于它的计算是标准差除以期望回报率，因此它衡量了单位回报率的风险。

3. 一个有高风险的资产将（ ）。

A. 有低的期望回报　　B. 比低风险的资产的价格低

C. 增加的期望回报率　　D. 高的回报标准差

答案：D。期望回报的标准偏差越大，投资的风险就越大，大的标准偏差意味着回报的可能幅度是大的。相反，更小的标准偏差，可能的分布就更小，风险就更低。C 也有些道理，但不如 D 更准确。

4. 描述一个投资项目的风险相对于其他总体投资的指标是（ ）。

A. 变异系数　　B. Beta　　C. 标准差　　D. 期望回报率

答案：B。问的措辞有些问题，应该是相对于总体大盘投资。

5. 两种股票投资，股票 A 投资额是 200 000 元，标准差为 30%；另一只股票 B 股的投资额是 200 000 元，标准差为 40%，它们组合的标准差为 35%。它们的相关系数是（ ）。

A. -1　　B. 0　　C. 1　　D. 3.5

答案：C。凡是投资组合的标准差等于加权平均标准差时，R = 1，此题告知的投资组合的标准差为 35%，而加权平均的标准差 = 30% × 50%（即 20 万/40 万）+ 40% × 50% = 35%。

6. FWC 公司正在评估它的四个独立的投资项目。每个项目的期望回报率和标准差如下显示：

投资建议	期望回报率	标准差
Ⅰ	16%	10%
Ⅱ	14%	10%
Ⅲ	20%	11%
Ⅳ	22%	15%

哪个投资建议有最低的相对风险水平？

A. 投资Ⅰ　B. 投资Ⅱ　C. 投资Ⅲ　D. 投资Ⅳ

答案：C。当投资的回报率和标准差不同时，变异系数是有用的。由于它的计算是标准差除以期望回报率，因此它衡量了单位回报率的风险。Russell 的四个投资建议的变异系数计算如下：

投资建议	期望回报率	标准差	变异系数
Ⅰ	16%	10%	0.625
Ⅱ	14%	10%	0.714
Ⅲ	20%	11%	0.550
Ⅳ	22%	15%	0.682

7. A 公司的股票期望回报率为 20%，标准差为 15%；B 公司股票的期望回报率是 10%，标准差为 9%。风险更大的股票是（　　）。

A. 因为回报率更高　B. 因为标准差更高

C. 因为标准差更低　D. 因为变异系数更高

答案：D。当投资的回报率和标准差不同时，变异系数是有用的。由于它的计算是标准差除以期望回报率，因此它衡量了单位回报率的风险。B 的变异系数（0.09/0.1 = 0.9）比 A 的变异系数（0.15/0.20 = 0.75）更高。

第5章　金融衍生品

金融衍生品是指其价值依赖于标的资产（underlying asset，也叫原生资产/基础资产）的价值变动的合约。金融衍生品的原生资产可分为：股票（及股指）、利率（债券等）、汇率和大宗商品（玉米、石油等）。这种合约可以是标准化的，也可以是非标准化的。标准化合约是指其标的资产（基础资产）的交易价格、交易时间、交易方式等都是事先标准化的，因此此类合约大多在交易所上市交易。非标准化合约是指以上各项由交易的双方自行约定，从而具有很强的灵活性。

根据交易方法金融衍生品可分为以下两种。

■ 场内交易又称交易所交易：指所有的供求方集中在交易所进行竞价交易的交易方式。这种交易方式的主要特点是，交易所向交易参与者收取保证金；交易所同时负责进行清算和承担履约担保责任。此外，由于每个投资者都有不同的需求，交易所事先设计出标准化的金融合同，由投资者选择与自身需求最接近的合同和数量进行交易。期货交易和部分标准化期权合同交易都属于这种交易方式。

■ 场外交易又称柜台交易：指交易双方直接成为交易对手的交易方式。这种交易方式有许多形态，能根据每个使用者的不同需求设计出不同内容的产品。但是，由于每个交易的清算是由交易双方相互负责进行的，交易参与者仅限于信用程度高的客户。掉期交易和远期交易等是具有代表性的柜台交易的衍生产品。

企业使用金融衍生品的主要目的是预防市场上不利变化的因素，如原材料价格大涨、债券价格大跌等。因此采取这些衍生产品的最主要目的是套期保值，当然也有一些人或机构进行投机。

根据产品形态，金融衍生品可分为远期合约、期货合约、期权、互换（swaps，也叫掉期）。

期货

期货合约（经常简称期货）和远期合约都是指交易双方约定在未来某一特定时间、以某一特定价格、买卖某一特定数量和质量的资产的合约。但期货和远期合约也有不同之处，下面介绍期货的特点（括号里是远期合约的特点）：

■ 在交易所完成，风险较小（而远期合约风险较大，远期合约完全取决于交易的双方）。

■ 标准化（而远期合约是个性化及一起商讨制定）。

■ 实物交割很少，一般都是在到期日做相反方向的交易对冲关闭（而远期合约一般需合约结束时进行实物交割）。

■ 交易者广泛，很多各种各样的公司或个人参与等。

期货合约是期货交易所制定的标准化合约，对合约到期日及买卖的资产的种类、数量、质量做出了统一规定。相对比而言，远期合约是根据买卖双方的特殊需求由买卖双方自行签订的合约。因此，期货交易流动性较高，远期合约交易流动性较低。远期合约和期货合约上面的价格是现在的或最近的价格。

期货的形式：

1. 实物：农产品、金属、能源等。

2. 金融产品期货。

（1）利率期货，即买卖固定利息收入的证券，如债券、国库券等。若判断利息升高从而会导致债券价格下降，则（以现在的价格）在未来卖证券期货，如果判断利息下降从而会导致债券价格升高，则（以现在的价格）在未来买证券期货。注意，利率和这些证券的价格逆向而行。注意，利率期货并不是实际上的买卖利率。

（2）汇率期货，即与国际贸易中的外币的价格变动相关的期货，判断外币升值还是贬值从而相应地以现在汇率买或者卖外币。

（3）股指期货，是指与较大的证券所的股指水平变动相关的期货，如美国纽约证券交易所 NYSE 股指、标准普尔指数、恒生指数、上证指数等。

期货从套期保值角度来讲分为：（1）预测价格上升而购买期货，称为多头（long hedge）或也叫买多；（2）预测价格下降而出售期货，称为空头（short hedge），也叫卖空。套期保值的宗旨是让交易资产的价格在未来一段时间内固定下来而并非一定是赚钱。另外注意：期货一般不进行实物交割而是只进行损益的现金交割。

套期保值交易的操作例子：一个粥产品公司的原料是玉米，此公司经理计划两个月后购买 1 000 吨玉米，此经理预测玉米价格会高于现在的每吨 500 元，此经理因此购买了相应的多头套期保值的期货，期货上规定的价格是现在的价格即 500 元 1 吨。

• 若两个月后期货合约结束时价格上升至一吨 600 元，则此经理通过期货赚了 100 000 元［即 1 000 ×（600 - 500）］，但此经理另外在公开市场上购买 1 000 吨玉米时以 600 元/吨的价格购买，因此抵销后，价格仍相当于 500 元/吨，和两个月前价格一样。

• 若两个月后期货合约结束时价格下降至 300 元/吨，则此经理通过期货亏损了 200 000 元［即 1 000 ×（300 - 500）］，但此经理另外在公开市场上购买 1 000 吨玉米时以 300 元/吨的价格购买，因此抵销后，价格仍相当于 500 元/吨，和两个月前价格一样。

因此，总结：无论怎样，期货都可以使未来一段时期内价格固定在当前价，从而实现套期保值。

上述举例是多头期货套期保值。空头期货套期保值是：若预测某商品价格在未来一段时间会下跌，因此在期货交易所出售空头套期保值期货。其道理和上面的多头套期保值期货一样，即最终可以将商品价格在未来一段时期事先固定下来。例如，一个农场种植生产玉米，农场主将在两个月后将1 000吨成熟的玉米卖向市场，农场主预测玉米价格会低于现在的每吨500元，此经理因此出售了相应的空头套期保值的期货，期货上规定的价格是现在的价格即500元/吨。

• 若两个月后期货合约结束时价格上升至一吨600元，则此农场主通过期货损失了100 000元［即1 000×(600－500)］，但此农场主另外在公开市场上以一吨600元售出1 000吨玉米，因此抵销后，售价仍相当于500元/吨，和两个月前价格一样。

• 若两个月后期货合约结束时价格下降至300元/吨，则此农场主通过期货赚了200 000元［即1 000×(300－500)］，但此农场主另外在公开市场上以一吨300元的价格售出1 000吨玉米，因此抵销后，售价仍相当于500元/吨，和两个月前价格一样。

套期保值也叫对冲交易，比如在多头期货中，如果在期货市场上赚了钱，但在现货市场上因高价购买产品而回冲赚的钱，最终形成保值到原来的价格，从而保持价格稳定；相反，若在期货市场上赔了钱，但在现货市场上因低价购买商品回冲赔的钱，从而最终形成保值到原来的价格，从而保持价格稳定。空头期货道理一样。

购买期货一般在初始时缴纳资产总价的很小比例的一定的保证金，然后需要每天盯市，结算每天的损益。

套期保值（也叫对冲交易）：套期保值能避免不好的但有可能会错过有利情况，比如，看好玉米要涨价，A公司买了半年期、1 000吨玉米的期货价格为500元/吨，如果未来玉米真地涨到了800元/吨，A公司受益了，但如果玉米不是涨到800元/吨而是降到了300元/吨，企业则还得以500元/吨的价格买下或交割。

套期保值的意义在于：

（1）让价格在未来一段时间内保持目前的水平或一定的水平，这样经理们就不用再总是为价格的波动操心和花费精力，而专注于为企业更增值的工作，如市场开发、产品研发等。事实表明因为平常价格波动较大较频繁会牵动很多经理的精力。原料一涨价，采购经理赶紧去谈判，随时召集销售经理、总经理、财务经理评估销售的产品需不需要涨价，利润目标如何对待等。原材料若波动很频繁，发现高薪招来的经理们一年到头花了巨大的宝贵的精力和时间在原料的价格变动上而没做好其他更重要的工作，企业因此受到严重损害。

（2）在成本高涨、企业利润空间受挤压的困难时期，通过套期保值可让企业不至于遭受进一步成本上升给企业带来灾难性的打击。“留得青山在不怕没柴烧”，此时要以稳为主，如果成本进一步上升的可能性很大，此时不要怀侥幸心理即“万一成本下降不就亏了嘛”的心态，因为企业不死是最重要的，万一企业死了，“神马都是浮云”。

（3）通过套期保值，可确保企业有足够的现金流用在不可或缺的投资上，如研发投资、客户维护、市场开发等。企业如果没钱研发了，企业就等于失去未来。若在困难时期不用套期保值，企业资金一旦恶化就真地没有现金流投入在必须要发生的投资上。

当然套期保值也有缺点，比如盯市“割肉”、可能会错过有利的情况、有一定风险等，因此企业要综合利弊。

套期保值的主要工具除了期货、远期合约外，还有期权、互换。

期权

期权合约是指在某一特定时间，即到期日（欧洲期权），或在到期日之前的任何时间（美国期权），以某一特定价格买卖某一特定种类、数量、质量原生资产的权利的合约。下面我们主要讲述美国期权。但请大家记住，欧洲期权和美国期权的区别在于欧洲期权只有在到期日才可以行权（行使权力）。

期权合同有在交易所上市的标准化合同，也有在柜台交易的非标准化合同。期权是一种赋予期权持有人在某特定日期及之前的任何时间以特定价格购进或售出一种资产的**权利而非必须要履行的义务**的合约。合约是否被践行完全取决于期权持有者自身的判断和意愿。

期权的类型分看涨期权（又称认购期权或买方期权或买权）和看跌期权（又称认沽期权或卖方期权或卖权）。实际上无论看涨期权还是看跌期权都会涉及两个交易方，即购买期权者（购买看涨期权或看跌期权）以及期权出售者（出售相对应的看涨期权或看跌期权），因此期权可以分为四种：（1）购买看涨期权；（2）购买看跌期权；（3）卖出看涨期权；（4）卖出看跌期权。

购买期权是有成本的。期权是有价格的。购买者将期权的价格支付给期权的出售方。一方购买看涨期权或看跌期权，另一方出售相对应的看涨期权或看跌期权。

购买看涨期权：赋予期权持有者在固定的到期日及之前按照指定价格（交割价/行权价）购买（关键词）一定数量某特定资产的权利的合约。

购买看跌期权：赋予期权持有人在固定的到期日及之前按指定价格（交割价/行权价）出售（关键词）一定数量的特定资产的权利的合约。

购买期权者的行权或放弃：

购买了看涨期权后，如果在期权期限内，资产的市场价格上涨高过交割价/行权价，则期权持有者可买低（按行权价）卖高（按较高的市场价出售）。如果资产价格下跌，赚不到钱则不用行权，但此时会损失购买期权的成本。购买看涨期权行权的利润 = 股票市价 - 行权价 - 期权成本。

购买了看跌期权后，如果在期权期限内，资产的市场价格下降并低过交割价/行权价，则期权持有者可买低（按较低的市场价）卖高（按行权价）。如果资产价格上涨，赚不到钱则不行权。购买看跌期权行权的利润 = 行权价格 - 股票市价 - 期权成本。

期权的权利与义务：对于期权的购买者，期权是一种权利而不是义务，若赚钱则行权，不合算则不行权，但对于出售期权者则是法律义务了，即当期权购买者想行权购买资产时，期权的出售者必须出售该资产给期权的持有者。例如，看涨期权的行权价 = 100 元，资产的市价涨到了 160 元，若期权的购买者想行权，期权的出售者必须接受 100 元（以远低于市场价的）的价格将资产出售给期权持有者。

购买期权和出售期权都有风险，购买期权相对风险较小，最多赔进购买期权的成本，而出售期权风险较大，因此一般出售期权者最好是先买进资产然后再以买进资产的价格或高于此价格出售期权。

期权 vs 期货 vs 直接购买资产：（1）相对购买期货，显然期权的风险小多了，因为期权是权利而不是义务，“不行就撤”，但期货涉及的既是权利也是义务，即投资者必须要实现资产的交割（无论实物交割还是现金交割），赔赚都得面对和承担。而期权虽然可以不行权，但不行权也是有成本的，因为购买期权时，要支出期权的价格成本，但金额相对于期货的初始保证金一般要小，相对于全额购买资产的金额当然小得更多了。（2）期货相对直接购买资产，各有利弊。购买期货杠杆效应较强，投资金额相对要小得多，只是先期缴纳资产总额的较小百分比的保证金，而直接购买资产需要一大笔资金，资金的机会成本高，但直接购买资产的好处是情况不好的时候可以不出手，可以等待，但期货要实时“割肉”。

期权定价

期权定价一般有布莱克—斯克尔斯期权定价模型、二项式模型和蒙特卡洛模型。

布莱克—斯克尔斯期权定价模型比较适合最普通、较简单的期权（比如假设行权价在整个期权期间不变等）的定价，适合欧洲期权。它不能用来计算美式期权。

二项式期权定价模型的发明比布莱克—斯克尔斯期权定价模型晚，现在比布莱克—斯克尔斯期权定价模型更为流行，在很多情况下更为准确，更适合较复杂的期权。此模型将整个期权期间打碎成很多小的期间。可较准确地计算美式期权（即到期日之前随时可行权模式）。实物期权方面，二项式广泛应用，尤其其改进版，即蒙特卡洛模型。二项式和蒙特卡洛模型在计算较为复杂的期权时都要强于布莱克—斯克尔斯模型。

期权价值的定价因素

看涨期权价值的定价因素：

1. 股价的预期波动越高，期权的价值就越大。

2. 期权的到期日越长，期权价值就越高。因为时间越长股价变动大的可能性就越大。

3. 市场利率越高，期权价值就越高。因为直接购买股票要发生利息成本，无论是显性的借钱买股票还是隐性的因为买股票占压资金而丧失利息的机会受益/成本，因此利息高的时候，人们更愿意买期权，因为期权的支出金额很小，很少发生利息成本，因此对期权的需求旺盛可能会导致期权价格上升。

4. 行权价格越低，看涨期权价值就越高。因为这样制造利润的空间更大。反之越低。

5. 股票目前的价格走势。股票价格预期上升的空间越大，则看涨期权价格越高，否则如果股价的预期上升空间越小，则看涨期权价格越低。当股价快见顶时，看涨期权的价格肯定会低。

6. 股息发放政策的影响。股息发放多会影响股价的上升，因为股息可以“憋大”股价，因此股息发放越多的股票的看涨期权价值越小，因为股票价值上升的动力不足。

看跌期权价值的定价因素：看涨期权的第1～第3条同样适合看跌期权；但看涨期权的第4～第6条和看跌期权正好相反。

期权组合战略
（用来减少投资风险及增加投资回报）

1. 保护性股票看跌期权战略。即：购买股票，同时购买看跌期权。记忆窍门：购买股票后怕什么则加什么期权。购买股票后怕跌，因此购买看跌期权。此组合的机制是：

（1）若在期权期间，市场上股价大于行权价格，看跌期权则无价值，从而不行权。但另外股票上涨赚取了回报，当然净回报是减掉购买看跌期权成本后的净额。

（2）若市场股价下跌了，小于了行权价格，则投资股票会发生亏损，但看跌期权可以行权赚取利润来补偿，从而减少亏损，一般只会亏损看跌期权的购买成本！相比而言若只买股票就亏多了，而且如果股价下跌厉害就亏损更大了。

总结：相对单纯投资股票而言，这种组合基本上“只赚不亏”，即使亏，也只亏损购买期权的成本。但此组合在股价上涨而赚取回报的时候，其金额少于单纯投资股票的回报，因为购买看跌期权是有成本的。同时购进股票和购进看跌期权的策略被称为保护性卖权。这就好比为股票买了保险一样，无论股价跌到什么程度，投资者的亏损只限于购买期权的成本，大大降低了投资风险！股价上涨时赚钱无上限，只是少赚了一些，因为要减去购买看跌期权的成本。

2. 抛补的看涨期权战略。即：购买了股票后同时以同等或加价后的价格卖看涨期权，**即买股票与卖看涨期权战略**。这样可让此战略的投资者，无论在任何情况下，都肯定赚取期权价格的收入。例如，A 同志买了价值 100 元的股票同时出售行权价格为 100 元的看涨期权，出售期权价格为 5 元。若股价涨到 130 元，购买看涨期权的 B 同志会行权，A 同志有法律义务以 100 元的价格卖给 B，100 元买进 100 元卖出不亏不赚，但 A 同志赚了 5 元的期权价格。若股价跌到了 90 元，购买看涨期权的 B 同志肯定放弃行权，A 稳赚 5 元，因此 A 同志无论股票涨还是跌都赚取卖期权的价格的收入。但缺点是相对单纯买股票，在股价上涨的时候赚得少了。

此战略的记忆窍门是：和上一个战略都是购买了股票同时的行为，但此战略和上一个正好相反，上一个买跌，这个是卖涨，因此只记住一个就可以了，即记住第一个战略，到时候知道此战略后面的期权部分是正好相反即可。

3. 同价对敲战略，也称作跨式期权组合（straddle）。即：同时买进相同行权价格、相同到期日、相同标的资产的看涨和看跌两种期权。适用于股票市场波动大的情形，这样无论大跌或大涨都可以得到不错的回报，而且跌得越厉害，涨得越厉害，越赚钱。但这也是“双刃剑”，即如果股票价格未动，则失去了双份买期权的成本，另外如果股票价格的变化小于两份买期权的成本之和时会亏一些钱。

举例：同时买进看涨期权和看跌期权，行权价格为 50 元，期权价格为 2 元，如果股价涨到 53 元，看跌期权放弃因而亏了 2 元，但看涨期权赚了 1 元（=53－50－2），合计亏了 1 元。如果股价跌到 47 元，看涨期权放弃因而亏了 2 元，但看跌期权赚了 1 元（=53－50－2），合计亏了 1 元。因此无论涨还是跌，只要超过两个期权价格之和就可以赚钱，比如此例中，两个期权之和是 4 元，即跌过 46 或涨过 54，而且跌得越厉害越赚钱，若股价跌到 6 元，则看涨期权放弃了从而亏了 2 元，但看跌期权赚了 42（=50－6－2），合计赚了 40 元，则当大涨的时候也大赚。

4. 蝶式买卖组合/蝶状价差组合（butterfly spread）战略。购进一个较低行权价格的看涨期权以及一个较高行权价格的看涨期权，另外同时卖出行权价格为上面两个行权价格的平均值的两个看涨期权。此组合共有四个期权，这四个期权到期日相同而且涉及同一标的证券。当证券价格达到卖出看涨期权的行权价格时，回报最高。

互换（又叫掉期）合约

互换/掉期合约是一种交易双方签订的，在未来某一时期相互交换某种资产的合约。更为准确地说，互换/掉期合约是当事人之间签订的在未来某一期间内相互交换他们认为具有相等经济价值的现金流（cash flow）的合约。定义比较抽象，请结合下面的详细介绍进行理解。较为常见的是利率掉期合约和货币掉期合约。利率掉期是同一货币间进行的交易，而货币掉期是不同货币间进行的交易。

利率互换

利率互换是指两笔货币相同、债务额（贷款或债券等负债融资工具）相同、期限相同的债务的浮动利率的利息支付和固定利率的利息支付之间的互换，但本金并不进行交换。注：若债务金额及期限很难找到完全相同的另一方，如果愿意的话，双方也可以进行一些金额、期限的修改从而达成完全相同。

利率互换交易的先决条件是：（1）存在相反的筹资意向。即：一方青睐浮动利率，而另一方倾向固定利率，或者正好相反。（2）存在品质加码差异，或叫利率的比较优势不同，通俗地讲，通过交换，双方都可以得到更优惠的利率条件。下面通过举例，进行展示。

利率互换的案例：假设贷款总额是3亿元，期限为5年。A公司的信用条件很好，它可以得到7%的固定利率，浮动利率=LIBOR（伦敦拆借）+0.3%，B公司信用条件不太好，它得到贷款的利率价格为固定利率8.2%，浮动利率=LIBOR（伦敦拆借）+0.7%。显然A公司的利率价格无论固定还是浮动都比B公司好，但相比而言固定利率低1.2%（=7%-8.2%），而浮动利率低0.4%（=0.3%-0.7%）。A公司因某些原因想用浮动利率，而B公司更青睐固定利率。如果不进行利率互换，A公司使用浮动利率的成本是LIBOR（伦敦拆借）+0.3%，而B公司的固定利率成本为8.2%，合计：LIBOR（伦敦拆借）+0.3%+8.2%=LIBOR（伦敦拆借）+8.5%。但如果进行利率互换，则A公司使用固定利率7%进行贷款，而B公司使用浮动利率LIBOR（伦敦拆借）+0.7%进行贷款，然后签署协议，A公司支付给B公司浮动利率即LIBOR（伦敦拆借）+0.7%，然后B公司在利率到期时支付给其贷款银行，而B公司支付给A公司固定利率7%，然后A公司在利率到期时支付给其贷款银行，这样合计利率成本=LIBOR（伦敦拆借）+0.7%+7%=LIBOR（伦敦拆借）+7.7%，相对比如果不进行利率互换，成本节约0.8%，即LIBOR（伦敦拆借）+7.7%-LIBOR（伦敦拆借）-8.5%。

在这种情况下，信用条件更好的A公司可以要求B公司给予一定的补偿，因为如果进行利率互换，A公司支付的是LIBOR+0.7%，比自己的贷款银行给出的LIBOR+0.3%还亏0.4%，而B公司只需支付固定利率7%，比自己的贷款银行给出的8.2%少1.2%。因为双方通过利率互换肯定不能比不使用利率互换还要亏，因此A公司要求B

公司至少补偿0.4%以能至少达到LIBOR+0.7%-0.4%=LIBOR+0.3%这一如果不使用利率互换就可以享受的利率水平，当然A公司希望给予的补偿越多越好，但B公司为了不亏而最多补偿给A公司1.2%，因为至少能保持到7%+1.2%=8.2%这一如果不使用利率互换就可以享受到的利率水平，当然B公司希望补偿小于1.2%，而且越小越好。因此，目前B公司给A公司的优惠范围在0.4%~1.2%，假设经过谈判双方取0.4%~1.2%的一个中间数，即补偿0.8%，这样A公司最终实际利息支付为LIBOR+0.7%-0.8%=LIBOR-0.1%，比不使用利率互换的LIBOR+0.3%节省了0.4%，而B公司最终的实际利息支出为7%+0.8%=7.8%，比如果不使用利率互换的8.2%节省了0.4%。其实这样做的另外一种叫法是，双方各享受使用利率互换节省的0.8%的各一半，即0.4%，措辞不一样，最终结果是一样的。当然实际谈判中除了这次假设的五五分成，也可能七三分成等，但最终双方应该比不使用利率互换都得到优惠才可以，否则达不成交易。因此通过利率互换交易双方皆大欢喜。

利率互换的目的：

（1）得到更优惠的利率条件，从而降低融资成本。可以通俗地讲，因为信用条件好，有着优越利率价格的一方，“变卖其良好的信用”给信用条件不好的一方，从而最终双方在利率价格上都得到比不进行利率互换更优惠的利率价格。

（2）对利率风险保值。若当事双方只可以选择一种形式的利率，则如果用浮动利率的一方担心利率总是波动给运营带来干扰，从而可以交换成固定利率以进行利率保值。当然如果交易成功，肯定是双赢，用固定利率交换成浮动利率的一方肯定也受益，比方说，浮动利率更符合他们的运营特点，或者他们认为利率已高到见顶，利率将开始下行等原因。

（3）资产负债的管理。利率互换将固定利率的债务换成浮动利率的债务，或者相反操作。目前的会计准则并不要求对此进行披露，可对外保密。

利率互换的优点除了上面三条目的外，还包括风险较小，因为不互换本金；手续简单，交易可迅速达成。

利率互换的缺点是：（1）利率互换不像期货交易等那样有标准化的合约，有时也可能找不到互换的另一方。（2）利率互换的双方有违约的风险，因此最好通过第三方的约束进行交易。

货币互换

货币互换是指两笔金额相同、期限相同，但货币不同的债务资金之间的互换，它一般包括本金的互换和利息支付的互换。本金初期交换时一般用即期汇率，债务到期时，本金交换时可以用即期汇率也可以用远期汇率，无论怎样都是将汇率固定下来，从而避免汇率波动的干扰。

案例：中国某企业ABC，经常需要用美元支付在美国进口的货物的款项或者ABC公司需要融资美元支持在美国分公司的生产扩建，希望得到10亿美元的贷款（假设按照即期汇率折合成人民币大约是68亿元），但ABC公司不太容易得到美元贷款或者得到美元贷款的利率太高，而此时，一美国企业MNO经常需要用人民币支付在中国进口的商品货款或者该企业想得到人民币的融资以支持其在中国的分公司的运营，但该美国企业很难直接得到人民币的贷款或者得到人民币贷款的利率太高。该美国企业需要的人民币贷款可能在70亿元左右，因此双方企业达成共识，决定进行货币互换，即，ABC企业在中国以较优惠的利率（相对比于如果美国企业直接进行人民币贷款）得到68亿元的人民币贷款，双方协定初始和货币到期的汇率价格都是即期汇率6.8∶1，而美国MNO企业以较优惠的利率（相对比于如果中国ABC企业直接进行美元贷款的利率）在美国贷到一笔10亿美元的贷款，双方进行交换。

美国MNO企业将10亿美元给中国的ABC企业，中国ABC企业将68亿元人民币给美国的MNO企业，另外双方约定中国企业ABC向美国企业MNO支付美元利息款，MNO将这些美元利息支付给美国的银行，而美国MNO企业向中国ABC企业支付人民币利息款，然后ABC将人民币利息款定期支付给中国的银行，另外在贷款到期时，中国企业归还给美国企业10亿美元，从而美国企业偿付本金给其贷款银行，而美国企业MNO归还68亿元人民币给中国企业ABC，最后ABC公司偿付本金给其贷款银行。

注意：货币互换金融衍生品随着不断发展可能还存在其他形式。

货币互换的目的或优点：

（1）降低融资成本。因为企业本身如果进行外币贷款利率会较高，而通过货币互换可以享受较低的利率。

（2）对汇率进行套期保值，从而规避汇率波动的风险和对运营的干扰。例如，这样上述的中国企业在支付美元时不用每次都用人民币去兑换而承担汇率风险。

（3）拓展了融资渠道。因为一方可能不太容易进行某外币的融资，但可以通过货币互换得到该外币贷款。

货币互换的缺点：（1）存在双方违约的风险，因此，最好通过第三方的约束来进行；（2）寻找特殊小币种的交易方有时候不太容易等。

金融衍生品练习题

1. 一个公司持有股票，为了防止其下跌，应采取的措施是（　　）。

A. 买入一个看跌期权，卖出一个看涨期权

B. 买入一个看涨期权，卖出一个看跌期权

C. 买入一个看跌期权，卖出一个看跌期权

D. 买入一个看涨期权，卖出一个看涨期权

2. 某公司持有多头6个月的美国国库券的远期合同，如果在这6个月内利率下降，那么合同的价值将（　　）。

A. 下降　　B. 上升

C. 保持不变　　D. 什么可能都有，取决于利率下降的幅度

3. FWC公司购买了QQ公司的一股普通股和一份卖出期权。它同时购买了一份买入期权，期权写在QQ公司的股票商并有相同的到期日和行权日，行权价（\$40）与股票价格相同。而且，期权只有在到期日才能行使。假设QQ公司的普通股在到期日的价格要么是\$30，要么是\$40。因股票价格在到期日的不同，而造成这个组合的净回报的差额是（　　）。

A. \$10.00　　B. \$7.50　　C. \$5.00　　D. \$0

4. 如果一个公司有一个要在6月后交付U.S国债的远期合同，在这6个月里，利息下降了，在6月末，远期合同的价值将（　　）。

A. 下降

B. 上升

C. 保持不变

D. 任何回答都是正确的，取决于利息下降的程度

5. 一个公司最近购买了一些竞争对手的股票，作为收购竞争对手的长期计划的一部分。但是，它有些担心这个股票的市场价格在短期内会下降。公司可以规避股票市场价格下降而使用的方法是（　　）。

A. 购买那个股票的买入期权　　B. 购买那个股票的卖出期权

C. 卖出那个股票的卖出期权　　D. 获得那个股票的认购权证

6. 现价100美元，购买看涨期权105美元，看涨期权价格是2美元，行权时期权涨至110美元，行权的净收益是（　　）美元。

A. 5　　B. 3　　C. 10　　D. 2

7. 一家美国公司在德国的分公司有100万欧元的销售，约定一年后支付，主计长担心汇率风险但是现在的国际势头发展良好，主计长判断对公司有利，主计长将会（　　）。

A. 购买欧元对美元的看涨期权　　B. 购买美元对欧元的看跌期权

C. 购买欧元换美元的期货合约　　D. 购买美元换欧元的期货合约

8. 下列对未来收入的对冲的是（　　）。

A. 农民卖出小麦期货　　B. 农民买入小麦期货

C. 面包店卖出小麦期货　　D. 面包店买入小麦期货

9. ABC 公司购买了两个期权，期权 A 的标的物是一块价值为 \$40 000 000 的土地。期权 B 的标的物是一栋房子，价值 \$42 000 000，预计土地的价值将增长到 \$46 000 000，房子的价值预计增加 \$6 000 000。不考虑其他因素，下列说法中正确的是（　　）。

A. 期权 A 的价值更大　　B. 期权 B 的价值更大

C. 期权 A 和期权 B 的价值一样大　　D. 无法判断

10. 想要降低汇率波动对企业的影响，对于外币计价的应收账款和应付账款，若本币升值，则推迟付款，提早收款；若本币贬值，则提早付款，推迟收款。当然，除了这种手段外，企业也可以通过利用金融衍生品来降低交易的风险。美国公司与欧洲客户签订一个设备销售合同 100 万欧元，但款要等设备安装完后的 12 个月欧洲客户才会支付，那么美国公司为规避 12 个月后欧元波动应该采取的措施是（　　）。

A. 购买 100 万欧元远期合同

B. 出售 100 万欧元期货

C. 现在借入 100 万欧元，12 个月后还

D. 购买 100 万欧元看涨期权

11. TS 是一家投资债券市场的投资基金公司，TS 购买了美国国债的看涨期权，一年后可以 \$105 的价格购买美国国债，TS 购买该期权时，美国国债的市场价格为 \$100，看涨期权的价格为 \$2，一年以后，美国国债的市场价格为 \$110。这意味着（　　）。

A. TS 应该行权，因为该期权的价值为 \$10

B. 行权将导致支出 \$10

C. 如果行权，TS 可以在交易中获得 \$3 的利润

D. 如果行权，TS 可以在交易中获得 \$8 的利润

12. 看跌期权在（　　）时有价值。

A. 标的资产价格在购买看跌期权以后开始下降

B. 标的资产价格高于看跌期权的履约价格

C. 标的资产价格低于看跌期权的履约价格

D. 标的资产价格在购买看跌期权以后开始上涨

13. AA 公司从 QQ 公司购买了一股股票和一个看跌期权，同时出售了一个看涨期权，这项期权写在 QQ 公司的股票上，有一样的到期日和行权价格。行权价格（\$40）和股票价格一样，而且，期权只能在到期日行权。如果行权价格是 \$60，看涨期权的成本为 \$3，那么在到期日股价为（　　）时，看涨期权的出售方能获利。

A. \$67.00　B. \$64.00　C. \$61.50　D. \$63.00

14. 一个农民合作社从会员那里收购了大量的谷物，并储存在谷仓里。当时谷物的价格处于高位，但是在接下来的三个月内合作社的客户并不打算购买这些谷物。为了给这些谷物作套期保值，以避免未来三个月谷物价格的不利变化，合作社可以采用（　）财务风险管理技术。

A. 做空套期保值　B. 做多套期保值　C. 裸露期权　D. 利率交换

15. 某公司将在一年内从其一个部门的销售中得到 100 000 000 欧元。该公司的财务主管担心与此现金流有关的外汇风险，因为该公司需要这笔资金来偿还一笔以美元计价的美国债务。另外，该财务主管认为目前外汇市场的走势会有所好转，对本公司有利。该财务主管应该（　　）。

A. 签订以欧元换美元的看涨期权合约

B. 签订以欧元换美元的看跌期权合约

C. 签订以欧元换美元的期货合约

D. 签订以美元换欧元的期货合约

16. 看涨期权，行权价是 100 美元，期权费为 2 美元，一年后标的物价格上涨到 110 美元，那么行权后的所得是（　　）美元。

A. 10　B. 12　C. 8　D. 6

17. 一家从英国进口服装的美国进口商签了一份 3 个月之后支付固定英镑金额的合同，若该进口商担心届时美元兑英镑大幅贬值则该进口商应（　　）。

A. 在远期外汇市场上购买英镑　B. 在远期外汇市场上出售英镑

C. 在远期外汇市场上买入美元　D. 在远期外汇市场上出售美元

18. 生产小麦的农户，因不愿意承担 6 个月后小麦价格波动的风险，以下选项中他可以采用的措施是（　　）

A. 6 个月卖出小麦的期权　B. 买入小麦的看涨期权

C. 6 个月买入小麦的看跌期权　D. 6 个月买入小麦的远期

金融衍生品练习题解答

1. 答案：A，是指四战略的其中两个，即购买股票后买看跌期权或买股票后正好和上一个相反即卖看涨期权。

2. 答案：B，因为国库券和债券一样，其价值和市场利率呈相反方向的变化。

3. 答案：D。如果股票到期日价格是 \$30，AA 公司的卖出期权赚得 \$10，即（\$40 - \$30），买入期权将没有价值，但同时股票亏损 \$10，即（\$40 - \$30），因此，净回报 = 0；如果股票到期日价格是 \$40，那卖出期权和买入期权都将没有价值，而股票本身也没亏没盈，因此净回报 = 0；因此两者之间净回报的差异 = 0 - 0 = 0。注意，上述并没有考虑买入期权和卖出期权本身的价格，如果题中有此信息，应考虑进来。

4. 答案：B。当在期货合同期内，利率下降，债券和期货合同的价格都上涨。此题应该是指卖出远期合同，卖出远期合同的当事人会因为利率下降从而产生亏损，因为国债的价格上涨了，此当事人只能以低价卖出，亏损了中间的差价。

5. 答案：B。

6. 答案：B。行权的净收益 =（行权时标的物的市价 - 行权价）- 期权价 = 110 - 105 - 2 = 3（美元）。

7. 答案：C。此美国企业在德国销售了 100 万欧元，一年后才可以收到 100 万欧元的现金，因为是美国企业最终要将收到的欧元折合成美元，因此担心一年后欧元贬值，若贬值折扣成的美元就少了，美国企业从而就亏了。因此为了防止欧元贬值，企业可以购买欧元对美元的看跌期权，或者购买欧元对美元的空头/看跌期货。最重要的一点是欧元对美元，而不是美元对欧元，因此只能选 A 和 C，但其中 A 是错的，因为应该是购买看跌期权。

请记住此类题型，举一反三，触类旁通！

8. 答案：A。对冲即套期保值的意思。由于农民担心小麦价格下降，因此应通过卖出小麦期货以对冲小麦价格下降的风险；而作为面包商担心小麦价格上涨，因此应通过买入小麦期货以对冲小麦价格上涨的风险，但是对于面包商来说对冲是为了成本的考量，而非收入。

9. 答案：A。虽然都增加了 600 万美元，但期权 A 的回报率 = 600 万美元/4 000 万美元 = 15%，而期权 B 的回报率 = 600 万美元/4 200 万美元 = 14.3%，因此期权 A 的价值更大。选 A。

10. 答案：B。对于美国公司来说，出售设备，有一笔关于欧元的应收账款，为了防止欧元下跌，采取套期保值，美国公司可以选择出售远期、期货和购买看跌期权。注意，普通的个人/公司可以买看涨期货或卖看跌期货，但不可以买看跌期货或卖看涨期货。而期权可以，即普通的个人/公司可以买看涨期权或看跌期权，也可以卖看涨期权或看跌期权。

11. 答案：C。当行权价格低于市场价格时，看涨期权持有者应该行权，当行权价格高于市场价格时，看涨期权持有者放弃行权；美国国债的市场价格是 $110，高于行权价格，所以应该行使看涨期权；行权获得的收益 = $110 - $105 - $2 = $3。综上所述，正确答案选 C。

12. 答案：C。注意要看仔细，别一看 A 有道理就选了 A。当标的资产的市场价格低于履约价格时看跌期权有价值。选 C。因此建议一定要看完所有选项！

13. 答案：C。看涨期权出售方的利润计算 = 期权收入 + 行权价 - 股票市价 = 3 + 60 - 股票市价 = 0。股票市价若大于 63，则亏了，若是 63，则不亏不赚，选 C。注意，要会计算期权出售方的利润。

14. 答案：A。为了保护价值的下降，资产的所有者可以进入做空套期保值，也就是资产价值下降，它的价值反而上升的工具。

15. 答案：B。企业应该保守地对待问题，即首先要发生汇兑损失，因此可以购入欧元换美元的看跌期权，或者是出售欧元换美元的期货合约。综上所述，正确答案选 B。

16. 答案：C。行权后的所得 = (110 - 100) - 2 = 8（美元）。

17. 答案：A。美国进口商应购买英镑。如果美元兑英镑在 90 天后贬值，从远期外汇交易中得到的收益将可抵消在业务交易中支付更多美元的损失。

18. 答案：C。买入看跌期权可一定程度上防范风险。A、B、D 都不对，最终选 C。

第6章 公司重建或称公司重组

（corporate restructuring）

公司重组/公司重建主要包括改变目前公司现状的重大事项，如兼并其他公司、剥离目前的某个或某些业务、企业遇到极大困难从而寻求破产保护等。严格意义上来讲，破产不属于公司重建/公司重组，因为破产意味着公司消失了。

并购

并购（merger & acquisition，M&A）包括兼并（merger）和收购（acquisition）。兼并是指购买了另外一个公司，但另外一个公司从此在法律上不再存在。可以诠释为，假设实施兼并的公司为A，被兼并的公司为B，则A＋B＝A，B从此不再存在。而收购是指购买其他公司的半数以上的股份，从而拥有实际控制权，但目标公司（即被收购的公司）法律意义上仍然存在，当事的两个公司都会继续存在。另外一个和并购相近的形式是合并（consolidation），合并是指两个公司合并为一个新公司，而当事的两个公司都不再存在，可以诠释为：A＋B＝C。

并购有三种形式：

- 水平并购。两个或多个存在直接竞争关系的同行业内的企业合并，比如吉利汽车收购沃尔沃轿车。
- 垂直并购。即对上下游企业的并购。比如航空公司收购旅游公司。
- 混合并购。非同行业也非上下游关系企业之间的并购。比如房地产企业收购足球俱乐部。

并购的优点：

- 并购可以得到立即的、可量化的现金流及利润。
- 可得到有成功履历的现成的企业及市场，以及现成的想要的技术及相应的人才。这样通过并购可实现比内部增长更迅速的发展。
- 可通过并购达到更大的规模经济效应。比如共用管理层，共用一个CEO、CFO等，共用销售渠道等。
- 可以丰富企业的产品类别，从而减少经营风险。
- 创造更多的员工发展机会。
- 利用结转的亏损额（达到税务优惠目的）等。

并购的缺点：

- 企业因此可能要承担巨额负债，增加了企业经营风险，影响股价。
- 整合可能会很难、很费时间，可能因此出现并购失败。
- 被并购的公司因继续独立经营可能造成和总公司的目标不一致等。实际工作中，因为文化的差异、心理落差等原因，确实可能会出现上述情况。

并购时对企业的估值

评估一个公司的整体价值在企业并购时很常用，主要方法有：

1. 现金流折现法。此方法被认为是理论上最准确的方法，机制是：预测目标企业未来创造的自由现金流（注意：自由现金流 = 营运现金流 - 此项目后续必要的固定资产支出）的现值，从而来计算企业的内在价值。折现率是使用并购方的（税后）要求回报率。并购企业的买价不应该大于此现金流现值。优点：（1）对企业进行彻底全面的评估；（2）理论上是最准确的。缺点：（1）复杂，耗时；（2）很多数据难预测，有些数据可能相对较主观。

2. 相对估值法。我们以前讲过用此方法评估一个公司的股票价格，在此处道理类似，只是现在变成了对整个企业的估值而不是以前讲的对该公司股票股价的估值。相对估值法使用最多的倍数是市盈率（P/E）。

具体机制为：找到和目标企业类似的同类公司，（1）如果被并购的公司是上市公司，则方法和股票估价完全一样，即在上市公司中找出同类企业的市盈率，然后乘以目标公司的每股收益率（EPS），然后两者相乘得出目标公司的股票价格，再乘以目标公司的股票数量从而得出目标公司的整体估值；（2）如果目标公司是未上市公司，则在上市公司中寻找同类企业的市盈率，然后用目标公司的年净利润乘以该市盈率就是目标公司的整体估值。也可以寻找有无最近卖出的同类未上市企业，用其卖价/年净利润，乘以目标企业的年净利润从而得出企业整体估值。当然实际工作中，还有市净率、市销率等倍数。企业针对具体情形采用最适合的市场倍数（们）。

3. 会计估价法/账面价值调整法。在企业的账面净资产基础上进行调整，需进一步评估资产和负债的公允价值、评估商誉。优点：会计信息比较全面；缺点：公允价值估计较为困难和复杂等。

注：并购时，可同时用上述三种方法。

反并购的主要措施（也叫“驱鲨计策”）

现在越来越多的企业遇到不情愿被并购的困扰，因此企业必须掌握足够的反“骚扰”、自卫的技能，如下：

• 错开到期之董事会制。即董事会成员的任期到期时间错开，不在同一时间。比如，董事 A 在 20×1 年任期到期，董事 B 在 20×2 年任期到期。以至于收购方很难短时间内占有董事会多数议席。

• 绝大多数投票原则。公司章程规定公司重大事项需有绝大多数股东同意才可以，比如 80%。注：一般企业过半就可以。公司有可能常规的章程并非如此，而是在遇到“骚扰”时，及时通过董事会决议改变公司章程从而变为上述模式。

• 金色降落伞。公司章程规定如果企业被并购，高管须拿到巨额赔偿。

• 白衣骑士。被收购企业找一个友好企业佯装参与收购而报出非常高的收购价以此将别的收购者吓跑。“中国好同学”“中国好朋友”必须要有啊！

• “毒丸”。规定在遭到一定威胁的情形下，比如公司股份被收购了一定比例，公司可进行一些极端行为来减少公司的价值。例如，给现有股东低价配股以稀释股价；规定让债券持有者可赎回债券从而企业现金流遭重创等。收购者知晓此规定后往往知难而退。

• 派克曼式防御（PACMAN，有人翻译成帕克门）。以进为守，主动攻击去购买收购方的股票。

• “溢价回购措施”（greenmail = greenbucks（美元）+ blackmail），又翻译成绿票讹诈或绿色邮件等。是指目标被收购公司向收购企业以有吸引力的溢价回购该收购企业先前购买的本公司的股票，以阻止收购企业对本公司的收购行为。在溢价收购后，公司经常和收购企业达成约定，即收购企业停止对本公司的收购行为。之所以叫绿票讹诈是因为有一种可能是：有的企业，假设称作 A，故意“大肆宣扬”，咋呼要收购某企业 B，且购买了一定数量 B 企业的股票，A 实际上是“讹诈” B 企业，其实并无意收购 B 企业，但此时 B 企业担心被收购，为了不被收购，则只好高价回购 A 手中的股票，就好像给 A 企业“赎金”以“保平安”。

• 企业私有化。比如杠杆私有化（LBO），后面有解释。

• 售卖“皇冠之珠”（crown jewels）战略。企业的“皇冠之珠”往往是形容一个公司有吸引力和颇具收购价值的部分，可能是指某种业务、某项专利或多项此类优质资产等。这些往往引起收购者垂涎。如果企业将“皇冠之珠”卖掉或抵押，收购者可能就对此企业失去兴趣从而离开。

• “龙虾夹”（lobster trap）战略。公司章程上规定股份比例超过 10% 的股东不得将可转换证券（例如可转债等）转换成股票以拥有更多的投票权。这样可一定程度上防止收购，即防止该股东拥有更多的股权。“龙虾夹”的原意是指该类夹抓大龙虾，而放过小龙虾。

• 员工持股计划。即公司鼓励自己的员工持有公司股份，而员工为了自己的工作及前途考虑，不会轻易出售自己手中的股票，而且如果持股的员工数量众多，收购企业更是无从下手。

• 筑建资本结构堡垒策略。通过改变和“修建”公司的资本结构来防御被收购，具体策略有：（1）回购股票策略。公司回购股票从而造成在外流通的股票减少，而且股票价格随之增高，因此这两种因素（即在外流通的股票数量减少和股价增高）都会一定程度上防御被收购。（2）增发股票。扩大流通股票的数量等。

• 法律起诉。起诉收购企业干扰运营等的一些行为，以推延收购从而尽快想其他办法。

注：标购/收购要约（tender offer）是收购企业的一种形式。收购要约是指收购企业公开向被收购企业的股东们就股票进行较高的报价，以收购股份。一般是绕过管理层，很多时候属于恶意收购。恶意收购的定义是指被收购企业管理层并不同意。

剥离

公司理财/资本运作，不光要积极兼并和收购，还应定期评估目前已有的业务（比如用 BCG 模型），该剥离的就应该及时剥离。剥离的主要动机为：

- 剥离非核心业务，以使得企业专注于自己的特长；
- 获得需要的资金；
- 通过剥离，以实现企业（比不剥离前）更大的市场价值；
- 通过剥离那些让企业遭受股价动荡的业务，从而使得股价更稳定；
- 摒弃那些拖累公司、业绩不好的业务；
- 来自管制机构或者/以及股东的压力等。

主要剥离的方法：

（1）分拆（spin-offs）。先将某部门剥离出来成立独立的公司，但原公司的股东同比例地拥有此剥离出来的公司的股份。成为独立公司后，此独立公司的经营者压力更大，有利于企业改善经营。

（2）切股/股权割让（equity carve-outs）。先将某部门剥离出来成立独立的公司，但独立公司的部分股票向公众出售。

（3）分解（split-up）。将原来的公司拆分成两个或两个以上独立运营的公司，原公司从此消失不再存在。

企业经营失败

技术上的破产（technically insolvent），是指企业无法支付目前到期的债务，但此时该企业的资产大于负债。而法律意义上的破产是指资不抵债，即负债大于资产，从而导致所有者权益为负值（资产负债表必须是平的，即资产=负债+权益）。财务危机的定义是：公司的现金流不足以偿付现有负债。下面我们讲解美国相关破产法。

企业正式破产是指企业按照相关规定提出破产申请，在美国破产申请有两种形式：（1）申请破产保护从而对企业进行重组（即企业重组）；（2）进行破产清算，从此企业不再存在（即破产、清算）。

其他的公司重建形式

还有其他的一些公司重建形式。重建并不一定代表着公司遇到了困难。重建的目的是为了利益更优化。一些其他重建的形式如下：

1. 公司从上市公司变为私有化公司。经常是指其他机构或/及本公司的某些管理层人员通过债务杠杆（leveraged buyout，LBO）收购市面上的股票，从而使得公司退市而成为私有化公司。债务杠杆是指对上市公司进行收购的机构或/及一些管理层人员本身出资很少，其中大部分收购资金来源于通过对被收购的上市公司的资产进行抵押而获得的银行贷款或者发行的垃圾债券等。上述称作杠杆收购（LBO），当然杠杆收购也可以发生在非上市的公司身上。如果杠杆收购中没有其他机构参与，而只有被收购公司的一些管理层人员参与，此时称作管理层收购（management buyout，MBO）。

上市公司私有化会使得公司管理费用比上市公司时发生的管理费用降低，以及管理层及相关员工变为公司的所有者，这样会使得他们有更大的激励和更大的运营灵活性。当然公司上市与不上市各有优缺点。另外，之后也可以选择让公司再度上市。

2. 员工持股计划（employee stock ownership plan，ESOP），即将公司一定比例的股份转移给员工，有偿的或者无偿的，用以激励员工。员工持股计划可以一定程度上有效地将员工的利益和公司的利益挂钩，即公司好了，员工也直接受益，公司不好了，员工也直接受损！这样可以大大地促进员工的工作积极性、工作忠诚性。其实任何公司都必须（而不是应该）将公司的利益和员工的利益直接挂钩，当然方式除了员工持股计划外还有其他，比如期权、设计更科学有效的奖金制度、亲情化管理等。否则，公司不可能真正长久成功！

3. 发行追踪股票（tracking stock），或又称存信股票（letter stock），或者又称目标股票（targeted stock）。集团公司的某个部门（战略业务单元SBU/业务单元BU）单独发行股票，这样更有利于业绩考核和好部门与不良部门的分开分析等。

公司重组/重建练习题

1. 企业的联合按法律规定可以分为兼并、合并和收购。以下业务联合的描述按法律规定应该归类为兼并（merger）的是（　　）。

A. 剩下的公司是联合公司中的其中一个

B. 剩下的公司不是联合公司中的任何一个

C. 建立了投资人和被投资人的关系

D. 建立了母公司和子公司的关系

2. 以下选项中企业之间的兼并属于水平兼并的是（　　）。

A. 来自不同的和不相关市场的两个或多个企业

B. 来自生产流程不同阶段的两个或多个企业

C. 生产商和它的供应商

D. 相同市场的两个或多个企业

3. 以下不需要股东的正式投票来批准的是（　　）。

A. 兼并

B. 购买股票

C. 购买企业的所有资产

D. 合并

4. 以下涉及一家公司吸收另一家公司的是（　　）。

A. 兼并　　B. 合并　　C. 代理权之争　　D. 收购

5. 当 B 公司与 C 公司合并成立公司 BC，那么发生了（　　）。

A. 投标报价　　B. 收购资产　　C. 收购股票　　D. 合并

6. 一家公司将一个分部的所有权转移给公司的现有股东，股东获得表示这个分部单独的所有权的新股票。这个过程称为（　　）。

A. 清算　　B. 分拆

C. 杠杆收购管理层收购　　D. 以上都不对

7. 当接管发生后支付给高层管理者高额补偿称为（　　）。

A. 绿票讹诈　　B. 金色降落伞　　C. 毒丸　　D. 勒索

8. 一家大型乳制品企业，认为现在市场的增长潜力巨大，企业正处于一个快速发展的阶段。经过缜密的讨论，现在正在考虑两种合并方案，一种是后向一体化战略，是与一家拥有并经营的奶牛场的企业合并；另一种前向一体化战略，是与一家杂货店合并。下面说法中正确的是（　　）。

A. 两种都是横向合并

B. 两种都是纵向合并

C. 奶牛场是横向合并，杂货店是纵向合并

D. 奶牛场是纵向合并，杂货店是横向合并

公司重组/重建练习题解答

1. 答案：A。兼并后，剩下的公司继续作为独立的法律实体，而没有剩下的那家公司则不再存在。此题如果文字看得不是很明白，则使用排除法，B、C、D 明显不对。

2. 答案：D。水平兼并是同一市场的竞争者。

3. 答案：B。此题并没有说清楚是本公司股东还是对方公司股东。如果是指对方公司股东，显然应该选 B。A、C、D 如此重大事项肯定需要股东审批。如果是指本公司股东，可以用排除法。

4. 答案：A。

5. 答案：D。

6. 答案：B。分拆的这种重组的特征是建立新的和独立的实体，并将新发行的股票转移给原来公司的股东。

7. 答案：B。如果某些高管在公司被接管之后被收购企业终止雇用的话，金色降落伞将为他们提供大额的补偿。这些条款由董事会批准。

8. 答案：B。大型乳制品企业和奶牛场是上下游的关系，和杂货店也是上下游的关系。

第7章　国际理财

(international finance)

现在越来越多的企业选择进行全球化/国际化经营，因此，这些企业将面临跨国理财/国际理财的一些独特问题，比如说汇率、异国融资、他国投资、跨国转移定价、国际贸易等。

汇率

汇率是指一单位某国货币能买多少单位其他国家的货币，例如，在某个时期，1美元可以买6.8元人民币，相应1人民币能买1/6.8美元。汇率代表着货币的价格。汇率是由外汇市场决定的。汇率的表达方法有：直接法和间接法。

- 直接法：以一单位外币能兑换多少单位本位币来表达，例如，在中国，1美元兑换6.8元人民币，1欧元兑换8.3美元人民币，1英镑兑换8.1元人民币。
- 间接法：以一单位本位币能兑换多少单位外币来表达，例如，在中国，1人民币能兑换多少美元、欧元、英镑等。

直接法更常用，因为国际贸易收支如果用外币，用直接法很实用，收和付都很方便计算，用间接法就很别扭。如果国际贸易收支用本位币，则直接法和间接法都不需用。

直接法和间接法的转换是：1除以直接法=间接法；1除以间接法=直接法，它们互为倒数，要熟记。例如，人民币和欧元的直接法表示为1欧元买8.3元人民币，则间接法为1/8.3，即1元人民币买1/8.3欧元，另外间接法的倒数为直接法，即1/(1/8.3)=8.3，即1欧元能买8.3元人民币。

汇率的历史：(1) 1876～1913年（和黄金挂钩）；(2) 1944年布林顿森林协议（和美元挂钩，基本是固定的，浮动的幅度很小）；(3) 1973年至今使用浮动汇率。注：中国使用浮动汇率机制时间较晚。

固定汇率（比如过去人民币对美元汇率始终为1美元=8.28元人民币）的优点：

- 固定汇率可防止政府为了自己的利益干预汇率的变化。
- 防止汇率投机：因为汇率是固定的，因此，买卖货币的投机行为受限。
- 减少外币结算的不确定性。固定的汇率减少了汇兑损益的发生。

浮动汇率机制的优点：

• 促进国际贸易的自然调节，可防止国际贸易收支的极端化，可促进国际贸易和世界经济的稳定。具体而言，浮动汇率机制可以让一个国家自动调整其国际贸易，即低汇率可促进出口销售，从而获得更多的贸易顺差，但大量商品出口会形成外汇市场上对出口国货币的需求增加，从而汇率会升值，随之该国出口商品价格会上升，从而减少出口贸易及贸易顺差。我们在下文会细讲。当然国际贸易除了受汇率影响外，还和一个国家产品的品质等因素有关。

• 促进货币自治。每个国家拥有自己的自主汇率，不是非要和美元挂钩。

注：浮动汇率的优点正好是固定汇率的缺点，而固定汇率的优点正好是浮动汇率的缺点。另外，目前的浮动汇率机制不是完全/绝对的浮动汇率机制，但比以前的固定汇率已经灵活了很多。

汇率变化规律（影响汇率升值或贬值的因素）。汇率代表货币的价格，和其他商品一样都受供求关系的影响，供不应求则价涨（升值），供大于求则价跌（贬值）。影响汇率的主要因素有：

• 进出口贸易（国际贸易收支）。
• 利率或准确地讲利率差异。
• 通胀或准确地讲通胀率的差异。
• 国家的货币政策。
• 一个国家的整体经济情况。比如经济非常好、经济繁荣，又如经济不好、经济很萧条。
• 公共债务水平等。

具体解释，请见下文。

汇率和进出口贸易的关系

汇率和进出口贸易/国际贸易收支的关系一般为：某国若是贸易顺差，即出口大于进口则该国汇率一般会上升；相反若是贸易逆差，即出口小于进口，则汇率一般会下降。进一步解释，假设A国出口远大于进口，从而形成贸易顺差。A国出口时，无论进口方用出口国货币支付还是用自己国家货币支付都会形成对出口国货币的需求，因为如果用出口国货币支付，则进口国需用本国货币换取出口国货币进行支付，从而形成对出口国货币的需求；如果进口国用本国货币支付，出口国收到进口国国家的货币后需换取本国货币，从而形成对出口国货币的需求，因为在出口国无法使用进口国的货币。

因此，两个贸易国之间（假设A、B两国），如果其中一国（假设是A）出口大于进口，形成对A国货币的需求量相对增加而进口少，从而对B国货币需求量相对减少。在货币供给不变的情况下，因商品的供求博弈，从而导致出口国货币升值。继而导致该国出口商品的价格开始增长，因而该国出口减少，慢慢恢复国际贸易收支平衡。

若A国出口远小于进口，形成显著贸易逆差，从而导致对A国货币的需求量减少，在货币供应不变的情况下，因商品供求博弈，从而导致A国货币贬值，继而导致该国出口商品价格降低，因而促进该国商品出口增加，慢慢恢复国际贸易收支平衡。

总结：进出口贸易，相对两个国家之间，一般是某国出口多（进口少），则该国货币一般会升值；若是出口少（进口多），则该国货币一般贬值。

汇率和利率的关系

一个国家利率高（相对于别的国家的利率）会吸引很多热钱来投资，热钱进入时要先购买该国的货币，这样就会造成对该国货币需求增大，从而在货币量供应不变的情况下，会促进该国货币升值。世界上很多热钱游资，它们对利率的差异非常敏感，哪儿投资回报率高，它们就去哪儿，无缝不钻，这也体现资本的逐利性。

汇率和通胀的关系

一般来说，一个国家通货膨胀会造成本国商品价格不断攀升，从而对出口不利，根据上述汇率和进出口贸易的关系，从而造成货币贬值。另外，通胀很多时候是因为货币供应量太大，货币量供大于求也会容易造成货币贬值。另外，通胀情况下，实际利率回报会降低，从而可能会推动资本外逃，继而因为对该国货币需求量的随之减少也会形成汇率降低。相反，一般低通胀的国家的货币容易升值。当然如果因为发生通货膨胀一段时间后，国家加息、实行货币紧缩政策来抑制通胀，汇率可能会回升。两个国家之间，如果A国的通胀率高于B国，则在A、B两国间，A国货币相对于B国货币会贬值。

汇率和其他因素的关系

一个国家的整体经济形势，繁荣还是不景气。一个国家经济好，一般会吸引大批外资，和上述利率道理一样，会形成对该国的货币需求量增加，从而导致该国货币升值，相反贬值。另外一个国家如果政治经济较稳定，汇率也会相对稳定，否则汇率可能也会变化较大。投资者都青睐政治经济稳定的国家，相反如果一个国家政治、经济动荡，则投资者会出逃，从而引起该国货币贬值。

货币政策。一般来讲，一个国家若实行货币宽松政策，其货币相对来讲会贬值，相反会升值。

公共债务水平（level of public debt）。一般来讲，一个国家公共债务水平过高，会引发投资者的担忧，可能会引发资本外流，从而造成货币贬值。

汇率变化对公司及经济的影响

汇率变化对公司及经济的影响：（1）汇率升值对依赖出口的国家和公司影响很大，因为汇率升值会造成出口商品价格升高，从而阻碍出口。但汇率升值可使得进口商品更便宜，进口商品的成本降低了。（2）相反汇率贬值对出口有利但对进口不利。对待汇率的变化，企业应该如何应对：

- 若本国货币贬值，（1）企业应大力促进在国外的营销，因为货币贬值会促进出口；（2）在进口方面可能会出现进口成本的增加，因此，可选择本地供应商或在其他国家进口；（3）必要时使用套期保值等手段规避汇率风险。
- 若本国货币升值，（1）企业则考虑大力促进国内销售或卖往其他国家；（2）进口方面，可着手加大进口力度，因为进口相对成本会降低；（3）必要时使用套期保值等手段规避汇率风险。

汇率风险的规避方法

汇率风险的规避方法：（1）购买外汇远期合约或期货合约；（2）外汇互换（两个国家或两个国家的公司直接交换币种）：和远期合约差不多，但外汇互换时间更长、更灵活；（3）尽量减少外汇应收或负债，尽量使用本国货币收支；（4）设置外币账户，除了降低外币收支的风险外，还可以省手续费；（5）关注汇率变化，采用对自己有利的推迟或提前支付外币的方法，以尽可能地减少损失等。

汇率变化相关的不同货币之间的计算

假设目前A国家的货币A和B国家的货币B的汇率是：1单位货币A可以购买6单位的货币B，或者讲1∶6。A、B两国进行贸易往来。若货币A相对于货币B贬值5%，则意味着1单位货币A由原来能购买6单位B，变为现在只能买到$6\times(1-5\%)=5.7$单位货币B。相应地意味着，1单位B由原来能购买$1/6=0.16667$单位A（注意：是互为倒数，即此时是6的倒数），升值变为现在能买到$1/[6\times(1-5\%)]=(1/6)/(1-5\%)=0.17544$单位货币A［注意：是互为倒数，即此时是$6\times(1-5\%)$的倒数］。另外，升值的幅度为：$[(1/6)/(1-5\%)-1/6]/(1/6)=[1/(1-5\%)]-1=5.26\%$，即涨幅为5.26%。从另一个方面验证：$(0.17544-0.16667)/0.16667=5.26\%$，即涨幅5.26%。

因此，可以总结为：若货币A相对于货币B贬值N%，则意味着1单位货币A现在能买到以前购买值乘以（1－N%）单位货币B，如上面例子中的$6\times(1-5\%)=5.7$。相应地意味着货币B升值到现在能购买到原来购买值除以（1－N%）单位货币A，如上面例子中的$(1/6)/(1-5\%)$。注意：切记，不要误解成货币B升值到能购买到原来购买值乘以（1＋N%）单位货币A。正确答案是：货币B升值到现在能购买到原来购买值除以（1－N%）单位货币A。续用上例，答案是：(1/6)/(1－5%)＝0.1754，而不是(1/6)×(1＋5%)＝0.1750。另外，货币B升值的幅度为：［1/(1－N%)］－1。

相反，如果续用上例，若货币A相对于货币B升值10%，则意味着1单位货币A由原来能购买6单位货币B，变为现在能买到6×(1＋10%)＝6.6单位货币B。相应地意味着，1单位货币B由原来能购买1/6＝0.1667单位货币A（注意：是互为倒数，即此时是6的倒数）。贬值变为现在只能买到1/［6×(1＋10%)］＝(1/6)/(1＋10%)＝0.1515单位货币A［注意：是互为倒数，即此时是6×（1＋10%）的倒数］。贬值的幅度为：［(1/6)/(1＋10%)－1/6］/(1/6)＝1/(1＋10%)－1＝－9.09%，即降幅9.1%。从另一个方面验证：（0.1515－0.1667）/0.1667＝－9.1%，即降幅9.1%。

因此，可以总结为：若货币A相对于货币B升值N%，则意味着1单位货币A现在能买到以前购买值乘以（1＋N%）单位货币B，如上面例子中的6×(1＋10%)＝6.6。相应地意味着，货币B贬值到现在能购买到原来购买值除以（1＋N%）单位货币A，如上面例子中的（1/6)/(1＋10%)。注意：切记，不要误解成货币B贬值到能购买到原来购买值乘以（1－N%）单位货币A。正确答案是：货币B贬值到现在能购买到原来购买值除以（1＋N%）的单位货币A。续用上例，答案是：(1/6)/(1＋10%)＝0.1515，而不是(1/6)×(1－10%)＝0.1500。另外，货币B贬值的幅度为：［1/(1＋N%)］－1。

总结上面的记忆窍门

两个国家的货币之间，若一方货币A（相对于另一方货币B）升值N%，则意味着现在货币A的新汇率＝以前的汇率换算值乘以（1＋N%），相应地意味着另一方货币B：第一，往相反的方向走，即贬值。第二，新的货币B的汇率计算中，前面是乘以，这里改成除以（即B以前的汇率除以），注意，不涉及正负号的改变。第三，除以什么呢？前面乘以什么，这里就除以什么，即前面是乘以（1＋N%），现在是除以（1＋N%）。具体验证，请看上面例子中的计算。

两个国家的货币之间，若一方货币A（相对于另一方货币B）贬值N%，则意味着现在货币A的新汇率＝以前的汇率换算值乘以（1－N%），相应地意味着另一方货币B：第一，往相反的方向走，即升值。第二，新的货币B的汇率计算中，前面是乘以，这里改成除以（即B的以前的汇率除以），注意，不涉及正负号的改变。第三，除以什么呢？前面乘以什么，这里就除以什么，即前面是乘以（1－N%），现在是除以（1－N%）。具体验证，请看上面例子中的计算。

另外一个验证的方法是，除以（1－N%）数会上升，除以（1＋N%）数会下降。

就涨/降幅度而言，两个国家的货币之间，若一方货币A（相对于另一方货币B）升值N%，则意味着货币B贬值1/(1＋N%)－1；若一方货币A（相对于另一方货币B）

贬值 N%，则意味着货币 B 升值 1/(1－N%)－1。记住：在计算升/降幅的公式中，降幅是除以（1＋N%），升幅是除以（1－N%）。

练习题：一美国企业和一意大利企业做贸易。如果意大利货币预期对美元贬值 10%，一家意大利公司从美国总公司进口所造成的外币成本将（　　）。

A. 下降 10%　　B. 下降 5%　　C. 上升 10%　　D. 上升 11.11 %

解答：这样在美国进口成本就会提高，因为美元将升值，美元升值的幅度为 1/(1－10%)－1＝11.11%，选 D。

全球贸易和运营中的法律和社会问题

完全自由贸易和完全贸易保护是贸易形态的两个极端，一般国家都是处于两者之间，不同国家程度可能不一样。自由贸易是指国际贸易中不存在人为的壁垒，其优点有：（1）获得国与国之间的相对竞争优势（各取所长、取长补短、双赢）；（2）促进世界资源的最大化（可以接触到各国的资源）；（3）因为充分竞争以及没有关税等贸易保护从而促进价格合理，降低价格；（4）因为竞争压力以及没有贸易保护从而促进提高效率等。

贸易保护是指国际贸易之间有人为的壁垒，如关税，进口限制、进口配额，出口限制、出口配额，严格审批等。贸易保护的优点：（1）保护本地就业；（2）保护本国民族工业；（3）经营产品多样化，促进稳定，防止特殊时期出现问题，如战争时期军事上的自给自足等。

注：自由贸易的优点是贸易保护的缺点，相反亦然。

国际贸易的作用和问题

国际贸易/全球贸易/跨国贸易的作用：

1. 促进世界资源的最大化，促进生产要素的充分利用。世界上，劳动力、技术、资本等生产要素在各个国家的分布往往是不平衡的，有的国家劳动力富余而技术落后，有的国家资本丰裕而劳动力短缺等。若没有国际贸易，这些国家的发展，都会受到其短缺的生产要素的制约，一部分生产要素将闲置或浪费，生产潜力得不到发挥。通过国际贸易，这些国家就可以采取国际劳务贸易、技术贸易、资本投资等方式，将国内富余的生产要素与其他国家交换国内短缺的生产要素，从而使短缺生产要素的制约得以缓解或消除，富余生产要素得以充分利用，扩大生产规模，加速经济发展。

2. 因为竞争压力从而提高效率。

3. 发挥比较优势，提高生产效率。利用比较优势进行国际分工和国际贸易，可以扩大优势商品生产，缩小劣势商品生产，并出口优势产品，从国外换回本国处于劣势的商品，从而可在社会生产力不变的前提下，提高生产要素的效能，提高生产效率，获得更大的经济效益。

4. 促进参与国人民更高的收入。

5. 因为充分竞争从而促进价格合理，降低价格。

6. 促进竞争，防止垄断等。

国际贸易面临的问题：

- 不同国家之间的法律的差异。
- 不同国家不同的习俗。
- 资产被征收的威胁。
- 国内企业受到冲击。
- 国内就业可能受到影响。
- 战争、政治风险等。

跨国资本预算（长期投资决策）和融资（multinational budgeting and financing）

在国外进行长期投资，除了国内制定资本预算时考虑的因素以外，还需考虑如下因素：

1. 项目要求回报率需根据所处国家的政治、经济等的风险情况进行相应调整，调高或调低。

2. 需通盘考虑整个总公司的总的现金流的数据，因为一个国家可能赚取了正的净现值现金流，但可能另外的国家，包括母公司的业务和市场受到了不利的影响。

3. 需考虑货币汇率变化给项目带来的影响。当然公司也可以采用规避汇率风险的措施。

4. 需考虑通货膨胀的影响。（1）通胀会影响项目所在国的材料成本以及产品定价等；（2）通胀可能对汇率也产生一定的影响，即高通胀往往和货币贬值有关联，低通胀和货币升值有一定关联。

5. 税率的影响。不同国家税率高低不同，而且某时期的税收优惠不同。

6. 不同的会计制度和会计标准等。

国际贸易的融资和支付

国际贸易中的款项支付形式。相对于国内贸易，国际贸易面临着更大的违约风险。较常用的国际贸易付款的形式有：

- 信用证：是指银行根据进口方（买方）的请求，开给出口方（卖方）的一种保证承担支付货款责任的书面凭证。出口商因此会减少一定顾虑。
- 即期汇票（sight draft）：货到后立即开出汇票对出口商付款。
- 远期汇票（time draft）：承诺在未来的某一个特定时间付款的汇票。
- 赊账贸易或又叫记账贸易。出口商给予进口商一定的账期，一般只有双方签订的合同约束。但这样的做法有一定的风险。
- 进口商先支付预付款。

• 寄售形式（consignment）：即出口商发运商品至进口商，只有货品销售后，进口商才进行付款，即随售随付，对于还未售出的商品，进口商不予付款等。

国外贸易的融资方法。

■ 银行承兑汇票（其他地方已讲）。

■ 以外币收款或付款的交易，因为汇率变化的影响会产生汇率风险，即用本位币换取外币进行付款时，因汇率的变化会产生汇兑损益。因此，企业可采用货币互换、货币期货、货币期权、跨国应收账款保理/让售、福费廷（forfaiting）、对销贸易等方法规避汇率风险。

■ 对销贸易/互抵贸易/反向贸易（countertrade）：即贸易双方交换商品或劳务，而不是支付货币。

■ 福费廷（Forfaiting）：出口商将应收账款相关的应收票据出售，从而立即得到现金。福费廷确切来讲是应收账款保理的一种，但相比其他应收账款保理，福费廷的风险对于购买者（即融资提供者）更小，因为不是出售的应收账款而是出售的应收账款相关的本票、汇票等应收票据。购买应收票据的买方一般是对出口商无追索权。福费廷的购买者，即融资提供方，一般是专业作出口融资的银行或其他金融机构。

福费廷一般涉及的票据期限是中远期的，至少180天，但也有短期的。票据金额一般在10万美元以上，属于较大金额贸易。

■ 跨国保理（cross-border factoring）：出口商出售其应收账款从而得到现金。跨国保理一般通过跨国保理网络。出口国的保理商可以联系进口国的保理商，进口国的保理商可以进行相关的收款等工作。

■ 外币贷款（为了容易区分开贷款和货款，下面将外币贷款称作外币借款）。企业在进行国际贸易时可能会发生外币借款，以进行货款支付等行为。外币借款除了产生利息费用以外，还可能会产生因为汇率浮动引起的汇兑损益。因而在计算实际利率时要考虑汇兑损益。具体计算如下：假设一中国公司从银行获得了一笔1 000万美元的外币借款以支持其在国外的生产运营以及外币货款支付业务。假设借款时美元对人民币的汇率是1∶6.8，借款年利率为5%，借款期限为9个月，借款到期日一次性还本付息。

有外币业务时，中国公司需记两套账。两套账：本币账，即人民币账，和外币账，即美元账。借款时，记本位币账，借：现金－人民币10 000 000×6.8＝68 000 000（汇率为1∶6.8），贷：短期贷款。同时记美元外币账，DR：现金－美元@ 10 000 000，CR：短期贷款－美元@ 10 000 000。3个月下来，假设汇率一直保持不变（当然如果有变化，需要每月月底计算未实现汇兑损益，简单起见假设汇率一直未变），直至利息及本金支付日当天，汇率变为1美元可购买6.95元人民币（美元升值、人民币贬值），在3个月的最后一天应该支付的3个月总的美元利息支出为@ 10 000 000×0.05×90/365＝

123 288（美元），另外，应该支付的本金为1 000万美元，本息共计10 123 288美元。支付美元本息时发生的汇兑损益为10 123 288 ×(6.95 –6.8)=1 518 494（美元）(因为多付出了人民币去兑换美元以还本付息，因此，为汇兑损失)。

根据本位币账，此期间发生的利息费用为68 000 000 ×0.05 ×90/365 =838 356（元）(注：本位币的利息费用=当初外币借款时按照当时的汇率计算的本位币本金乘以规定的书面利率)，因此，实际利率=[(838 356 +1 518 494)/68 000 000]×365/90 = 14.1%，即一定要考虑汇兑损益的影响（注：利率的计算一定要除以当初外币借款时按照当时的汇率计算的本位币本金）。注意：在会计核算中汇兑损失和利息费用是两个会计科目。

如果汇率在还本付息日也未发生变化，则利息费用=68 000 000元×0.05 ×90/365 = 838 356（元），因此，实际利率=(838 356/68 000 000)×365/90 =5%。实际利率和书面利率一样。

外币借款的实际利率的计算总结：(1）利息费用应该以最初外币借款时按当时汇率折算的本位币本金金额为基础，然后乘以规定的书面利率进行计算；(2）计算因汇率变化产生的汇兑损益，注意，外币利息和外币本金都要计算汇兑损益，然后相加；(3）本位币的利息费用加汇兑损益（加汇兑损失，减汇兑收益），然后除以当初外币借款时按当时汇率折算的本位币本金金额，再乘以365天，除以贷款天数，从而得出外币借款的实际利率。

美国存托凭证
(american depository receipts，ADRs)

美国存托凭证（american depository receipts，ADRs）是指美国以外的外国公司可以在美国卖股票从而参与美国的资本市场进行融资，但无须通过美国证监会SEC烦琐的审批和注册过程。具体操作是外国公司在美国的银行存一些股票，此银行帮助在美国卖这些股票，从中收取手续费。当然ADR也促进了美国投资者购买外国的股票。

除了美国存托凭证外，还有欧洲存托凭证、中国存托凭证等，道理是一样的，它们的统称叫作“全球存托凭证”(global depository receipts，GDRs)。

国外直接投资
(foreign direct investment，FDI)

国外直接投资（foreign direct investment，FDT）是指在国外直接投资运营设施，并直接参与管理运营。举例：直接去国外建立合资或独资企业。直接投资是相对于间接投资的，比如购买国外股票、出口、技术转让等。国外直接投资有以下优点：

- 可避开国际贸易壁垒如关税、禁售等。

- 可享受国外的低税率或/及税收优惠（很多国家对外企有税收优惠）。
- 可利用当地廉价劳动力和较低的原材料成本。
- 延长产品生命周期。在有些发达国家，产品可能已经达到下滑期，但在新兴市场国家可能还属于导入期或快速发展期。
- 更好、更快地服务当地客户。
- 可更直接、更大力度地参与投资企业的运营、管理等。

转移定价与税收

集团公司考虑其子公司或部门所在国家的所得税税率的不同，可在法律允许范围内利用转移定价制定有利于公司总体利润的决策。注意一定要合法。一般方法为：产品由所得税率较低的国家（A 国）卖到税率较高的国家（B 国）时，制定相对较高的转移价格；相反产品由所得税率较高的国家（B 国）卖到税率较低的国家（A 国）时，制定相对较低的转移价格。用上述的转移定价方法会使得总公司得到较高的净利润，因为那样更多的利润留在了所得税率较低国家的子公司，因此，总体缴纳的所得税就减少了，从而净利润提高了。

注意，如果记不住转移价格是高合适还是低合适，试着分析就可以得出结论。举例：假设卖方的所得税率较低，可以试算高转移价格或者试算低转移价格。假设先试算高转移价格。高转移价格会让卖方利润高，低税率正合适，因此，结论是制定高转移价格。若先试算低转移价格，则低转移价格会让卖方的利润少，显然低税率派不上用场，因此，结论是制定高转移价格。

具体推理如下：假设转移价格 = Y，卖方 A 公司的成本 = C，买方 B 公司的对外销售价格 = S。若卖方国的所得税率为 TS%（S 是英文“sell”的第一个字母），买方国的所得税率为 TB%（B 是英文“buy”的第一个字母），如果没有关税，总所得税支出 = $(Y-C)\times TS\% + (S-Y)\times TB\% = Y\times TS\% - C\times TS\% + S\times TB\% - Y\times TB\% = Y\times(TS\% - TB\%) + S\times TB\% - C\times TS\%$，若 TS% 小于 TB%，即卖方所在国的所得税率小于买方所在国的所得税率，则（TS% − TB%）为负数，因此，Y 越大，总所得税支出，即 $Y\times(TS\% - TB\%) + S\times TB\% - C\times TS\%$，就越小。因为 $S\times TB\% - C\times TS$ 是已定的，而 Y 越大，则 $Y\times(TS\% - TB\%)$ 就是越大的负数。反之则相反。因此，总结为：若 TS% 小于 TB%，即卖方所在国的所得税率小于买方所在国的所得税率，则转移定价越大越好；反之则相反，即若卖方所在国的所得税率大于买方所在国的所得税率，则转移定价越小越好。另外，如果 TS% = TB%，则无论 Y 是什么，对结果都没有影响，因为 $Y\times(TS\% - TB\%)$ 永远是零。

举例：JAK 公司在 A 国的分公司卖给在 B 国的分公司 1 000 件商品，单位成本 10 000元，B 国分公司购买后卖给外部客户的售价为 20 000 元，A 国所得税税率 = 40%，B 国 = 20%。

方案 1：卖方的转移定价 =12 000 元，则 A 国分公司的所得税费用 =(12 000 - 10 000) × 1 000 ×40% = 80（万元），B 国分公司的所得税费用 =（20 000 - 12 000）×1 000 × 20% =160（万元），JAK 公司总的税负 =240（万元）。

方案 2：卖方的转移定价 =15 000 元，则 A 国分公司的所得税费用 =200（万元），B 国分公司的所得税费用 =100（万元），JAK 公司总的税负 =300（万元）。

总结：这两个方案中，JAK 公司总税前利润 =1 000 ×(20 000 - 10 000) =1 000（万元），但显然方案 1 的总税负小多了，因此，JAK 公司总的净利润相对较高。

注：除了考虑所得税、关税等外，转移定价还经常考虑政治及外汇风险等。

国际收支差额
(balance of payments/balance of international payments)

国际收支差额是指一个国家在某一段时间内（月/季度/年等）和国外进行的所有经济活动的收入和支出以及净额（差额）。这涉及该国的个人、公司、政府机构等。国际收支差额对一个国家来讲很重要，原因在于：(1) 国际收支差额提供了详细的该国货币的供求信息。一般来讲，该国若出口大于进口，则对该国货币需求旺盛，可能会形成该国货币升值；相反，该国若进口大于出口，则对该国货币需求较少，可能会形成该国货币贬值。(2) 国际收支差额在某种程度上可以用来评估该国在国际经济舞台上的竞争力。顺差一般意味着该国的竞争力强，但不是绝对的。

国际收支一般包括两部分：(1) 经常性账户（current account）；(2) 资本性账户(capital account)。其中，经常性账户包括：(1) 国际贸易差额（balance of trade)，即出口收入减进口支付的净额，主要涉及商品、服务在国际上的买和卖。(2) 投资收益差额，即国外投资的收益减支付到国外的属于外国投资者的投资收益。经常性账户的收入若大于支出，则称为顺差/盈余；相反，若收入小于支出，则称为逆差/赤字。一个国家如果存在长期较大的经常性账户逆差，则可能意味着该国的债务增长或者该国的资产所有权，相对来讲，被外国投资者拥有的较多。

资本性账户，在广义的概念上来讲，是指对国外资产拥有权的净差额，具体包含国际上的贷款、投资以及一个国家央行的外汇市场的运营等。狭义的资本性账户的定义不包括一个国家央行的外汇市场的运营。

国际收支差额（顺差/逆差）= 经常性账户收支差额（顺差/逆差）+ 狭义的资本性账户收支差额（顺差/逆差)。注意：经常性账户收支差额（顺差/逆差）+ 广义的资本性账户收支差额（顺差/逆差）=0，因为就像会计分录一样，在经常性账户和广义的资本性账户之间，一方是借，另一方肯定是贷，相反亦然。

国际理财练习题

1. （　　）不是国际贸易的一种支付方式。

A. 福费廷　　B. 跨国保理　　C. 美国存托凭证　　D. 信用证

2. 想规避对境外公司实施股权投资的法律限制的美国投资人，最为常用的非直接投资方式是购买（　　）。

A. 信用证　　B. 银行承兑　　C. 美国存款收据　　D. 国际存款收据

3. 以下（　　）关于一家美国公司进行国际转让定价的叙述是正确的。

A. 对海外子公司的转让定价必须和对国内子公司的定价一样

B. 国外关税的存在使得对海外子公司的转让定价应稍高

C. 国外政府对转移利润的限制可通过对海外子公司制定较高的转让定价来规避

D. 转让定价的制定必须考虑到内部收入条款限制，即海外子公司所贡献的应税收入不大于总（母公司加上子公司）的应税收入

4. 公司进行直接对外投资的收益不包含（　　）。

A. 可以更容易地占有稀有资源　　B. 收入增加的机会

C. 加强国际间互相理解　　D. 更多被征收机会

5. （　　）是跨国公司国际多样化为国内带来的好处。

A. 更好的国际货币体系

B. 就业流失到国外子公司

C. 工会可能会被削弱

D. 减少在国外政治体系中运作的灵活性

6. 从出口商角度来看，国际贸易中风险最小的支付方式是（　　）。

A. 记账贸易　　B. 信用证　　C. 预付款　　D. 商业承兑汇票

7. 涉及出售中期或长期应收款为国际贸易融资的方法是（　　）。

A. 福费廷　　B. 物物贸易　　C. 跨国保理　　D. 银行承兑

8. 跨国保理涉及（　　）。

A. 使用其他国家的保理网络

B. 与其他国家的客户交易产品和服务

C. 出口商将长期应收款卖给其他国家的保理

D. 与其他国家的客户发生寄售贸易

9. 某公司持有6个月的美国国库券的远期合同，如果在这6个月内，利率下降，那合同的价值将（ ）。

A. 下降　　B. 上升

C. 保持不变　　D. 什么可能都有，取决于利率下降的幅度

10. 若美金在外汇市场上，从1美元=0.75欧元变为1美元=0.7欧元，则（ ）。

A. 欧元对美元贬值

B. 从欧洲进口的商品在美国更贵了

C. 美国旅游者在欧洲会发现美元可买到更多的欧洲商品

D. 美国到欧洲的出口减少了

11. 一个高估的外汇汇率（ ）。

A. 代表了对出口征税和对进口进行补助

B. 代表了对出口补助和对进口进行征税

C. 对资本流动有影响但对贸易没有影响

D. 对资本流动没有影响但对贸易有影响

12. 一家美国公司在加拿大投资了\$100 000为期一年，该项投资回报率为10%。进行投资时的加元即期价格为 \$0.65，投资到期时为\$0.70，则该项投资的收益率大约为（ ）。

A. 2.14%　　B. 7.69%　　C. 10.00%　　D. 18.46%

13. 两个国家之间存在灵活的外汇制度及活跃的贸易关系。若国家1的收入（A列），假设其他条件均相等，则国家1的货币相对于国家2的货币（B列）（ ）。

	A列	B列
A.	上升	保持不变
B.	下降	贬值
C.	上升	贬值
D.	保持不变	升值

14. 美元实行浮动汇率，当美元对其他货币贬值得太多，则（ ）。

A. 因浮动汇率，美国经常性贸易账户的余额既不是赤字也不是盈余

B. 因浮动汇率，美国资本性账户的余额既不是赤字也不是盈余

C. 美元的贬值不会对美国贸易账户的余额有影响

D. 便宜的美元帮助美国出口

15. 如果美元相对于多个美国贸易国的货币贬值，那么可能产生的结果是（　　）。

A. 外币相对于美元将贬值　　B. 美国贸易账户的赤字将加剧

C. 美国将增加出口　　D. 美国将增加进口

16. 近来，美国支付账户的余额保持赤字。该赤字表明过度的（　　）。

A. 出口超过进口

B. 进口超过出口

C. 进口、私人资本对外流出以及汇款超过出口和私有资本流入

D. 进口商品超过服务进口

17. 如果美国的通胀率预期为5%而外币预期对美元贬值10%，一家意大利公司从美国总公司进口所造成的外币成本将（　　）。

A. 下降10%　　B. 下降5%　　C. 上升5%　　D. 上升16.6%

18. 一家美国计算机制造厂的生产经理本杰明，被要求对销售给科威特的台式机进行报价。科威特政府希望用英镑进行报价，并要求明年交货。本杰明知道明年美国市场上的售价将平均上升3%，他的业务往来银行预测英镑今年将相对于美元贬值5%。如果本杰明对于立即交货会报价700英镑，那么对于明年向科威特交货的产品应报价为（　　）。

A. 735英镑　　B. 721英镑　　C. 757英镑　　D. 745英镑

19. 跨国贸易对母国的最可能的利益是（　　）。

A. 跨国公司对国内对手的竞争优势　　B. 获得资源

C. 新资本投资　　D. 把利润从母国寄出

20. 跨国贸易对母国的最可能的负面效应是（　　）。

A. 专利税和股利流出母国　　B. 操纵转移价格

C. 失去技术　　D. 失去税收

21. 一家企业将产品运到海外的子公司，收取的价格将提高进口关税，但会降低子公司支付的所得税。这些效果最可能的原因是（　　）。

A. 价格是正常的价格　　B. 价格是成本加成的价格

C. 转移价格太低　　D. 转移价格太高

22. 以下交易将会带来美国收支账户借方分录的是（　　）。

A. 美国公司从他的德国子公司收到红利

B. 科威特投资者购买IBM股份

C. 美国向沙特阿拉伯出口军用武器

D. 美国公民在法国度假的开支

23. 国内货币的价值在国际范围的短期投资性上升可以通过中央银行的（　　）行动来遏制。

A. 在外汇市场上出售本国货币　　B. 在外汇市场上购买本国货币
C. 在外汇市场上出售外国货币　　D. 提高国内利率

24. 当美元对其他货币升值时，一家有外币应收及应付款的美国公司应当（　　）。

A. 减缓收款并加快付款　　B. 减缓收款并减缓付款
C. 加快收款并加快付款　　D. 加快收款并减缓付款

25. 一家公司总部设在韩国，业务销往非洲，有500 000 000先令的应收账款将在一年后收回。财务总监有意减少风险，并不介意损失部分利润折扣，请问降低风险的方式是（　　）。

A. 跨境保理约定　　B. 信用证约定
C. 银行承兑汇票约定　　D. 未偿债务买卖约定

国际理财练习题解答

1. 答案：C。美国存托凭证是投资的一种工具，但并不是支付方式。

2. 答案：C。C应该翻译为美国存托凭证。这样美国投资人可以容易地购买身处国外的外国公司的股票。此题可以使用排除法，A、B明显不对。D也不对，是因为国际存托凭证是一个广义的称呼，包含美国存托凭证，欧洲存托凭证，中国存托凭证等。

3. 答案：C。C也不是完全对，C必须建立在合法的基础上。但A、B、D更不对。A、D明显不对。B貌似对，但实际上是错误的，因为：第一，转移定价并不包括国外的关税；第二，制定的转移价格越高，交的关税越多，实际上对公司是不利的。

4. 答案：D。

5. 答案：A。可以使用排除法，B、C、D严重不对。

6. 答案：C。在预付款的协议下，出口商只有在收到进口商的付款时才发货。

7. 答案：A。福费廷也是一种保理。它是出口商把大额的、中长期应收款卖给买家。

8. 答案：A。保理商购买应收款并承担收款风险。跨国保理是通过跨国保理网络完成交易的方式。

9. 答案：B。

10. 答案：B。美元对欧元贬值了。

11. 答案：A。高估的货币会导致出口商品价格提高，从某种程度上可以说，代表了对出口征税。例如，假如真实的汇率是1美元对5外币，但市场汇率是1美元对6外币，假如一件衬衫是30美元，则外币价格从20×5=100外币，升到20×6=120外币，对于国外的购买者来讲商品变贵了，则相当于对出口商品征了20%的税。当然美元升值了，意味着相应的外币贬值了，因此，美国相应的进口商品就便宜了，从某种程度上可以说享受了补贴。

12. 答案：D。把100 000美元除以0.65得到投资的以加元计价的金额153 846.15加元。10%的回报将把该数额增加到169 230.76加元，即153 846.15×1.1。把169 230.76加元转换成美元（乘0.7）得到118 461.54美元。把118 461.54美元除以最初投资100 000美元，得到收益率为18.46%。

13. 答案：C。出口多升值，进口多贬值。如果国家1的收入增加，将会导致该国消费者增加从国家2进口消费。一般来讲，进口国用出口国的货币结算，因此，会形成对出口国的货币需求量增加，从而导致出口国货币升值，因而进口国货币贬值。

14. 答案：D。

15. 答案：C。

16. 答案：C。国际收支差额不仅包括国际贸易收支差额，还包括投资收益的收支差额以及狭义的资本性账户的收支差额。因此，B不准确，C更全面准确。

17. 答案：D。假设是美国和中国做生意，这样更好理解。假设现在汇率是1美元对6人民币，假设一个苹果电脑在美国卖900美元，中国一公司从美国购买一定数量的苹果电脑，目前该中国公司可以花900×6=5 400（元）人民币买一台苹果电脑。

若预期美国通胀率是5%，则意味着美国商品要涨价5%，即苹果电脑新的出口价格是900×1.05=945（美元），则此时该中国公司需花945×6=5 670元人民币买一台苹果电脑。若人民币对美元将要贬值10%，则意味着美元升值1/(1－10%)，苹果电脑的出口价945美元换算成人民币为：945×6/(1－10%)=6 300（元），或者讲，中国厂家要花5 670/(1－10%)=6 300元人民币购买一台美国苹果电脑。因此，总计算下来，该中国公司在美国进口苹果电脑的价格增加了（6 300－5 400)/5 400=16.67%。

18. 答案：C。有两个因素要被考虑到：（1）3%的通胀率；（2）英镑5%的贬值。第一，考虑到通胀，应立即把3%加到成交价上，已得到今后交易价£721。第二，因为以英镑报价，意味着未来美国企业收钱时也是得到英镑，英镑如果贬值，则收到英镑货款后在银行换成美元，此时美元的金额就会减少。假设英镑对美元原来的汇率是1∶A，则现在收到的英镑货款折合成美元 = 721 × A ×（1 – 5%）。为了规避风险，因此，英镑价格应调整至721/（1 – 5%）= 758.95。上面答案选项里没有正确的，C是最接近的。答案C = 700 ×（1 + 3%）×（1 + 5%）= 757，这样计算是不对的！

19. 答案：B。

20. 答案：D。

21. 答案：D。如果分公司买家是一家海外公司，转移价格越高，潜在的关税就越高。但是子公司的所得税会减少，因为它的采购成本更高。

22. 答案：D。注意，银行账户的借方是指钱减少，贷方指钱增加，因此，只有D是钱减少，因为美国游客要从银行取出美元去换欧元。

23. 答案：A。货币升值可能会带来一系列的不利。短期内中央银行出售本国货币会增加供给，因而降低货币的价格。

24. 答案：D。预计美元对其他货币升值，意味着预计其他货币相对于美元贬值。因此，外币应收账款存在风险，因为收到的外币兑换成美元后，美元金额减少，因此，早收款会减少损失。美元升值对外币应付账款有利。

25. 答案：A。

财务管理综合练习题

1. 在有两种证券的组合中增加一个股票，股票和证券组合不完全正相关，则三种组合会使总的组合风险（　　）。

A. 降低　　B. 增加　　C. 不变　　D. 以上都不对

2. 短期融资的高成本使公司重新评估它给顾客的信用条件。目前的政策是1/10，净60。如果顾客可以在主要利率下借款，那么当主要利率达到（　　）时公司必须改变信用政策才能避免不希望看到的应收款账期的延长。

A. 2%　　B. 5%　　C. 7%　　D. 8%

3. CF公司目前有一项保守的信贷政策，并且正在审查其他三项信贷政策。当前的信贷政策（政策A）每年可以产生的销售额为12 000 000元。政策B和政策C可带来更多的销售额、应收账款和存货余额，但也会带来更高的坏账和催收成本。政策D比政策C而言，给予较长的付款期限，但是如果客户利用较长的付款期限，则需要支付相应的利息。下面列出了这些政策。

	A	B	C	D
销售额	12 000	13 000	14 000	14 000
平均应收账款	1 500	2 000	3 500	5 000
平均存货	2 000	2 300	2 500	2 500
利息收入	0	0	0	500
坏账费用	100	125	300	400
催收成本	100	125	250	350

如果产品的直接成本是销售额的80%，短期资金的成本是10%，则CF公司的最佳政策是（　　）。

A. 政策A　　B. 政策B　　C. 政策C　　D. 政策D

4. 一家英国公司目前只有国内业务。它计划要么在美国或要么在中国投资同等金额的项目。项目的选择将基于国内公司与海外公司的组合的风险和回报，当发生（　　）时，国际投资（50%的英国国内经营与50%的海外经营）的风险降低，利益是最大的。

A. 英国的回报与美国的回报有正相关性

B. 美国的回报与中国的回报有负相关性

C. 美国的回报与中国的回报有正相关性

D. 英国的回报与中国的回报有负相关性

5. 下列（　　）不是企业持有现金有效的原因。

A. 满足余额补偿的要求　　B. 为交易持有充足的现金

C. 满足未来的需要　　D. 从投资的资产那里获取最大回报

6. 普通股拥有以下所有权利，除了（　　）。

A. 每年收取股利

B. 在清算时按比例分享支付债务后的剩余财产

C. 投票选举公司董事

D. 对股东重大事件（如合并）进行表决

7. 预期报酬率和风险标准差相同的两种证券，（　　）情况下可以帮助投资者分散风险。

A. 无此情况

B. 两种证券的相关系数完全负相关

C. 两种证券的相关系数低于完全正相关

D. 两种证券的相关系数完全正相关

8. 下列对利息期限结构图描述最准确的是（　　）。

A. 长期利率与短期利率的关系

B. 利息贴现后补偿投资数的平均年数

C. 名义利率与通货膨胀率对利息的影响

D. 即期利率与远期利率的关系

9. 以下（　　）为半强型有效市场相关的内容。

A. 可以获得公开和非公开的信息　　B. 当前价格反映以前的信息

C. 可以获得非公开信息　　D. 可以获得公开信息

10. 某公司得到一张15 000元的发票，要求在45天内还清，如果7天内付款可以得到3%的折扣，假设一年360天，则折扣金额和实际利率分别是（　　）。

	折扣额	实际利率
A.	450元	24.7%
B.	450元	29.3%
C.	1 050元	7.2%
D.	1 050元	57.7%

11. 市场的无风险报酬率6%，市场平均报酬率11%，有三只股票A、B和C，实际的报酬率分别为11%、12.5%和8.5%，贝塔值分别为1、1.2和0.86，请问这三只股票的回报率是低估还是高估（　　）。

A. A股票和B股票都被高估　　B. A股票和B股票都被低估

C. B股票被高估，C股票被低估　　D. B股票被低估，C股票被高估

12. 已知无风险收益率是2%，市场预期回报率是5%，贝塔值是1.2，税前债务资金成本是4%，所得税税率是25%，债务对总资产比率是50%，加权平均资本成本是（　　）。

A. 4.3%　　B. 4.8%　　C. 4.2%　　D. 4%

13. 债券现在的价格是根据以下选项计算的，除了（　　）。

A. 利息支付金额　　B. 债券到期时的价格

C. 市场利率　　D. 票面价格

14. 假设一个公司的财务政策从激进型财务政策变为保守型财务政策，对公司的影响是（　　）。

A. 盈利能力增加，风险增加　　　B. 风险增加，流动性减少

C. 风险减少，流动性增加　　　D. 盈利能力增加，流动性增加

15. 某公司贷款 \$100 000，利率 10%，补偿性余额 25%，公司实际利率是（　）。

A. 10%　　B. 11.76%　　C. 12.38%　　D. 13.33%

16. 某公司以 \$10 000 000 的股本和 \$30 000 000 的长期债券为其经营融资。该公司的 β 值为 1.125，无风险回报率为 6%，预期市场回报率为 14%。该公司发行的长期债券的市场利率为 9%，假定该公司处于最佳资本结构。实际所得税税率为 40%，该公司的加权平均资本成本为（　）。

A. 7.8%　　B. 8.6%　　C. 9.5%　　D. 10.5%

17. A 企业股票价格由 \$60 上涨到 \$69，不派发股利。B 企业股票价格由 \$10 上涨到 \$12，并且派发股利 2。现企业要打算放弃回报率低的项目，应放弃（　）。

A. 出售 A，因为 A 回报率 15%，B 回报率 20%

B. 出售 A，因为 A 回报率 15%，B 回报率 40%

C. 出售 A，因为 B 分股利

D. 出售 B，因为 A 股价上涨多

18. 以收购为目的的企业寻找友好地的投资人竞标，属于哪一种防范收购措施?

A. 白衣骑士　　B. 金降落伞　　C. 毒丸计划　　D. 融资

19. CF 有一家子公司专门研究和开发替代燃料汽车，CF 决定出售其持有子公司的股票，同时保持一定的股权，以便于有效控制，此类事物称为（　）。

A. 清算　　B. 析产分股　　C. 股权分割　　D. 部分抛售

20. 做空股票的投资者（　）。

A. 打算在三个月内出售股票　　　B. 利用借来的资金支付股利

C. 股价下跌时会赚钱　　　D. 期望在一年之内股票转为债务

21. 企业正在评估目前持有的金融资产，将低收益率的金融资产进行处置。企业目前持有 A、B 两家公司的普通股，A 公司购买时 \$60 每股，现市场价 \$69 每股，至今没有发放过股利。B 公司普通股购买时 \$10 每股，现市场价 \$12 每股，并发放过股利 \$2 每股。企业应该（　）。

A. 出售 A 公司股票，其收益率为 15%，B 公司收益率为 40%

B. 出售 A 公司股票，其收益率为 15%，B 公司收益率为 20%

C. 两个都不出售

D. 两个都出售

22. 已知公司融资结构是普通股 50%，优先股 20%，债 30%，税后债务成本 6%，所得税 40%，优先股 100 元面值，市场价 105 元，股利率 10%，股票收益率 12%。则加权平均资金成本是（　　）。

A. 9.8%　　B. 9.7%　　C. 9.08%　　D. 8.98%

23. 按照一定规则能转化为普通股的优先股是指（　　）。

A. 累计优先股　　B. 可持有债券　　C. 可转换债券　　D. 普通股优先认股权

24. 一家美国公司的子公司，设立在英国，日常业务以欧元结算，德国公司为其融资，其功能货币为（　　）。

A. 美元　　B. 欧元　　C. 英镑　　D. 德元

25. 企业的应收账款周转天数，去年为 29 天，今年为 41 天，引起这种变化的因素是（　　）。

A. 信用期限的增加　　B. 信用期限的减少

C. 向供应商付款时间的延长　　D. 向供应商付款时间的减少

26. 公司正在考虑两种信用政策：45 天全额付款和 90 天全额付款。这两个提案对信用政策变化的比较分析包括的各项因素除了（　　）。

A. 公司的资金成本

B. 现在坏账

C. 仅对某些客户延长付款期限对现有客户的影响

D. 银行贷款关于应收账款天数的条款

27. 某财务分析师正在使用股利增长的两阶段模型对一家公司进行估值，该公司去年支付的年度股利为每股 \$4。假设未来三年的年度股利按每年 10% 的速度增长，三年后再按每年 5% 的速度增长。假定需要报酬率是 12%。以下（　　）变化会使股票价值更高。

A. 需要报酬率从 12% 更改为 14%　　B. 股利增长率从 5% 更改为 4%

C. 三年期假设更改为五年期　　D. 10% 的增长率更改为 8%

28. 采用资本资产定价模型，分析师计算出某公司普通股的预期风险调整回报率为 17%。该公司股票的 β 值为 2，股票的总体预期市场回报率为 10%。无风险回报率为 3%。其他条件不变，在（　　）情况下该公司股票的预期风险调整回报率将增加。

A. 无风险回报率减少　　B. 公司股票的 β 值减少

C. 股票的总体预期市场回报率减少　　D. 公司股票的波动性减少

29. 某上市公司正计划以 \$100 000 000 的价格剥离其部门 A。私人投资者已筹集了

\$10 000 000 的资金，并计划以部门 A 的资产作抵押，通过债券融资对其余的 \$90 000 000 进行融资。新所有者打算通过提供股票期权向新管理层提供公司的更多股份。他们还为员工重新设计了绩效指标和激励机制，以尽量减少低效行为和官僚作风。此情况最准确地描述了（　　）。

A. 管理层资本重组　　　　B. 管理层收购

C. 杠杆资本重组　　　　D. 杠杆收购

30. 财务分析师进行两项投资项目分析，希望一年期的税后现金收益最大化，公司的所得税率为 25%（　　）。

（1）购买 \$100 的市政债券，一年后按 \$100 售出，并获得免税的 4% 的利息收入

（2）购买 \$100 的商业票据，一年后按 \$99 售出，并获得税前 6% 的收益

资金来源	资本权重	资本成本
长期负债	40%	12% ×（1 －30%）= 8.4%
优先股	15%	8% /（1 －2%）= 8.16%
普通股	25%	14%
留存收益	20%	13%

A. 应该选择商业票据，因为其收益率为 6%，大于地方政府债券收益率为 4%

B. 应该选择商业票据，因为其收益率为 5%，大于地方政府债券收益率为 4%

C. 应该选择地方政府债券，因为其收益率为 4%，大于商业票据 1.25% 的收益率

D. 应该选择地方政府债券，因为其收益率为 4%，大于商业票据 3.25% 的收益率

31. 投资银行在股票发行中具有以下作用，除了（　　）。

A. 投资银行为股票发行需要的手续提供建议

B. 投资银行将包销的股票销售给投资者

C. 投资银行将吸收的借款提供给发行公司

D. 投资银行为发行公司发行股票提供服务

32. 下列哪项是对未来收入对冲的事例（　　）。

A. 小麦农卖出小麦的期权　　　　B. 小麦农买入小麦的期权

C. 面包商卖出小麦的期权　　　　D. 面包商买入小麦的期权

33. 公司准备通过债务和股权进行融资，长期债券的利率是 8%，普通股的权益成本是 15%，税率是 40%，公司的加权平均资本成本是 10.92%。问公司长期债占资本结构的比例是（　　）。

A. 0.24　　B. 0.4　　C. 0.6　　D. 0.76

34. 某企业有家子公司，继续拥有子公司控制权，将子公司部分上市出售，下列各

项中正确的是（　　）。

A. 完全析产分股　　B. 分拆

C. 股权分离　　D. 追踪股

35. 公司有多余现金购买有价证券，最不用考虑的是（　　）。

A. 投资的到期时间　　B. 投资的利率

C. 投资的价格　　D. 投资的投票权

36. 有三个互斥投资项目，NPV 和 IRR 如下：

Ⅰ. 30 000，15%

Ⅱ. −15 000，24%

Ⅲ. 10 000，22%，那么有（　　）。

A. 无法选择

B. 选择Ⅱ项目，拥有最高的 IRR 和正的 NPV

C. 选择Ⅱ项目，拥有最高的 IRR

D. 选择Ⅰ项目，拥有最大的 NPV

37. 下列资金来源中，税后资金成本最低的是（　　）。

A. 留存收益　　B. 债券　　C. 优先股　　D. 普通股

38. FM 公司计划投资 $300 000 购置新设备生产木偶娃娃，该设备预计年度税后现金净流量，前 3 年为 $70 000，后 5 年每年税后现金净流量 $50 000，该新设备的投资回收期是（　　）。

A. 4 年　　B. 4.2 年　　C. 4.8 年　　D. 5.4 年

39. FM 公司上一年的毛利率 30%，销售额 9 000 000 美元，其中 75% 是赊销，其余是现金，应收账款平均收款期是 20 天，存货周转率是 9，应收账款和存货各是（　　）。

A. 369 863 美元　700 000 美元　　B. 383 692 美元　300 000 美元

C. 400 000 美元　700 000 美元　　D. 400 000 美元　700 000 美元

40. 美国进口对货币的影响（　　）。

A. 美国进口创造了外国对美元的需求

B. 美国进口创造了美国国内对外币的需求

C. 美国进口减少了外国对美元的供给

D. 美国进口增加了美国对外币的供给

41. 减少资产负债表中的（　　）能使净营运资本增加。

A. 应收账款　　B. 应付账款　　C. 固定资产　　D. 存货

42. 下列不是公司重组的方式的是（　　）。

A. 兼并　　B. 收购　　C. 剥离　　D. 破产

43. 一名银行代表联系了某大型厨房用具零售商的现金管理经理，想要为该零售商建立一个锁箱收款系统。该公司的收入分析表明，这一系统可以将收款时间平均缩短两天。该公司每天大约收到 2 500 张支票，每张支票的平均价值为 \$600。银行将对每张支票收取 \$0.28，用于运营该系统。该公司目前正在以平均 7% 的利率投资短期基金。如果该公司采用锁箱协议，每年将会获益或损失（　　）。

A. （\$150 500）　　B. （\$45 500）　　C. \$45 500　　D. \$210 000

44. CFO 在公司董事会上宣布公司融资政策着重于资产负债到期配比和对冲，问下列哪项不符合配比和对冲？

A. 商业票据，为永久性营运资本融资

B. 发行长期债券，为投资国外子公司融资

C. 获取信用额度，为营运资本的季节性波动融资

D. 应付账款展期，为未及时到账的应收账款融资

45. 某公司以 \$10 000 000 的股本和 \$30 000 000 的长期债券为其经营融资。该公司的 β 值为 1.125，无风险回报率为 6%，预期市场回报率为 14%。该公司发行的长期债券的市场利率为 9%。假定该公司处于最佳资本结构。实际所得税税率为 40%。该公司的加权平均资本成本为（　　）。

A. 7.8%　　B. 8.6%　　C. 9.5%　　D. 10.5%

46. TS 公司今年的赊销额为 \$100 000，赊购额为 \$80 000，平均应收账款为 \$10 000，平均应付账款为 \$8 000，存货周转率为 8，那么 TS 公司的现金周期为（　　）天（假设一年 360 天）。

A. 40　　B. 45　　C. 50　　D. 35

47. 公司应收账款政策由“30 天内全额回款，10 天内回款享受 2% 折扣”改为“30 天内全额回款”，给公司带来的影响是（　　）。

A. 回款额可能增加，回款速度可能加快

B. 回款额可能增加，回款速度可能降低

C. 回款额可能减少，回款速度可能加快

D. 回款额可能减少，回款速度可能降低

48. 普通股是指代表公司最终所有权的证券。普通股持有人会享受一定的权利。下列（　　）不属于普通股股东的权利。

A. 每年获取现金股利　　B. 清算时支付完债权人后的求偿权

C. 股东会议投票权　　　　D. 重大决议投票权

49. 公司发行债券的面值为 $1 000，票面利率是 8%，期限是 20 年，市场平均债券收益率是 10%。并且，公司以面值发行了 $100 000 的优先股，优先股的票面股息率为 12%。公司还打算回购 20 000 普通股用于股票期权奖励计划。在不考虑发行成本的情况下，公司发行 1 000 张债券的所得是（　　）。

A. $830.12　　B. $1 000 000　　C. $830 120　　D. $169 880

50. 某投资商正在评估过去的 12 个月的股票投资组合的绩效，考虑出售投资回报率低的股票，现在 A 股票市值从 $60 上升到 $69，不支付股息，B 股票已支付现金股息 $2，股价从 $10 上升到 $12，以下是出售的选项信息，应该出售（　　）。

A. A 股票，因为 A 股票的投资回报率为 15%，B 股票的投资回报率为 20%

B. A 股票，因为 A 股票的投资回报率为 15%，B 股票的投资回报率为 40%

C. B 股票，因为 A 股票股价上升 $9，B 股票股价上升 $2

D. A 股票，因为 A 股票不支付股息，并且 A 的回报率为 15%，B 的回报率为 20%

论述题

论述题 1. FM 是一个太阳能产品研究、生产和服务的综合型公司。目前，公司正在考虑两个互相排斥的投资项目。项目 A 需要起始投资额为 $2 000 000，并预计在未来的 5 年内为公司每年带来 $1 000 000 的收入增长，同时在这 5 年里，该项目预计增加 $400 000 年度运营成本。项目 B 需要起始投资额为 $5 000 000，并预计在未来的 5 年内为公司每年带来 $2 000 000 的收入增长，同时在这 5 年里，该项目预计增加 $800 000 年度运营成本。假设两个项目残值均为 0。使用直线折旧法对 1 ~5 年的起始投资进行折旧，假设公司有效所得税率为 30%。

现金	$150 000
应收账款	$6 375 140
存货	$675 125
长期资产	$385 000
总资产	$7 585 265
应付账款	$875 000
短期应付票据	$455 000
长期负债	$1 250 000
递延收入（流动）	$375 000
应付工资	$672 212
总负债	$3 627 212

问题：

（1）请分别计算每个项目在周期内每年的税后现金流。请写明计算过程。

（2）如果折现率为9%，那么每一个项目的净现值是多少？请写明计算过程。

（3）每个项目的内部回报率约为多少？请写明计算过程。

（4）请确认和阐述该公司在决策时应考虑的两个定性因素。

论述题2. BD是一家制造儿童玩具的公司。BD公司正在考虑发行$1 000 000债券，以便为两个独立项目融资，债券将在20年内到期。每张债券的面值为$1 000，年息票利率为8%。类似债券的价格收益率为10%。项目的使用期结束时无残值，BD公司的加权平均资本成本率为12%。以下是这两个项目的信息：

	初始投资	每年的税后现金流	项目期
项目A	50万美元	10万美元	10年
项目B	38万美元	10万美元	5年

项目A将提高BD公司的制造能力，以便根据需要生产更多玩具，项目B没有这样的功能。董事会希望在投资项目完成后进行事后审计。

（1）计算两个项目的净现值（NPV）。给出您的计算过程。

（2）BD公司应接受哪个或哪些项目？请解释您的答案。

（3）如果公司只能够接受回收期为四年的项目，BD公司应该投资哪个或哪些项目？给出您的计算过程。

（4）确定在资本预算中使用净现值的两个优点，以及使用回收期的一个缺点。

（5）假设没有筹资成本，BD公司发行1 000份债券的所得是多少？给出您的计算过程。

（6）确定并解释项目A中嵌入的实物期权类型。

（7）解释资本预算过程中事后审计的作用。

财务管理综合练习题解答

1. 答案：A。

2. 答案：D。目前公司的政策对供应商来讲，供应商如果早付款的获利率 = 1%/(1 - 1%) × 360/(60 - 10) = 7.27%，如果主要利息率多于此，供应商将考虑不提前付款，而是将钱存放在银行挣利息。只有答案 D 是大于 7.27%。

3. 解答：

A 的收益 = 12 000 × (1 - 80%) - (1 500 × 80% + 2 000) × 10% + 0 - 100 - 100 = 1 880(元)

B 的收益 = 13 000 × (1 - 80%) - (2 000 × 80% + 2 300) × 10% + 0 - 125 - 125 = 1 960(元)

C 的收益 = 14 000 × (1 - 80%) - (3 500 × 80% + 2 500) × 10% + 0 - 300 - 250 = 1 720(元)

D 的收益 = 14 000 × (1 - 80%) - (5 000 × 80% + 2 500) × 10% + 500 - 400 - 350 = 1 900(元)

因此选 B。

4. 答案：D。组合理论关心的是一个投资组合的组成部分对平衡风险和投资回报之间的有效性。分散化减少风险，也就是海外投资与国内经营朝相反的方向移动。

5. 答案：D。

6. 答案：A。股利对于普通股股东来说并不是权利，也就是说发行普通股的公司没有义务一定要支付股利。

7. 答案：C。注：如果是完全负相关，只要组合的加权平均各为 50%，风险变为零了，投资者亏的可能性没有了，但赚的可能性也没了，通过组合主要的目的是降低巨亏的风险。

8. 答案：A。债券利息期限结构图描述的是在某一时点一组可交易债券的收益率与其剩余到期期限之间数量关系的一条曲线。反映出某一时点（或某一天）不同期限债券的到期收益率水平。因此，是长期利率与短期利率之间的关系。

9. 答案：D。

10. 答案：B。折扣额 = 15 000 × 3% = 450（元）。实际利率 = 3%/(1 − 3%) × [360/(45 − 7)] = 29.3%。

11. 答案：D。股票预计报酬率 = 无风险收益率 + 贝塔值 ×（市场报酬率 − 无风险报酬率）

A 预计报酬率 = 6% + 1 × (11% − 6%) = 11%，等于实际报酬率 11%。

B 预计报酬率 = 6% + 1.2 × (11% − 6%) = 12%，小于实际报酬率 12.5%。

C 预计报酬率 = 6% + 0.86 × (11% − 6%) = 10.3%，大于实际报酬率 8.5%。

因此，A 股票回报率既不高估也不低估，B 股票的预期回报率被低估，C 股票被高估。

12. 答案：A。50% × 4% × (1 − 25%) + 50% × [2% + 1.2 × (5% − 2%)] = 4.3%。

13. 答案：B。

14. 答案：C。

15. 答案：D。公司实际利率 = 100 000 × 10%/[100 000 × (1 − 25%)] = 13.33%。

16. 答案：A。公司的加权平均资本成本 = [6% + 1.125 × (14% − 6%)] × 10 000 000/(10 000 000 + 30 000 000) + 9% × (1 − 40%) × 30 000 000/(10 000 000 + 30 000 000) = 7.8%。

17. 答案：B。股东回报率 = （期末股票价格 − 期初股票价格 + 每股年度股利）/期初股票价格 。A 股票股东回报率 = (69 − 60)/60 = 15% 。B 股票股东回报率 = (12 − 10 + 2)/10 = 40%。

18. 答案：A。

19. 答案：C。

20. 答案：C。做空股票是指投资者预期某一股票未来会跌，就在当期价位高时卖出他并不拥有的股票（即借货卖出），再在股价跌到一定程度时买进股票，然后归还当时借出股票者，从而赚取价差。

21. 答案：B。公司股票收益率 = (69 − 60)/60 = 15%。B 公司股票收益率 = [(12 − 10) + 2]/10 = 40%

22. 答案：B。优先股资金成本 $=100\times10\%/105=9.52\%$，因此，加权平均资金成本 $=50\times12\%+20\%\times9.52\%+30\%\times6\%=9.7\%$。

23. 解答：此题 C 的可转换债券是写错了，应该是可转换优先股，此题应该选 C。通过排除法，A、B、D 更错。

24. 答案：B。

25. 答案：A。

26. 答案：B。造成两个政策不同的所有因素均应考虑。无差异因素，如现在的坏账情况是不相关的。

27. 答案：C。根据股价定价公式，A、B、D 明显不对。C 对，是因为 C 明显增加了折现现金流。股价 = 折现现金流。

28. 解答：当贝塔值大于 1 时，如果无风险率下降，会增大预期报酬率。具体验证如下，假设无风险利率用 A 来表示，贝塔值用 B 来表示，整体市场回报率用 C 来表示，预期报酬率用 D 来表示，因此，$D=A+B\times(C-A)$。如果无风险利率下降 N%，则新的预期回报率 $=A\times(1-N\%)+B\times[C-A\times(1-N\%)]=A+B\times(C-A)+B\times A\times N\%-A\times N\%$。因为 B 大于 1，因此，$B\times A\times N\%-A\times N\%$ 的结果会大于零，新的预期回报率会加大。

另外推理，若贝塔值大于 1，则若无风险利率增加，预期回报率会降低。具体验证如下：如果无风险利率增加 N%，则新 $D=A\times(1+N\%)+B\times[C-A\times(1+N\%)]=A+B\times(C-A)+A\times N\%-B\times A\times N\%$。因为 B 大于 1，因此，$A\times N\%-B\times A\times N\%$ 的结果会小于零，新的预期回报率会降低。

同样道理，若贝塔值小于 1，规律和上面正好相反。考试中，若忘记了总结的规律，可以用上面的验证方法进行判断。

另外，B、C、D 选项明显错误，其中，D 意味着贝塔值变小。因此选 A。此题也可以用排除法。

29. 解答：公司从上市公司变为私有化公司。经常是指其他机构或/及本公司的某些管理层人员通过债务杠杆（LBO - leveraged buyout）收购市面上的股票，从而使得公司退市而成为私有化公司。债务杠杆是指对上市公司进行收购的机构或/及一些管理层人员本身出资很少，其中，大部分收购资金来源于通过对被收购的上市公司的资产进行抵押而获得的银行贷款或者发行的垃圾债券等。上述称作杠杆收购（LBO），当然杠杆收购也可以发生在非上市的公司。如果杠杆收购中没有其他机构参与，而只有被收购公司的一些管理层人员参与，此时称作管理层收购（management buyout，MBO）。

30. 解答：市政债券的税后收益率 = 4%。商业票据的税后收益率 = (99 - 100 + 100 × 6%) × (1 - 25%)/100 = 3.75%。选 D，但 D 中的 3.25% 应该是错的。

31. 答案：C。

32. 解答：首先排除 C、D，因为小麦是面包商的成本支出，不涉及收入对冲。有购买期权者，就有出售期权方。一般来讲，出售期权得到收入很低，无法对未来较大额的收入进行对冲，因此，A 排除。B 是对的，因为小麦农一般是出售小麦获得收入，因此，小麦农可以购买出售小麦的看跌期权以对冲未来收入的不确定性。

33. 解答：此题是 WACC 的倒推，假设长期债占资本结构的比例是 Y，8% × (1 - 40%) × Y + 15% × (1 - Y%) = 10.92%，4.8% Y - 15% Y = -4.08%，因此，Y = 40%，选 B。

34. 解答：分拆是指母公司将其在子公司中所拥有的股份，按比例分配给母公司的现有股东，不涉及将部分股份卖给第三方。A、D 明显不对。符合 C 的特点，选 C。

35. 答案：D。投资有价证券，主要是考虑在随时需要现金、随时能变现的基础上，挣得一些回报。并不需要考虑投票权，而且有投票权的一般是指股票。股票不属于有价证券。

36. 答案：D。当项目互斥的情况下，采用 NPV 选择，选择 NPV 最大的项目。

37. 答案：B。

38. 解答：整数应该取 4，分数 = (30 万 - 3 × 7 万 - 5 万)/5 万 = 0.8，因此，答案 = 4 + 0.8 = 4.8，选 C。

39. 解答：此题没有给出一年多少天，按 365 天，应收账款/每天的赊销收入 = 20 天，因此，应收账款 = 20 × 9 000 000 × 0.75/365 = 369 863（美元）。全年销货成本/存货 = 9，因此，存货 = 9 000 000 × (1 - 30%)/9 = 700 000（美元），因此选 A。

40. 解答：首先 C、D 完全不对，这和货币供给没有直接关系。讲义和一般资料上都没有叙述进口对货币升值/贬值的影响，因此，可以转换成出口。美国进口等于别的国家出口给美国，别的国家出口给美国一般为了规避汇率波动的影响，会要求用该出口国的货币，因此，会形成美国国内对外币需求的增加。因为美国进口商需要兑换成外币以进行付款。若出口国要求使用美元结算，则会引起美国国内消耗美元从而可能增加对美元的需求。出口国收到美国支付的美元后，因为一般来讲，需要兑换成该出口国的货币，这是因为美元在该出口国无法使用，因此，在出口国会引起对出口国货币的需求。但无论怎样，都不会引起出口国对美元的需求，因此 A 不对。最终选 B。

41. 答案：B。

42. 答案：D。公司重组的方式有：兼并、收购、杠杆收购、剥离以及发行追踪股等，但不包括破产。从内容上理解，破产确实不能属于重组，因为破产意味着公司消失了。

43. 答案：B。锁箱净收益 = 机会成本节约额 - 锁箱费用 = 2 500 × 600 × 2 × 7% - 2 500 × 0.28 × 365 = 210 000 - 255 500 = -45 500（美元）。

44. 解答：选项 A，商业票据作为短期融资方式，为永久性营运资本融资，是短期融资对长期资产需求，不符合对冲。选项 B，发行长期债券为投资国外子公司融资，长期融资满足长期投资的需求，符合对冲。选项 C，获取信用额度为营运资本的季节性波动融资，临时获取信用额度属于短期融资行为，为了满足短期季节性波动，符合对冲。选项 D，应付账款展期为未及时到账的应收账款融资，由于本该到期的应收账款未到账而临时延长应付账款的时间，也是一种临时资金需求，因此，符合对冲。

综上所述，选 A。

45. 解答：公司的股本资本成本 = 无风险回报率 + 贝塔值 ×（预期市场回报率 - 无风险回报率）= 6% + 1.125 ×（14% - 6%）= 15%。公司的加权平均资本成本 = [10 000 000/(10 000 000 + 30 000 000)] × 15% + [30 000 000/(10 000 000 + 30 000 000)] × 9% × (1 - 40%) = 7.8%。选 A。

46. 解答：应收账款周转天数 = 10 000/(100 000/360) = 36（天）。存货周转天数 = 360/8 = 45。应付账款周转天数 = 8K/(80K/360) = 36（天），因此答案 = 36 + 45 - 36 = 45（天），选 B。

47. 答案：B。因为可能客户不再提前付款以享受现金折扣。

48. 答案：A。公司没有法律义务必须要支付现金股利。

49. 解答：P0 = PV × I% × PVIFA(20,10%) + PV × PVIF（20，10%）= 1 000 × 8% × 8. 514 + 1 000 × 0. 149 = 830. 12。发行 1 000 张债券的所得 = 830. 12 × 1 000 = 830 120。选 C。

50. 答案：B。

A 股票的回报率 = (P1 − P0 + D)/P0 = (69 − 60 + 0)/60 = 15%。

B 股票的回报率 = (P1 − P0 + D)/P0 = (12 − 10 + 2)/10 = 40%。

公司应该出售股票 A。

论述题答案

1.（1）请分别计算每个项目在周期内每年的税后现金流。请写明计算过程。

【解答】

项目 A	
第 0 年	−2 000 000
第 1 ~ 5 年	
营业收入	1 000 000
营业成本	−400 000
税前盈利	600 000
所得税费用（税率 30%）	−180 000
净收益	420 000
加折旧税盾	+(2 000 000/5) × 30%
每年税后现金流量	540 000

项目 B	
第 0 年	−5 000 000
第 1 ~ 5 年	
营业收入	2 000 000
营业成本	−800 000
税前盈利	1 200 000
所得税费用（税率 30%）	−360 000
净收益	840 000
加折旧税盾	+(5 000 000/5) × 30%
每年税后现金流量	1 140 000

(2) 如果折现率为 9%，那么每一个项目的净现值是多少？请写明计算过程。

【解答】

项目 A 的净现值 = -2 000 000 +540 000 ×3.8897(5 年 9% 的年金现值)

= +100 438

项目 B 的净现值 = -5 000 000 +1 140 000 ×3.8897（5 年 9% 的年金现值）

= -565 742

(3) 计算两个项目的内部收益率。

【解答】见书。

(4) 请确认和阐述该公司在决策时应考虑的两个定性因素。

【解答】见书。

2. (1) 计算两个项目的净现值（NPV）。给出您的计算过程。

【解答】

项目 A 的 NPV =100 000 ×PVIFA(12% ,10) -500 000

=100 000 ×5.65 -500 000 =65 000

项目 B 的 NPV =100 000 ×PVIFA(12% ,5) -380 000

=100 000 ×3.604 - $380 000 = -19 600

(2) BD 公司应接受哪个或哪些项目？请解释您的答案。

【解答】

BD 公司应接受项目 A，因为项目 A 的 NPV ＞0，项目 B 的 NPV <0。

(3) 如果公司只能够接受回收期为四年的项目，BD 公司应该投资哪个或哪些项目？给出您的计算过程。

【解答】

项目 A 的回收期 =500 000/100 000 =5 年 >4 年

项目 B 的回收期 =380 000/100 000 =3.8 年 <4 年

所以，如果企业只能接受回收期为四年的项目，那么 BD 公司应该投资项目 B。当然企业一般还要同时考量项目的 NPV 是否大于零。

（4）确定在资本预算中使用净现值的两个优点，以及使用回收期的一个缺点。

（5）假设没有筹资成本，BD 公司发行 1 000 份债券的所得是多少？给出您的计算过程。

【解答】

题中说企业没有筹资成本的具体含义不是很明确，可能性有两种。

可能性 1，是指企业发放债券利息，但假设没有发生其他的债券发行相关的融资成本。此题中并没有说明是年付息一次，还是半年付息一次，具体看题中的信息。假设是年付息一次，则一张债券的融资金额 = 1 000 × 8% × 8.514（10%、20 年的年金现值系数）+ 1000 × 0.149 = 830.12（美元），因此，1 000 张债券共可筹集金额 = 830.12 × 1 000 = 830 120（美元）。

可能性 2，是指既没有发行相关成本也不支付利息，就相当于零息债券。一张零息债券的价格等于未来本金的现值。那么债券价格 = 1 000 × PVIF(10%, 20) = 1 000 × 0.149 = 149（美元），发行 1000 份债券的所得 = 149 × 1 000 = 149 000（美元）。

（6）确定并解释项目 A 中嵌入的实物期权类型。

【解答】

扩张期权。当企业的外部条件对其扩大产能有利时，该企业可以行使扩张期权，即在原有的基础上扩大产能，进而获得更高的项目价值。因为项目 A 将提高 BD 公司的制造能力，以便根据需要生产更多玩具。

（7）解释资本预算过程中事后审计的作用。

【解答】

见书。

第三部分

财务分析

考试比重：20%

财务分析对于企业至关重要，对企业自身进行财务分析能得到很多关于企业运营、财务健康等方面的非常有用的信息，以改善企业运营。另外，对其他相关公司进行财务分析，可以非常有效地帮助投资决策、材料供应、信用政策等重大决策。

损益表

损益表（又叫利润表）：反映一段时间内（一个月、一季度、一年）经营活动的结果。对外报告损益表的基本格式如下。

销售收入（又称总销售收入）
减 销售退回/折扣/折让
= 净销售收入
减 销货成本
= 毛利
减 经营费用（性质为期间费用）：
销售费用
管理费用
研发费用
= 经营利润（也叫营运利润）
加/减 其他业务收入/支出（非主营业务）
= 息税前利润（EBIT）
减 利息费用
= 税前利润
减 所得税费用
= 净利润（也叫净收益）

注：

（1）毛利率 = 毛利/净销售收入，千万不要用毛销售收入；

（2）净利润率 = 净利润/净销售收入，千万不要用毛销售收入；

（3）变动成本法损益表是对内报告，而不允许用作对外报告，对外报告只能用上述完全成本法的损益表。

资产负债表

ABC 公司资产负债表

	2010 年	2009 年		2010 年	2009 年
流动资产：			流动负债：		
现金及现金等价物	\$140	\$107	应付账款	\$213	\$197
应收账款	\$294	\$270	应付票据	\$50	\$53
存货	\$269	\$280	预提费用	\$223	\$205

其他	$58	$50	总流动资产	$486	$455
总流动资产	$761	$707			
			长期负债：		
固定资产/非流动资产：			递延所得税	$117	$104
固定资产/PPE	$1 423	$1 274	长期负债	$471	$458
减：累积折旧	（$550）	（$460）	总长期负债	$588	$562
净固定资产	$873	$814			
无形资产及其他	$245	$221	所有者权益：		
总固定资产/非流动资产	$1 118	$1 035	优先股	$39	$39
			普通股（$1 面值）	$55	$32
			资本公积	$347	$327
			留存收益/未分配利润	$390	$347
			减：库藏股	（$26）	（$20）
			总权益	$805	$725
总资产	$1 879	$1 742	总负债及权益	$1 879	$1 742

财务分析

企业最根本的使命，没有之一，是长久可持续、高效地、财富最大化创造。这有三层含义。第一，财富绝对值最大化，其中，包括纸面上的钱，即利润，以及能花的钱，即现金。第二，不仅要财富绝对值最大化，而且要高效地进行财富创造，即横向和其他公司甚至行业比较是高效的、领先的。而不是虽然财富绝对值很大，但因为企业的资本投入更巨大，以至于企业的财富创造效率很低。此处财务分析指标一般是百分比，因为百分比可衡量效率，而且横向与别的企业甚至行业可比。财富创造效率的主要指标是利润除以投资额。第三，更重要的是要长久可持续地创造财富，而不是昙花一现。根据上述企业的根本使命，我们将财务分析分为以下三个部分。

1. 绝对值财富创造指标。主要包括：（1）盈利分析；（2）现金流分析；（3）股东财富增长指标。注意：此处的赚“钱”必须要同时考量两方面，一方面是赚纸面上的“钱”，即利润；另外一方面是必须同时赚真正能花的“钱”，即现金流。“现金为王”。

2. 制造财富效率指标。主要包括：投资回报率、资产回报率、普通股权益回报率等。

3. 财务风险指标。主要包括：流动性指标、资本结构指标等。

注：指标分析中，如果该指标同时涉及损益表现、现金流量表和资产负债表科目，资产负债表科目应该用平均值，如（年初＋年末）/2。

下面详细讲解每部分。

第1章 财富绝对值创造指标

1.1 利润指标

毛利（有时被值得商榷地翻译成边际毛利）= 销售收入 - 销货成本。毛利率 =（销售收入 - 销货成本）/销售收入。注：毛利的英文是 gross profit，英文有时候也叫 gross profit margin。gross profit margin 有人直译为边际毛利，即将 margin 直译为边际。实际工作中，gross profit 及 gross profit margin 都叫毛利，但要注意考试中可能出现直译。同样的道理，毛利率有时候也叫边际毛利率，营运利润也叫边际营运利润，营运利润率也叫边际营运利润率，净利润也有时被值得商榷地翻译为边际净利润，净利润率也有时候被值得商榷地翻译为边际净利润率。

经营利润（operating income，有时被不恰当地译为经营收入） = 销售收入 - 销货成本 - 经营费用（例如销售费用、管理费用等）。经营利润是指企业的主营业务利润，不包括其他业务收支。经营利润率 = 经营利润/销售收入。

息税前利润（earnings before interest and tax，EBIT） = 经营利润 + 其他业务收支。

另外，利润也经常被翻译成收益。注：EBIT 没有减企业利息费用和所得税费用。在衡量经理业绩时，利息和税金有时候是该经理不可控的，比如利息受企业的总体资本结构影响，举例：不一定企业缺钱就靠负债融资从而产生利息，因为要受资本结构管控。利息费用一般也可以称作是财务管理方面的费用，而非营运费用。所得税率各国都不太一样。

息、税、折旧、摊销前利润（ebitda-earnings before interest，tax，depreciation，amortization）= 息税前利润 + 折旧 + 摊销。ebitda 的使用有两种说法：（1）折旧和摊销是目前经理不可控的成本，因为折旧和摊销是早些时候获取固定资产和无形资产所带来的后期按照法律规定要提取的费用，因此，衡量业绩时 ebitda 更合理；（2）ebitda 因为加回了非现金费用之折旧和摊销，因此，有人将其和现金流靠拢。但这样做是不太合理的，因为现金流还很大程度上受营运资本的变化等因素的影响。

净利润 = EBIT - 利息费用 - 所得税

净利润率 = 净利润/销售收入

边际贡献（contribution margin）不等于边际毛利。边际贡献 = 销售收入 - 所有的变动成本（即变动的销货成本 + 变动的期间费用，如变动的销、管费用）。

股息收益率/股利收益率（dividend yield，也有人译为股利率/股息率/分红率）= 年度每股股利/每股市价。高股息收益率可能预示着公司没有太多向上增长的空间，因为一般来讲，公司若有很好的发展空间和机会，不会发放太多的股息。

股利发放率（dividend payout ratio，也叫配息率或派息率）= 普通股每股股利/每股收益率。如果分子和分母同时乘以普通股的数量，则股利发放率 = 普通股股利总额/普通股股东应得的收益总额。普通股股东应得收益总额 = 净利润总额 - 优先股股利。

影响销售收入稳定性和销售收入质量的因素有：

■ 产品需求弹性，比如非弹性商品销售不易变化；
■ 竞争程度；
■ 客户的集中或分散程度，即是否太集中少数几个或个别客户；
■ 市场多样化的程度；
■ 对少数销售代表依赖程度；
■ 新产品的研发能力等。

销售收入和存货的关系：销售收入的增长一般会带来存货的增加，因为企业需要准备更多的存货来满足销售。存货数量是否合理可以通过存货周转天数等指标来监控。

盈余质量（又称利润质量）

盈余质量（quality of profit），即利润数字的可靠性或利润数字的可持续性。影响盈余质量的主要因素有：

（1）稳健（conservative，如采用加速折旧、后进先出法等，利润从而较低）、一致的会计政策及准则；（2）财务状况、经营杠杆风险、财务杠杆风险，风险大则盈余质量差；（3）利润构成，若主营业务利润占主导，此盈余质量会高，否则低；（4）流动性，即现金流的偿付能力；（5）行业因素、经济环境、税收政策等。

1.2 现金流指标分析

企业不能仅有纸面上的利润好，同时现金创造能力（企业造血能力）务必同样好，否则企业无法长久，甚至特殊的时候有倒闭风险。体现企业现金创造能力的主要指标是每月产生的营运现金流金额。企业应在合理情况下实现营运现金最大化。每月的营运现金流=净利润+不影响现金的损益表中的费用（例如处理固定资产损失等）-不影响现金的损益表中的收益（例如处理固定资产收益等）+非人为融资负债的流动负债的期末余额和期初余额的变化净额（统一用：期末余额-期初余额）-非现金的流动资产的期末余额和期初余额的变化净额（统一用：期末余额-期初余额）。人为融资负债一般是银行贷款和应付票据。我们已经在别的地方讲解了净利润，下面着重分析存货、应收账款、应付账款等主要流动资产和流动负债对现金流创造的影响。

存货周转天数（DSI—days' sales in inventory）=平均期末存货/每天的销售成本。存货周转天数应和过去比较或跟同行业比较或和其他公司的标准比较以发现问题。存货周转天数不一定是越小越好，因为太小了可能意味着存货太少产生缺货，影响生产、销售。注：包括周转天数在内的指标的公式中一般都是A=B/C，要能熟练推出B=A×C，举例：若告知存货周转天数和每天的销售成本，要能推出来存货=存货周转天数×每天的销售成本。类似的还有应收账款周转天数等。一般情况下，考试中资产科目的数据要用平均数。

存货周转率=年销售成本/平均存货。窍门：存货周转天数和存货周转天率只记存货周转天数，然后记住存货周转率是分子分母相反，但存货周转率的销售成本是整年的，而不是每天的。存货周转率代表着一年存货能周转几次，若=12，则意味着一个月周转一次，若=6，则意味着两个月周转一次。存货周转天数=365/存货周转率，同样存货周转率=365/存货周转天数。

注意，如果题中只给了几个月的销售成本数据，在计算存货周转率时一定记住要年化，因为存货周转率是指一年周转的次数。举例：1、2、3三个月的销售成本分别为200万元、200万元、500万元，假设平均存货是600万元，另外假设后三个季度的每个季度的销售成本和第一季度一样，则先年化销售成本，即（200+200+500）×4=3 600（万元），因此，存货周转率=3 600/600=6。

存货周转天数和存货周转率是反方向的，存货周转率越大，则存货周转天数越小；相反，存货周转率越小，则存货周转天数越大。存货**周转天数和存货周转率反映了现金占压（资金占压）的情况**。

存货周转天数和存货周转率，尤其存货周转天数，在企业运营中至关重要，它揭示了存货占压的程度。不合理的存货占压会给企业带来极为严重的后果，它直接消极地影响企业的现金流以及利润。

应收账款周转天数或称应收账款回收期（DSO—days of sales outstanding）=平均期末应收账款/每天的赊销销售收入。**应收账款周转率** =年赊销销售收入/平均期末应收账款（窍门同存货相关的比率）。DSO = 365/应收账款周转率，同理，应收账款周转率 = 365/DSO，因此，DSO 和应收账款周转率是反方向的。应收账款周转率越大，则 DSO 越小；相反，应收账款周转率越小，则 DSO 越大。注意，应收账款余额应该使用未减去坏账准备的应收账款原额，而不应该使用应收账款的净额，因为否则通过提取坏账准备就可以提高应收账款周转率。另外，坏账准备也是应收账款的一部分。

另外，DSO 不一定是越低越好，因为太低了意味着给客户的信用天数或赊账天数太少，可能会失去市场的竞争力。**应收账款周转天数和应收账款周转率反映了现金占压（资金占压）的情况**。

应付账款周转天数（DPO—days purchase outstanding） = 平均应付账款/每天的赊账采购额。如果赊账采购额数据不好获取，并且采购额和赊账采购额相差无几，如果采购额数据更好获得，也可以使用采购额数据。考试中，在特定情况下，看是否需要使用定期盘存制的公式（期初 + 当期采购 = 当期耗用/售出 + 期末），挤出采购额。另外，在实际工作中，很多企业使用每天的销售成本作为分母来计算应付账款周转天数，即应付账款周转天数 = 平均应付账款/每天的销售成本。应付账款周转天数在企业中非常有用。永远记住：企业和供应商是平等的关系，应该合作、共赢，而非下意识地看低供应商，总是过分地施压供应商，从而导致最终两败俱伤。*应付账款周转天数应像应收账款周转天数一样编制每个供应商过期天数报告，如过期30 天、过期60 天等。企业应按时支付款项，从而第一时间发现资金周转问题，第一时间去解决，时间拖得越久，越容易爆发问题。拖欠供应商款项不仅影响供应商及时供货、断货等问题，还有一个很严重的问题是媒体曝光后对企业声誉的严重影响。*

应付账款周转率 = 年赊账采购额或年采购额/平均应付账款。另外，在实际工作中，很多企业使用每天的销售成本作为分子。DPO = 365/应付账款周转率，同理，应付账款周转率 = 365/DPO，因此，应付账款周转天数和应付账款周转率是反方向的。应付账款周转率越大，则应付账款周转天数越小；相反，应付账款周转率越小，则应付账款周转天数越大。**应付账款周转天数和应付账款周转率反映了通过迟付供应商款从而现金得到增加的程度。再一次，一定要合理地利用供应商的赊账**。

经营周转天数 = 存货周转天数 + 应收账款周转天数

现金周转天数 = 存货周转天数 + 应收账款周转天数 − 应付账款周转天数

营运资本周转率（也叫营运资金周转率），具体公式：年销售收入/{[（年初流动资产 − 年初流动负债）+（年末流动资产 − 年末流动负债）]/2}，或者表达为：年销售收入/（年初年末平均流动资产 − 年初年末平均流动负债）。此指标可衡量营运资本的使用效率，即每投入1 元钱的营运资本能带来多少钱的销售收入，因为营运资本是产生销售收入的很重要的基础因素。另外，若此指标较高还可以反映营运资本的净额相对较小，因而企业短期债务的偿债能力较差，流动性较差。若此指标较低，虽然流动性不错，但反映了营运资本的过度占压。365/营运资本周转率 = 营运资本周转天数。

会计年度的选择对一些财务指标的影响

会计年度（又称会计周期，有时候也叫财政年度）既可以使用自然年或又叫日历年，也可以使用自然商业年。自然年（日历年）是从1月1日到12月31日。但有些公司的会计年度使用自然商业年，自然商业年是指企业的会计年度/会计周期不是按照自然年（日历年）安排，虽然周期也是12个月，但并不是1月1日到12月31日，举例：有些美国商业零售公司的会计年度是2月1日到1月31日，因为12月和1月正是旺季，处于圣诞节、新年期间。如果在旺季进行烦琐、费时的年结会对生意有很大影响。另外，也有些企业是从7月1日到6月30日，或从4月1日到3月31日，因为有些公司为了避开旺季进行年结从而会计的年末是在淡季。因此，应收账款、存货、应付账款等都可能比较少，但全年的销售收入、销货成本、采购等并不受影响。在这种情况下，应收账款回收天数、存货周转天数、应付账款周转天数都可能被低估。当然也可能会有其他财务指标受影响。

注意：不同资料上对指标的分类也不尽相同，有些资料上将应收账款周转天数/率、存货周转天数/率、经营天数分到流动性指标中，并且将其专门叫作活动指标（activity ratio）。

第 2 章　财富创造效率指标

财富创造效率指标是指利润除以投资额，具体有以下指标。

投资回报率/投资收益率/投资报酬率（return on investment，ROI）

投资回报率：应用于集团公司下面各子公司或部门的业绩考核。基本公式为：利润/资产。但实际工作中分子和分母都可能有很多不同的变异，在 CMA 考试中，利润是指营运利润（不涉及利息），除非另有注明，分母是指投入资本，除非另有注明。利息受公司整体的资本结构政策影响，不太可控。在作不同部门绩效考核时，部门利润是否包括总部分配的间接费用有一定的争议，因为总部分摊下来的费用是否可控有歧义。做题时先按不可控从而不涉及这些费用；如果没有答案，再按可控。

投资回报率的分母一般是投入资本（lnvested capital），投入资本 = 净营运资本 + 长期资产（一定要记住，因为有的题直接给这种形式），即总资产减流动负债，或又表达为长期负债加所有者权益。之所以叫投入资本是因为流动负债一般是没有成本的。因为流动负债中很多是自发性负债，如：应付账款等，这些是没有成本的。流动负债中也可能会有些非自发性负债，如：短期贷款等，一是它们利率较低，二是它们是暂时的而非长期的。

投资回报率是指企业投资这么多资本，它的回报率是多少。因为天下没有免费的午餐，企业投入的资本是有成本的，其中，长期负债是支付给债权人利息，而权益资本的资本成本是最低要求回报率，因为这些资金投在别的地方会有机会成本或又叫机会收益。关于资本成本，请具体见 P2 的 WACC。因此，企业要对比投资回报率和投资的资本成本。前者大于后者说明在增加股东财富，因为超出了股东的机会收益；前者如果小于后者，企业在缩减股东财富。ROI 又被称作会计回报率或计提会计回报率（accrual accounting rate of return）。

ROI 的分母等于总资产减流动负债，或净营运资本加固定资产，因此，如果公司资产里包括了该公司不可控的资产，则总资产应该把这部分资产减去。至于闲置资产是否包括，没有统一规定，关键看是否属于该部门可控。可控则包括，不可控则减掉。考试中如果闲置资产没有具体说明则先按可控去计算；若没答案，则用减掉闲置资产后的资产去计算。还可能有其他情况，判断原则是看是否是该子公司或部门可控的。

投资回报率的优点有：(1) 不同投资额的项目、部门之间更具横向可比性，更容易突出不同投资额的项目的回报率效率高低（相比 RI 或 EVA）；(2) 投资回报率可以作为选择投资机会的依据，即看是否大于资本成本，从而有利于优化资源配置；(3) 投资回报率能反映投资中心的综合盈利能力。

投资回报率（ROI）的缺点有：(1) 部门/分公司的经理可能为了自己的利益（比如不愿降低自己部门的 ROI 等）挑选高于本部门 ROI 的项目，而放弃低于本部门 ROI 但大于公司整体要求回报率的项目，因此公司整体损失了财富的增加；(2) 经理可能为了短期利益增加 ROI，但这样做有可能牺牲了公司的长远利益，举例，有些经理为了增加 ROI 而减少长期资产的投入，如建厂房，或为了增加利润而减少研发、营销等必要开支等；(3) ROI 虽然在不同投资额项目或分部之间能更好比较回报效率的高低，但它没体现绝对的回报值，有的 ROI 很高，但净利润及剩余收益很低；(4) 没考虑投入资本的机会成本；(5) 当一个企业的各个分部的资产平均年龄有很大差异时，使用 ROI 是不恰当的，比如有些企业或分部都是大型设备投资及厂房投资，资产年龄长，例如医疗设备制造公司；但有些企业或分部是轻资产，主要是办公设备和流动资产，年龄短，例如零售企业。因此，ROI 不太好比。

和 ROI 很接近的一个指标叫资产回报率（return on assets，ROA），等于利润除以总资产。ROA 的分母和 ROI 的分母不太一样，ROA 的分母是总资产而 ROI 的分母是总资产减流动负债。ROA 侧重衡量企业投入资产的回报率，即资产赚取利润的效率。ROA 经常用在不同公司之间的比较上，目前世界财富五百强的企业清单里除了列示销售收入外还会列示 ROA 指标。

另外，如果 ROI 的分母变成普通股东权益，则 ROI 变成了净资产回报率/普通股东权益回报率，即等于利润/普通股权益，英文是 ROCE（return on common equity）或简称 ROE（return on equity）。ROE 又称杜邦分析法，ROE =（利润/销售收入）×（销售收入/总资产）×（总资产/所有者权益），即 ROE = 销售利润率 × 资产周转率 × 权益乘数（也叫财务杠杆率或简称财务杠杆）。另外相应的道理，ROI = 利润率（即利润/销售收入）× 资产周转率（即销售收入/投入资本），ROA = 利润率（即利润/销售收入）× 资产周转率（即销售收入/资产）。计算指标时，若遇到资产负债类，最好用平均数，如年初和年末平均，因为资产、负债类是某个时间点的数。

ROA 与 ROI、ROE 相比，有个优点是：ROE 和 ROI 的分母有可能一定程度上被操纵，比如 ROI 多些流动负债，少些长期负债和权益，ROE 少一些权益，多一些负债等。当然被操纵的结果是给企业带来风险。而 ROA 一般不容易被操纵，因为 ROA 的分母是总资产，总资产不能不合乎情理地减少，否则无法满足企业运营的需要从而无法挣取相应的利润。当然 ROA 也有不足之处，即它不能反映企业投入资本（即长期负债加权益）

的回报，它也反映不了普通股股东投资（即权益）的回报。ROA、ROE、ROI 应该是相互补充的。下面详细讲解 ROA 和 ROE。

资产回报率或称总资产回报率

此指标是一个非常常用的重要指标。ROA = 净利润/平均总资产。ROA 按照杜邦分析法可以拆分成 = 销售利润率 × 资产周转率，即 =（净利润/销售收入）×（销售收入/平均总资产）。ROA 是企业追求的最大的目标之一，杜邦分析法为企业指明了提高 ROA 的路径。

- 提高销售利润率：企业应该通过提高或控制销售价格，同时提高生产力、控制成本等来增加公司的销售利润率。
- 提高资产周转率：提高企业资产使用的效率，企业应该审慎对待资产的投资，投入资产要切实地、积极地为市场服务，应该尽可能多地带来销售收入和市场的扩展。

注：一般来讲，企业的实际 ROA 应该大于或等于总资产投资金额的机会成本，这样会增加股东财富，否则会缩减股东财富。

ROA 杜邦分析法的优点有：（1）为企业明确地指出了提高 ROA 的路径，即销售利润率、资产周转率；（2）会计数字简单、易懂；（3）具有很好的可比性，可以用于不同企业之间的比较。

杜邦分析法的局限有：（1）对短期财务结果过分重视，有可能助长公司管理层的短期行为，忽略企业长期的价值创造；（2）只反映了财务指标，不能全面反映企业的实力，比如没有反映非财务要素例如顾客满意度、技术创新等，而这些非财务因素对企业经营业绩的影响越来越大；（3）杜邦分析法的总资产只反映了资产的历史成本并没有反映目前资产的市值，历史成本的回报率可能会误导现在的投资，而且和现在的投资回报率不太可比；（4）杜邦分析法并不涉及现金流，现金流是企业最重要的运营要素之一。

权益回报率（return on equity，ROE）

ROE 最准确的翻译应该是普通股股东权益回报率，因此，ROE 也称作 ROCE（return on common equity）。ROE =（净利润 - 优先股股息）/（总权益 - 优先股权益）。注：总权益 = 普通股权益 - 库藏股 + 优先股权益 + 留存收益（有时也叫留存利润）。另外，注意 ROE 一定不是指资产负债表上的权益总额，而是像上述减掉优先股权益后的净额，而且要使用净利润而不能使用营运利润或税前利润等。ROE 有很多其他翻译，如净资产回报率/权益回报率/股东权益回报率/普通股股东权益回报率/权益资本报酬率/股本回报率等。因此，请注意考试中有可能出现不一样的翻译，请大家要较灵活地应对。

ROE 之杜邦分析法，即 ROE = 销售利润率 × 资产周转率 × 权益乘数（财务杠杆率），即 ROE =（净利润 - 优先股股息）/销售收入 ×（销售收入/平均总资产）×（平均总资产/平均总普通股权益）。ROE 是企业追求的最大目标之一，杜邦分析法为企业明确地指明了提高 ROE 的路径。

• 销售利润率：企业应该通过提高或控制销售价格，同时提高生产力，控制或减少成本来增加公司的销售利润率。

• 资产周转率：提高企业资产使用的效率，企业应该审慎对待资产的投资，投入资产要切实地、积极地为市场服务，应该能尽可能多地带来销售收入和市场的扩展。

• 权益乘数：公司要合理地运用财务杠杆的杠杆效应，扩大企业净利润和权益回报率，但企业要考量对外借债带来的风险，企业应平衡债务和权益的关系，寻求最优化的债务和权益结构。

注：企业的实际 ROE 应该大于或等于普通股权益金额的机会成本，这样会增加股东财富，否则会缩减股东财富。

杜邦分析法的优点有：（1）吻合企业运营的最主要的目标，即投资者财富最大化，即投资者每投入 \$1 要得到尽可能多的收益回报，单纯利润最大化但同时增大权益投资不一定能让所有者收益最大化；（2）为企业明确地指出了提高权益回报率的路径，即提高销售利润率、资产周转率和财务杠杆利用率；（3）有效地促进公司经营者和股东利益的一致性，从而减少“代理商”问题及成本；（4）会计数字简单、易懂；（5）具有很好的可比性，可以用于不同企业之间的比较。

杜邦分析法的局限有：（1）对短期财务结果过分重视，有可能助长公司管理层的短期行为，忽略企业长期的价值创造；（2）只反映了财务指标，不能全面反映企业的实力，比如没有反映非财务要素，例如顾客满意度、技术创新等，而这些非财务因素对企业经营业绩的影响越来越大；（3）杜邦分析法的权益只反映投入资本的历史成本并没有反映目前股本的市值，历史成本的回报率可能会误导现在的投资，而且和现在的投资回报率不太可比；（4）杜邦分析法并不涉及现金流，现金流是企业最重要的运营要素之一。

注：权益回报率（ROE），也有的人翻译成股本回报率，股本回报率不能反映当下投资者的股票投资回报率，因为股本回报率的股本用的是历史上当时股票发行的成本，随着时间的推移，股票的市价在不断变化，即股本的市场值在不断变化。因此，衡量当下投资回报率可以用股本目前的市值，也经常表达为每股收益/每股市价（earnings yield），即收益率或股票收益率。此指标代表着投资目前股票的回报率。此比率分子和分母同时乘以普通股的数量从而也等于净利润/企业市值。企业的市值（market capitalization）= 流通的股票数量 × 每股市价。因此，收益率也可称作股本市场回报率。股本市场回报率衡量的是公司为当下投资者创造的收益率。股本市场回报率更能为当下投资者提供投资决策相关的信息，而股本回报率可能会误导现在的投资者。此比率可以和市场上其他证券的收益率（如债券利率等）作对比以进行投资分析。另外，**股票收益率是市盈率的倒数，股票收益率** = 市盈率倒过来。市盈率 = 每股市价/每股收益率。

另外，ROE = 销售利润率（A）× 资产周转率（B）× 权益乘数（财务杠杆率）（C），基本而言，(A)×(B) 实际上 = ROA，因此，ROE = ROA × 权益乘数。权益乘数 = 总资产/总权益。只要企业有负债，总资产肯定大于总权益，因此，权益乘数大于1；如果企业没有负债，则总资产 = 总权益，因此，权益乘数 = 1。因此，权益乘数永远大于或等于1，但权益乘数是双刃剑，因为（1）当利润是正数时，因为权益乘数的存在，ROE永远大于或等于ROA，而且权益乘数越大，则ROE相对ROA大的幅度也更大。但若净利润是负数，即亏损，则ROE要比ROA更糟，举例：净利润为亏损100万，资产总额为1个亿，则ROA = -1%，即每投入100元资产的回报为亏损1元。假设权益乘数为2，则ROE = -2%，即每投入100元的回报为亏损2元。（2）权益乘数越大，则企业负债额越大，因此，财务风险也越大。企业需确定一个合理的平衡点。注意当企业没有负债时，此时ROE = ROA。

注：在某种意义上来讲，ROA比ROE更客观，因为ROE可以通过负债的比例来左右。

资产周转率 = 总销售收入/平均总资产

固定资产周转率 = 总销售收入/平均固定资产净额。注意，一定要用减去累计折旧的固定资产净额。另外，固定资产也经常叫作厂房、财产、设备，即英文是plant、property、equipment，简称PPE。

EPS（earnings per share）/DEPS（diluted EPS）

普通股每股收益率（EPS—又称每股盈余）=（净利润 - 已宣布的非累积优先股的红利 - 累积优先股应得的红利）/加权平均普通股数量。注：公式中提到的红利是责权发生制的红利而不是指现金流，另外普通股分红是不用减的。加权平均普通股的数量计算是在年初普通股数量基础上。

■ 加：新发行的股票（无论是回购后新发行，还是因期权履约新发行，还是增发新发行等）：加后几个月的比例的量（稍后请看案例演示）；

■ 减：公司回购（减买回后几个月的比例的量）；

■ 拆股/并股（stock split/reverse stock split）：按全年；

■ 股票股利（stock dividend）：按全年。

注：拆、并股及股票股利只影响前面月份，不影响后面月份。以上计算的EPS也经常叫作基本EPS。

举例：20×9年初D公司有普通股2 600股，在接下来的一年中发生了如下情况：

■ 2月1日：股票期权履约增加了400股；

■ 5月1日：10%的股票股利；

■ 9月1日：发行股票1 200股；

■ 11月1日：回购股票400股；

■ 12 月 15 日：3∶1 股票拆股。

请计算加权平均股票数量。

解答：注意，如果考试中给出的事项没有按月份顺序排序，则一定自己先按月份排好序，然后计算。

2 月 1 日，股票期权履约增加了 400 股：2 600 + 400 × 11/12；

5 月 1 日，10% 的股票股利：(2 600 + 400 × 11/12) × (1 + 10%)；

9 月 1 日，发行股票 1 200 股：(2 600 + 400 × 11/12) × (1 + 10%) + 1 200 × 4/12；

11 月 1 日，回购股票 400 股：(2 600 + 400 × 11/12) × (1 + 10%) + 1 200 × 4/12 − 400 × 2/12；

12 月 15 日，3∶1 股票拆股：[(2 600 + 400 × 11/12) × (1 + 10%) + 1 200 × 4/12 − 400 × 2/12] × 3 = 10 790。

合并公式为：[(2 600 + 400 × 11/12) × (1 + 10%) + 1 200 × 4/12 − 400 × 2/12] × 3 = 10 790。

总结：拆股、并股、股票股利无论是几月发生的，计算时不再考虑月份的比例，都按整年计算。例如 5 月 1 日发生的股票股利，公式是 (2 600 + 400 × 11/12) × (1 + 10%)，而不是 (2 600 + 400 × 11/12) × (1 + 10%) × 8/12。只有排在它们日期前面的才受影响，例如 5 月 1 日股票股利，只有 2 月 1 日的股票期权履约受影响，即 (2 600 + 400 × 11/12) × (1 + 10%)，后面日期的如 9 月 1 日的等不再 × (1 + 10%)。

另外，计算月份时，千万注意不要计算错了！

DEPS

DEPS（稀释/摊薄每股收益率）：计算最低的 EPS。使用的是类似英语中的虚拟语气的方法，即假设过去一年中的期权、可转换证券等若转换成普通股后的 EPS 是多少。具体计算步骤：(1) 计算基本 EPS（前面已讲）；(2) 分别计算股票期权、可转换债券或可转换优先股对基本 EPS 的影响（用分子除以分母表达，保留分子和分母）；(3) 试算中间 EPS；(4) 最终确定 DEPS。

计算对基本 EPS 影响的变量

■ 股票期权对基本 EPS 的影响 = 0（即对公司损益的影响为零）/（期权转换成普通股的数量 − 期权转换成普通股的数量 × 期权的履行价格/平均股票市价）。下面有具体案例。

■ 可转换债券的影响 = 节省的债券利息 × (1 − 企业所得税率)/债券转换成的普通股的数量。如果发生在一年中间，则节省的债券利息费用以及普通股数量都要进行调整。举例：A 公司 20 × 6 年 5 月 1 日发行 800 万美元可转换债券，利率 8%，可转换成 60 万股普通股，所得税率为 40%。另外，A 公司前年发行的可转换债券 100 万美元，利率

10%，能转换成20万股普通股，假设20×6年的基本EPS是3.1，即3 000万美元净利润/1 000万普通股数量。则100万美元可转换债券的影响为100万×10%×(1－40%)/20万，而800万美元可转换债券的影响为［800万×8%×(1－40%)×8/12］/(60万×8/12)。注：8/12是后8个月的数据，因为800万美元的可转换债券今年5月1日才发行，因此，到年底有8个月。而100万美元的债券是在今年之前发行，所以按全年。

■ 可转换优先股的影响＝可累积优先股的应得红利或非累积优先股宣布的红利/优先股转换成普通股的数量（若发生在一年中间，方法见可转换债券）。

试算中间EPS从而确定DEPS

■ 对影响基本EPS的变量进行从小到大排序，期权的影响往往排在第一个，因为期权的分子是零，只有分母有数；

■ 从小到大一个一个地试算，试算的方式是分子加分子，分母加分母。每算一次中间EPS，都要看接下来要试算的那个变量值是否大于自己，如果大就停，因为这时的中间的EPS就是最终的DEPS。DEPS代表最低值，再继续试算EPS数值又增大了。

注：如果变量影响中没有抗/反稀释的（anti-dilutive），则可以用基本EPS的分子和所有影响的分子相加然后除以基本EPS的分母和所有影响的分母相加的和，但如果有抗稀释的就不可以如此计算了，必须按照上述方法试算，因为如果结果要大于试算的DEPS，那就不对了，因为DEPS是取最小的，最保守的数字。如果题中，通过计算各指标，发现有的指标的数值已经大于基本EPS，则这个指标就属于抗稀释的。举例：基本EPS是3.5，而有一种可转债的影响是3.7，则此为抗稀释。虽然有的变量的影响小于基本EPS，但有可能也是抗稀释的。因此，试算是最正确的方法，而且实际企业中不可能有太多的变量影响基本EPS，因此用试算法也不会麻烦，但有些资料上没有按试算法去计算而用的是简单的一个公式的方法，如果考试中是出现在选择题里，请按简单的一个公式的方法，如果是出现在论述题中，请按简单法和试算法都算，并写上不同答案，因为资料上说法不一。

举例：MNO公司有可转换债券和可转换优先股，下面是对EPS的影响。

可转换债券A：1 340/1 000＝1.34；可转换债券B：1 365/500＝2.73；可转换优先股A：1 485/750＝1.98；可转换优先股B：3 410/1 000＝3.41。公司基本EPS是3.5，即35 000/10 000。计算如下。

（1）先排序：1.34＝1 340/1 000、1.98＝1 485/750、2.73＝1 365/500、3.41＝3 410/1 000；

（2）试算：

■ (35 000＋1 340)/(10 000＋1 000)＝36 340/11 000＝3.3，下面是1.98，比3.3小，则继续；

■ (36 340＋1 485)/(11 000＋750)＝37 825/11 750＝3.22，下面是2.73，比3.22小，则继续；

■ (37 825＋1 365)/(11 750＋500)＝39 190/12 250＝3.199，下面是3.41，大于

3.199，不再继续，因此，3.199 就是最终的 DEPS。

注：3.41 是抗稀释的，如果使用简单法，即简单地用所有分子相加除以所有分母相加的和，即（35 000 + 1 340 + 1 365 + 1 485 + 3 410）/（10 000 + 1 000 + 500 + 750 + 1 000）= 3.22，3.22 > 3.199，显然，3.22 错了，3.22 不是 DEPS，而 3.199 是 DEPS。试算是最保险的，企业中需要试算的变量无非就几个，计算很简单。

练习题 1

MNO 公司：

	20×4/12/31	20×5/12/31
普通股	90 000 股	90 000 股
可转换优先股	10 000 股	10 000 股
可转换债券（10% 利息）	$1 000 000	$1 000 000

20×5 年，MNO 公司发放红利：普通股每股 1 美元，优先股每股 2.4 美元。优先股可转换成 20 000 股普通股，可转换债券可转换成 30 000 股普通股，公司 20×5 年同时有未履行股票期权 30 000 股，履行价格是 10 美元，20×5 年平均市价为 30 美元，20×5 年净利润为 285 000 美元，所得税税率为 30%，请计算 20×5 年 DEPS。

解答：

（1）基本 EPS =（285 000 − 2.4 × 10 000）/90 000 = 261 000/90 000 = 2.9（普通股与红利无关）；

（2）调整期权影响后的 EPS：0/（30 000 − 30 000 × 10/30）= 0/20 000 = 0；

（3）可转换债券的影响 = 10% × 1 000 000 ×（1 − 30%）/30 000 = 70 000/30 000 = 2.33；

（4）可转换优先股影响 = 2.4 × 10 000/20 000 = 1.2；

（5）排序然后试算中间 EPS 以确定 DEPS：期权、1.2，2.33；

（6）试算：（261 000 + 0）/（90 000 + 20 000）= 261 000/110 000 = 2.37；1.2 小于 2.37，因此，进一步试算：（261 000 + 24 000）/（110 000 + 20 000）= 2.19。因为 2.33 大于 2.19，因此，2.19 就是 DEPS。

注：假设用简单方法。（261 000 + 0 + 24 000 + 70 000）/（90 000 + 20 000 + 20 000 + 30 000）= 355 000/160 000 = 2.22 > 2.19。不能用简单方法。

注：EPS、DEPS 的具体算法有可能会不同，请参照所在证券交易所的规定。

第3章 财务风险指标

财务风险指标，旨在衡量企业偿还负债方面的风险。债务风险过高可能会导致企业破产。企业要想长久可持续地高效创造财富，基础是企业需要“一直活着”，不能破产，因此，要分析和把控财务风险。

流动性指标

流动性指标（liquidity ratios）：衡量公司短期偿债能力，侧重公司对短期负债的偿债能力，而偿付性指标（solvency ratios，有时候也称作偿债能力）是指公司对总负债（包括短期负债和长期负债）的偿债能力或公司满足长期固定费用支出和长期发展及增长的能力。

净营运资本

净营运资本 = 流动资产 - 流动负债，此指标是衡量企业短期的偿债能力，即企业短期的财务健康状况。注意：很多时候人们将净营运资本俗称为营运资本。流动资产是指现金或其他可以在一年以内转换成现金的流动投资，流动资产主要包括：现金及现金等价物、有价证券、应收账款、存货、预付/待摊费用等。流动负债是指在一年内需要付款的负债，流动负债的主要组成要素：应付账款、预收账款（有时又称预收收入或递延收入 deferred revenue 或未实现收入 unearned revenue 等）、预提费用、应付票据、银行贷款等。

净营运资本对总资产的比率 = 净营运资本/总资产。

流动比率

流动比率 = 流动资产/流动负债，衡量流动资产偿付流动负债的能力。流动比率较大，则一般意味着用流动资产来偿还流动负债的能力较强，从而流动性较强。但注意，此比例不是越大越好，越大可能暗示着存货、应收账款等占压太多。很多指标，如速动比率、净营运资本等，都是如此道理，适当的才是最合理的，而且还要参照行业情况和特点等。

流动比率的局限：（1）流动比率大并不一定意味着流动性强，需要进一步研究流动资产的组成要素，看这些资产是否可以很容易地转换成现金以支付流动负债。例如，若流动资产里很多都是由预付/待摊费用组成，因为预付/待摊费用不能转换成现金，因此，其实企业的流动性并不像比率上看起来那么好，另外，存货也不太容易及时转换成现金，尤其是原材料和半成品存货。(2) 流动比率不能预测未来现金流的模式，也不能衡量未来流动性的充足程度。例如，流动资产里的应收账款部分很大，而应收账款主要由一个大客户支撑，如果此大客户未来出现重大问题，即使流动比率看着很好，但企业的短期流动性将大打折扣。

练习题

1. FA 公司有流动资产 \$400 000 和流动负债 \$500 000。当发生以下哪项时，公司的流动比率将增加?

A. 赊账购买 \$100 000 的存货

B. 支付应付账款 \$100 000

C. 收回应收账款 \$100 000

D. 用短期负债来为 \$100 000 的长期负债融资

解答：A。"赊账购买 \$100 000 的存货"，则借存货，贷应付账款，流动资产和流动负债增加同样的金额，目前的流动比率 = \$400 000/\$500 000 = 0.8，因此，新比率 = $\frac{400\ 000+100\ 000}{500\ 000+100\ 000}=0.83$。

B 不对，因为 B 是借应付账款，贷现金，因此，新比率 = $\frac{400\ 000-100\ 000}{500\ 000-100\ 000}=0.75$。C 不对，因为收回应收账款，借现金，贷应收账款，因此，流动资产金额不变。D 意味着增加流动负债。

2. FA 公司有 2∶1 的流动比率，如果发生以下哪项时流动比率会超过 2∶1?

A. 之前宣布的股票股利被分配了

B. 公司注销了一笔不能收回的应收款

C. 公司赊账销售产品，并挣到正常的毛利

D. 公司赊账采购存货

解答：C。赊账销售产品，并挣到正常的毛利，则借应收账款，贷销售收入，借销货成本，贷存货。产生了正常的毛利，因此，一般来讲销售收入大于销货成本，当然同时意味着应收账款大于存货，增加了流动资产。A 不对，股票股利不影响流动资产和流动负债。B 不对，注销应收账款是借坏账准备，贷应收账款，不影响流动资产总额。D 不对，赊账采购存货，则借存货，贷应付账款。因为现在是 2∶1 的比例，而刚才的会计分录带来影响只有 1∶1。在现有比率基础上，若分子和分母同时增加，若新增加的分子除以新增加的分母的比率小于现有的比率，则新比率会变小，反之，则增大。在现有的比率基础上，若分子和分母同时减少，则规律和上面相反，即：若新减少的分子除以新

减少的分母的比率大于现有比率，则新比率会变小……

注：在进行财务分析时必须熟练掌握会计分录等基础知识。

速动比率

速动比率又叫酸性比率 =（现金 + 有价证券 + 应收账款）/流动负债。这是因为存货和预付/待摊费用变现能力较差。相对来讲，应收账款更容易，因为应收账款有法律保护的销售协议保护其能收款，最次还可以让售。

练习题：

1. 如果酸性测试比率是 2.0，流动资产是 \$5 000，存货是 \$2 000，流动负债是（　　）。

A. \$1 500　　B. \$2 500　　C. \$3 500　　D. \$6 000

解答：酸性比率 = 流动资产 − 存货/流动负债，因此，流动负债 =（5 000 − 2 000）/2 = 1 500，选 A。

2. FA 公司的流动比率是 2。速动比率（酸性测试）是 1。一个会影响 FA 公司的速动比率而不是流动比率的交易是（　　）。

A. 以成本价销售存货　　B. 收回应收账款

C. 支付应付账款　　D. 用现金购买专利

解答：A 增加了应收账款/现金，减少了同等金额的存货。速动比率是现金、应收账款等不包含存货的流动资产除以流动负债，因此，此交易发生后会增加速动比率。B 借现金，贷应收账款，对速动比率和流动比率都不影响，C 借应付账款，贷现金，同时影响流动比率和速动比率。D 借无形资产，贷现金，同时影响流动比率和速动比率。选 A。

现金比率

现金比率 =（现金及现金等价物 + 有价证券）/流动负债。在特殊时期，如罢工、宏观经济低迷、政治动荡等，应收账款也很难短时间内收回，因此，更好地衡量短期偿债能力的指标是现金比率，即分子连应收账款都不包括。现金比率也存在一些局限，比如：（1）一般来讲企业不会保留足以能覆盖流动负债的现金和有价证券，因此，此比率评估时很难制定一个可参考的标准。另外，此比率太高可能意味着企业没有更有成果地使用现金及有价证券，当然太低可能意味着流动性会有问题。（2）有价证券的市价在不断地变化，因此，流动比率也会不断地变化，从而过去的某个时间点的现金比率从长期来讲可能已失效。

现金流比率

现金流比率=当期营运现金流/流动负债，衡量自身（正常）业务“造血”（即自身业务生成现金）用以偿付短期债务的能力。其实从某种程度上来讲此指标更可靠，因为其他上述流动性指标里的现金有可能是长期融资来的。

偿付能力指标
（长期偿债能力指标/财务杠杆指标/资本结构指标等）

利息保证倍数（或又称利息支付倍数）=息税前利润（EBIT）/利息费用。衡量赚取的利润用来偿还利息的能力，越大越好，太小的话就意味着企业只为银行打工了。银行会非常关注企业的此指标，因为它关系到银行的风险和利益。

固定支出保障倍数（fixed-charge coverage ratio）。衡量公司利润保障固定支出的能力。固定支出是指：利息、租赁费等。此指标衡量企业能支付租赁费、利息等企业固定必须要发生的支出的能力。注意：这几个固定支出对企业来说至关重要，不及时支付利息可能会引起企业倒闭，付不起租金，经营设备可能被收回。

固定支出保障倍数的基本公式=（息税前利润+固定支出）/固定支出，但注意，原则是：在分子中，如果息税前利润已经减去了分母中的某项固定支出则需要在分子中加回来，若在分子中息税前利润并没有减过分母中的某项固定支出，则在分子中无需加回。例如，息税前利润为100万美元，公司有两项固定支出：利息费用10万美元，租赁费15万美元，假设租赁费全额进入损益表，则固定支出保障倍数=（100万+15万）/（10万+15万）。因为息税前利润并未减过利息费用，因此分子并没有加回10万美元的利息费用，但息税前利润减过了租赁费，因此分子中加回了15万美元的租赁费。

固定支出现金流保障倍数（cashflow to fixed charges ratio）=（经营现金流+固定支出+所得税支出）/固定支出。固定支出是指：利息、租赁费。此指标衡量营运现金流满足企业固定要发生的支出的能力。

此指标和上面的固定支出保障倍数指标的道理基本一样，即：如果分子已经减过分母中的固定支出则需加回，若未减过则无需加回，另外像固定支出保障倍数的分子用息税前利润一样，要用所得税前的数据，因此固定支出现金流保障倍数因为其已经减过所得税支出，从而要加回所得税支出还原到税前。

负债资产率=总负债/总资产。此指标，（1）衡量总资产中有多少靠负债融资得来，从而揭示有另外多大比例的资产是公司真正所有的净资产。（2）另外，此指标揭示了债权人的风险及受保护的程度。此指标越低，受保护的程度越高，债权人的风险越低；否则则相反。（3）也揭示了财务杠杆利用的程度及企业面临的风险，即此指标越高则财务杠杆利用程度越高，但企业的风险也越大。注意：有些资料上将负债资产率叫资产负债率，个人认为资产负债率和权益负债率一样，很容易造成误导，人们会误以为是权益/负债和资产/负债。

总负债对比总资本率=（流动负债+长期负债）/（总负债+总权益）。此指标揭示了企业如何融资以支持企业运营，以及其中使用债务类融资的比例。另外，此指标也揭示了公司的财务方面的强弱，此指标高则意味着财务方面薄弱，违约风险大，否则则相反。

负债权益率=总负债/总权益。此指标低可能意味着企业还有空间借债，当然太低可能意味着权益回报率过低，因为企业使用了太多的权益融资。另外，此指标低可能也同时意味着企业没有充分利用财务杠杆以及没有充分使用较低融资成本的债务融资。但此指标若太大了，则债务类融资占比过大，这意味着企业有风险。负债权益率若=1，则意味着债务类融资和权益类融资相等，各占50%。

若未来总负债的比例相对加大，而权益的比例相对减小，此时的比例都是针对负债加权益之和，而负债加权益之和等于资产，因此，负债资产率肯定加大。相反，如果若未来总负债的比例相对减小，而权益的比例相对增加，则负债资产率肯定降低。同样的道理，若负债资产率增大，则负债权益率增大；若负债资产率降低，则负债权益率降低。负债资产率和负债权益率是同向变化的。注意：有些资料上将负债权益率叫权益负债率，个人认为权益负债率和资产负债率一样，很容易造成误导，人们会误以为是权益/负债和资产/负债。

长期债务对权益的比率=（总负债-流动负债）/总权益。和负债权益率的分析同理。

权益乘数或财务杠杆率=总资产/总权益。如果此指标等于2，则意味着负债融资和权益融资金额相等；此指标高于2，则意味着负债融资额比权益融资额多；此指标小于2，则意味着债务类融资额比权益类融资额少。财务杠杆具有扩大效应，当销售收入增加一定百分比时，每股收益率或权益回报率增加的比例会大于销售收入增加的比例。当然财务杠杆是“双刃剑”，即当销售收入下行时，净利润或每股收益率下降的比例会大于销售收入下行的比例。

固定资产对比总权益比率=固定资产账面余额/总权益。如果此指标大于1，则意味着公司的固定资产账面金额超过了权益，从而意味着一部分固定资产由债务类融资支持；如果此指标大于1，则意味着权益类融资不仅完全支持了所有固定资产而且还支持了部分流动资产。一般来讲，此指标达到0.6或0.7就可以了，当然不同行业、不同公司还要具体分析。

经营杠杆和财务杠杆

经营杠杆因企业的成本构架而产生，即只要企业存在固定经营成本就会产生经营杠杆。固定经营成本是指企业的固定经营费用，例如折旧、租金等，但不包括利息支出，更不包括优先股股息。利息支出和优先股股息属于固定的财务费用。经营杠杆系数（DOL—degree of operating leverage）：销售收入变动1%所引起的息税前利润（EBIT）变动的百分比。标准DOL公式=息税前利润变化幅度%/销售收入变化幅度%，或者=边际贡献/(边际贡献-固定经营费用)=边际贡献/息税前利润。

只要企业发生固定经营费用，分子就比分母大，因此，经营杠杆系数就会大于1，也就意味着息税前利润变化幅度%/销售收入变化幅度%大于1. 从而当销售收入增长A%时，假设DOL=Y，企业经营利润的增幅肯定大于A%，具体的增幅等于A%×Y。而且固定经营费用越大，经营杠杆系数就越大，从而当销售收入增长A%时，企业经营利润的增幅肯定也越大。但这是个“双刃剑”：因为当销售收入下降B%时，假设DOL=Y，经营利润下降的幅度肯定大于B%，具体降幅为B%×Y，而且同样的道理固定经营费用越大，经营杠杆系数就越大，从而当销售收入降幅为B%时，企业经营利润的降幅肯定也越大。另外可以总结为：企业经营杠杆系数越大，则企业经营利润对于销售收入的变化越为敏感。企业的业务风险/经营风险（business risk）经常用经营杠杆系数来衡量。经营杠杆系数越大，企业的业务风险/经营风险就越大，即经营利润的不确定性就越大。

举例：20××年，销售收入2亿元，变动成本率为60%，边际贡献=2×(1-60%)=8 000（万元），固定运营成本（不包含利息）为6 800万元，息税前利润为1 200万元。因此，DOL=8 000/(8 000-6 800)=6.67。如果未来一年销售收入增加5%，按照DOL原理，息税前利润增幅为5%×6.67=33.3%。我们通过具体计算来验证上述原理是否正确。下一年销售收入为2×(1+5%)=2.1（亿元），边际贡献=2.1×(1-60%)=8 400（万元），息税前利润=8 400-6 800=1 600（万元），因此，增幅为（1 600-1 200)/1 200=33.3%，即5%×6.67。假设未来一年销售收入下降10%，则按照DOL原理，息税前利润降幅为10%×6.67=66.7%。我们通过具体计算来验证上述原理是否正确。下一年销售收入为2×(1-10%)=1.8（亿元），边际贡献=1.8×(1-60%)=7 200（万元），息税前利润=7 200-6 800=400（万元），因此，增幅为（400-1 200)/1 200=-66.7%，即10%×6.67。

经营杠杆的另外一个含义是：企业固定经营费用越大，企业另外一种业务/经营风险也越大，即如果企业走向低谷，很多固定经营费用，如租金、保险费、折旧费等，都是根据合同或法规必须发生的，因此，企业的负担和压力越大。相比而言，变动成本会随着销量、产量下降而自然减少，如原材料、电费等自然而然地减少。

总结：经营杠杆的经营风险包括（1）EBIT的不确定性；（2）企业在低谷时，固定经营费用造成的企业负担和压力。

DOL 对企业的影响：（1）经营杠杆系数越大，当企业销售业绩上升时，获得的经营利润会以更大比例增长，但 DOL 是“双刃剑”，当企业销售业绩下降时，损失的风险也就越大。因此，企业在向上时经常会用机器直接代替人工从而产生更多的固定经营费用以利用经营杠杆的作用。（2）不喜欢风险的企业应该减少固定经营费用的发生，比如不买过多的机器设备或厂房等，从而当企业处于困难时，企业法定发生的费用负担将较小，如折旧、租金、保险费等。

财务杠杆因企业存在固定利息的债务或/及固定股息的优先股而产生。**财务杠杆系数**（DFL—degree of financial leverage）：息税前利润（EBIT）变动 1% 所引起的企业每股收益或净利润变动的百分比。标准公式 DFL = 每股收益变化幅度（%）或净利润变化幅度（%）/息税前利润变化幅度（%）或 DFL = 息税前利润/[（息税前利润 - 利息费用 - 优先股股息）/（1 - 税率）]。

只要企业发生固定的利息或/及优先股股息，分子就比分母大，因此，财务杠杆系数就会大于 1，假设是 Y。从而当未来经营利润增长 A% 时，企业的净利润或每股收益率的增幅将肯定大于 A%，准确来讲增幅为 A% × Y。而且债务利息或/及优先股股息越大，财务杠杆系数就越大，从而当经营利润增长 A% 时，企业的净利润或每股收益率的增幅肯定也越大。

但这是个“双刃剑”：因为当未来经营利润下降 B% 时，净利润或每股收益率下降的幅度肯定大于 B%，准确地讲降幅为 B% × Y。而且同样的道理债务的利息费用或/及优先股股息越大，财务杠杆系数就越大，从而当经营利润降幅为 B% 时，企业净利润或每股收益率的降幅肯定也越大。另外可以总结为：企业财务杠杆系数越大，则企业净利润或每股收益率对于经营利润的变化越为敏感。企业的财务风险（financial risk）经常用财务杠杆系数来衡量。

财务杠杆系数可以预测未来的净利润或每股收益率的变化，但财务杠杆系数的原理有假设条件，即：负债额、利息率、流通的普通股数量等保持不变。

举例：20××年 12 月 31 日的资产负债表如下。

资产	负债	
流动资产 2 000 万元	（产生利息类）负债	3 000 万元
	普通股股本	4 000 万元（200 万股）
	资本公积	1 000 万元
固定资产 8 000 万元	留存收益	2 000 万元
合计　1 亿元		1 亿元

20××年息税前利润为1 200万元，利息为年利率8%，因此，年利息费用为3 000×8%=240（万元），税率为40%，则净利润=(1 200-240)×(1-40%)=576（万元）。注：576万元的净利润包括在资产负债表的留存收益里面了。另外，EPS=576/200=2.88（元/每股）。另外，ROCE或ROE=576/7 000=8.23%。

DFL=1 200/(1 200-240)=1.25

假设下一年息税前利润预计增加10%，负债权益率没有发生变化，按照DFL原理，净利润将增加10%×1.25=12.5%。我们下面通过具体的数据计算，看结果是否符合DFL原理。下一年的息税前利润=1 200×1.1=1 320（万元），下一年净利润则=(1 320-3 000×8%)×(1-40%)=648（万元），因此，净利润增加的幅度为（648-576)/576=12.5%。另外，EPS将变为：648/200=3.24（元/每股），将增加（3.24-2.88)/2.88=12.5%。因此，验证了DFL的原理是对的。

相反假设下一年利润下降15%，负债权益率没有发生变化，则按照DFL原理，净利润将下降15%×1.25=18.75%。我们下面通过具体的数据计算，看结果是否符合DFL原理。下一年的息税前利润=1 200×(1-15%)=1 020（万元），下一年净利润则为(1 020-3 000×8%)×(1-40%)=468（万元），因此，净利润增加的幅度为（468-576)/576=-18.75%，另外，每股收益率将=468/200 =2.34（元/每股），将降低(2.34-2.88)/2.88=-18.75%。因此，验证了DFL的原理是对的。

另外，有的资料上说ROE和EPS以及净利润一样，增降幅是EBIT相应增降幅的财务杠杆系数倍。这是不对的，如果普通股权益不发生变化，和EPS以及净利润的道理一样，但未来期间利润假设增加，留存收益增加，普通股权益也发生变化，因此，ROE的增降幅并不是EBIT相应增降幅的财务杠杆系数倍。举例：续用上例，假设上例中EBIT增加了10%，则ROCE或ROE =648/(7 000+648)=8.47%，而增幅是（8.47%-8.23%)/(8.23%)=2.9%，并不等于12.5%，即10%×1.25。

财务杠杆的另外一个含义是：企业债务利息费用或/及优先股股息越大，企业另外一种财务风险也越大，即如果企业走向低谷，企业可以暂时不支付普通股股息，但企业必须支付债务类利息费用，否则企业面临倒闭危险，而且债务除了产生必须支付的利息费用外，还产生必须支付的本金，因此，企业倒闭的风险愈加严峻。注：虽然可累计的优先股股息不是法律义务上必须当期支付的，但也要不断累加，而且在未来如果想支付普通股股息必须先将积欠的优先股股息支付。

总结：财务杠杆带来的财务风险包括：（1）净利润或每股收益率的不确定性；（2）企业债务违约的风险。

财务杠杆系数越大，企业的财务风险就越大，即债务违约的风险就越大。企业负债太少，从而财务杠杆太小，可能失去一些利润增长的机遇。因此，企业需把握一个平衡。

注：财务杠杆率（financial leverage ratio）= 总资产/总权益，有时简称财务杠杆，也叫权益乘数。请不要将财务杠杆系数和财务杠杆率混淆。

总杠杆系数（degree of total leverage，DTL）：销售收入变动 1% 所导致的企业每股收益或净利润变动的百分比。DTL = 每股收益变化幅度（%）或净利润变化幅度（%）/销售收入变化幅度（%）。DTL 等于企业的经营杠杆系数（DOL）乘以财务杠杆系数（DFL）或表达为边际贡献/[（息税前利润 - 利息 - 优先股股息）/（1 - 税率）]。因此，无论从哪个角度来讲，只要企业存在固定经营费用或/及固定利息费用等，DTL 肯定大于 1，也叫是说，销售收入每增加 A% 时，企业的净利润或每股收益率增加的比例肯定大于 A%。当然这是个“双刃剑”，即销售收入每下降 B% 时，企业的净利润或每股收益率下降的比例肯定大于 B%。

虽然财务杠杆可以在企业向好时扩大未来 EPS 或净利润的增长幅度，但因为负债的存在，未来的净利润的绝对值也相对减少，即如果不减负债的利息成本，净利润绝对值会更大。但对于股东/投资者来讲，净利润的绝对值跟 EPS 比，无疑 EPS 更重要，因为股东更在意他们本身每投入 1 元钱的回报率而不是净利润的绝对值。如果负债减少了，企业势必增加权益类融资，从而可能降低 EPS。

第4章　财务分析——其他

市值（market capitalization）：公司的普通股数量×每股市价。
市盈率（PE－price-earnings）：每股市价/稀释每股收益率。
市场价格与账面价值比率（市净率或市值面值比）=股票每股市值/每股账面价值。

每股账面价值，也叫每股净资产（book value per share）=（总所有者权益－优先股权益）/流通的普通股数量。

财务报表分析

比率式财务报表分析

比率式财务报表分析分两种方式：垂直式和横向式。

垂直比率式（通用型）财务报表分析，也叫同比财务报表，以百分比的形式体现。

■ 垂直比率式资产负债表：总资产为100%，其他科目除以总资产，计算各自的百分比（稍后见案例）。

■ 垂直比率式损益表：销售收入为100%，其他科目除以销售收入，计算各自的百分比（稍后见案例）。

■ 百分比很多时候比绝对值更可比。比率式报表对不同规模之间的公司，尤其同一行业内部之间公司的相互对比很有帮助。

案例（绝对数值以百万计）：

损益表

销售收入	300	100%
销售成本	150	50%
销、管费用	45	15%
息税前利润	105	35%

资产负债表

流动资产	350	70%	负债	300	60%
固定资产	150	30%	权益	200	40%
总资产	500	100%	负债加权益	500	100%

这样企业可以建立财务报表数据库，将每年的损益表和资产负债表都编织成垂直比

率报表，形式可以是：上面是每年的绝对值数据的损益表和资产负债表，下面是每年的纯百分比数据的损益表和资产负债表，这样可以很容易地进行跨年比较，比如看每年销货成本比率的变化，从中发现成本控制的问题等。当然也可以将百分比损益表和资产负债表进行不同行业的对比，从而进行分析。注：垂直比率分析中，有些项目的分析可能会有些问题，例如，对于固定费用对销售收入的百分比分析会有一定的问题，因为固定费用不随着销售变化而变化。固定费用分析绝对值或用下面的横向比率式分析可能比较好。

横向/水平比率式报表，也叫同基报表分析，差异分析或趋势分析：一个公司的不同年度之间就某些重要指标的变化分析，基年的数值是以100%体现，其他年份的数值除以基年的数值计算出百分比。例如，对比20×1，20×2，20×3年的损益表，选择20×1年为基年或零年，横向比率式分析如下。

	20×1年（基年）	20×2年	20×3年
销售收入	200 000	210 000	260 000
百分比（各自除以基年的数值）	100%	105%	130%
销售成本	100 000	110 000	150 000
百分比（各自除以基年的数值）	100%	110%	150%
变动销售费用			
变动管理费用			
固定销售费用			
固定管理费用			

另外一种横向比较的形式：

	20×1年（基年）	20×2年	比例
销售收入	200 000	210 000	105%
销售成本	100 000	110 000	110%

注意：横向比率式报表不像垂直比率式报表那样容易进行不同规模公司之间或不同行业之间的比较。横向比率式报表可以用来进行成本分析和控制，尤其对于固定费用。另外，横向比率式报表的分析要注意（1）基数的规模。比如说基数若很小，可能会产生来年较大的增幅，因此，此时需要客观而非盲目的分析，例如，第二年比基年的销售收入增加了百分之一万，听起来是一件了不起的成就，但实际上基年只有600美元的销售收入。（2）如果基年数值是零或负数，或来年的数值是零等情况，比率的分析可能会失去意义，此时需要对原始数据进行分析。（3）横向比率式报表分析需考虑通货膨胀率的因素。例如，销售收入基年后的第一年比基年增加了6.5%，基年后的第二年比基年

后的第一年增加了9.2%。假设基年后的这几年每年通胀率是10%，因此，基年后第一年的销售收入除以1.1，即（1+10%），然后基年后第二年的销售收入除以1.21，即（1+10%）×（1+10%），如此再进行横向比率的比较可能会造成另外一种现象，即销售收入不是上升而是在下降。同样，销货成本等都应该考虑通货膨胀的因素。

损益表构架调整（recast income statement）

主要是：（1）区分出可持续性运营结果和不可持续性运营结果（如：终止业务、以前年度会计调整的累计影响等）；（2）将费用科目归类汇总到销货成本、销售费用、管理费用等，并将可支配成本（如广告、维修费用等）单独列示。

经济利润 VS 会计利润

我们在P1讲过，经济利润是指会计利润减去投入资产或投入资本的机会成本，即企业总资产乘以要求回报率或投入资本乘以加权平均资本成本。我们在P1讲过剩余价值，它们就是经济利润的体现。

表外融资

资产负债表外融资：资产负债表外融资可以隐藏，掩盖负债（很多债务契约上，如债券，明确限制负债总量），让负债比率好看，使得该公司证券更有吸引力等。资产负债表外融资的主要手段如下。

■ 非合并报表子公司的投资：如果控股小于50%或没有实际控制权（即使超过50%），此子公司不和母公司合并报表，因此，此子公司的负债就不体现在母公司的报表上，母公司只体现长期投资（资产）科目，但其实母公司最终还要对其负债负责。

■ 通过特殊目的公司（例如委托生产）：A企业让另外一个公司（B公司）建厂房购设备，建成后此企业答应购买B公司的产品。这样A企业不用融资建厂就可以得到稳定的产品来源而且还可以在一定程度上防止风险，例如厂房设备过时，或固定资产变卖等。注意，这并不是租赁，而是外包，即将生产业务外包给其他公司。

会计调整

会计调整分为：（1）会计变更调整；（2）会计差错调整。会计变更又分为：会计政策变更、会计估计变更和报告实体变更。

会计变更调整包括以下内容。

■ 会计政策/会计原则（accounting principle）变更：是指（1）在一种GAAP下，会计处理可以有多种选择，如LIFO变成别的存货计价方法（先进先出法、平均法等）；（2）FASB发布了新的会计政策等。FASB规定企业应该用追溯调整法（retrospective），即追溯调整以前年度报表以反映新的会计政策（即就像以前年度已经开始使用新的会计政策一样），本期（决定更换会计政策的那一年）会计报表的期初留存收益余额及其他受影响的资产负债科目期初余额要进行调整，但本期的当期损益不受影响（本期用新方法就可以了）。追溯调整法使得不同年份的会计报表更具可比性。**注：折旧方法的改变属于会计估计变更，适用未来调整法。**

■ 会计估计变更：如坏账准备中的坏账比例的估计变化、折旧中资产估计的使用寿命年限变化、折旧不同方法的改变等，属于正常会计操作，不进行追溯调整，顺其自然就可以。另外，若会计政策变更和会计估计变更混在一起，既属于会计政策变更又属于会计估计变更，很难将它们俩分开，则统一按会计估计变更处理，例如，一些营销费用由过去的资本化然后摊销改成费用化（即估计这些营销费用不会让企业长期受益，因此费用化，同时属于估计变更以及会计政策变更。即从资本化到费用化）。

■ 报告实体变更：从一种形式报告实体变成另外一种形式的报告实体，报告实体可分为权益法不需合并报表的报告实体和50%以上需要合并报表的报告实体等。若原来用权益法，后因控制达到50%以上需合并报表，这时需追溯调整以前年度财务报表。

会计差错调整。此处会计差错是指以前年度发生了重大会计差错（material error），例如，以前年度计算重大错误、重大遗漏、以前年度重大会计估计错误、会计制度用错（如会计的责权发生制错误用成了现金收付制等）。会计差错调整使用更正法（restatement），需调整相关的以前年度会计报表，另外，将差错调整记入发现差错那一年（不是发生差错那一年）的年初留存收益的期初余额，分录的另一边是差错改正影响的相关会计科目。注意，如果是损益表科目要使用税后金额进行调整。

公允价值

最新发布的《财务会计标准（FAS）》157 明确了公允价值，建立了公允价值记账和允许公允价值披露的框架。公允价值记账是指会计科目是以公允价值记账而不是以历史成本记账。三种方法确定公允价值：市场（价值）法、收入或又称收益法（income approach）、成本法。市场（价值）法：使用市场上相同或可比资产的价格，一般是针对新购得的资产。收入法：使用资产未来现金流的现值，一般适用于旧资产。成本法：使用资产目前的重置成本或价值，一般适用于旧资产。相对于历史成本计价，财务报表中使用公允价值会提供更新、更及时的信息，但增加了度量的变化性，另外，财务指标也会变得不稳定。

自从20世纪90年代初，美国财务会计标准委员会（FASB）就负责努力尽可能地使用公允价值会计核算，但不幸的是，公允价值会计核算在绝大多数国家都没有被广泛使用。反对者认为使用公允价值会计核算会破坏现有会计制度的有效性，会很难被执行，而且会增加损益表的数字的变化。当然公允价值会计核算也有不少拥护者。美国会计制度在使用公允价值方面做了一些改变，最彻底的例子是交易型/可供出售型有价证券的核算。另外，如果该资产的账面价值大于其公允价值（注：如果小于就不调整了），则固定资产及无形资产等都需调至公允价值。

可持续增长率（sustainable growth ratio）

可持续增长率：是指在没有新的权益类融资，即保持目前不变的权益负债率的情况下，企业最大的增长率，其 = ROE × 留存收益率 = ROE ×（1 - 股利发放率）。注：如果企业的发展速度超过了可持续增长率，企业将需取得额外融资，比如进行债务类融资或权益类融资。企业可持续增长的要素（ROE + dividend policy）如下。

- 提高销售利润率。
- 提高总资产周转率。
- 合理提高权益乘数：公司要合理运用财务杠杆的杠杆效应，但同时平衡财务杠杆给企业带来的风险。
- 股利政策：降低分红比率可增加留存收益，可支持内部发展，能提高可持续增长率。

财务指标分析的局限

1. 使用不同的会计方法（比如不同的折旧方法、不同的存货计价方法等）使得财务指标相互对比较为困难。

2. 分析大集团公司较为困难，因为和其他公司的可比性较差，这是因为大的集团公司包含很多不同的业务单元，例如某公司包含了农业、房地产、快速消费品等。

3. 不同的会计估计会形成不同的财务指标。

4. 公司粉饰财务数据和财务指标的问题。

5. 季节性的变化。

6. 财务指标只反映公司财务方面的绩效而且主要是反映过去的结果，财务指标不能完全反映公司运营真实的、客观的全貌等。

美国以外子公司和美国母公司的合并财务报表之货币转换

若美国以外的分支单位没有用美国会计制度，则在合并报表时要首先将分支公司的报表转换成美国会计制度的报表，否则不能进行之后的货币转换。若没进行会计制度转换则被认为是会计差错。其次，进行货币转换：若外国分支单位用的是非美元货币则合并报表时要统一转换成美元。货币名词介绍：

- 功能货币/职能货币：SFAS 52 规定功能性货币是一个实体经营的主要经济环境的货币。但这个定义很模糊，具体讲，看该子公司的销售收入、经营支出以及融资等主要使用的货币以及销售定价因素等（若销售价格对汇率和国际竞争非常敏感，则功能性货币应选择母国的货币）。功能性货币不一定是当地货币，例如，有些美国公司在国外的子公司虽然在美国国外经营，但自身不是一个完全自主经营的公司，该子公司和美国有大量的内部往来而且很多使用美元，并且融资也很多使用美元，因此，功能性货币可能要用美元。

分支机构当地的货币是功能性货币，需满足：(1) 现金流主要是当地货币，不影响母公司的现金流；(2) 人工和材料在当地市场获得；(3) 分支机构的融资是从当地国和分支机构的经营中获取等。但若销售价格对汇率和国际竞争非常敏感，则功能性货币应选择母国的货币。

另外，如果美国国外的子公司的国家出现高通货膨胀，若连续三年通货膨胀率大于等于100%，此时功能性货币需为美元。

• 记账本位币：外国分支单位记账用的货币，一般是当地货币，当然也可能是其他币种，比如用职能货币或美元。

企业记账本位币的选定，应当考虑下列因素。

(1) 企业应以其经营所处的主要货币环境为立足点来选择记账本位币，即企业的销售收入和日常料、工、费等支出以及融资活动获得的资金所使用的主要币种。选定记账本位币时，关注的应是主要经济活动的货币而不是企业所在地的货币。企业所在地只是一个形式，主要关注的是业务的经济实质。如果该企业业务收支主要使用的是本国以外的某种外币，可以选定此外币为记账本位币。

(2) 考虑记账本位币的可靠性。可靠性原则要求我们所选择的记账本位币的币值相对稳定，比如无严重的通货膨胀。

(3) 记账本位币应与注册资本币尽量一致。

• 财务报告货币：美国总部合并报表的财务报告的货币必须只能用美元。

货币转换

如果记账货币是当地货币但不是当地功能货币，则货币转换需要两步：(1) 先转换成功能货币（此步骤叫作重新测量/重新调整 - remeasurement），(2) 从功能货币转换成美元。若记账货币和功能货币一样则一步就可以了，即从功能货币转换成美元。若进行记账货币向功能货币转换，必须遵循货币/非货币法又叫时态法，具体介绍如下。

• 货币性资产或负债：用合并报表日当天的汇率。注，货币性资产或负债是指那些资产或负债其货币金额根据有关合同等是固定下来的，其代表的货币量不变，例如现金、应收账款、应付账款、应付票据等，不会随着时间改变而改变，非货币项目就是指其他了，例如固定资产、存货等，固定资产和存货没有合同约束非要卖多少钱，它们的价值是在不断变化的。

• 资产负债表科目除了货币性资产或负债科目以及除了留存收益外其他的所有项目：用历史交易发生时的汇率。

• 损益表中，与非货币资产或负债相关的损益表项目（例如销售成本、折旧、摊销）：用历史交易发生时的汇率。

• 其他的损益表项目：用当年的加权平均汇率。

• 经过货币转换的损益表的净利润进入资产负债表的留存收益。资产负债表中的加本期净利润之前的留存收益不需要货币转换，而是由上一期职能货币报表的期末留存收益结转下来。

• 因用了不同汇率，资产负债表很可能会因此而不平，差额记入当期损益表的持续经营损益。

当国外子公司报表已经按照美国会计准则调整了，而且都是以功能货币体现了，下一步是功能货币转换成美元，必须用现行汇率法（简称现率法）(current rate method)。

• 所有者权益外的所有资产负债表科目都用资产负债表日的当日汇率。

• 除了留存收益外的所有者权益科目：用历史交易发生时的汇率。留存收益来自每期损益表转进来的损益。

• 损益表：一般用当期加权平均汇率（如果可能的话，用交易发生时的当时汇率）。

• 因为用了不同汇率，资产负债表很可能因此而不平，差额进所有者权益里的其他全含收益。

涉外销售或采购使用外币的相关事项

如果企业向国外销售并使用外币结算或企业进口商品并进行外币结算，企业则需记本位币和外币两套账。

产品出口。出口国以本位币记账，借应收账款@ 本位币，贷销售收入@ 本位币。如果以外币结算的话，则同时还要作外币辅助账，借应收账款@ 外币合同额，贷销售收入@ 外币合同额。如果以本位币结算就不用记外币辅助账了。

产品进口。进口国以本位币记账，借：存货@ 本位币，贷：应付账款@ 本位币。如果以外币结算的话，则同时还要作辅助账，借：存货@ 外币合同额，贷：应付账款@ 外币合同额。如果以本位币结算则无须记外币辅助账。

国际贸易时若有一定的信用期，如 30 天或 60 天后收、付款，发生业务时企业要以当天（或发票日）的汇率记应收或应付，每个月的月末都要根据月末的汇率进行本位币应收账款或应付账款的调整，并同时结算未实现汇兑损益。举例：4 月 30 日中国企业向美国销售商品 900 万美元，发票日美元兑人民币的汇率为 1∶6.5，因此中国企业需 DR：应收账款@9 000 000 ×6.5 人民币，CR 销售收入@9 000 000 ×6.5 人民币。同时记外币辅助账，DR：应收账款@900 万美元，CR：销售收入 900 万美元。货款以美元结算，账期为 60 天，因此在 5 月 31 日，假设美元升值了变为 1∶6.8，因此，中国企业需 DR：应收账款@9 000 000 ×(6.8 －6.5)，CR：汇兑损益@9 000 000 ×(6.8 －6.5)，美元账不变。因此，应收账款本位币金额变大，从而同时影响相关的财务指标。考试中需非常熟练地进行计算和分析。

当信用期结束后，收到的外币要以收到日的汇率折算本位币冲应收账，或以付款日的汇率买外币以付款从而冲应付账，此间用了不同的汇率，因此，会产生相应的汇兑损失或收益。举例：100 万美元，如果一个月前收到，可换 680 万元人民币，但因为美元贬值（降），一个月后收到 100 万美元，只能换 650 万元人民币，亏损 30 万元人民币。若支付欧元，如果一个月前支付 100 万欧元，用 1 300 万元人民币就可以了，但欧元升值（升），一个月后需要花 1 500 万元人民币兑换欧元完成负债的支付，亏损 200 万元人民币。

规律是：产品进出口贸易发生后如果用本位币结算，利润不受影响，但若用外币结算，则收怕（外币）降，付怕（外币）升。具体如下。

- 收款：外币降/贬值则产生汇兑损失，因为折算后得到的本位币现金少了，从而企业产生汇兑损失，影响（息税前）利润。
- 付款：付款怕外币升值，因为会产生汇兑损失。

财务分析练习题 & 解答

1. 一个公司的股票的每股账面价值通常与销售的市场价格有很大的不同，原因是（　　）。

A. 在编制财务报表时使用权责发生制会计

B. 在年末计算时忽略了优先股的数量

C. 在编制财务报表时使用历史成本

D. 在计算时从分子中忽略总资产

解答：C。

2. FA 公司的资产负债表中的权益如下表示：

优先股，6%，	面值 \$100，	\$40 000 000
普通股，	面值 \$4，	\$10 000 000
资本公积		\$20 000 000
留存收益		\$10 000 000
权益		\$80 000 000

优先股是可累积和不参与的。所有的优先股股利都被支付了，优先股的清算价值是每股 \$110。公司普通股的每股账面价值是（　　）。

A. \$100　　B. \$16　　C. \$14.40　　D. \$4

解答：普通股权益 =（\$80 000 000 - \$40 000 000）/（\$10 000 000/4）= 16，选 B。通过普通股的面值股本和每股面值可以推算出普通股数量。

3. 下面关于市盈率的陈述正确的是（　　）。

A. 一个具有高成长机会的公司有高的市盈率

B. 当一个企业亏损时的市盈率要比盈利时的市盈率更有意义

C. 当一个企业有相对于它的资产不正常低的利润时，市盈率更有意义

D. 市盈率表明了一个企业的市场价值与它的净销售额之间的关系

解答：A。

4. 考虑以下的财务报表。

公司资产负债表

12 月 31 日（千元）

资产	
流动资产	\$8 108
长期资产	\$10 308
总资产	\$18 326
负债	
流动负债	\$998
长期负债	\$3 394
总负债	\$4 392
股东权益	
优先股，6% 累积，面值 \$100，发行在外	\$3 500
普通股，面值 \$5，批准 3 000 000 股，发行在外 1 050 000 股	\$5 250
资本公积，普通股	\$2 625
留存收益	\$2 559
总股东权益	\$13 934
总负债与权益	\$18 326

基于以上的财务数据，并且假设没有未付的优先股股利。公司在当年 12 月 31 日的每股账面价值是（　　）。

A. \$5.00　　B. \$7.50　　C. \$9.94　　D. \$13.27

解答：(13 934 − 3 500)/1 050 = 9.94，选 C。

5. 以下的信息是关于公司在财年末的普通股的情况

股票数余额	1 800 000
每股账面价值	10.00
每股支付的股利（去年 12 个月）	12.00

每股市场价格　　108.00

每股基本收益　　36.00

每股稀释收益　　24.00

普通股的市盈率是（　）。

A. 3.0　　B. 4.5　　C. 9.0　　D. 10.8

解答：108/24 =4.5，选 B。

6. 关于年 2，5 月 31 日结束的财年的普通股的信息如下

普通股股数　　750 000

每股账面价值　　15.00

每股市场价格　　45.00

年 1 的每股股利　　4.50

年 2 的每股股利　　7.50

每股主要收益　　11.25

每股完全稀释收益　　9.00

普通股的市盈率是（　　）。

A. 3.0　　B. 4.0　　C. 5.0　　D. 6.0

解答：45/9 =5，选 C。

7. 公司在 11 月 30 日结束的财年的普通股的信息如下所示

股票数　　460 000

每股面值　　5.00

当年的每股股利　　6.00

每股市场价格　　54.00

每股主要收益　　18.00

稀释的每股收益　　12.00

公司普通股的市盈率是（　　）。

A. 10.8　　B. 3.0　　C. 9.0　　D. 4.5

解答：54/12 =4.5，选 D。

8. 一个公司在 1 月 1 日有 150 000 股。3 月 1 日有 75 000 股作为股票分红增发。11 月 1 日公司增发了 60 000 股，收回现金。在计算 EPS 时分母中要用到的股票数应该是（　　）股。

A. 222 500　　B. 225 000　　C. 235 000　　D. 285 000

解答：注意，增发 75 000 股股票用来支付股票股利，股票股利是不考虑月份的，因此，答案 $=150\ 000+75\ 000+60\ 000\times2/12=150\ 000+75\ 000+10\ 000=235\ 000$（股），选 C。

9. 每股收益是（　）。

A. 盈利性比率　B. 活动性比率　C. 流动性比率　D. 杠杆比率

解答：选 A。

10. FA 公司在年 1 的 11 月 30 日有 40 000 股发行在外的股票。在年 2 的 5 月 20 日，10% 的股票股利被宣布和分配，年 2 的 6 月 1 日，公司向它的现有股东签发期权，每持有一股就有权利立即购买额外一股股票。每个额外股份的期权价格是 \$6。在年底没有期权被执行。当年普通股的平均价格是每股 \$20。年 2 的 11 月 30 日（财年末）的股票价格是每股 \$30。这个财年的公司净收益是 \$229 680。在当年没有未偿付的负债。税率是 30%。

在年 2 的 11 月 30 日财年末的普通股的基本每股收益是（　）。

A. \$5.22　B. \$3.82　C. \$5.74　D. \$3.38

解答：$EPS=229\ 680/(40\ 000\times1.1)=\$5.22$，选 A。

11. 公司在年 1，12 月 1 日（公司财年的开始）有 80 000 股普通股。公司同时有 \$200 000 的 8% 可转换债券，发行面值 \$1 000。这些债券可以换成 20 000 股普通股。Aa 级债券的利率已经有好几年是 10% 了。公司的税率是 34%。公司当年净利润是 \$107 000，没有债券被转换。年 2 的 11 月 30 日的完全稀释每股收益是（　）。

A. \$1.18　B. \$1.07　C. \$1.20　D. \$1.23

解答：$EPS=107\ 000/80\ 000$，因此，$DEPS=(107\ 000+200\ 000\times0.08\times0.66)/(80\ 000+20\ 000)=\$1.18$，选 A。

12. FA 公司的资产负债表显示公司有 \$2 000 000 的可转换债券，利率是 7.5%；\$1 000 000 的 9% 的优先股，面值 \$100；\$1 000 000 的普通股，面值 \$10。公司报告净收益 \$317 000。债券可以转换为 50 000 股普通股。所得税率为 36%。以下（　）是 FA 将报告稀释的每股收益。

A. \$2.11　B. \$2.15　C. \$2.27　D. \$2.51

解答：题中没有说优先股是否是可累计的，因为多数是可累计的，因此最好两种情形都计算，首先假设优先股是可累计的，$DEPS=(317\ 000-1\ 000\ 000\times9\%+2\ 000\ 000\times0.075\times0.64)/(1\ 000\ 000/10+50\ 000)=2.15$，选 B。另外假设优先股是不累计的，则 DEPS =

(317 000 +2 000 000 ×0.075 ×0.64)/(1 000 000/10 +50 000) =2.75，没答案，因此最终选 B。

13. FA 公司在年 2，5 月 31 日结束的财年，公司有每股收益 \$4.80。公司的年 1 至年 2 财年的股票包括 \$2 000 000 的 10% 优先股（面值 \$100/股）和 1 000 000 股普通股。在年 2 的 6 月 1 日，普通股一拆三，公司以面值回购了一半的优先股。FA 公司在年 3，5 月 31 日结束财年的净利润比年 2 的高 10%。年 3，FA 普通股的每股收益是（　　）。

A. \$1.76　　B. \$1.80　　C. \$5.28　　D. \$5.40

解答：（第二年的净利润 - 2 000 000 × 10%）/1 000 000 = 4.8，因此第二年的净利润 = 5 000 000 美元，第三年的净利润 = 5 000 000 × 1.1 = 5 500 000（美元）。第三年的股票 = 1 000 000 × 3 = 300（美元），因此第三年的 EPS = (5 500 000 - 2 000 000 × 0.5 × 10%)/3 000 000 = \$1.8，选 B。

14. 公司的普通股的市场价值是 \$25，市盈率为 7.2，股利收益率为 5%。收益率和股利支出率分别为多少？

	收益率	股利支出率
A	9%	36%
B	9%	64%
C	14%	36%
D	14%	64%

解答：25/每股收益率 = 7.2，因此每股收益率 = 3.47。股息收益率/股利收益率 (dividend yield) = 年度每股股利/每股市价 = 每股股利/25 = 5%，因此每股股利 = 1.25，股利发放率 = 1.25/3.47 = 36%。收益率是 PE 的倒数，因此收益率 = 1/7.2 × 100% = 14%，因此选 C。

15. 一个公司普通股的市场价格的下降会立即增加它的（　　）。

A. 权益回报率　　B. 股利支出率

C. 市场与账面比率　　D. 股利收益率

解答：选 D。

16. 公司从他的财务报表中计算出以下的数据

市盈率	12
股利支出率	0.6
资产周转率	0.9

普通股的股利收益是（　　）。

A. 5.0%　　B. 7.2%　　C. 7.5%　　D. 10.8%

解答：遇到这样的题则从问题一步步推，问题问的是普通股每股收益，则 = 每股股利/每股市价，这两个数都是未知数。市盈率 = 每股市价/每股收益率 = 12，股利支出率 = 每股股利/每股收益 = 0.6，因此股利支出率除以市盈率 = 每股股利/每股市价 = 股利收益率 = 5%，因此选 A。

17. FA 公司支付去年一半的收益为股利。FA 的收益增加 20%，而今年股利的数量增加 15%。今年 FA 的股东配息率是（　　）。

A. 50%　　B. 57.5%　　C. 47.9%　　D. 78%

解答：配息率又称派息率，是指某年发放的股利金额除以该年的总利润。在此题中，去年股利/去年利润 = 0.5，假设去年的派息率 = A，则今年的派息率 = 1.15 × A/1.2，因为 A = 0.5，因此今年的派息率 = 47.9%，选 C。

18. 公司预计下一个财务年度的净收益是 $800 000。它的目标和当前资本结构是 40% 的负债和 60% 的普通股权益。资本预算的总监确定明年的最佳资本支出是 $1 200 000。如果公司执行严格的剩余股利政策，明年的股利支出率是（　　）。

A. 90.0%　　B. 66.7%　　C. 40.0%　　D. 10.0%

解答：120 万美元的最佳资本支出中需要权益类支持 60%，即 72 万美元，而且因为需要严格控制资本结构的比率不变，因此今年 80 万美元的收益中有 72 万美元用于支持资本预算项目。因此只有 8 万美元可以分红，分红率/股利支出率 = 80 000/800 000 = 10%，因此选 D。

19. 如果其他都相等，一个有更高股东配息率的公司的负债与资产比率和流动比率（　　）。

	栏 A	栏 B
A.	更高	更高
B.	更高	更低
C.	更低	更高
D.	更低	更低

解答：更高配息率使得权益类金额减少，因此负债率会更高，而且更高配息率会大量减少现金，因此流动比率相对较小。因此选 B。

20. 如果一个公司是盈利的，并有效地使用杠杆。以下哪项比率有可能是最大的？

A. 总资产回报率　　B. 营运资产回报率

C. 普通股权益回报率　　D. 总权益回报率

解答：经营杠杆和财务杠杆会增加净利润，但经营杠杆不会直接影响资产、负债、权益，而财务杠杆会增加负债和/或优先股，因此选C。D不对，因为优先股也属于财务杠杆。

21. 企业经营产生现金流的能力是（　　）。

A. 收益质量　　B. 收益能力　　C. 偿付能力　　D. 杠杆

解答：选B。

22. 一个公司发行了长期债券并用这些钱回购了40%的公司股票，这个财务交易将可能导致（　　）。

A. 总资产周转率增加　　B. 流动比率减少

C. 利息倍数比率减少　　D. 固定费用偿付比率增加

解答：C。因为利息费用增加了，总资产并没有变，而且不涉及流动负债。

23. 如果一个股票现在的售价是\$40.00。年度每股收益是\$3.00。市盈率是(　　)。

A. 0.075　　B. 43　　C. 13.33　　D. 120

解答：市盈率是收益率的倒数，因此市盈率 = 1/(3/40) = 13.3333，选C。

24. 在评估投资中心时，高层管理者应该关注（　　）。

A. 销售额　　B. 净收益　　C. 利润率　　D. 投资回报率

解答：选D。

25. 一家盈利的企业可以通过（　　）来提高投资回报率。

A. 提高销售收入与营运费用相同的金额

B. 减少销售收入与营运费用相同的比例

C. 提高投资与营运费用相同的金额

D. 提高销售收入与营运费用相同的比例

解答：选D，假设现在销售收入/营运费用 = 3，提高此比例会增加利润。

26. 以下（　　）关于投资回报率（ROI）作为绩效衡量的表述是错误的。

A. 当一个企业的各个分部的资产平均年龄有很大差异时，使用ROI是不恰当的

B. ROI依赖财务衡量，能够被独立地验证，而其他绩效衡量都容易被操纵

C. 使用ROI可能导致管理者拒绝某个资本投资项目，而这个项目本来用折现现金

流法是可以接受的

D. 使用 ROI 可能导致有能力的管理者不愿意去接手难办的项目，如将一个亏损的分部扭亏为盈

解答：B 明显没有道理，选 B。A 有一定道理，例如有些企业或分部都是大型设备投资及厂房投资，资产年龄长，例如医疗设备制造公司。但有些企业或分部是轻资产，主要是办公设备和流动资产，年龄短，例如零售企业。因此 ROI 不太好比。遇到有些模糊的题可以使用排除法，B 明显不对。

27. 衡量一个分部业绩的方法是投资回报率，投资回报率是营运收益（　　）。

A. 除以当年的资本开支再加上资本成本

B. 减去投资资本的估算利率

C. 除以固定资产

D. 除以总资产

解答：选 D。ROI 的分母一直有争议，但此题中 A、B、C 明显错误。

28. 以下是从公司西部分公司去年的财务报表中摘录的：

科目	金额（千美元）
平均营运资本	625
管理费用	75
净销售收入	4 000
平均固定资产	1 775
销售成本	3 525

如果在考核业绩时，公司把西部分公司当作投资中心对待，那么西部分公司是（　　）。

A. 34.78%　　B. 22.54%　　C. 19.79%　　D. 16.67%

解答：去年的税前投资回报率 = (4 000 − 3 525 − 75)/(1 775 + 625) = 16.67，选 D。

29. 在评估一个企业的财务前景时，财务分析使用不同的技术。下面（　　）是垂直共同比分析的例子。

A. 评估一个企业垂直整合程度的相对稳定性

B. 同行业中两个或更多企业用财务比率进行比较

C. 当年的广告费用比前一年高 2%

D. 当年的广告费用是 2% 的销售

解答：选 D。

30. 贸易证券的投资在资产负债表中用（　　）来计值。
A. 购买资产的成本
B. 自从购买之后的累计收益减去累计股利
C. 成本或市场孰低
D. 公允价值

解答：D。因为每期末都要根据市价进行调整。

31. 可供出售证券的投资在资产负债表中用（　　）来计值。
A. 购买资产的成本
B. 自从购买之后的累计收益减去累计股利
C. 公允价值
D. 证券的面值

解答：选 C。因为每期末都要根据市价进行调整。

32. 仔细阅读年度报告将发现表外负债包括（　　）。
A. 经营租赁下未来年份到期的金额　　B. 没有追溯地转移应收账款
C. 长期负债的短期部分　　D. 资本租赁下未来年份到期的金额

解答：选 A。

33. 在年 1 的 9 月 22 日，FA 公司从非隶属的国外公司那里购买了 10 000 个产品，用的是外国公司的本地货币。在那天，即期汇率是 \$0.55。公司在年 2 的 3 月 20 日支付的全部的账单，那时的即期汇率是 \$0.65。在年 1 的 12 月 31 日，即期汇率是 \$0.70。在它的 12 月 31 日结束的年度损益表中所报告的外币交易的损失是（　　）。
A. \$0　　B. \$500　　C. \$1 000　　D. \$1 500

解答：年底根据年底的汇率计算未实现汇兑损益，汇率从 1 外币能购买 0.55 美元升值为 1 外币购买 0.65 美元。这表示美元贬值，因此产生汇兑损失，汇兑损失的金额 =（0.7 - 0.55）×10 000 = 1 500。题中的 10 000 个产品应该是 10 000 当地货币，选 D。

34. 根据 SFAS 52，外汇交易，要求使用不同的方法来转换或重新衡量外汇的财务报表。当海外子公司的功能货币不是母公司（投资者）的报告货币，那么（　　）。
A. 在转换海外子公司财务报告时采用现行/非现行法
B. 在转换海外子公司财务报告时采用货币/非现行法
C. 在转换海外子公司财务报告时采用时态法
D. 在转换海外子公司财务报告时采用现行汇率法

解答：D。

35. 包含在合并资产负债表中的其他全面收益部分中的未实现外汇利得和损失表示的是（　　）。

A. 外汇交易的利得和损失

B. 将外汇财务报表转换成报告货币所导致的金额

C. 重新衡量的利得或损失

D. 不符合公认会计准则的会计

解答：选 B。

36. 一家美国公司和德国公司在德国股票市场上购买了同一个股票并且持有该股票一年。在这期间欧元对美元贬值，比较两家公司的收益，则美国公司的收益将（　　）。

A. 更低　　B. 更高

C. 一样　　D. 短期更高但长期更低

解答：因为欧元相对于美元贬值，因此在德国投资得到欧元的收益后，再换成美元时，换的美元较少，因此受益降低，选 A。

37. 如果美国的通胀率预期为 5%，而外币预期对美元贬值 10%，一家意大利公司从美国总公司进口所造成的外币成本将（　　）。

A. 下降 10%　　B. 下降 5%　　C. 上升 5%　　D. 上升 16.6%

解答：假设原来 100 外币可以买一件美国的商品，因为通胀，现在需花外币为 $100 \times 1.05 = 105$，另外由于美元相对于外币升值 $1/(1-10\%)$，因此要多花 $1/(1-10\%)$ 的外币来购买美国商品，外币的购买成本变为 $100 \times 1.05 \times 1/(1-10\%) = 116.67$。因此上升幅度 $= (116.67 - 100)/100 = 16.67\%$，选 D。更详细的内容，请见讲义。

38. FA 电子公司有几个国外的分支机构，它担心它的汇率风险敞口。在一个汇率很可能贬值的国家，FA 不可能鼓励（　　）。

A. 任何可能的情况下都给贸易信用

B. 将多余的现金投资存货或其他实物资产

C. 赊账购买材料和用品

D. 如果利率合适的话，借当地货币的资金

解答：贸易信用就是指销售赊账的意思。在外国货币贬值的情况下，销售赊账意味着将来收到的外币汇款换算成美元时的美元收入会减少。因此不能这样做。因此选 A。B 可以，因为在当地多余的钱如果汇回美国而得到的美元会减少。C 可以，赊账购买国

外的材料和用品，等付款时可能会发生：支付合同规定的当地货币的货款时使用的美元会减少从而省钱。国际贸易汇中很多时候进口国使用出口国的货币进行付款。D 可以，因为使用当地货币融资没有汇率风险。

39. 如果实体的账簿不是使用功能货币来作的，根据 SFAS 52，外汇换算，要求在换算之前用功能货币重新衡量。应该用当前汇率来重新衡量的事项是（　　）。

A. 一个在持有到期债券上的投资

B. 一个工厂资产和相关的累积折旧

C. 一个专利和相关的累积摊销

D. 一个长期建筑合同的收入

解答：应该是货币性资产和负债，选 A。

40. 根据 SFAS 52，外汇换算，要求采用功能性货币概念。在海外分支的财务报表可以换算为母公司的货币前，海外分支机构的功能性货币必须被确定。当发生以下哪项时，一个海外分支机构的功能性货币不是外国货币。

A. 他的现金流主要是外国货币，并不影响母公司的现金流

B. 它的销售价格对汇率的变化和国际竞争是敏感的

C. 他的人工、材料和其他成本是在海外分支机构的本地市场获得

D. 它的融资主要来自外国当地和来自分支机构的经营

解答：选 B，请见讲义。

论述题 1. 两个公司，资产都是 2 亿美元，5 000 万美元的 EBIT。A 公司资本结构是 30% 的负债，其成本是 10%；B 公司是 60% 的负债，成本为 15%。税率均为 40%。请问（1）哪家的风险更高一些？叙述理由；（2）分别编制两个公司汇总资产负债和利润表；（3）计算两个公司的 ROE；（4）为了提高 ROE，请从三个方面论述管理的重点；（5）股本回报与股本市场回报的两个区别。

参考答案：

（1）B 公司的风险更高一些。理由如下。

• 因为 B 公司债务占资产总额比较大，其负债资产率显然要大于 A 公司。负债资产率越高，面临的还款压力也越大，风险也越高。

• B 公司的负债权益率 = 12，00/8，00 = 150%，A 公司的负债权益率 = 6，00/14，00 = 43%，因此 B 公司的负债权益率明显大于 A 公司的负债权益率。负债权益率越高则意味着债务类融资相对越大，因此企业面临的风险越大。

• A 的利息保障倍数为 8.33，即 = 50 000 000/(200 000 000 × 0.3 × 0.1)，B 的利息保障倍数为 2.78 即 = 50 000 000/(200 000 000 × 0.6 × 0.15)，企业支付负债利息的能力

显然小于A公司，故而B公司在偿付利息方面的风险大。

注意，可以适当地写几个重要的财务风险涉及的指标。3个就可以了。

（2）作出资产负债表及损益表。

	A	B
资产负债表（单位：万美元）		
资产总额	20 000	20 000
负债总额	6 000	12 000
权益资本	14 000	8 000
负债及权益	20 000	20 000
利润表（单位：万美元）		
息税前利润	5 000	5 000
利息费用	600	1 800
税前利润	4 400	3 200
所得税	1 760	1 280
净利润	2 640	1 920

A公司利息费用 = 200 000 000 × 0.3 × 0.1 = 600（万美元）；B公司利息费用 = 200 000 000 × 0.6 × 0.15 = 1 800（万美元）

（3）计算两个公司的ROE。

A公司的ROE = 2 640/14 000 = 18.85%

B公司的ROE = 1 920/8 000 = 24%

（4）为提高ROE，从三个方面论述管理的重点。

- 企业应全力提高销售利润率，公司管理层应该通过控制销售价格尽可能保持较高的销售价格，同时提高生产力，削减成本等，从而扩大企业的利润空间，提高销售利润率；
- 企业应全力提高资产周转率，提高企业资产使用的效率，公司管理层应加强对资产的投入的批准和监管，投入的资产要尽可能多地产生销售收入，平时要控制资产的无效占压，如存货、应收账款、闲置固定资产等。另外，同时想办法提高销售收入，例如，积极开发新市场、提高客户满意度等。
- 公司要充分利用财务杠杆的杠杆效应，扩大企业净利润，提升股东回报率，但企业要考量对外借债带来的风险，企业应平衡债务和权益的关系，寻求最优化资本结构。

（5）见讲义。

第四部分

公司重大经营财务决策

考试比重：25%

企业运营中，从公司总的层面以及公司的各个职能部门层面，都会面临很多重大决策，举例：销售中的长期定价决策、临时定价决策等、生产中的自制与外购等、公司总的层面的部门关闭决策、产品线关闭决策等。企业的重大经营决策里，对财务结果的影响是至关重要的考量因素，因为企业运营的根本目标就是财务财富最大化，当然同时也必须考量非财务要素。

决策中常用的术语

显性成本：记账的、看得见、实际支出的成本，也叫付现成本（out of pocket costs/outlay costs）或会计成本，是相对于隐性成本/机会成本的。而**隐性成本**是指：不入账、不会出现在会计报表中，没有实际支出的成本，比如机会成本，作决策时经常会用。注：经济成本包括显性和隐性成本，而经济利润等于会计利润减去隐性成本/机会成本。

沉没成本：又称为过去的成本或历史成本，因为无论采取什么措施，它们都无法改变，因此，沉没成本在决策中属于不相关成本。

承诺成本/约束成本/既定成本：虽然还没有发生但不可撤销、根据相关法律或合同规定将来要发生的成本，如折旧，租金等，是短时间内改变不了的。

酌定成本（discretionary costs）：又称弹性成本、可支配成本，指不是当期非要发生不可（非发生不可是指：如果当期不发生会严重影响运营），可以挪到后面期间发生的成本，如差旅费、一些营销费用等。原材料、直接人工不是酌定成本，因为没有原材料和直接人工，产品就生产不出来，就严重影响运营。

固定成本：是指在一定范围（如时间或产量等）内，量变时，总的固定成本保持不变。单位固定成本则随着量升而下降，或随着量减而上升，即与量反方向变动。此处的量在企业中指生产量或者销量，比如生产方面成本要对应产量，销售费用要对应销量。固定成本例如折旧、租金、部门经理工资等。

变动成本：是指在一定范围内，总变动成本随量变而正比例变化，而单位变动成本保持不变，不受量影响。例如，直接材料成本、直接人工成本、销售运费等。

注意：以上固定成本和变动成本的定义都强调在一定范围内形成的规律。超出此范围，此规律可能就不适用了。例如，又增加了一条生产线，折旧费用会随之增加。

注意：考试中，企业中的主要变动成本包括：直接材料、直接人工、变动制造费用（间接材料、水电费等）、销售和管理费用里的销售佣金、销售运费等。

练习 1. MNO 公司的营销经理已经了解到公司正在引进的一种新产品的下列情况。

这种产品第一年的销售额预计为100 000美元。销售佣金预计为销售额的8%。另外销售额的0.5%作为奖励用以激励营销经理。编制一份产品宣传册将会花去营销部门领薪水职员的20小时（平均工资为每小时20美元）和一位公司外部插图人员10小时的努力（工资为每小时20美元）。则这种新产品的变动销售费用是（　　）美元。

A. 8 000　　B. 8 500　　C. 10 000　　D. 10 500

解答：此题很好，判断是否是变动营销成本要看是否随着销售收入或销量变化而相应变化。准备一个产品手册所花的内外部人员的成本仅是指就这一本的花费，虽然此成本会随着手册的个数变化而变动，但不是随着销售变化而变动，因而不是变动销售费用。因此，答案是：100 000×(8% +0.5%) =8 500（美元）。公司的变动成本一般有两个参照物，一是销量；二是产量。

边际贡献 = 总销售收入 − 总变动成本

边际贡献率 = 边际贡献/销售收入

相关收入和相关成本：相关成本是指预期未来的两种方案中不同的成本，相关收入是指预期未来的两种方案中不同的收入。例如，从青岛坐火车去北京旅游，一个方案是去北京的长城，另一个方案是去北京的故宫。比较两个成本，火车票成本属于不相关的，因为两个方案中火车票成本都一样。相关性意味着，成本和收入都必须是在未来发生，而且因方案的不同而不同，没有差异的成本和收入属于不相关成本。相关成本可进一步分作增量成本和差量成本，这两个经常通用，但细微的差别是增量成本强调的是一个行为引起额外增加的成本，而差量成本强调的只是不同的成本。

增量成本，有时候又叫边际成本：额外增加的一个单位数量的产品所必须发生的额外（增加）的成本。关键词是“额外发生”。一般变动成本是增量成本而固定成本不是增量成本。例如，目前生产了100个商务盒饭，再生产下一个商务盒饭，所必须额外发生的增量成本是菜、油等变动成本，也就是说这些成本会因为生产下一个盒饭而额外增加，但折旧、租金、管理人员的费用等固定成本，并不会因为生产下一个盒饭额外增加，实际上生产不生产下一个即第101个盒饭这些成本的发生额都是固定不变的，因此，不是增量成本。数字举例：生产5个是500元，生产6个是575元，增量或边际成本是第6个@ 75元（575 −500）。

边际收入（marginal revenue）：销售下一个产品的销售价格/销售收入。

边际分析的分析过程：第一步，分析与项目相关的收入和成本，即增量收入和增量成本，而非总收入和总成本；第二步，根据各项目带来的边际利润选择利润最大化的项目。典型的边际分析有特殊订单决策、是否进一步加工决策等。边际分析又叫增量分析或差异分析。

机会成本在经济学里应用很多：如剩余收益、资本预算里的要求回报率、自制 vs 外购等各种重大决策。机会成本定义：在有限资源下，选择一个方案而放弃其他方案而因此放弃的其中多种收益里最大的潜在收益，有时也称机会收益。机会成本一般在有选择余地时考虑，如果没有选择余地，就没有机会成本了。

定性因素：指那些很难用数字准确计量和表述的事情或问题，比如，员工士气就是一个例证。与定性因素相对应的是**定量因素**。

可避免与不可避免的成本：可避免的成本是指那些一旦作业或一项工作停止就随之不会发生的成本，不可避免的成本是指那些无论管理层作出怎样的决定，在相关范围内仍然会继续发生的成本，比如一个产品线决定要停止不用了，相关的直接材料、直接人工等成本是可避免成本，而财务、人事、总经理等部门的费用还是照常发生，属于不可避免成本。

决策的步骤

决策的步骤：（1）定义要决策的问题，获取相关的信息例如成本、收入等；（2）确定要做某事有几种方案，很少有决策只涉及一种方案；（3）确定评估方案的标准，预测和评估方案未来的成本和收入以及定性因素；（4）选择和确定方案；（5）执行决策；（6）业绩评估，提供反馈。注：其中业绩评估，提供反馈是很关键的一步。及时评估决策的实际执行情况可帮助决策按期望进行。

决策步骤举例：（1）想出国留学；（2）确定三种方案，去 A、B、C 三个国家；（3）评估标准是哪个成本低，然后预测未来各个方案的成本；（4）决定去 C 国，因为 C 国其他方面都差不多，但成本最低；（5）去 C 国留学；（6）定期评估实际所花的成本，和过去的预测做对比。

注：凡事都要具体分析，以上和以下都是一般情况下的总结。

本量利（cost volume profit，CVP）分析

本量利分析也叫损益表两平分析，是利用了变动成本法损益表公式：销售收入 - 变动成本 - 固定成本 = 税前利润。本量利模型剖析产品售价、销量、单位变动成本、总固定成本、利润之间的相互关系。企业经理们在很多决策中使用本量利分析模型，例如：新产品定价、提高/降低产品价格、引进新产品、扩展产品市场等。

本量利分析的假设：

■ 总收入和总成本是可预测的，并且性态相对于产出水平是线性的；

■ 总固定成本在一定范围内是固定不变的，而变动成本在一定范围内是随着产出变动而变动的，但单位变动成本固定不变；

■ 所有的成本要么是变动成本，要么是固定成本，没有其他成本形式；

■ 售价在相关范围内是固定不变的，而且产品组合也是不变的（即产品组合不发生变化）；

■ 产成品和在制品存货基本不变，即意味着产量 = 销量；

■ 收入和成本水平的变动仅仅是因为生产并售出的产品数量变动引起的，产出数量是唯一的收入动因和成本动因。

CVP 有两种分析方法：（1）图示法，图示法是指 X 轴是销量，Y 轴是金额，然后画出总成本和总销售收入，交叉点即为盈亏平衡点的销量和销售收入。（2）公式法。

图示法因其较复杂、不太实用，我们重点讲解公式法。

CVP 公式法

1. 假设企业只有一种产品

盈亏平衡点的：（1）销售数量 = 总固定成本/单位边际贡献；（2）销售收入（金额）= 总固定成本/边际贡献率。

绝对值目标利润：（1）销售量 =（总固定成本 + 税前目标利润）/单位边际贡献；（2）销售收入 =（总固定成本 + 税前目标利润）/边际贡献率。注，如果问的是净利润，先要除以（1 – 所得税税率）从而推出税前的目标利润。例如，若问企业 ABC 净利润达到 700 万美元的目标销量是多少？假设总固定成本 =6 000 万美元，单位边际贡献 =20 美元，所得税率 =30%，则目标销量 =［6 000 + 700/（1 – 30%）］/20 = 350（万个）。验证，350 万个销量得到的净利润 =（350 × 20 – 6 000）×（1 – 30%）= 700（万美元），因此没错。如果问企业 ABC 能达到 700 万美元的税前利润的目标销量是多少，则答案 =（6 000 + 700）/20 = 335（万个）。验证，335 万个销量得到的净利润 = 335 × 20 – 6 000 = 700（万美元），因此没错。总结，如果问税前目标利润，直接使用上面公式就可以。但如果问目标净利润，应先将目标净利润除以（1 – 所得税税率）从而推出税前目标利润，然后再使用上述公式。

目标利润率：（1）销售量 = 总固定成本/（单位边际贡献 – 售价 × 税前目标利润率）；（2）销售收入 = 总固定成本/（边际贡献率 – 税前目标利润率）。注，若问的是净利润率，先要除以（1 – 税率）推出税前的目标利润率。另外，在有些情况下，销售量和销售收入之间求出其中一个也就可以求出另外一个。但建议两种方法都记。

若问目标息税前利润（EBIT），则 =（总固定成本 – 利息 + EBIT）/单位边际贡献。目标息税前利润率（EBIT%），则 =（总固定成本 – 利息）/（边际贡献率 – 目标息税前利润率）。总固定成本减利息也可以表达为不包括利息费用的固定成本。

注意，上述公式法在有些情况下也可以使用一种较笨的方法，即假设需要计算的销量或销售收入为Y，然后通过变动成本法损益表的公式去推算销量或销售收入。举例：公司生产某一产品，单价 \$15，单位变动成本 \$9，总固定成本 \$150 000，公司预计销售（　　）可以使其利润达到销售收入的30%。

A. \$1000 000　B. \$1500 000　C. \$600 000　D. \$900 000

解答：较笨的方法为，假设预计销售收入 = Y，因此[Y -（Y/15）×9 - 150 000]/Y = 30%，因此 Y = 1 500 000，或者如果熟记 CVP 公式，则 Y = 150 000/[（15 - 9）/15 - 30%] = 1 500 000。建议用笨方法，笨方法虽然稍慢但一般不会出错，选 B。但建议笨方法和公式法都记，因为有的考试中可能无法使用笨方法。

2. 假设企业有多种产品

如果是多个产品，在进行 CVP 计算时的重要假设是产品组合的比例是不变的（否则会有无数个盈亏平衡点），具体步骤如下。

（1）先计算加权平均的单位边际贡献，加权平均单位边际贡献的一般算法是指各自产品的单位边际贡献乘以各自的销售量然后除以总销售量，然后相加。这是假设销量组合不变。但也有的情况是假设销售金额/销售收入组合不变，则加权平均单位边际贡献的一般算法是指各自产品的单位边际贡献乘以各自的销售收入然后除以总销售收入，然后相加。考试中做题时一定要看清了具体的假设是什么，不排除有其他的可能性。

（2）求出盈亏平衡点平均总数量后，乘以各自的加权平均比重分配到每种产品上。

练习题。ABC 公司制造以下三种产品。

	产品 1	产品 2	产品 3
预算的单位销量	10 000	7 000	3 000
单位售价	\$1 000	\$5 000	\$8 000
单位变动成本	\$400	\$3 000	\$4 000
产品固定成本	\$5 000 000	\$12 000 000	\$10 000 000

假设公司的销售组合金额保持不变，则公司达到收支平衡点的销售件数为（　　）。

A. 16 875　B. 16 833　C. 10 830　D. 4 091

解答：题中的单位销量实际上是不正确的翻译，英文是 units sold，正确的翻译应该是销量或销售件数。另外，谨防不正确的翻译为销售单位。

首先，单位加权平均的边际贡献 =

（1 000 - 400）×10 000 ×1 000/（10 000 ×1 000 + 7 000 ×5 000 + 3 000 ×8 000）

$+(5\ 000-3\ 000)\times 7\ 000\times 5\ 000/(10\ 000\times 1000+7\ 000\times 5000+3\ 000\times 8\ 000)$
$+(8\ 000-4\ 000)\times 3\ 000\times 8\ 000/(10\ 000\times 1000+7\ 000\times 5000+3\ 000\times 8\ 000)$
$=86.96+1\ 014.49+1\ 391.3=2\ 492.75$(美元)

其次，总固定成本 = 5 000 000 + 12 000 000 + 10 000 000 = 27 000 000 （美元）

因此，盈亏平衡点的数量 = 27 000 000/2 492.75 = 10 831 （件），选 C。

注意：千万要看仔细假设是什么，此题的假设是销售金额组合不变（题中的措辞是销售组合金额不变，这是翻译不恰当）。但如果此题的假设换为，假设销量组合不变，则解答如下。

首先，单位加权平均的边际贡献 $=(1\ 000-400)\times 10\ 000/(10\ 000+7\ 000+3\ 000)$
$+(5\ 000-3\ 000)\times 7\ 000/(10\ 000+7\ 000+3\ 000)$
$+(8\ 000-4\ 000)\times 3\ 000/(10\ 000+7\ 000+3\ 000)$
$=300+700+600=1\ 600$(美元)

其次，总固定成本 = 5 000 000 + 12 000 000 + 10 000 000 = 27 000 000 （美元）

因此，盈亏平衡点的数量 = 27 000 000/1 600 = 16 875 （件），选 A。

安全边际（margin of safety）= 实际或预算的销售收入或销量 − 盈亏平衡点的销售收入或销量。这是敏感性分析的一个体现，它的含义是销售下降多少才可以使企业降到盈亏平衡点以下（即亏损），当然安全边际越大越好。安全边际率 =（预计收入 − 盈亏平衡收入）/预计收入。当然在有的情形下，安全边际也可以用于实际或预算的销售收入或销量和非零的目标销售收入或销量之间的关系，并不一定非要和盈亏平衡点的销售收入或销量对比。

产品组合的变化对盈亏平衡点的影响如下。

■ 高边际贡献的产品销售比例增加会降低盈亏平衡点的销量或销售收入，即更容易达到盈亏平衡点。高边际贡献的产品销售比例增加会带来较高的单位加权平均边际贡献（分母），固定成本不变（分子），因此，盈亏平衡点的销量或销售收入就会变低。

■ 低边际贡献的产品销售比例增加（或者说高边际贡献的产品销售比例减小）会提高盈亏平衡点的销量或销售收入，即更难达到盈亏平衡点，道理同上。

案例：M 城市拥有并经营一个社区游泳池。游泳池在每年夏天的 6 月、7 月、8 月 3 个月开放 90 天，每个顾客按天收费。根据法律，10% 的收入要上缴给旅游促进基金。城市经理给设定一个目标，即门票收入减去市政缴费，再减变动成本后，要够支付固定成本。变动成本是毛销售收入的 15%。这 3 个月的固定成本是 $33 000。当年游泳池的预算如下。成人门票收入：每天 30 个人 ×90 天 × \$5.00 = \$13 500；学生收入：每天有 120 个人 ×90 天 × \$2.50 = \$27 000；总销售收入：\$40 500；市政旅游促进基金缴费：\$4 050；净销售收入：\$36 450；变动成本：\$6 075；固定成本：\$33 000；亏损：\$2 625。

要求：A. 以目前预计的成人和学生这样的客源组合，本季需要多少人次才可以保本？B. **如果不考虑目前的客源组合，本季能保本的最大入池人次是多少？**C. **如果不考虑目前的客源组合，本季能保本的最小入池人次是多少？**

解答：注意，CMA 考试中经常会出现新题型和一些非常规的企业类型。这样考验知识点的掌握是否牢固以及应用能力。

A. 成人的单位边际贡献为：5 ×（1 – 10% 市政缴费 – 15% 变动成本）= 3.75，学生的单位边际贡献：2.5 ×（1 – 10% 市政缴费 – 15% 变动成本）= 1.875，它们的组合是：成人 20%，即 30/(30 + 120)，学生 80%，即 120/(30 + 120)，因此，加权平均单位边际贡献为 3.75 × 20% + 1.875 × 80% = 2.25，每季盈亏平衡点销量为（来游泳池的人数）：\$33 000 ÷ \$2.25 = 14 667。当然如果接着问盈亏平衡点时成人和学生的数量分别是多少，则答案为：成人数量 = 14 667 × 20% = 2 933（人），学生数量 = 14 667 × 80% = 11 734（人）。

B. 盈亏平衡点最大的客流人数。单位边际贡献小的客人如果比例增加会增加盈亏平衡点的数量，因此，如果问盈亏平衡点最大的客人数量，则假设都是单位边际贡献较低的学生来游泳。假设都是学生来游泳，学生：33 000 ÷ 1.875 = 17 600（人/每季）。

C. 盈亏平衡点最小的客流人数为，成年人：33 000 ÷ 3.75 = 8 800（人/每季）。

注意：考试中出题很灵活，一定要牢记知识并学会触类旁通。

利用 CVP 进行增加营销费用的决策

企业时常会作是否需要增加广告等营销费用的决策。决策依据是：如果增加营销费用能使销量增加的数量超过 A，则可以，否则不可以，A = 营销费用除以单位边际贡献。另外一种形式的决策方法为：如果增加营销费用而增加的销量乘以单位边际贡献大于增加的营销费用则可以，否则不可以。

举例：DM 制造公司生产两种产品（单位产品相关数据见下表）。固定制造成本按照 \$1.00 每机器小时来分摊。销售经理有 \$160 000 的增加预算用于广告，用于最赚钱的产品。这些产品在顾客眼中是不能相互替换的。

	A	B
销售价	\$4.00	\$3.00
变动制造成本	\$2.00	\$1.50

固定制造成本	$0.75	$0.20
变动销售成本	$1.00	$1.00

1. 假设销售经理选择将所有的 $160 000 用来增加 A 的广告。那么 A 至少需要增加（　　）销售才能补偿这些广告费。

A. $640 000　　B. $160 000　　C. $128 000　　D. $80 000

解答：B。产品 A 的边际贡献是每个 $1（=4－2－1）。因此，至少要增加销量 = 160 000/1 = 160 000（个）。当然也可用笨方法，即假设增加的销量为 y，则 y ×（4－2－1）－160 000 = 0。

2. 假设销售经理决定将所有的 $160 000 用于 B 的广告。那么 B 至少需要增加（　　）销售才能补偿这些广告费。

A. $160 000　　B. $320 000　　C. $960 000　　D. $1 600 000

解答：至少增加的销量 = 160 000/（3－1.5－1）= 320 000（个）。因此，需要至少增加的销售收入 = 320 000 × 3 = 960 000，选择 C。

有效利用约束性资源的生产排产决策

有效利用约束性资源的决策可以说是 TOC 约束原理的延伸。一个公司经常会遇到在某一方面的资源受限，如工厂面积受限，因此，无法存放更多的产成品；直接人工小时受限（在中国某些地方招工人很难）；原材料受限（只能购买到有限数量的原材料）；电力供应受限等。因此很现实的一个课题是企业在某一方面资源受限的情况下，安排先生产哪个产品（一般企业都有多个产品）。TOC 最初更多的是描述在一个生产线上某一个车间或工序是瓶颈，此处是 TOC 的延伸应用，延伸到一个公司的范围，瓶颈可能出现在很多领域，比如刚才讲的面积、原料甚至限电等。这时正确决策是应优先生产单位有限资源边际贡献最大的产品，即单位产品边际贡献除以单位产品所耗用的受限资源的数量。注意，一定不能用单位边际贡献或边际贡献率。注：企业中如果同时遇到多个受限资源，则用线性规划解决（线性规划不是目前的考试范围）。

举例：MNO 企业有三种产品，A、B、C，它们目前单位产品的数据如下：

	A	B	C
销售价格（元）	170	265	240
减：直接材料成本	22	70	30
减：其他变动成本	100	95	145
边际贡献	48	100	65
边际贡献率	28.2%	37.7%	27.1%

由于原材料供应商工人罢工，目前只有原材料 4 800 千克，一定时间内，不能购买到更多原材料。原材料单价为每千克 8 元。请问公司应优先生产哪种产品？

解答：这是典型的约束条件下企业生产产品排产的案例，一定记住不要被产品的单位边际贡献和边际贡献率迷惑，如果单纯按照单位产品的边际贡献或者边际贡献率，产品 A 都不应排第 1 位，科学的方法是按照每千克原材料的边际贡献来排产。每千克原材料的产品的边际贡献数据如下。A = 48/(22/8) = 17.5，其中，22/8 是直接材料用量的计算；B = 100/(70/8) = 11.4；C = 65/(30/8) = 17.3。因此，结论是优先生产 A 产品。注意，考试中经常不会直接告诉你某数据，例如此题中的单位产品的材料用量，一定要会灵活地找到相应的要素来间接推算出需要的数据。

特殊订单定价/临时订单定价

特殊订单：短期的、一次性的或临时性的订单，这些订单一般不具重复性和延续性，仅为偶发。例如，世博会期间，某大型展馆一次定了 2 000 份商务盒饭。又如，某企业的常规供应商 A 发生了不测的状况，因而此企业临时在另外一家供应商 B 采购一定数量的原料。等其常规供应商 A 恢复营业后就不再订购临时供应商 B 的原料等。这在企业里可能会发生，如果您公司接到了临时订单应该如何进行决策呢？特殊订单需考虑的主要因素是特殊订单的增量生产成本及产能情况。

决策公式：特殊订单单位产品报价（A）要 >（制造特殊订单产品的增量/边际成本 + 因制造特殊订单可能发生的单位产品的机会成本）。

增量成本：是指额外生产一个产品所必然额外增加的成本，一般是变动成本，如直接材料、人工和变动制造费用等，一般不涉及固定成本。特殊订单的变动生产成本肯定是要增量直接发生的。另外，题中若没有特殊说明，则视所有变动成本（生产的、销售的等）为增量成本。注：实际上，变动销/管费用不一定涉及，或涉及的金额和其他普通订单不一样，例如，不一定发生或不一定发生那么多销售佣金及销售运费等。例如，该客户自己上门来取产品则不发生销售运费，又如，接某个特殊订单，单位销售变动成本由正常销售的 \$18 变成 \$5，则变动销售成本中只有 \$5 是增量成本，是相关的。

机会成本：如有充足的剩余产能可以生产此特殊订单，则无机会成本，因为这时候剩余产能闲着并没有其他用途。如果没有过剩产能或过剩产能不够而占用其他产品的产能，即其他产品因此全部或部分要停产，让位于此特殊订单，此时则会发生机会成本，因为生产特殊订单则放弃了生产其他产品从而赚取收益的机会。则机会成本是占用（“顶替”）其他产品的边际贡献。机会成本的计算如下。

■ 目前没有剩余产能：特殊订单的产品有可能不是正好一对一地占用/顶替现有的产品。例如，特殊订单的 X 产品生产一个需 20 分钟，而现在产品 Y 是 25 分钟，因此，占用/顶了 20/25 = 0.8（个）现有产品，发生的机会成本 = 0.8 × 现有产品的单位边际贡献。窍门是用特殊订单的单位产品用时除以现有产品的单位用时，然后乘以被占用产品的单位边际贡献。当然若产品是一对一“顶替”，则就直接用现有产品的单位边际贡献。

■ 部分剩余产能：即企业有剩余产能，但只够生产一部分特殊订单的产品，例如，特殊订单 75 个产品，目前的剩余产能只够生产 40 个。计算机会成本的方法如下。

■ 先计算需占用现有产品的那部分特殊订单的数量［如上例是 75 − 45 = 35（个）］；

■ 然后计算这部分数量所占用的现有产品的总机会成本（计算和上述一样，注意看是不是一对一“顶替”）。举例：假设此例中“顶”的比率为 1 个特殊订单的产品“顶”1.2 个现有产品，而且单位现有产品的边际贡献为 100 元，则总机会成本 = 35 × 1.2 × 100。

■ 然后除以特殊订单总数量（如上例是 75 个），从而得出单位特殊订单产品所发生的机会成本。

■ 注意：一定要除以特殊订单的总数量，即使只有一部分特殊订单的产品需占用现有产品的生产。注，考试中要灵活判断产能状况，例如，题中说企业产能 1 000，销量 1 000，实际上这意味着满负荷生产、没有剩余产能，因为产能 1 000，销量 1 000，意味着生产至少 1 000。因此，企业是满负荷或超负荷生产。

接受特殊订单的财务影响/对企业利润的影响：（1）若特殊订单的单位产品报价（A）> 特殊订单的单位产品的增量成本及单位产品机会成本的合计（B），则企业会增加利润 @（A − B）× 特殊订单的数量；（2）若 A < B，则企业会亏损@（A − B）× 特殊订单的数量。

特殊订单决策需考虑的非财务因素如下。

（1）要作好保密工作，因为其他客户知道后可能都来要求降价，甚至因此丢失客户，因为客户可能会转而找其他供应商。

（2）另外，要作好充分而且合理的沟通，即特殊订单的定价是特殊情况下发生的，不具有重复性和长期性。特殊订单客户下次有可能还来并要求以此低价购买，但下次的情况可能有所不同，比如没有过剩产能了。因此，要具体情况，具体决策，而且要和客户有充分的沟通，以避免误解。

（3）看是否能很好地利用特殊订单，争取未来和特殊订单客户有更多的合作机会等。

练习题 1：ABC 公司目前市场需求旺盛，满负荷生产 X 产品，MNO 公司因公司内部出现问题暂时无法正常生产 Z 产品，因此想让 ABC 公司临时给生产 500 个 Z，ABC 公司有能力生产此产品，产品相关信息如下。

X 单位成本（元）：原材料 300，直接人工 200，其他变动生产成本 100，固定生产成本 100，销售运费及销售佣金 50，固定销售管理费用 400；此产品单位售价：1 000

元；此产品生产单位耗时是 5 小时。

Z 单位成本（元）：原材料 500，直接人工 200，其他变动生产成本 50，固定生产成本 100，销售运费及佣金 60，固定销售管理费用 800；此产品单位生产耗时是 3 个小时。问：MNO 公司报价多少（按单价）以上 ABC 公司才应该接受？

解答：注意，此时 ABC 公司没有剩余产能，另外，Z 产品和现在 ABC 生产的 X 产品的用时不同，因此，报价要 >（增量成本 + 机会成本）= 500 + 200 + 50 + 60 +（1 000 − 300 − 200 − 100 − 50）× 3/5 = 810 + 350 × 3/5 = 1 020（元）。假设上题改成 ABC 公司目前有些剩余产能，能生产其中 200 个 Z，问：接 500 个 Z 特殊订单，ABC 要求对方的报价底线是多少？解答：报价要 >（增量成本 + 机会成本）= 500 + 200 + 50 + 60 + [（500 − 200）×（1 000 − 300 − 200 − 100 − 50）×（3/5）]/500 = 810 +（350 × 3/5）× 300/500 = 936（元）。

自制与外购决策

企业就某种产品（或者半成品）考虑是否要外购。此时的决策分析如下。

方案 A：外购的生产成本。外购方案的生产成本 = 外购的价格 + 不可避免的生产成本（因为有些生产成本即使外购而不自产了还仍然照旧发生，例如分配过来的生产总监的工资等）− 因外购而不再自产所产生的机会收益（例如将生产线出租或生产其他的产品）。

方案 B：自产的生产成本。即直接材料 + 直接人工 + 制造费用。

然后比较哪个方案的生产成本小，则选择哪个方案。

注：自制产品与外购产品的分析中，一般来讲，非生产职能的成本（如销售、财务、人事、行政等）是无关成本，因为两种方案中的此类成本是相同的。

上面的决策分析可以转换为另外一种形式的决策分析，即外购的价格 − 机会收益 VS（不自产后）可避免的成本。这是因为上述方案 B 中的生产成本可以分解成：不自产后可避免成本 + 不自产后不可避免成本，方案 A 和方案 B 中同时有不自产后不可避免成本，因此，此要素可以消除从而出现了另外一种决策形式，即外购的价格 − 机会收益 VS 不自产可避免的成本。当然还可以继续生成另外一种决策分析形式，即外购的价格 VS 不自产后可避免的成本 + 机会收益。CMA 考试中一般用这种决策形式，但建议如果最初不太好理解此决策公式时，可以通过第一种分析决策形式来帮助理解。

因此自制的、外购的决策公式为：看外购的价格是否 <（不自产的）可避免生产成本 + 相应的机会收益也叫机会成本之和。若小于则接受，大于则不接受。注意：“直接

成本或叫（不自产的）可避免生产成本＋相应的机会收益也叫机会成本之和”这种决策形式相当于加法和减法的问题，外购价格相当于给企业增加成本，可避免成本相当于给企业减少成本，因此如果增加的少而减少的多，则对企业划算，从而企业会采用外购，否则采用自产。

可避免成本：包括可避免的变动成本和可避免的固定成本。一般来讲变动生产成本部分是可避免的，是相关的。另外，固定生产成本可避免多少，也要具体看题。有些固定成本是不可避免的，例如，很多企业都是一条生产线同时生产几种产品，假设只外购其中一种产品，该生产线的折旧费一般是不可避免的，因为还要生产其他产品，一般不可能将这条生产线卖掉。但“背着抱着一边沉”，如果此时折旧费是不可避免的，但与此同时可能会产生相关的机会收益，例如剩下来的产能生产其他产品等。当然如果现在这条生产线因此剩余的产能没有其他用途，则没有此机会成本。注：如果题中没有特殊说明的话，固定成本应视为不可避免成本。

注意：有个别变动生产成本，例如材料整理成本（比如占材料成本的20%），即货物购进后无论是产成品/半成品都要进行归置、码放等。自制和外购都可能会发生，则计算时两边都要计算此成本。只是对象不一样，一个是外购成品的成本乘以20%，一个是购进的原材料乘以20%。

自制 vs 外购相关的机会收益/机会成本：例如，可以用闲下来的设备生产别的产品，取其边际贡献作为机会收益，或闲置下来的设备可以出租从而得到租金收益作为机会收益等，如果企业发生不了以上事情，则没有机会收益。注：很多时候，某些成本是否能避免是相对的，需看管理层的决策，但一般来讲，“背着抱着一边沉”，即如果企业有不可避免的成本，比如生产设施的折旧，但往往此时也因为生产设施得以保留从而能产生机会收益，例如出租出去或生产其他的产品等。相反，管理层如果作出不同的决策，如将生产设施卖掉，从而折旧又变成了可避免成本。另外，自制与外购决策涉及的时间长度要进行合理的选择。

在决策计算时，可以用总成本法或单位成本法。总成本法较简单，即一定时期内，比如一年，总外购数量×单价 VS 此期间相对应的自产总量×单位可避免成本＋此期间的总机会收益。如果用单位产品成本法，则单位外购价 VS（单位可避免成本＋总机会收益除以总外购量）。

自制 vs 外购决策对公司财务/损益的影响如下。

■ 若外购价（A）<（单位可避免成本＋总机会收益除以总外购量）（B），若外购则企业的利润会增加：（B－A）×采购的数量。

■ 若 A > B，若外购则企业的利润会亏损：（A－B）×采购的数量。

注意：上述自制与外购的决策也适用于公司将一个职能部门或职能部门中的一部分进行外包。例如，外包生产职能。比如苹果公司外包生产职能给富士康，又如外包人事部的培训职能、外包 IT 部分职能，甚至外包研发的一些职能等。而相对比，租赁 vs 采购是针对企业运营使用的设备（而原材料、半成品等不能租赁）。

自制与外购的案例分析

案例 1. MNO 中国汽车制造公司有一下属子公司专门生产汽车空调设备，现在正在考虑是否应该停止自产汽车空调而外购其他专业汽车零备件公司的汽车空调系统。假设采购价格为 300 元一个汽车空调系统，如果自产，单位生产成本为 295 元。如果企业不自产，但保留生产设施然后出租，每年租金为 1 000 万元，同时 MNO 公司单位成本 295 元中有 15 元的折旧费是不可避免成本，或者说 280 元（即 295 - 15）是可避免成本。目前的生产设施的寿命期还有 3 年。企业使用直线折旧法。MNO 公司计划每年采购 25 万个汽车空调系统。如果你是 MNO 公司的运营总监，你如何作此决策？

解答：旧设备的处理可分下面两种情形。

（1）3 年内（设备的最后使用期）保留剩余生产设施进行出租等。采购价格 = 300（元），单位可避免成本 + 单位机会收益 = 280 + 10 000 000/250 000 = 280 + 40 = 320（元），因此，采购更合适。但生产设施剩余的使用年限为 3 年，因此，在之后的 3 年中，成本的对比是采购成本 260 元 VS 可避免成本 280 元，但第 4 年后因为设备已无法使用和出租，因此，成本的对比变为采购成本 300 元 VS 280 元，从而自制更合适。

假设真的如此，企业又重新选择自制，从而企业又购买新的生产设施，假设新的生产设施使用寿命年限为 10 年，重新自制后，如果还是分析自制与外购哪个方案更好，答案还是 A：采购价格 300 元，B：可避免成本 + 机会收益 = 280 + 10 000 000/250 000 = 280 + 40 = 320（元），因此，采购更合适。此决策结果和新设备采购前的决策结果是一样的，即都是采购更合算。因此，在上述决策中应该忽略生产设施剩余的年限。正常对比即可，即 A：采购价格 300 元，B：可避免成本 = 280 + 10 000 000/250 000 = 280 + 40 = 320（元），因此，采购更合适。从另一个角度的佐证为：这是一个典型的两种方案的对比决策。一种方案是自制，则虽然旧设备只有 3 年的使用年限，但旧设备到期后需购买新设备替换。另外一种方案是在外面采购该产品。因此，此时的旧设备到期后折旧费用并没有停止，因为新设备仍然产生折旧费用，而且因为生产设备得以延续仍然可产生机会收益。

（2）将剩余的生产设施卖掉。企业决定如果不自产了，将现在的生产设施卖掉，假设变卖收入为 2 800 万元。采购成本 = 300（元）。单位可避免成本 = 280 + 15 = 295（元）（因为生产设施卖掉后，折旧费也同时可以避免了）。另外，此时的机会收益 2 800 万元是针对设备的最后的 3 年使用期，等于放弃最后 3 年期继续使用此生产设备，从而将其现在卖掉。计算单位机会收益时应该用 2 800 万元除以生产设施的剩余寿命使用年限，然后再除以每年的数量 25 万个，即机会收益 = （28 000 000/3）/250 000 = 37.3（元）。因此，单位可避免成本和单位机会收益之和 = 295 + 37.3 = 332.3（元）。因此采购更合理。

从另外一个角度，如果分成两种方案，即一种方案是外购，另一种方案是一直自产下去。在一直自产下去的方案中，机会收益的产生不仅是假设现在还剩 3 年期的旧设备卖掉，之后旧设备到期后而购置替换的新设备也是假设因为自产从而将其卖掉，但新设备卖掉的收入肯定更高，相应的对应的新设备的使用寿命年限也长。当然考试中一般不会有这么复杂的思考和计算，但实际工作中可能会出现。上述方案的决策分析内容，供大家参考。

案例 2. MNO 中国汽车制造公司现在有一下属子公司专门生产汽车空调设备，该子公司有一条生产线生产两种型号的产品：AC - A 是中高端的，AC - B 是低端的。现在企业正在考虑是否应该停止自产低端的汽车空调而外购其他专业汽车零备件公司的汽车空调系统，假设低端汽车空调的采购价格为 270 元一个，如果不自产了，可避免生产成本为 220 元，虽然不自产低端的汽车空调，但闲置的产能可以用于生产高端的汽车空调系统从而取得每台 60 元的边际贡献。如果你是 MNO 公司的运营总监，你如何作此决策？

解答：需比较采购价格 270 元 VS 单位可避免成本加单位机会收益之和，即 220 + 60 = 280（元），因此采购更合算。或者用另外一种方法，（A）供应商的报价 270 元减虽然不自产低端的汽车空调，但闲置的产能可以用于生产高端的汽车空调系统从而取得每台 60 元的边际贡献，合计 210 元；（B）可避免成本 220 元，因此采购更合算。

案例 3. MNO 公司 IT 部门现有 5 名人员，3 个人负责计算机等硬件维护，2 个人负责 ERP 维护。MNO 公司想外包计算机等硬件维护职能给一中关村的专业计算机等硬件维护公司。MNO 公司需要考虑的是：（A）该中关村专业公司的整年报价 VS（B）可避免成本，即计算机等硬件维护人员的工资等相关成本 + 机会收益（需看具体情况，如腾出的办公空间可以给别的部门人员使用，可能从而节省了办公室租金等）。

上面我们列举了 3 种案例，实际工作中尽管可能会有些不同的情形，但整体思路是一样的。*另外注意：决策也要使用重要性原则，一些不实质影响决策进而可忽略的因素和数据不必深究。而且决策时都应该留一些安全边际，即万一实际和预计不符，只要差距不太大，决策仍然是正确的，即决策时“留一手”、留点富余。*

自制与外购决策的延伸

另外，当市场的需求大于企业现在的产能，因为产能不够了，从而企业考虑外购产品。之所以这区别于上面讲的自制与外购的决策是因为在这种情形下由于企业已经满负荷产能因而不能自制了。从长期角度来讲，企业需考虑是否进行长期投资扩大企业产能。但从短期角度来讲，企业的决策如何呢？此时可分为两种情形。

（A）企业只有一种产品，则决策的依据为：外购的成本越小越好，上限是外购的成本要小于客户报价，因为反正自己的产能也已饱和，外购能挣钱就是额外赚的。

（B）企业有多种产品，假设三种：A、B、C。如果此时市场需求大于产能，此时的决策变为：企业应该优先自产哪些产品或者说企业应该优先外购哪种产品以及相应的外购数量。或者决策依据是：优先自产单位约束条件下（外购价减自制成本）最大的产品，即计算（产品的外购价减自产成本）/产品的约束条件。因为此数越大意味着外购越不合适，因此应该优先自产。若题目问的是优先外购哪些产品以弥补现有产能和市场需求的缺口，则答案正好相反，即优先外购单位约束条件下（外购价减自产成本）最小的产品，但上限是外购的价格不能超过客户的报价。注：约束条件一般是指限制企业目前的产能而不能满足市场需求的因素，比如人工小时、机器小时等。

上面的情形实际上已经不是标准的自制与外购决策，因为此时企业的产能受限，已无法进行自产，从而为了满足市场的需求而外购一些产品。标准的自制与外购决策是战略上的考虑，企业长期而言应该自产还是外购或外包，并不是因为暂时的产能不足而外购。

案例：ABC 工业公司签订了一项合同，需要提供 30 000 单位的 A 产品和 20 000 单位的 B 产品。ABC 的职员为了满足合同需求而提供了以下信息。

A 产品、B 产品单位产品的信息如下。

	A	B
售价	\$75	\$125
变动成本	\$30	\$48
耗用的机器小时	3	5
外包成本	\$45	\$60

另外，公司目前现有机器小时共 160 000，公司固定制造费用 \$1 600 000。

ABC 的运营经理提供了以下方案，如果给 ABC 公司管理层提供建议，应该选择（　　）方案较好。

A. 生产 30 000 单位 A 产品，并利用剩余产能生产 B 产品，最后将不能生产的部分进行外包

B. 生产 25 000 单位 A 产品，并利用剩余产能生产 B 产品，最后将不能生产的部分进行外包

C. 生产 20 000 单位 A 产品，并利用剩余产能生产 B 产品，最后将不能生产的部分进行外包

D. 租用额外 30 000 机时的产能，这会增加 \$150 000 的固定成本

解答：此题很有意思！在有约束条件下本来应该优先生产每单位时间边际贡献大的产品，但因为本公司无法生产出合同需求的产量，有一部分产量需要外包，还要考虑外包的成本，因此，不能简单用约束条件下的规律解决问题，这不属于传统的 TOC 或 TOC 延伸的决策。

遇到约束条件，很多企业为了能完全满足市场需求，而去外购因约束条件限制所无法完成的产能，当然前提条件是外购必须是赚钱的，即外购成本小于售价。企业要优先自产什么产品呢？答案是优先自产单位约束条件的外购价减自产成本最高的那个产品，依次类推，即用每个产品的外购报价减自产成本然后除以该产品所耗用的约束因素的量，谁最高谁就优先自产，因为最高代表外购太贵不划算的程度最高。切忌不要按照产品的单位边际贡献或边际贡献，也不要按照外购报价减自产成本的绝对值，而是应该按照外购报价减自产成本然后除以单位产品消耗的约束条件数量！

解答：A 产品：(45 - 30)/3 = 5，B 产品：(60 - 48)/5 = 2.4，因此优先自产 A，即将时间先分配给 A（30 000 × 3 = 90 000），剩余的时间为：160 000 - 90 000 = 70 000，可生产 14 000 个 B，然后外购 6 000 个 B。

注意，如果考试问优先外购哪个产品，则答案是优先外购“(外购价减自制成本)/约束条件”最小的。但如果题目问优先外购产品的数量是多少，则还需先计算优先自产哪个/哪些产品以及计算优先自产的产品数量，然后挤出外购产品的数量。

外购/外包的优点：

■ 让企业战略上更专注核心竞争力的业务；

■ 通过外部某些企业的专业和规模经济来降低产品成本，提高本公司的效率；

■ 避免设备或产品的过快贬值或过快更新换代的风险；

■ 可以接触更高新的甚至是最新的科技，比如计算机厂商自己不生产芯片而让英特尔供货；

■ 外包可以降低投资，降低负债额和负债率；

■ 企业可以用不自产而节省下来的资金投资其他更有益的项目等。

外购/外包的缺点：

■ 质量可能会失控；

■ 交付可能会失控；

■ 过于依赖外部供应商，企业运营不太灵活；

■ 保密方面可能会有问题，比如外包人事或财务；

■ 可能会完全丧失企业某些方面的专业的技能和经验等。

注：以上优点和缺点中除了降低成本、降低投资、节约资金这些财务/定量要素外，

其他是外购要考虑的非财务要素或者是定性因素。

自制与外购决策的一些误区

外购报价千万别只跟传统的账面上的产品成本作比较，一般人容易犯此错误。产品成本一般包括三大件：直接材料、直接人工和制造费用。如果如此比较的话，外购价小不一定要外购！相反如果外购价大也不一定不外购，具体公式一定要按照前面讲的！否则会给企业带来重大的影响！举例：一个汽车企业目前自己生产轮胎，现在分析是否外购轮胎。供应商报价1 000 元一个，目前自己公司的生产成本是1 200 元一个，表面上看应该外购，因为省了200 元，实际上不对！因为：外购价不能和会计意义上的生产成本比较！表面看，自制与外购的决策是比较外购某物件的价格和自己生产该物件的成本，举例：很多人会比较自己做（自制）某个菜（比如说一盘西红柿炒鸡蛋）的成本和在饭馆购买该菜的价钱（外购）。此时假设1 200 元的生产成本里变动生产成本是800 元，另外400 元是不可避免的固定成本。如果接受外购，则单位产品成本变为：买价1 000 + 400 = 1 400（元），比自己生产还贵了200 元。因此，不能促成此笔交易，否则亏了！

另外，一定要考虑机会成本或机会收益，否则也有可能作出错误判断，举例：一个手机厂分析是否外购主板，供应商报价1 000 元一个，目前自己公司的变动生产成本是800 元一个。表面上看此笔交易不合算，但考虑到机会成本或机会收益后就可能不一样了，此时假设闲下来的车间或产能可以出租带来租金收入或生产别的产品带来边际贡献，每个主板平均边际贡献为300 元或500 元，因此变成1 000 元 VS 1 100 元或1 000 元 VS 1 300 元，无论哪种情况促成此笔生意对公司都好！

案例：假设目前企业生产三种手机，也生产三种手机的各自的主板，企业想外包其中R99 的主板，因为企业认为此款是高端手机，技术更新太快，不如外包（就像计算机厂商购买奔腾处理器），企业计划每月外购10 000 个主板。假设此型号的手机主板的成本是1 000 元，即500 元（直接材料）+ 100 元（直接人工）+ 400 元（制造费用）。其中，400 元的构成包括电费40 元，工头工资20 元，生产部经理的工资30 元，折旧200 元，厂房租金100 元，办公费等10 元。企业计划每月外购10 000 个手机主板，当然一般自产和外购的数量认为是相同的。外购报价 = 820 元。如果进行外购后，企业对目前闲置的相关的设备有两种选择：（A）生产其他产品，一个月能生产2 000 件，每件边际贡献100（元）；（B）租出去，每月租金200 万元。分析如下。

解析：

方案A：可避免成本 = 500 + 100 + 40 + 20 + 10/2 = 665（元）。解释如下。（1）工头工资可避免因为一般是一条生产线一个工头。（2）生产部经理的工资不可避免，因为生产部经理的工资是分摊到三种产品上，不可能R99 不生产了从而把生产部经理的薪水成

比例减少。即使外购R99，生产部经理的整个工资还是照常发生。（3）工头和工人相关的办公费等是可避免的，假设取10/2。（4）电费可避免。（5）折旧是不可避免的，但除非有些设备是某种产品的专用设备，如果外购该产品，则这些专用设备可以卖掉，则此时相关的折旧费是可以避免的。（6）厂房租金不可避免，因为整个厂房下面有三条生产线，不可能因为一条生产线将厂房拆掉1/3。其实因为不可避免成本，一些设施才可以进行出租或生产其他产品从而带来机会收益。单位产品机会成本为2 000 × 100/10 000 = 20（元）。因此，广义的自制成本 = 665 + 20 = 685（元）。外购报价820元，因此不外购。

方案B：可避免成本 = 665 元，单位产品机会成本 = 2 000 000/10 000 = 200 元，自制成本 = 865 元，外购价 = 820 元，因此应该外购。

关闭部门决策

企业有时候会考虑关闭或放弃某个产品，甚至一个大的产品线（相当于SBU/部门）或者一个子公司等。举例：MNO公司现在有三个战略业务单元（SBU），每个战略业务单元代表着一个截然不同的大的产品线，这三个战略业务单元分别是照明产品部、计算机制造部、有机农业部。照明业务又细分为家庭照明、体育设施照明和公共设施照明，而计算机制造业务细分为笔记本电脑和台式电脑等。MNO公司经过一系列的评估，考虑是否要关闭整个照明产品部。此时，管理层如何进行决策呢？

从长期角度来讲，上述关闭部门（即战略业务单元SBU、业务单元BU、某种产品、子公司等）的决策应该比较两个方案，即（A）如果继续延续此部门从而未来带来的净现金流的现值合计；（B）如果关闭此部门，用关闭此部门后的所得，投资未来从而带来的净现金流现值合计。注意：A、B 两个方案的实际期限应该一致，比如说都是10年。两个方案的结果出来后进行比较，哪个方案相比而言得到的折现后的现金流更大，则采用哪个方案。

但在短期而言，假设该部门还没有想好其他方案，如关闭后再投资等或正在研究其他方案，此时需不需要关闭此部门的决策依据为：看该部门的部门贡献是否 >0。具体计算如下。

该部门销售收入

减：相关变动成本（如销售成本、销售运费/佣金等）

= 部门边际贡献

减：可避免的部门固定成本（有时会被值得商榷地称为可控固定成本）

减：关闭部门可能带来的机会收益（如果有）

= 部门贡献（也叫不可避免成本前利润，叫法可能不尽相同但记住公式!）

减：不可避免成本（有时会被值得商榷地称为不可控固定成本）

= 息税前利润

一般来讲，变动成本是可避免的，固定成本可能有些是可避免的，有些是不可避免的，具体看题中给出的信息。

注：机会收益/机会成本是指若关闭部门可能带来的机会收益，如（1）可租出去带来租金收入；（2）或者闲置下来的生产线生产其他的产品，机会收益使用一定期间内，如一年或一个月等，产品的边际贡献额；（3）或者关闭某部门可能给其他部门会带来影响，如会让另外一个部门销量增加 5%，财务影响也要将这一部分考虑进去，考虑的金额等于增加的销量乘以单位边际贡献。

在计算部门贡献时，一定要将机会收益考虑进去，要减去机会收益。

决策标准：若部门贡献 >0，即使净利润 <0，企业暂时需保留此部门，因为保留部门比关闭部门更能为企业带来收益。相反若部门贡献 <0，则应该关闭部门，因为关闭该部门比保留该部门更能为企业带来收益。

可通过另外一个角度去解释。假设不可避免成本是 300 万元，不可避免成本前利润是 60 万元。A 方案：关闭此部门，企业的不可避免成本因为无法避免因而仍然照常发生，而其他成本以及收入都因部门关闭而消失，因此企业亏损 300 万元。注意：关闭部门后公司的利润或损益 = 亏损@不可避免成本，因为边际贡献等可避免成本和销售收入都随着部门关闭而消失。B 方案：不关闭此部门，企业的净利润为 60 - 300 = -240（万元），因此不关闭此部门比关闭此部门减少亏损 60 万元（即亏损 300 万元 VS 亏损 240 万元），即保留此部门企业相比较而言可增加利润 60 万元（即亏损 240 万元 VS 亏损 300 万元）。相反若不可避免成本前利润 <0，企业应该考虑关闭此部门。

决策带来的财务影响

若（减去关闭部门带来的机会收益后的）部门贡献 = \$A，>0，企业应保留此部门。保留此部门比关闭此部门会为企业增加 \$A 的收益。若（减去关闭部门带来的机会收益后的）部门贡献 = \$B，<0，企业应关闭此部门。关闭此部门比保留此部门会为企业增加 \$B 的收益。

注意：关闭部门决策对公司财务的影响指的是差额影响，即关闭部门的收益 VS 不关闭部门的收益。而关闭部门后该部门的收益/利润 = 不可避免成本和给本部门带来的机会收益（如有）之间的净额，因为边际贡献等可避免成本和销售收入都随着部门关闭而消失。因此，考试时一定要区分开（A）关闭部门对公司的财务影响，和（B）关闭部门后该部门的收益。

关闭部门决策需考虑的非财务因素：（1）对当地社区的影响；（2）劳资及工会方面的规定；（3）公司的形象或公众意见；（4）公司整体长期的运营目标（不要卖了后来又重新再买）；（5）部门利润 <0 这种情况是否是暂时的，如果部门能渡过暂时的难关就不要关闭等。

注：部门关闭的决策和自制 VS 外购决策的区别是，此决策侧重彻底关掉部门/产品线而不是关掉后去外购。

案例：MNO 公司 9 月份的营业利润数据如下。

	A 店	B 店	合计
销售收入	\$80 000	\$120 000	\$200 000
变动成本	\$32 000	\$84 000	\$116 000
边际贡献	\$48 000	\$36 000	\$84 000
直接固定成本	\$20 000	\$40 000	\$60 000
门店自身收益（部门利润）	\$28 000	（\$4 000）	\$24 000
共同的固定成本	\$4 000	\$6 000	\$10 000
营业利润	\$24 000	（\$10 000）	\$14 000

MNO 公司额外的信息如下：如果关闭一家门店的话，门店 1/4 的直接固定成本将会保留。MNO 公司根据销售业绩将共同的固定成本分配给每家门店。管理层预计关闭 B 店将会导致 A 店的销量增加 10%，而关闭 A 店则不会影响 B 店的生意。9 月份的营业数据代表了所有月份的业绩。问题：如果 MNO 公司决定关闭 B 店，公司每月的营业利润将会增加（降低）多少？

解答：若关闭 B 店，财务影响是 B 店的部门贡献 $=36\ 000-40\ 000\times3/4-48\ 000\times10\%=1\ 200$（元）。

注意：共同的固定成本是不可避免的。因此，关闭 B 店对财务的影响是 1 200 元（利润减少）。注意，如果是假设售价增加了 2%，则其带来的机会收益是 $80\ 000\times2\%=1\ 600$（元），售价增加不影响成本。

案例 2. A、B 两个部门，A 的 EBIT（息税前利润）是 50K（K＝1 000），B 是负的 35K，总的 EBIT 是 15K，关掉 B 后，收益随之消失，但 85K 的固定成本不会消失，空出来的生产线有 40K 的租金收入，问关掉 B 后总利润是（　　）。

A. 10 000　　B. 5 000　　C. 15 000　　D. 20 000

解答：B 部门关闭后，销售收入消失了（即变为零了），相应的变动成本也消失了（即变为零了），可避免的固定成本也消失了（即变为零了），只有 85K 的不可避免固定成本还在发生，因此，关闭 B 部门后，该部门还在发生亏损 85K。加上 40K 的租金收入以及 A 部门的 50K 的利润，因此，关掉 B 部门后企业的总利润 = -85K + 40K + 50K（A 部门的）= 5K。

注意：此时不能用上面的决策分析，即计算不可避免成本前利润，即 -35K + 85K = 50K，然后下结论，关闭 B 部门亏损 50K，这样做是不对的，因为此决策是差异利润，即关闭 B 部门对比保留 B 部门的利润差异，而不是关闭 B 部门后 B 部门的利润/亏损。

但如果题目问的是关闭 B 部门对公司的影响，则题解：因为减机会收益前的部门贡献 - 不可避免成本 = EBIT，因此，B 部门的减机会收益前的部门贡献（Y）= -35K + 85K = 50K。减去机会收益 40K 后的部门贡献 = 50K - 40K = 10K，因此，关闭 B 部门公司会损失 10K。

销售还是继续加工决策

将产品现在卖掉 VS 产品继续加工后再出售的决策。决策的标准是如果增量的销售收入（即加工后的销售收入 - 加工前的销售收入）> 继续加工成本，则选择继续加工，否则将产品当时出售。这样的决策经常发生在联副产品行业，注意，联副产品的联合成本属于无关成本。另外也经常用于存货返工的决策，即当时出售 VS 返工后再出售等情形，决策依据就是增量销售收入 > 返工成本。

产品定价决策

产品定价对一个企业来讲至关重要，若定价不合理可能会重创企业，有很多实际案例，仅是因为定价失误造成企业亏损几十亿元甚至上百亿元。

定价考虑的主要因素是产品成本、客户、竞争对手，当然也可以更细致地总结成内部的和外部的，其中，内部的因素主要如下。

■ 营销战略/策略、目标：在定价之前，企业必须确定产品或服务的营销战略和目标，例如以下内容。(1) 生存：比如有很多过剩产能，销售不足；(2) 利润最大化：看市场情况，合适的话，尽可能定最高价；(3) 市场份额领导：这时价格一般很低；(4) 产品质量领导：价格一般会很高；(5) 其他：定低价阻止竞争对手、保持顾客忠诚度、低价定一个产品是为了更好地销售其他产品等。(6) 营销组合战略（marketing mix strategy）：价格决策必须考虑营销组合的其他部分，例如产品设计、分销和促销等，影响顾客的不只是价格，比如价格低但售后服务不好或分销渠道不畅也不可以。

■ 产品成本等。

定价考虑的外部因素主要如下。

■ 市场和需求：判断是什么类型的市场，比如完全竞争、垄断竞争、寡头垄断、完全垄断，另外分析价格和需求的关系，在通常的情况下，需求和价格成反比。完全竞争是指产品一样或雷同，厂家众多，但没有一家是突出的，比如农产品。垄断竞争是指产品有一定差异，但仍然是有众多厂家，比如服装行业。寡头垄断是指市场上有几家特别大的公司很突出，影响力显著，比如汽车、手机行业。完全垄断是指整个行业就一家公司。

■ 需求的价格弹性（后面细讲）。

■ 消费者对价格和产品价值的看法：最终是由消费者决定产品的定价是否正确。定价决策和其他营销组合决策一样，必须是购买者导向型的。

■ 竞争对手的战略、价格、成本等信息。

■ 其他：行业情况、产品的生命周期、替代品等。

产品定价可分为长期定价和短期定价，短期定价是指短期的、一次性的，具体我们在其他地方讲解。长期定价一般是一年以上的，着眼长期的。长期定价主要有两种方法：市场基础定价法和成本基础定价法。注意：这两种定价方法只是定价的起始点或考虑的重点不同，但无论哪种定价法都必须同时充分考虑竞争对手定价、客户接受的价格和产品成本等后才可以最终定价。千万不要片面地去理解，比如成本基础定价法只是成本加成！

市场基础定价（market based pricing）

市场基础定价：是指以市场为出发点进行产品定价，充分考虑市场中的关键要素，例如顾客接受的价位、竞争对手的产品价格等。市场基础定价法主要适合市场竞争比较激烈的企业，产品没有太多区分，市场价格驱动和主导定价。市场基础定价法可分为目标定价法和竞争基础定价法。

目标定价法

目标定价法/目标成本法的具体步骤如下。

■ 通过市场调研等手段预计客户愿意接受的产品的类型和价格，同时试探竞争对手的情况及反应；

■ 根据公司要求的目标利润计算出目标成本（价格减目标利润），此时目标成本包括了企业所有成本，产品生产成本和非生产成本，变动成本以及固定成本；

■ 依据此目标成本，公司制造出相应的符合市场需求的产品。若目标成本较低，公司可通过价值工程法、并行工程法、反向工程法等减少成本；

■ 目标成本法经常会结合持续改进的思想（kaizen）以及跨部门团队，例如设计、售后、生产、管理会计师。另外，成本节约和控制要同等重视价值链的上游，比如设计阶段，以及价值链的下游，如生产、售后等。

目标定价法的优缺点如下。

■ 优点：（1）更注重市场，更好地满足客户要求和抓住市场；（2）省去了成本基础加价法可能发生的多次调整价格的麻烦。

■ 缺点：（1）先定价然后推出目标成本可能会造成目标成本最终无法实现，因此，企业可能会接受较少的利润；（2）另外，通过市场调研得到客户接受的价格的过程较复杂，成本也较高；（3）此方法不太适合产品有优势、竞争不太激烈及产品定制的企业。

价值工程法（value engineering）是指评估、研究企业的整个价值链，在满足客户需要的情况下减少成本。分析价值链时确定哪些行为是增值的，哪些是不增值的，不增值的行为要去除，增值的行为要进行持续评估和改进，看是否可以提高效率、减少成本。下面列举了一些不增值的行为。

增值行为与不增值行为

增值行为（value added activity），也称附加值行为，是指能增加顾客对产品或服务的青睐的行为。不增值行为（non-value-added activities），也称非附加值行为，是指增加成本但并没有增加顾客对产品或服务的青睐的行为。不增值行为的例子如下。

不增值行为例子

不增值的行为消耗了资源，但并未给顾客带来价值，如：

- 原材料及其他存货的占压；
- 材料整理包含的配件及原材料在工厂内的搬运；
- 待工、设备调试、闲置资产等；
- 质量检验（从某种意义上来讲，产品应该直接就合格了，不需要检验，检验是多余的）；
- 制造出废品和返工及客户退货或换货；
- 没有考虑客户是否能接受的闭门造车般的产品设计等。

并行工程法（concurrent engineering）：在进行产品设计时要考虑对下游部门，如生产、营销、分销、售后服务等的影响。这是因为很多时候产品设计直接影响到下游部门成本的发生，很多成本的发生在产品设计时已锁定，后期无法更改。

逆向工程法（reverse engineering）：将竞争对手的产品拆开，分析所用材料和工艺流程等。

质量功能配置（quality function deployment）：通过积极获取客户的声音（VOC—voice of customers），将客户的声音和意见及时转换成产品研发、设计、生产等阶段的技术要求，从而提高产品在顾客心中的价值以及节约成本。

锁定成本和发生成本概念区分及应用如下。

■ 锁定成本是指很多发生的成本在产品研发设计阶段就已经锁定了，比如当初不好的设计（如工艺流程、原材料规格等）已注定将来会发生更多的生产成本甚至售后服务成本等。这些成本发生时再控制或减少已经太晚，因此，减少、控制成本很重要的环节是在产品研发、设计阶段。

■ 发生成本是指成本的发生、出现。如果不是由于产品设计出现的问题，则需通过提高效率、提高生产力去控制或减少成本。

竞争基础定价（competition based pricing）

竞争基础定价机制的具体内容如下。

1. 参照竞争对手的价格来制定本公司的售价，根据和竞争对手的产品的同异程度以及公司的经营战略来制定和竞争对手相同的价格或比竞争对手高些或低些的价格。这样做容易抓住市场，因为参照了竞争对手的价格而制定了差不多的现行价格。另外，容易取得比竞争对手更好的竞争优势，从而有利于更好地发展市场，例如产品和竞争对手一样，但价格比它低，又如价格和竞争对手一样，但产品比它出色等。

2. 即便现在有竞争对手的价格可参考，但企业必须同时自己调研和评估市场和顾客喜欢接受的价位，这是因为竞争对手的价格并不意味着是绝对正确的。参考了竞争对手的价格以及同时评估了市场和顾客愿意接受的价格，然后进一步确定产品的价格。企业必须同时考虑成本和所能达到的利润，即企业使用 CVP 工具根据价格和预测销量来倒推出利润，看是否达到企业目标投资报酬率所推算出来的目标利润。如果达不到期望，企业需考虑降低成本、接受较低的利润等。

竞争基础定价法应用比较多，尤其是竞争比较激烈的行业中，刚入行的小公司或刚引进的新产品，以及竞标时等。优点：(1) 容易抓住市场，因为参照了竞争对手的价格而制定了差不多的现行价格；(2) 容易取得比竞争对手更好的竞争优势，从而有利于更好地发展市场，比如产品和竞争对手一样，但价格比它低，又如价格和竞争对手一样，但产品比它出色；(3) 定价更有效率，因为省去了复杂的客户调研或计算成本及加价、调来调去等。缺点：(1) 紧跟竞争对手走很被动，如果竞争对手突然采取改进产品、降价等手段，采用竞争基础定价法的企业如果应对不及时或没有能力应对，会出现一定的问题；(2) 有的新产品刚研发出来，市面上可能还没有可竞争的同类产品。

成本基础定价法

成本基础定价法，简称成本加价法，是指在单位成本基础上加一定百分比或者明确的金额从而计算单位产品的销售价格。成本加价法中几种比较常用的成本方法是：变动成本法、完全生产成本法、全部成本法。下面具体讲解。

A）目标投资回报率法

• 全部成本法。全部成本法是指包含企业所有的成本，即产品的生产成本 + 非生产成本（管理和销售费用等）。单位全部成本法加价的具体步骤：(1) 公司设定目标投资回报率，然后通过投资回报率的公式推算出目标净利润，即投资回报率 = 净利润/投资额或相关资产，因此，目标净利润 = 投资回报率 × 相关资产；(2) 目标净利润额除以

（1－所得税税率）得出目标税前利润额；（3）目标税前利润额除以预测销量得出单位产品加价的数据；（4）全部成本＋此目标加价额＝目标售价，或者利用公式：单位产品的全部成本＋[（目标投资回报率×企业资产）/（1－税率）]/预测销量＝单位产品售价。注意：通过投资回报率推算出的目标税前净利润一定是售价减去企业所有成本（包括生产成本和非生产成本）的税前利润。因此，售价一定不能等于只是变动成本＋税前利润，或只是完全成本（即生产成本）＋税前利润！

• 如果用加成百分比/加价率，则加成百分比＝[（目标投资回报率×企业资产）/（1－税率）]/预测销量/单位产品的全部成本，即上面计算的加价额/单位产品的全部成本，因此，单位产品全部成本×（1＋该加价率）＝单位产品售价。考试中可能会出现：直接告诉你加价率，让你计算售价。则单位产品全部成本×（1＋加价率）＝单位产品的售价。注：加价率≠利润率，加价率/（1＋加价率）＝税前利润率，相反税前利润率/（1－税前利润率）＝加价率。

• 举例：MNO手机制造子公司的目标投资报酬率为20%，投资额为8 000万美元，在产销量为20万台的基础上标准的单位产品生产成本为200美元，单位产品的非生产成本为220美元，所得税率为40%，预测销量为20万台，请计算单位手机的销售价格。

■ 解答（M＝100万，K＝1 000）：销售价格＝200＋220＋[80M×20%/（1－40%）]/200K＝200＋220＋133.33＝553.33，加成的百分比＝[80M×20%/（1－40%）]/200K/（200＋220）＝31.75%。验证一下，（200＋220）×（1＋31.75%）＝553.33，没问题。

• 完全成本法。完全成本实际上就等于生产成本，即直接材料加直接人工加制造费用。根据全部成本法的内容，单位产品生产成本＋单位产品非生产成本＋[（目标投资回报率×企业资产）/（1－税率）]/预测销量＝单位产品售价。因此，单位产品生产成本＋[（目标投资回报率×企业资产）/（1－税率）]/预测销量＋单位产品非生产成本＝单位产品售价。注意：售价的计算千万不能只用完全成本加通过投资回报率推算出的税前利润！

举例：MNO手机制造子公司的目标投资报酬率为20%，投资额为8 000万美元，在产销量为20万台的基础上标准的单位产品生产成本为200美元，预测年销售、管理等费用为44M，所得税率为40%，预测销量为20万台，请计算单位手机的销售价格。

解答（M＝100万，K＝1 000）：销售价格＝200＋[80M×20%/（1－40%）]/200K＋44M/0.2M＝200＋133.33＋220＝553.33，加成的百分比＝[44M＋80M×20%/（1－40%）]/（200×200K）＝176.67%。验证，200×（1＋176.67%）＝553.33，没问题！

• 变动生产成本法。根据全部成本法的内容，单位产品变动生产成本＋单位产品固定生产成本＋单位产品非生产成本＋[（目标投资回报率×企业资产）/（1－税率）]/预测销量＝单位产品售价。因此，单位产品变动生产成本＋[（目标投资回报率×企业资产）/（1－税率）]/预测销量＋单位产品固定生产成本＋单位产品非生产成本＝单位产品售价。注意：售价的计算千万不能只用变动生产成本加通过投资回报率推算出的税前利润！

举例：MNO 手机制造子公司的目标投资报酬率为20%，投资额为8 000 万美元，在产销量为20 万台的基础上标准的单位产品变动生产成本为120 美元，单位产品固定生产成本为80 美元，单位产品的非生产成本为220 美元，预测年销售、管理等费用为44M，所得税率为40%，预测销量为20 万台，请计算单位手机的销售价格。

解答（M＝100 万，K＝1 000）：销售价格＝120＋80M×20%/（1－40%）/200K＋80＋220＝200＋133.33＋220＝553.33，加成的百分比＝[80×200K＋44M＋80M×20%/（1－40%）]/（120×200K）＝361.11%。验证，120×（1＋361.11%）＝553.33，没问题！

注：由于篇幅有限，不再计算变动成本法之加价法，同学们可以按照上面思路，很容易自行计算出来。

B）目标利润率法

假设售价是Y，则利用损益表的公式去推算售价。

举例：某产品单位销货成本是 \$14，按照成本为基础定价，要获得20%的毛利率应该定价多少？

解答：假设售价＝Y，则（Y－14）/Y＝20%，则Y＝17.5。

再举例：某产品单位变动成本是\$16，按照成本为基础定价，要获得45%的边际贡献率应该定价多少？

解答：假设售价＝Y，则（Y－16）/Y＝45%，则Y＝29.1。

举例：某产品单位全部成本，包括生产成本和期间费用，是\$290，税率为25%，按照成本为基础定价，要获得15%的净利润率应该定价多少？

解答：假设售价＝Y，则（Y－290）×（1－25%）/Y＝15%，则Y＝362.5。注意，如果说所有成本包含了所得税则没必要再乘以（1－25%）。具体看题中的信息，要很灵活！

练习题：直接人工600 万元（300 000 个工时，20 元/工时），福利费按直接人工比例提取，福利费为420 万元。直接材料200 万元，材料整理费20 万元，为直接材料比例提取。销售、管理等费用310 万元，是按所有成本项目的一定比例关系提取。接受某一订单需10 000 个工时，200 000 元直接材料，问要获得10%税前利润，其定价为多少？

解答：福利费提取的比例 = 420/600 = 70%，材料整理成本的发生比例 = 20/200 = 10%，另外管理费的提取比例 = 310/(600 + 420 + 200 + 20) = 25%。因此，此工单的定价 = [(10 000 × 20 × (1 + 70%) + 20 × 1.1) × 1.25]/(1 − 10%) = 77.8（万元）。

注意：单位产品成本中除了单位变动成本部分，其他的固定成本的数值（比如单位产品固定制造费用成本、单位产品固定管理费用成本等）不是永远固定不变的，单位产品的固定成本是相对的，随着产量不同而变化，一般是呈反向变化，即产出越多，单位产品的固定成本越小。因此，所有给出的单位产品成本都是建立在特定产出水平上，如果产出水平变化了，该单位产品成本也就随之改变了。因此大家一定要进行相应的考虑和调整。举例：在上面的全部成本法加价法里，标准成本的数据是在产销量为20 万台的基础上，如果假设预测的产销量和标准的销量有实质性出入的话，比如预测产销量为26 万台或15 万台，则相关产品的产品成本应该重新计算，然后再进行加成。

成本基础定价法的优缺点如下。

■ 优点：(1) 简单、易懂、易操作；(2) 不用被动地按照目标成本的限制去生产产品，从而更有利于企业发展更有优势、区分性强的产品；(3) 通过加价能追求更多的利润。

■ 缺点：(1) 定价时忽略了客户需求和竞争对手的反应，因此，即使用成本基础定价法，也必须考虑竞争对手的价格和市场反应，最终制定出最合理的销售价格；(2) 定价后最终还要受市场和竞争对手的影响，因此，可能会反复修改，比较麻烦。

现在有些企业使用全部成本加价法，全部成本包括了生产成本和财务、人事、IT 等支持性部门成本，这样向不同产品分配是个挑战，可用 ABC 作业基础成本法进行成本分配。全部成本加价法的优点如下。

■ 不用分出是变动成本还是固定成本，只要统计生产成本和非生产成本就可以，相对较简单；

■ 促进价格稳定（因为加成率低，不像变动成本加价法那样大的加成比例，容易诱使降价）；

■ 售价覆盖了所有成本，盈利上更保险。

成本基础定价法主要适合竞争不太激烈、产品有一定优势、产品差异性比较强的企业，很多定制产品的企业用此种方法。

CVP 公式在产品定价中的应用

CVP 公式法的优势就是可以通过其他已知条件测算销量、售价、目标利润等。凡是需要，它可以出现在前面的任何定价方法里。我们非常详细地讲述过CVP 的公式。在定价时，可以使用其中的盈亏平衡点法、目标利润值法和目标利润率法。举例：MNO 手机

子公司的目标利润率为15%，企业的所得税率为30%，企业的固定成本为5亿元，假设市场相似类型的手机卖3 000元，企业想利用产品一定的独特优势以及低价夺得更多的市场份额，计划定价在2 600元，该产品的变动成本为1 200元，因此，可以通过CVP公式测算销量是多少。如果管理层相信企业完全可以达到此销量目标，企业则可以定价在2 600元。目标利润率的公式是：销售量=固定成本/（单位边际贡献－售价×税前目标利润率）=5亿元/[2 600－1 200－2 600×15%/(1－30%)]=59.3（万台）。管理层相信59.3万台手机的销量完全可以达到，则可以确定2 600元的定价。但若达不到，企业感觉能卖到50万台，这样也可以倒推出售价，假设售价为A，按照上述公式，50万＝5亿元/[A－1 200－A×15%/(1－30%)]，A＝2 799。企业最终感觉定价2 799元合适，既低于竞争对手的价格，销量和公司目标利润率也可以达到。

定价—其他

产品生命周期预算和产品生命周期成本核算

产品生命周期预算定价法：按产品作整个产品寿命期间的总预算，即从产品研发（出生）一直到产品退出（比如产品生命周期是六年），预算内容包括整个产品寿命期间的总销售收入以及总的产品研发成本、产品设计成本、生产、营销、分销、售后服务等各个阶段的成本。适合研发、产品设计等投入非常大的情形，这样可以避免企业定价因只考虑常规的生产成本等而最终无法完全收回巨大的研发、设计成本，从而导致企业无法盈利。产品生命周期预算能很好地帮助定价决策，可以试算何种定价可以让该产品整个生命周期的总销售收入超过总预算成本并能得到期望的利润。产品生命周期预算定价法适合企业研发、设计投入巨大的产品。

产品生命周期成本核算和产品生命周期预算的道理一样，唯一的区别在于产品生命周期成本核算是记录实际发生的每种产品从最初研发、设计的成本到后来上市后的常规生产成本以及后期的营销、分销及客户服务等成本，而产品生命周期预算涉及的是预测的相关的数据。产品生命周期成本核算最终会揭示每种产品最终是盈利还是亏损。

产品生命周期的不同阶段以及各自的定价等策略

产品生命周期概念认为产品：(1) 寿命是有限的；(2) 会经历不同阶段（如市场导入阶段、增长阶段、成熟阶段等），每个阶段对销售来讲机遇和威胁并存；(3) 在不同产品生命周期阶段需要不同的定价等营销策略。

下面讲述产品生命周期的不同阶段以及各自不同的定价等营销战略。

1. 产品研发阶段：没有销售，没有收入，公司主要就是投入研发成本。

2. 产品引进/导入阶段（market introductiong）（如目前房车等）。

■ 特点：产品刚引进市场，竞争对手少，产品被认可需要时间，销量低、销售增长缓慢，成本高、利润低。

■ 主要营销战略

■ 主要营销目标：增进顾客对新产品的尝试和体验。

■ 产品：此时公司以及竞争对手一般只生产基本规格的产品，产品类型不会太多，目前专注于营销推广基本规格产品，赢得较早接受者的认可和购买。

■ 价格：一开始，由于产销量少，成本会很高，价格一般较高，当然厂商会尽可能压低价格，此阶段价格不是主要考虑因素，最主要任务是宣传、增进客户尝试和体验，很多时候是免费的。

3. 增长期阶段（例如目前电动汽车）。

■ 特点：新产品成功渡过了市场导入阶段，产品销售很快增长，产品进入增长期。除了那些较早的接受者，后来的消费者听说不错后相继来购买，顾客对产品感觉很新鲜很喜欢，因此有可能销售增长非常迅速或形成“井喷”。新的竞争对手闻讯赶来，因为有了赚钱的机会。他们可能会引进新的产品类型，这样市场在不断扩大。销量和产量的增加导致单位成本下降，从而利润在增长。市场远未饱和。

■ 主要营销战略

■ 主要营销目标：市场份额最大化。

■ 产品：持续改善产品质量，增加产品的新特点及新类型。

■ 定价：市场刺入/渗入定价战略。定价较低，攻打、占领尽可能多的市场份额，适当时降价以吸引更多的顾客。

4. 成熟期阶段（如家庭汽车、手机市场等）。

■ 特点：（1）成熟期一般比其他阶段时间长，此时的市场有很多挑战。多数现有产品已达到成熟阶段，营销管理主要是针对这些成熟的产品。（2）销售达到巅峰，销售增长因此放缓，因为销售增长放缓，有些公司可能会出现产能过剩，这时可能有些管理不善的公司退出市场，只有较强的公司留下，即洗牌。手机一直在洗牌，汽车正在洗牌。

■ 主要营销战略

■ 主要营销目标：在捍卫市场份额的同时利润最大化。

■ 产品：在此阶段，产品经理应该寻求方法进行产品调整，比如质量、产品添加新特点、新性能、新样式等，企业通过产品差异化来尽量保持市场份额。例如饮料市场各种新型茶不断出现，如茉莉花茶、绿茶等。

■ 价格：需要的时候进行降价以促进销售。

5. 下滑期阶段。

■ 特点：科技的进步及社会变化等诸多因素最终会导致一些产品销量下滑、售价下滑、利润下降、产品失去吸引力等。在下滑阶段，很多公司选择撤出，有些公司减少产品种类及进一步削减售价和营销费用等。

■ 主要营销战略

■ 主要营销目标：减少开支及尽可能地利用品牌效应进行维持。

其他

不正当定价：（A）倾销（以低于成本价销售或低于本国市场价在国外销售）；（B）价格歧视（在没有正当理由，如不是运费、成本等正当原因）情况下，对不同客户按不同价格销售）；（C）掠夺性定价（以极低的价格，甚至低于成本的价格打压竞争敌手、先占领市场，然后再伺机提价）；（D）价格合谋（又称价格串通）等。

卡特尔（cartels）组织对定价的影响：卡特尔组织是由几个竞争对手建立的有正式约定的联盟，例如欧佩克石油组织等，以进行协调定价、营销和生产，目的是减少竞争，提高利润。建立卡特尔组织的情形往往是该行业仅有少数几个销售者，而且产品较单一。

卡特尔分公共的和私人的。公共卡特尔一般涉及政府间的组织，是受法律保护的。但相对应的私人卡特尔是违法的，因为那样会减少竞争、提高售价。

高峰负荷定价（peak-load pricing）：我们讲过了很多时候定价和成本有关系，但在某些行业及某些特定情况下，定价还要考虑一些非成本的要素，例如产品需求、产能限制等。高峰负荷定价就是一个例子，高峰负荷定价是指在资源有限的情况下，需求高峰时、接近或达到产能极限时提价，需求低谷时降价，例如火车票、旅馆、机票等。

高峰外定价/低谷定价（off-peak pricing）：在客流量低的时候打折，期望增加客流量，如在夜场、冬天等淡季打折。

价格需求弹性

价格需求弹性：衡量顾客的购买意愿的变化对价格变动的敏感度，具体用需求数量或销量的变化百分比除以价格变化的百分比。变化百分比有两种计算方法。

（一）中点法

需求数量的变化百分比 =（价格变动之后的需求量 − 价格变动之前的需求量）/
［（价格变动之后的需求量 + 价格变动之前的需求量）/2］

价格变化百分比 =(新价格 − 之前价格)/[(新价格 + 之前价格)/2]

价格需求弹性系数 = 需求量变化百分比/价格变化百分比

例题：ABC 公司的会计师在完成产品 M 的市场分析后确定，产品 M 的价格如果从 $25 降为 $20，则需求会从 1 000 件增加到 1 500 件。根据提供的信息，使用中点法公式，产品 M 需求的价格弹性为多少？

A. 0.56　　B. 1.33　　C. 1.8　　D. 2.50

解答：需求量的变化百分比 =(1 500 − 1 000)/[(1 500 + 1 000)/2] = 40%，价格的变化百分比 =(20 − 25)/[(25 + 20)/2] = 22.2%，因此，价格弹性系数 = 40%/22.2% = 1.8，选 C。

（二）非中点法

需求数量的变化百分比 =(价格变动之后的需求量 − 价格变动之前的需求量)/价格变动之前的需求量

价格变化百分比 =(新价格 − 之前价格)/之前价格

价格需求弹性系数 = 需求量变化百分比/价格变化百分比

注意：考试中，若提及使用中点法则使用中点法，若没有说明，优先使用中点法，如果没有答案则使用非中点法。

■ 如果该百分比 > 1，属于弹性商品，或者称富有弹性，即需求对价格的变化很敏感。例如降价 10% 导致销量增加 15%，又如提高价格 5%，导致销量下降 8%，一般来讲日用消费品等属于弹性商品。

■ 若百分比 <1，属于非弹性商品，或者称缺乏弹性，即需求对价格的变化不是很敏感。例如降价 10%，然后需求量才增加了 7%，如一些特殊商品，比如药品等。

■ 若百分比 =1，说明商品是不具备弹性的，有时候术语上称作单一弹性。

■ 策略：（1）从销售收入增长来说，弹性产品通过降价可达到目的，非弹性商品通过涨价可达到目的；（2）如果从利润增长来说，弹性商品降价未必可以提高利润，只有在降价带来的毛利下降的百分比小于降价带来销量增长的百分比时才可以提高利润（注：降价后利润率会随之降低），否则会减少利润；非弹性商品通过涨价可增加利润。

练习题：一家生产日用品的公司，行业规模 100 万元，公司占市场份额 30%，市价 22 元，行业总市场规模稳定每年增长 20%，若降价 5 元，份额增加到 40%，成本三年内维持 12 元，问降价策略与维持现状哪种毛利高？

解答：从题中可推测出总市场规模增长和降价没有直接联系。此题中利润降了50%，即[(22－5－12)－(22－12)]/(22－12)，而销量只提高了33%，即（40%－30%)/30%，因此不应降价。具体验证：市场总量是100万元，原单价为22元，单位变动成本为12元，如降价5元，则100万元×40%×(22－5－12)VS 100万元×30%×(22－12)，即200万元VS 300万元，显然不降价更好。即使市场总额连续增长到100亿元，结果也是一样，不降价！因为利润降的比例大于销量增加的比例！但若从增加销售收入的角度来讲，应该降价，因为销量增加了33%而售价降了5/22＝23%。验证：100万元×40%×(22－5)VS 100万元×30%×22，即680万元VS 660万元。

供求规律/定律（laws of supply and demand）

供求规律是指商品的供求关系与商品价格变动之间的相互联系，这在经济学里有至关重要的地位，它包括以下内容。

1. 供求变动引起价格变动。供不应求，价格上涨。这种供不应求会引起价格上涨的趋势，可以在供应量不变而需求量增加的情况下发生，也可以在需求量不变、供应量减少的情况下发生，还可以在供应量增长赶不上需求量增长的情况下发生。

商品供过于求，价格就要下降。它发生的情况和上述正好相反，即供大于求会引起价格下降的趋势，可以在供应量不变而需求量下降的情况下发生，也可以在需求量不变、供应量增加的情况下发生，还可以在供应量增长超过了需求量增长的情况下发生。

需求一般受以下因素的影响。

- 商品的价格。商品价格提高了，一般需求会相应地减少，否则增加。
- 个人喜好/口味（personal taste）。不同的消费者喜欢不同的商品，而且消费者的喜好可能随着时间的推移而发生变化。
- 收入。低档次产品的需求会随着人们收入的提高而减少，即通俗地讲，人们钱多了，会自然而然地去享受更好的东西，而不再愿意消费那些低档次的商品。
- 相关商品的价格。是指很多配套产品（如高尔夫杆和高尔夫球等）中的一种商品价格下降，一般也会引起其配套的其他产品的需求增加。比如蔬菜都便宜了，可能会引起食用油和厨具的需求增加。
- 购买者的预期。消费者可能会预期经济未来的走势，是更好还是下滑，从而相应地影响消费支出。举例：预计到经济不太好，挣钱可能不太容易了，因此少花钱吧。另外，消费者也可以去预测未来商品价格的走势而决定提前购买还是稍后购买，例如，预计房子要涨价，赶紧连夜排队在涨价前买房等。

商品供应的变化一般由下列因素引起。

- 商品的价格。商品价格提高了，一般会促进供应的增加，否则供应减少。
- 原料资源的价格（resource trice）。原料资源价格提高会影响生产成本，若原料资源价格上涨，从而企业不愿生产太多相关产品，因而减少市场的供给。

- 科技。科技发展会降低生产成本，从而促进产量的增加，因而增加市场的供给。
- 税收政策和津贴。税收的变化可以影响产品的成本从而影响企业产品的产出。政府津贴通常会降低成本，促进企业的产出。
- 相似产品的价格。相似产品或替代产品的价格会影响产品的供给。举例：另外一种功能差不多的品牌的手机价格下降了，本商品可能也要降价从而供应量可能也会减少。
- 预期。预期商品可能会大受欢迎、消费量大增，从而可能会增加产量和供给。
- 销售厂家的数量。销售厂家增多了，商品供应自然会增加，若销售厂家不断离开某行业，则供应会减少。

2. 价格变动引起供求变动。其他因素不变，市场需求量与价格呈反方向变动，即价格上涨，需求减少，价格下跌，需求增加。市场供给与商品价格变动呈同方向变动，即价格上涨，供给增加，价格下跌，供给减少。价格的涨落会调节供求，使之平衡。

注：市场供求的不均衡状态有买方市场和卖方市场两种。买方市场是指供给持续超过需求，使买者在与卖者讨价还价中处于有利地位的市场。卖方市场是指需求持续超过供给，使得卖者在与买者讨价还价中形成有利的要价条件的市场。供大于求、产能过剩是买方市场的特征，而商品短缺是卖方市场的特征。记忆的窍门是指对谁有利就是谁的市场，如对买方有利就是买方市场。

市场均衡

市场均衡是指商品价格在某种水平上时，商品供给的数量和商品需求的数量相等，这时候的数量也称作市场均衡数量。不均衡是指商品价格在某种水平上时，商品供给量和商品需求量不相等，要么供大于求，要么供小于求。

供求变化和市场均衡价格以及市场均衡数量的关系：（1）当需求增加，供应也增加时，市场均衡的数量会增加，市场均衡价格是无法预测的。（2）当需求减少，供应也减少时，市场均衡的数量下降，市场均衡价格是不可预测的。（3）当需求增加，供应减少时，市场均衡的数量是不可预测的，市场均衡价格上升。（4）当需求减少，供应增加时，市场均衡的数量是不可预测的，市场均衡价格降低。

财务决策练习题 & 解答

1. DM 公司一直在自己生产产品需要的两种零部件 B12、B18。单件 B12 和 B18 的相关信息如下：

	E	F
耗用机器小时	2.5 小时	3 小时
标准成本		
直接材料	2.25 加元	3.75 加元
直接人工	4 加元	4.5 加元
制造费用		
变动部分	2 加元	2.25 加元
固定部分	3.75 加元	4.5 加元
合计	12 加元	15 加元

变动制造费用根据直接人工小时分摊。固定制造费用根据机器小时分摊。DM 公司每年需求 8 000 个 E，11 000 个 F。最近公司管理层决定将现有这两种零部件产能的一部分转作生产其他的产品，这样用于生产 E、F 的产能只有 41 000 机器小时。一个外面的公司想供应 E、F，报价给 DM 公司分别为 11.25 加元和 13.5 加元。DM 公司想先自行生产，不够的部分外购。另外，公司 41 000 机器小时产能如果闲置，会有可追溯并且不可避免成本 44 000 加元。公司如果外购 F，最高应该付给供应商（　　）加元。

A. 14.5　　B. 14　　C. 10.5　　D. 以上均不对

解答：公司应优先自产单位约束条件（外购价减自产价）最大的。E 指标 =（11.25 − 2.25 − 4 − 2）/2.5 = 1.2；F 指标 =（13.5 − 3.75 − 4.5 − 2.25）/3 = 1。

因此，优先自产 8 000 个 E，这样剩余的产能 = 41 000 − 8 000 × 2.5 = 21 000，可以自产 21 000/3 = 7 000 个 F，外购 4 000 个 F。此时外购 4 000 个 F 是别无选择的，因为要满足市场需求，此时已经超出了自制与外购的决策了，因为这种情况下，已经无法进行自产 4 000 个 F，因此，外购价无须和自产成本作对比。另外，如果有法律约束必须要满足合同需求而且最终别无他选，即使外购价超过了售价，可能也要外购。

在这种情况下，只有比较两种方案的成本来最终作决策，没有别的方法了！具体为，上述方案是最佳选择，另外最次的选择是优先生产 F（具体为：优先生产 F，即自产 11 000 个 F，然后剩余的产能 = 41 000 − 11 000 × 3 = 8 000（小时），这样可以自产 8 000/2.5 = 3 200 个 E，从而需要采购 4 800 个 E）。最次方案的成本 = 11 000 ×（3.75 + 4.5 + 2.25）+ 3 200 ×（2.25 + 4 + 2）+ 4 800 × 11.25 = 195 900（加元）。

因此，只要优先选择的方案的成本不超过最次方案的成本即可。较优方案的成本 = 8 000 ×（2.25 + 4 + 2）+ 7 000 ×（3.75 + 4.5 + 2.25）+ 4 000 × Y。因此 8 000 ×（2.25 + 4 + 2）+ 7 000 ×（3.75 + 4.5 + 2.25）+ 4 000 × Y = 11 000 ×（3.75 + 4.5 + 2.25）+ 3 200 ×

(2.25 +4 +2) +4 800 ×11.25，Y =14.1 加元。因此，F 报价只要不超过 14.1 加元就可以，否则还不如用较次的方案更节省成本。

举一反三，一定记住考试中以及实际工作中这种情形如何进行决策!

2. DM 公司每月使用 10 个零部件 A，每个零部件的生产成本如下。

直接材料成本	2 000 英镑
材料整理费（直接材料成本的 20%）	400 英镑
直接人工成本	16 000 英镑
制造费用（直接人工成本的 150%）	24 000 英镑
合计	42 400 英镑

公司购进原料或其他存货都会发生材料整理成本。公司的年制造费用中 1/3 是变动的，2/3 是固定的。FMC 公司想以每件 30 000 英镑的价格卖给 DM 公司。如果外购，DM 公司闲置的产能可出租，每月租金收入 50 000 英镑。若每月外购 10 件零部件 A，则每月零部件 A 的成本将（　　）英镑。

A. 减少 12 400　　B. 增加 4 600　　C. 减少 6 400　　D. 以上都不对

解答：B。可避免成本 =（2 000 +400 +16 000 +24 000/3）×10 =264 000（英镑），外购成本 =（30 000 +30 000 ×20%）×10 -50 000 =310 000（英镑），因此，单位成本增加 46 000 英镑。注意，千万别用 24 000 ×0.3，而应该是 24 000/3，另外，材料整理费也会发生在外购半成品上。

3. 本量利分析是许多决策的一个组成部分，包括选择生产线、产品定价、市场战略和生产设备的使用。在本量利分析中的一种计算就是盈亏平衡点。一旦达到了盈亏平衡点，营业收益将（　　）增长。

A. 每个多销售的产品的单位毛利　　B. 每个多销售的产品的单位贡献率
C. 每个多销售产品的单位固定成本　　D. 每个多销售产品的单位变动成本

解答：B。在盈亏平衡点，总收入等于固定成本加上变动成本。在盈亏平衡点之后，每多销售一个产品，营业收益将增加一个单位的边际贡献，即单位销售价 - 单位变动成本，因为一般来讲固定成本不会短时间内发生明显改变。

4. DM 制造公司生产两种产品。固定制造成本按照 $1.00每机器小时来分摊。销售经理有 $160 000 的增加预算用于广告，用于最赚钱的产品。这些产品在顾客眼中是不能相互替换的。

	A	B
销售价	\$4.00	\$3.00
变动制造成本	\$2.00	\$1.50
固定制造成本	\$0.75	\$0 .20
变动销售成本	\$1.00	\$1.00

假设公司只有100 000机器小时可以用来生产更多的A和B，如果任何一个产品因广告而可能增加的销售数量远远超过它的生产能力，哪一个产品应该做广告，估计增加的边际贡献是（　　）。

A. 应该生产A，产生边际贡献\$75 000

B. 应该生产A，产生边际贡献\$133 333

C. 应该生产B，产生边际贡献\$187 500

D. 应该生产B，产生边际贡献\$250 000

解答：D。在有限资源下，只有每单位有限资源的边际贡献更大的产品应该被生产。A需要0.75小时，B需要0.2小时的机器小时（因为固定制造成本以每机器小时\$1来分摊，每单位A分摊了\$0.75，而每单位B分摊了\$0.2）。A每机器小时边际贡献 = (4 - 2 - 1)/0.75 = 1.33，而B每机器小时边际贡献 = (3 - 1.5 - 1)/0.2 = 2.50。因此，优先生产B，但目前企业只能生产该产品的数量 = 100 000/0.2 = 500 000个，每个该产品的边际贡献 = 3 - 1.5 - 1 = 0.5，因此，产生的总边际贡献 = 500 000个 × 0.5 = 250 000

5. DM公司生产一种空气净化器，下面是该产品的单位成本信息

直接材料	200元
直接人工成本	150元
间接变动成本	75元
固定制造费用	125元
销售和管理费用	100元

FMC公司最近接触DM公司，提出可以卖空气净化器成品给DM公司，报价为490元，DM公司贴上标签后转售。如果DM公司外购空气净化器，则一半的销售和管理费用将不再发生。DM公司是否该接受FMC的建议？如果接受了FMC的建议，单位产品成本将是多少？

解答：外购价为490元，可避免成本 = 200 + 150 + 75 + 100 × 50% = 475（元）。因此，不应该接受FMC的建议。如果接受了，产品的单位成本 = 490 + 125 + 100 × 50% = 665（元），这是因为固定制造费用和一半的销售及管理费用还会照常发生。请注意，可避免成本也可能会涉及期间费用，如销售费用和管理费用。

6. DM公司生产一种电子零部件，单位生产及营销成本如下：

直接材料成本	2 欧元
直接人工成本	2.4 欧元
变动制造费用	1.6 欧元
固定制造费用	1 欧元
变动营销费用	2.5 欧元
固定营销费用	1.5 欧元

如果公司向供应商外购该零部件，变动营销费用将减少30%，固定营销费用保持不变。公司能支付给供应商的最高价格是（　　）欧元。

A. 7.75　　B. 8.5　　C. 6.75　　D. 5.25

解答：C。可避免成本 =2 +2.4 +1.6 +2.5 ×30% =6.75（欧元）

7. DM公司每月使用10个零部件A，每个零部件的生产成本如下。

直接材料成本	1 000 英镑
材料整理费（直接材料成本的20%）	200 英镑
直接人工成本	8 000 英镑
制造费用（直接人工成本的150%）	12 000 英镑
合计	21 200 英镑

公司购进原料或其他存货都会发生材料整理成本。公司的年制造费用中1/3是变动的，2/3是固定的。FMC公司想以每件15 000英镑的价格卖给DM公司。

（1）如果DM公司选择外购该零部件，原生产设施将闲置，若公司选择外购FMC公司该零部件，则该零部件的成本将（　　）英镑。

A. 减少6 200　　B. 增加4 800　　C. 减少3 200　　D. 以上都不对

解答：B。可避免成本 =1 000 +200 +8 000 +12 000/3 =13 200（英镑），外购成本 =15 000 +15 000 ×20% =18 000（英镑），因此，单位成本增加4 800英镑。注意，千万别用12 000 ×0.3，而应该是12 000/3，另外，材料整理费也会发生在外购半成品上。

（2）假设如果DM公司选择外购，相关生产设施可出租，月租赁收入为25 000英镑。如果公司选择外购，则该零部件每月的成本将（　　）英镑。

A. 增加 23 000　　B. 减少 7 000　　C. 增加 2 300　　D. 以上都不对

解答：A。请一定看清楚这问的是月成本。每月需要购买 10 个该零部件。每个零部件的可避免成本 = 1 000 + 200 + 8 000 + 12 000/3 = 13 200（英镑），外购成本 = 15 000 + 15 000 × 20% − 25 000/10 = 15 500（英镑），则每个多花 2300 英镑，10 个则为 23 000 英镑。

8. DM 公司刚刚建成一个电厂，花费 21 000 000 欧元。此电厂可以为公司未来 20 年供电。DM 公司每年只使用供电产能的 60%，在这样的情况下，公司每年的经营成本是 1 800 000 欧元，其中 80% 是固定成本。

ABC 公司目前在 JD 公司买电，每年花费 1 200 000 欧元。DM 公司可以给 ABC 公司供电，这样 DM 公司电厂产能利用率会达到 90%，这样将会缩短电厂的使用寿命至 14 年。

DM 公司决定给 ABC 公司供电，DM 公司想在电厂使用寿命缩短以及在变动成本方面得到适当的补偿。DM 公司使用直线法折旧。DM 公司向 ABC 公司每年至少收取的费用是（　　）欧元。

A. 990 000　　B. 450 000　　C. 630 000　　D. 以上都不对

解答：C。折旧费用因为电厂的寿命缩短会增加 = 21 000 000/14 − 21 000 000/20 = 15 000 000 − 1 050 000 = 450 000（欧元）。在产能为 60% 时变动成本 = 1 800 000 × 20% = 360 000（欧元）。变动成本会随着产能/产量正比例变动。产能增加到了 90%，变动成本额外会增加 =（360 000/0.6）×（0.9 − 0.6）= 180 000（欧元），因此，答案 = 450 000 + 180 000 = 630 000（欧元）。

9. DM 公司有自己的员工餐厅，每年发生的成本如下：

食物	100 000 英镑
人工	75 000 英镑
其他费用	110 000 英镑
合计	285 000 英镑

其他费用里 40% 是固定的。在这固定的其他费用里，25 000 英镑是员工餐厅经理的工资。其余是由公司总的间接费用里分摊过来的。假设 DM 公司想将员工餐厅外包出去，但原餐厅经理仍会在职，DM 公司最高愿意支付（　　）英镑给外包公司。

A. 219 000　　B. 285 000　　C. 175 000　　D. 241 000

解答：D。可避免成本 = 100 000 + 75 000 + 110 000 × 60% = 241 000（英镑）。

10. DM 公司一直在自己生产产品需要的两种零部件 B12、B18。单件 B12 和 B18 的相关信息如下：

	B12	B18
耗用机器小时	2.5 小时	3 小时
标准成本		
直接材料	2.25 加元	3.75 加元
直接人工	4 加元	4.5 加元
制造费用		
变动部分	2 加元	2.5 加元
固定部分	3.75 加元	4.5 加元
合计	12 加元	15 加元

变动制造费用根据直接人工小时分摊。固定制造费用根据机器小时分摊。DM 公司每年需求 8 000 个 B12，11 000 个 B18。最近公司管理层决定将现有这两种零部件产能的一部分转作生产其他的产品，这样用于生产 B12、B18 的产能只有 41 000 机器小时。一个外面的公司想供应 B12、B18，报价给 DM 公司分别为 11.25 加元和 13.5 加元。DM 公司想先自行生产，不够的部分外购。公司应该：

A. 外购 8 000 个 B12，自产 11 000 个 B18
B. 外购 4 000 个 B18，自产其余的
C. 外购 11 000 个 B18，自产 8 000 个 B12
D. 外购 4 800 个 B12，自产其余的

解答：B。应优先自产单位约束条件（外购价减自产价）最大的。B12 此指标 = (11.25 − 2.25 − 4 − 2)/2.5 = 1.2；B18 此指标 = (13.5 − 3.75 − 4.5 − 2.25)/3 = 1。

因此，优先自产 8 000 个 B12，这样剩余的产能 = 41 000 − 8 000 × 2.5 = 21 000（小时），可以自产 21 000/3 = 7 000（个）B18，外购 4 000 个 B18。

11. DM 公司现在自己生产产成品所需的所有零部件。其中一个零部件——把手在生产 2 万件产能下的单位预算成本如下：

直接材料	0.6 元
直接人工	0.4 元
变动制造费用	0.1 元
固定制造费用	0.2 元

合计　　　　1.3 元

另外一个公司想为 DM 公司提供 2 万个把手，每个报价为 1.25 元。如果 DM 公司因外购闲置的产能无其他用途，则接受此报价会（　　）。

A. 每个把手成本降低 0.05 元　　B. 每个把手成本增加 0.15 元
C. 每个把手成本降低 0.15 元　　D. 每个把手成本增加 0.05 元

解答：B。外购价 = 1.25（元），自制成本（可避免成本）= 0.6 + 0.4 + 0.1 = 1.1（元），因此，每个把手增加 0.15 元。

12. 管理会计经常会分析以下情形：

Ⅰ. 如果接受一个临时订单，需要发生一个特殊器皿的成本
Ⅱ. 每年维护公司总部土地的计划的成本
Ⅲ. 在分析联产品是一分离出来卖还是经过加工后再卖时，发生的联合成本的处理
Ⅳ. 在自制与外购分析中，工厂空间不同的使用方案的成本
Ⅴ. 在考虑保留还是处理掉的决策中，多年前发生的过时存货成本

在Ⅰ和Ⅳ中的成本是（　　）。

A. 相关成本　　B. 沉没成本　　C. 首要成本　　D. 酌定成本

解答：A。因为都是在相应的决策中必须要考虑的成本。

13. 在自制与外购的决策中考虑变动生产成本以及（　　）。
A. 可避免固定成本　　B. 不可避免成本
C. 工厂折旧　　D. 财产税

解答：A。

14. DM 公司生产三种很受欢迎的保温壶。数据如下：

	A	B	C
需要满足的数量（件）	5 000	6 000	3 000
生产成本			
变动直接成本	\$10	\$24	\$20
变动制造费用	\$5	\$10	\$15
固定制造费用	\$11	\$20	\$17

总生产成本	\$26	\$54	\$52
外购价	\$21	\$42	\$39

DM 公司按照机器小时往不同产品上分摊变动制造费用，每机器小时 2.5 美元。现在公司正在生产 A、B 两种产品，但产能只有 28 000 机器小时。下面（　　）方案应该建议给 DM 公司管理层。

A. 外购所有三种产品，不自产

B. 自产所有三种产品，不外购

C. 自产 5 000 件 A 产品和 4 500 件 B 产品

D. 生产 2 000 件 A 产品和 6 000 件 B 产品

解答：为了必须满足目前所有需求的量，在产能有限无法自产全部需求量的情况下，企业需要外购一部分数量的产品。在这种情况下，企业应该优先生产单位约束条件下（外购价减自产成本）最高的，即（外购价减自产成本）/约束条件数量，此指标越高代表着外购越不划算，因此要更优先自产。但如果某个产品其外购价小于自产的成本，则即使有富余的产能，也不应自产这个产品。在此题中所有产品的外购价均大于自产成本。

A 产品的此指标 = (21 - 10 - 5)/(5/2.5) = 3

A 产品的此指标 = (42 - 10 - 24)/(10/2.5) = 2

A 产品的此指标 = (39 - 15 - 20)/(15/2.5) = 0.67

因此，优先自产全部数量的 A 产品，即 5 000 件。5 000 件 A 产品耗用的机器小时数量为 5 000 × (5/2.5) = 10 000，因此企业还剩 18 000 机器小时，即 28 000 - 10 000。下面优先自产 B 产品，生产一个 B 产品消耗 4 个机器小时，即 10/2.5，剩余的 1.8 万个机器小时只能生产 4 500 个 B 产品，因此还需外购 1 500 个 B 产品，外购 3 000 个 C 产品。选 C。

15. DM 公司在其高度自动化的工厂中生产三种产品。这些产品非常畅销，产品需求远远超出现有产能。为了利润最大化，公司管理层应该主要考量（　　）。

A. 每机器小时的边际贡献　　B. 毛利

C. 边际贡献率　　D. 分布毛利

解答：A。

16. DM 公司生产一种电子零部件，单位生产及营销成本如下：

直接材料成本　　2 欧元

直接人工成本	2.4 欧元
变动制造费用	1.6 欧元
固定制造费用	1 欧元
变动营销费用	2.5 欧元
固定营销费用	1.5 欧元

如果公司向供应商外购该零部件，变动营销费用将减少 30%，固定营销费用保持不变。公司能支付给供应商的最高价格是（　　）欧元。

A. 7.75　　B. 8.5　　C. 6.75　　D. 5.25

解答：C。可避免成本 = 2 + 2.4 + 1.6 + 2.5 × 30% = 6.75（欧元）。

17. DM 公司每月使用 10 个零部件 A，每个零部件的生产成本是：

直接材料成本	2 000 英镑
材料整理费（直接材料成本的 20%）	400 英镑
直接人工成本	16 000 英镑
制造费用（直接人工成本的 150%）	24 000 英镑
合计	42 400 英镑

公司购进原料或其他存货都会发生材料整理成本。公司的年制造费用中$\frac{1}{3}$是变动的，$\frac{2}{3}$是固定的。FMC 公司想以每件 30 000 英镑的价格卖给 DM 公司。如果外购，DM 公司闲置的产能无其他用途。若外购，零部件 A 的单位成本将（　　）。

A. 减少 12 400 英镑　　B. 增加 9 600 英镑
C. 减少 6 400 英镑　　D. 以上都不对

解答：B。可避免成本 = 2 000 + 400 + 16 000 + 24 000/3 = 26 400（英镑），外购成本 = 30 000 + 30 000 × 20% = 36 000（英镑），因此单位成本增加 9 600 英镑。注意，千万别用 24 000 × 0.3，而应该是 24 000/3，另外，材料整理费也会发生在外购半成品上。

18. 公司在产能没有剩余的情况下，自己制造产品的一个零部件的机会成本是：

A. 这个零部件的固定制造成本
B. 因产能没能用作其他用途而丧失的最佳收益
C. 这个零部件的变动生产成本

D. 因为生产此零部件放弃的生产成本

解答：请记住机会成本的定义。B 最符合机会成本的定义。具体到此题的解释为：企业还有其他产能利用的选择，比如：（1）可以生产其他的零部件或产品的收益；（2）不自产此零部件，而是外购零部件，并且富余出来的产能可以出租获得租金收入或者生产其他零部件或产品等。A、C、D 明显错误。

19. DM 公司为电冰箱生产制冰器。当年产量 20 000 件制冰器时，单位制冰器成本为：

直接材料	$7
直接人工	$12
变动制造费用	$5
固定制造费用	$10
合计	$34

ABC 公司想为 DM 公司提供 20 000 个制冰器，每件报价 $28。若 DM 公司接受外购，则工厂将闲置但可用来生产其他产品，这样每年的销售收入为 8 万美元，变动成本率为 60%。每件制冰器的固定制造费用中有 6 美元将消失。制造制冰器的相关自制与外购成本分别是（　　）。

A. $600 000 VS $560 000　　B. $648 000 VS $528 000
C. $600 000 VS $528 000　　D. $680 000 VS $440 000

解答：C。自产的成本实际上就是指不自产可避免的成本，一般变动生产成本是可避免的，题中又提到 6 美元的固定制造费用也可以避免，因此每件产品可避免 7 + 12 + 5 + 6 = 30（美元），总计避免 30 × 20 000 = 600 000（美元）。外购净成本 = 外购成本 - 机会收益。此案例中的机会收益 = 80 000 ×（1 - 60%）= 32 000（美元）。因此外购净成本 = 20 000 × 28 - 32 000 = 528 000（美元）。因此选 C。该企业应该选择外购。

20. DM 公司生产一种插座，单位生产成本 36 美元，其中 8 美元是固定制造费用。公司每年需要 3 万个此种插座。FMC 公司有意向 DM 公司提供此种插座，报价每个 33 美元。如果 DM 公司决定外购此种插座，每年分摊过来的 6 万美元的固定制造费用将消失。公司可以将富余出来的产能出租，但公司出于一些原因并没有这样做。DM 公司将（　　）。

A. 每个零部件节省 2 美元　　B. 每个零部件节省 3 美元
C. 每个零部件损失 3 美元　　D. 每个零部件损失 6 美元

解答：C。外购成本为 33 美元，自制成本 =（36 - 8）+ 60 000/30 000 = 30（美元），

因此每个零部件损失 3 美元。

21. DM 公司生产下列两个产品，产品很畅销。产品的相关数据如下：

产品	B	E
单位直接材料成本	6 欧元	11 欧元
单位直接人工成本	4 欧元	9 欧元
制造费用（每小时 16 欧元）	16 欧元	32 欧元
外购成本	20 欧元	38 欧元
每年的需求量	20 000 个	28 000 个

每机器小时的固定制造费用为 10 欧元。DM 公司有个政策，要满足所有的客户需求，哪怕外购产品。公司目前有 5 万个机器小时，公司的最佳做法是：

A. 自产 2 万个 B 产品，外购其余

B. 自产 2.5 个 E 产品，外购其余

C. 需要的话，外购所有产品

D. 生产 2 万个 B 产品，1.5 万个 E 产品，外购其余

解答：D。在这种情况下，首先计算每约束条件下的（外购价减自制成本的差额），B 产品的此指标 $=[20-6-4-(16-10\times16/16)]/(16/16)=4$，其中 B 产品耗用的机器小时数 $=16/16=1$，因此其制造费用里的固定部分 $=(16/16)\times10$。E 产品的此指标 $=[38-11-9-(32-10\times32/16)]/(32/16)=3$。

因此先自产 2 万个 B 产品，耗用机器小时 $=2\times1=2$（万个），这样产能还剩余 $=5-2=3$（万机器小时）。3 万机器小时可以生产 E 的数量 $=3$ 万$/2=1.5$（万个），因此公司还需外购 E 产品的数量 $=2.8-1.5=1.3$（万个）。

22. DM 公司生产飞机引擎，单位成本如下：

直接材料成本	200 000 英镑
直接人工成本	150 000 英镑
制造费用：	
主管的工资	20 000 英镑
直接人工的社会福利费	15 000 英镑
折旧	12 000 英镑
租金	11 000 英镑

若公司不自产而外购引擎，产能将闲置，主管将被解雇。这样的情况下，如果公司对外报价引擎，最低报价是（ ）英镑。

A. 408 000 B. 385 000 C. 397 000 D. 365 000

解答：B。可避免成本 = 200 000 + 150 000 + 20 000 + 15 000 = 385 000（英镑）。一定注意，直接人工的社会福利费（如养老保险、医疗保险等）一般放在制造费用里，但这部分是和直接人工直接相关的，是可避免的。

23. DM 公司计划生产 1.2 万件 X 产品和 8 千件 R 产品。公司有效机器小时数量为 1.2 万。单位产品的信息如下：

	X	R
材料	$37	$24
直接人工	$12	$13
变动制造费用	$6	$3
固定制造费用	$37	$38
需要机器小时数量	1.0	1.5

DM 公司可以外购 1.2 万个 X 产品，单价 60 美元以及/或者 8 千个 R 产品，单价 45 美元。应该向公司管理层建议（ ）。

A. 自产 X 产品，外购 R 产品 B. 自产 R 产品，外购 X 产品
C. 外购 X 产品和 R 产品 D. 自产 X 产品和 R 产品

解答：A。此题中所有产品的外购价都大于可避免成本。X 产品的每约束条件的外购价减可避免成本的差额 = (60 − 37 − 12 − 6)/1 = 5。产品 R 的每约束条件的外购价减可避免成本的差额 = （45 − 24 − 13 − 3）/1.5 = 3.3。因此优先自产 X 产品，X 产品需要机器小时 = 1.2 × 1 = 1.2（万）。因此自产 X 产品后没有富余产能了，从而需外购 R。

假设此题信息改为 X 产品的外购价为 52，R 产品的外购价为 39，则因为这两种产品的外购价均小于自产成本，则需外购这两种产品所有的需求量，因此答案选 C。

24. 在自制与外购决策中，相关成本包括变动人工成本、变动材料成本以及（ ）。

A. 不可避免的固定成本 B. 折旧
C. 财产税 D. 可避免固定成本

解答：D。

25. DM 公司为自己的一种成品生产某一零部件，现在年产量达到生产 12 000 个该零部件时，该零部件的单位成本如下：

直接材料　　　　　5 加元
直接人工　　　　　15 加元
变动制造费用　　　10 加元
固定制造费用　　　5 加元

XYZ 公司有意向 DM 公司供应此零部件 12 000 个，报价为每个 37 加元。若 DM 公司接受外购，空下来的产能可以出租，年租金收入为 40 000 加元。另外固定制造费用中有 60% 在该零部件外购后由其他产品承担。DM 公司外购零部件的差异成本是（　　）加元。

A. 20 000　　B. 24 000　　C. 8 000　　D. 以上都不对

解答：A。外购成本 = 37 × 12 000 − 40 000 = 404 000（加元），可避免成本 = [5 + 15 + 10 + 5 ×（1 − 60%）] × 12 000 = 384 000（加元），因此差异成本 = 404 000 − 384 000 = 20 000（加元）。

26. DM 公司生产一种插座，单位生产成本 36 美元，其中 8 美元是固定制造费用。公司每年需要 3 万个此种插座。FMC 公司有意向 DM 公司提供此种插座，报价每个 33 美元。如果 DM 公司决定外购此种插座，每年分摊过来的 6 万美元的固定制造费用将消失。公司想通过外购为公司节省 10 万美元，如果这样，公司将富余出来的产能出租，最低年租金收入是（　　）美元。

A. 10 000　　B. 70 000　　C. 70 000　　D. 190 000

解答：D。33 × 30 000 − Y −（36 − 8）× 30 000 − 60 000 = −100 000（美元），因此，Y = 190 000（美元）。

27. DM 公司生产多种产品，目前每月生产 3 万件零部件 A 用于产成品。生产零部件 A 的设施每个月固定的制造费用为 $150 000，这些设施的理论产能为每月 6 万件零部件 A。若公司外购零部件 A，设施将闲置，40% 的固定成本仍将发生。零部件 A 的单位变动生产成本为 11 美元。固定制造费用根据计划的产量水平分摊。若公司外购更合算，那外购价不能高于（　　）。

A. $12.00　　B. $12.50　　C. $13.00　　D. $14.00

解答：D。采购价必须小于自产成本，即可避免成本。此产品的可避免成本 = 11 + $150 000 × 60%/30 000 = 14（美元），因此选 D。

28. 当一个公司生产多种产品而且完全满负荷生产，公司经常通过决策来确定更优先生产哪些产品，短期内经理们应该优先生产（　　）。

A. 最高单位边际贡献的产品

B. 有最大销量潜力的产品

C. 单位约束条件的最大边际贡献的产品

D. 售价最高的产品

解答：C。

29. DM 公司生产两种产品 C、T。单位产品的信息如下：

	C	T
售价	\$20	\$30
直接材料成本	\$5	\$5
直接人工成本	\$8	\$10
变动制造费用	\$3	\$5
变动销售费用	\$1	\$2
机器小时	2	4

生产 C 产品和 T 产品涉及共同的加工过程，使用同样设施。总计固定制造费用为 \$2 000 000，总计管理费用为 \$840 000。公司计划生产和销售 50 万件 C 产品和 70 万件 T 产品。公司没有任何存货。公司能减少 C 产品 50% 的直接材料成本，但每件产品增加 1.5 个机器小时生产时间。对于 C 产品，变动制造费用是按机器小时分摊的。若改变发生后，对总边际贡献的影响是（ ）。

A. 增加 \$125 000　B. 减少 \$250 000　C. 增加 \$300 000　D. 增加 \$1 250 000

解答：A。因此 C 产品的单位直接材料成本将 $=5\times50\%=2.5$（美元），同时单位变动制造费用将 $=(3/2)\times(2+1.5)=5.25$（美元），因此 C 产品产生的总边际贡献将 $=(20-2.5-8-5.25-1)\times500\ 000=1\ 625\ 000$（美元）。没发生改变之前的总边际贡献 $=(20-5-8-3-1)\times500\ 000=1\ 500\ 000$（美元）。因此总边际贡献将增加 125 000 美元。

30. DM 公司每年需要 6 万个特殊拉锁，每个拉锁采购价是 0.6 欧元，公司本来想每个月的月初买 5 000 个，但供应商无法保证每月都能供货，因此 DM 公司为保险起见在年初一次购买了 6 万个拉锁。存款利率为 8%。DM 公司年初一次性购买 6 万个拉锁的机会成本是（ ）。

解答：DM 公司年初一次性购买 6 万个拉锁，从而无法每月初购买 5 000 个拉锁。如果公司每月初购买 5 000 个拉链，则第一个月初相对比一次性年初购买全年的 6 万件拉锁将节省 $60\ 000\times0.6-5\ 000\times0.6=33\ 000$（欧元）的支出，从而可以取得利息收入 $=33\ 000\times8\%=2\ 640$（欧元）。但第二个月月初却相对比多支出 $5\ 000\times0.6=3\ 000$（欧元），因此多丧失了11个月的利息收入（否则可以不支出而存在银行获得利息收入）=3 000×8%×11/12，第三个月月初相对比多支出3 000欧元，因此多丧失了10个月的利息收入=3 000×8%×10/12。以此类推，12月月初，相对比多支出3 000欧元，因此多丧失了1个月的利息收入=3 000×8%×1/12，因此合计节约的利息收入（即机会收益/机会成本）=2 640－3 000×8%×11/12－3 000×8%×10/12…3 000×8%×1/12=2 640－3 000×0.08×(11+10+…+1)/12=1 320（欧元）。

一定记住此类特殊情况，即所有的方案都是成本支出，无收益产生。机会成本用上述方法去计算。举一反三再举例，假设上例的每月购买5 000件改为每季度初购买15 000件。解答如下。

DM公司年初一次性购买6万个拉锁，从而无法每季度初购买15 000个拉锁。如果公司每季度初购买15 000个拉链，则第一个季度初相对比一次性年初购买全年的6万件拉锁将节省60 000×0.6－15 000×0.6=27 000（欧元）的支出，从而可以取得利息收入=27 000×8%=2 160（欧元）。但第二个季度初却相对比多支出15 000×0.6=9 000（欧元），因此多丧失了9个月的利息收入=9 000×8%×9/12，第三个季度初相对比多支出9 000欧元，因此多丧失了6个月的利息收入=9 000×8%×6/12…以此类推，第四季度初，相对比多支出9 000欧元，因此多丧失了3个月的利息收入=9 000×8%×3/12，因此合计节约的利息收入（即机会收益/机会成本）=2 160－9 000×8%×9/12－9 000×8%×6/12－9 000×8%×3/12=2 160－9 000×0.08×(9+6+3)/12=1 080（欧元）。

第五部分

风险管理及内部控制
之风险管理和职业道德操守

考试比重：25%

第1章 企业风险管理

风险管理对于任何企业都非常重要，因为企业的终极目标是可持续财富最大化。若想可持续发展，企业必须对相关的风险进行有效的管理和控制。注：本章节主要讲述企业经营的风险，而我们在前面的章节里讲述的是投资的风险。

企业风险的种类

企业风险可分为以下五种。

• 危害风险（hazard risk）是指对人、环境、物品等造成物理上伤害的风险，比如身体受伤、自然灾害、物品损坏等。

• 运营风险是指企业成本结构中固定经营成本占的比例，固定经营成本占的比例越大，则运营风险越大，另外运营风险还和下面的风险有关：内部流程失败；信息系统失败；人员风险；法律和合规性风险等。

• 财务风险是指企业的债务融资带来债务违约风险，财务风险可以通过足够的资金储备来控制。

• 战略风险是指影响整个企业整体发展的不确定性。相对比，运营风险、财务风险等是涉及企业的局部。战略风险则涉及企业并购、建立战略业务单元、国外投资等方面。

• 资本充足率风险是指衡量金融机构保护储蓄者的能力以及保护其在全球的金融系统的能力。资本充足性的评估指标叫作资本充足率（capital adequacy ratio，CAR），资本充足率＝(一级资本＋二级资本)/风险加权资产。一级资本是指金融机构能在不至于停业的基础上分解（或称吸收）风险的资本。二级资本是指只有倒闭清算时才能分解/吸收风险的资本。我们在破产清算里讲述了破产清算时企业变卖所有的资产来清偿给债权人、股东等相关利益方。风险加权资产是指评估金融机构的每项资产，予之以风险权数。资本充足率是很重要的评估金融机构流动性风险、债务性风险以及资本充足性风险的指标。

企业风险管理（ERM—enterprise risk management）

我们在 P1 讲过 COSO 机构制定的内部控制整合框架（integrated framework），其中包括五大要素，即（1）控制环境；（2）风险评估；（3）控制活动；（4）信息与交流；（5）监控。COSO 内控的整合框架在 2013 年进行了更新。企业风险管理 - ERM 可以说是内控五要素的扩展，内部控制是企业风险管理的一部分。COSO 目前提供了三个框架：ERM 框架、内控框架和制止欺诈框架。

ERM 的目标是：ERM 是通过管理（影响企业实现其既定目标的）不确定性因素从而创造、提高股东的价值。ERM 是整体、全面的管理企业面临的风险，而不是采用零散的方式。

ERM 包括八大要素。

1. 内部环境（internal environment）。（1）董事会及高层管理对内控的支持：来自最高层的声音（tone at the top）；（2）风险管理哲学和企业对待风险的理念/态度（risk appetite），其中，对待风险的态度是指公司对风险的容忍或敏感程度；（3）建立诚信/正直（integrity）以及职业道德操守规则；（4）确定 ERM 的范围和基础框架等。

2. 目标建立（objective setting）。企业建立运营目标。企业应有成熟、规范的企业目标建立机制。企业目标应和企业使命保持一致而且符合企业对待风险的理念（如风险厌恶、风险中立、风险追求等）。

3. 事项确定（event identification）。确定影响运营目标实现的变量/事项。比如 ABC 公司运营目标之一是研发出更有竞争力的科技新产品，从而影响该目标的变量/事项可能有：人才、设备设施、资金、世界科技变革等。企业应有合理的流程来确认影响企业实现既定目标的内部以及外部的事项。公司应建立相关的标准来区分风险还是机遇，而且企业应有相应的方法来应对风险和利用机遇。

4. 风险评估。上一步骤（即事项确定）是确定影响目标的变量/事项，上一步骤并不涉及对变量/事项逐一进行分析而判断是存在潜在风险还是呈现出机遇。因此，**风险评估此步骤要逐一分析变量/事项，来判断存在风险还是机遇**。续用上面例子，即 ABC 公司运营目标之一是研发出更有竞争力的科技新产品，从而影响该目标的变量/事项可能有：相关人才、相关设备设施、资金、世界科技变革等。经分析，人才方面存在风险，现在公司没有相关人才，而且很难招聘到很有竞争力的人才；设备设施方面也存在风险；但在资金方面没有风险，而且因为公司新的一轮融资刚刚成功，资金充裕，企业可能认为此是机遇，看看能否再研发其他新产品。

风险评估当然受企业对风险的态度影响，举例：企业的管理层越厌恶风险，则企业越愿意花钱、花精力去减轻和减少风险。

风险评估是一个连续的过程，比如说每年一次。另外，风险评估应该是由公司的董事会和审计委员会带头驱动，而且他们需将其坚定的承诺和支持及对风险的态度传递给企业的所有级别员工。企业所有相关员工都应该参与到风险评估的活动中。

风险评估要确定风险发生的可能性以及重要程度。风险主要分为：内在风险/固有风险（即如果企业不采取相应内控措施，企业会面临的风险）和剩余风险（即使公司采取相应内控措施后还可能会面对的风险）。内在风险是首先要评估的，其次是剩余风险。

风险评估一般使用概率评估事件的影响，举例：有40%的风险，企业可能遭受100万元的损失，另外有60%的可能性遭受200万元的损失，因此损失的平均值或期望值 = 40% ×100 +60% ×200 =160（万元）。

风险评估人员应该从下列因素里识别可能存在的威胁。

（1）内部风险因素：

- 运营风险
- 财务风险
- 战略风险（即战略制定和执行的风险）
- 风险评估活动等

（2）外部风险因素：

- 管制变更
- 行业竞争
- 国际风险
- 政治风险（政治风险是指由政府官员行使权力和政府的行为而产生的不确定性，比如征收更多的税、无正当理由的价格歧视、有意不批准某些事项等）

协助风险识别的工具、流程等为：

- 检查清单
- 情境分析
- 价值链分析
- 业务流程分析
- 预测每股收益分布图
- 预测利润分布图等

另外，企业应该对风险评估作事后的“审计性”评估，即检查风险评估机制和过程有没有问题，例如（a）是否有重复出现的风险，但并未在风险评估过程中识别出该风险；（b）另外识别出了风险但评估不当，比如将较严重的风险评估为低重要性风险等。需要时，企业应改善风险评估机制和方法。

另外，风险评估不仅需要定量分析（比如：在险价值、在险现金流、在险盈余/收益、盈余/收益分布等），必要时也需要定性分析，比如风险确认、对风险的重要性进行排序、通过风险地图进行观察等。

5. 风险反应（risk response）。风险反应是要将风险减少到可接受的范围内。减轻、降低风险可以用下列方法。

（1）风险避免/风险规避：如避免做有风险的活动。注意，在做题中，风险避免/风险规避的关键词是不做某事/拒绝做某事并且没有任何其他附带的举措。如果拒绝做某事，另外有其他的举措，有可能被列为下面的风险缓解/风险降低。

（2）风险分担（又叫风险分享，风险分享的翻译不太好，因为好东西是分享，不好的东西分担用词更合适）：和别人一起承担风险从而减少自身的风险，常见的如买保险、建立合资公司、购买期货（对冲不利的风险，如原材料涨价）、期权（对冲股票下跌的风险，如购买股票同时购买看跌期权）、外包某职能等。但注意，有的资料上将风险共享也叫作风险转移。

（3）降低/减少/缓解风险（risk mitigation）：通过相应的方法将某特定风险本身降低。

（4）利用风险（risk exploiting）：用低风险来对冲高风险，以使整个企业的平均风险降低，比如某企业是高科技手机行业，风险太大，此企业进军日用品行业，日用品行业风险较低，从而使整个公司风险下调。

注：如果问企业对待风险的战略、策略，则除回答上面的几条外，再回答如下。

（5）接受风险：一个公司不可能清除所有的风险，对于有的发生概率小而且后果较轻的风险，公司可以采取接受的态度，这样公司可以集中资金和精力放在更重要的事情上。

（6）追求风险：为了更高的回报。

注：营运风险可以通过将固定成本向变动成本转移，即减少固定成本，相应增加变动成本，来降低、减少风险。例如，企业可以外购半成品或成品等，这样如果遇到经济

不景气，企业可以终止外购，此时企业并没有太多的固定成本必须支付，因为一般而言，固定成本是不可避免的。因此，这样减轻了企业在困境时的负担和压力。

财务风险可以通过优化资本结构来减少，即合理地减少过多的负债，从而减少了企业因债务违约而倒闭的风险。

每一个认定的风险一般都要从两方面进行评估，即风险对企业影响的程度和风险发生的可能性。然后给认定的风险按照轻重缓急排出优先次序或者也叫绘制风险地图（risk map，类似于 SWOT 类型的图），从而列示出：

（1）高影响程度 + 高可能性风险；（2）高影响程度 + 低可能性风险；（3）低影响程度 + 高可能性风险；（4）低影响程度 + 低可能性风险。其中，高影响程度 + 高可能性风险最应该被重视，往下依次类推。

所有内在风险都被认为是高可能性、高影响程度的风险，这是因为没有适当的内部控制系统到位。因此企业必须建立合理的内部控制系统以应对这些内在风险/固有风险。剩余风险（也可以叫控制风险）的评估主要是评估控制活动的有效性，即哪些控制活动是有效的，哪些控制活动可能不会起到应有的作用。企业应确保及时修正可能不会发挥应有效果的内部控制活动，以使得正确的内控活动及时到位。

预防性控制活动是用来减少风险发生的可能性，而侦查性控制和改正性控制是用来降低风险对企业的影响。最终的目的是首先预防风险的发生，如果有的风险没有预防成功，则企业赶紧在破坏发生前，实施侦查性控制和改正性控制。预防性控制是成本收益性最大的，即最合算的，而改正性控制成本收益性最差。

6. 控制活动。企业要有相应的政策和程序来规避可能产生的风险。具体进行内控的主要方法如下。

• 确定公司 CEO 到经理以及职员的工作权限和工作职责（job description）。董事会招聘 CEO 等高管，经理们招聘、培训有能力、可靠、有职业操守的员工并为他们制定合理的薪水，以完成公司的日常运营。
• 职责分离。
• 业务交易审批。
• 独立核对核查。
• 资产保护。
• 足够的留档及归档。

7. 信息与交流。公司将内控制度和程序放置在信息管理系统，如公共盘、内部网等，以方便大家查阅。另外，公司要给予员工必要的相关方面的培训，这样员工可以知晓如何履行工作。交流内控制度和程序时，需用“销售”的方式进行开放、有效的沟通而不是强压去执行。

8. 监控。审查监控的方法包括：管理层监控、员工评估、内审、外审、经理会、公司治理等。注：为了保证内审的独立性，内审职能上直接向审计委员会汇报，审计委员会是董事会的一个分支。

总结：ERM 的八个要素，按顺序排是（1）控制环境，（2）目标建立，（3）事项确定，（4）风险评估，（5）风险反应，（6）控制活动，（7）信息与交流，（8）监控。一定要按先后顺序熟练地记忆！经常出现在考题中。

ERM 系统（的建立和实施）对企业的作用和意义

- 减少运营损失和意外。企业通过 ERM 能够识别潜在影响企业运营的事件以及采取相应的应对，以减少运营中的损失和意外。

- 抓住机遇：经过对企业全方位、各种事件的风险评估，公司可更积极地发现及抓住机遇。

- 让投资者放心：一个拥有强大风险管理的公司会提升投资者的信心，这样可能会降低资本成本（比如融资时价格较低）。

- 可以促进风险反应决策（enhancing risk response decisions）。ERM 提供了应对风险的策略，如：避免风险、减少风险、风险分享、风险接受等。

- 识别和管理多种风险和横跨企业（即企业内部跨部门）的风险。ERM 促进了对企业内部相互关联的影响的有效反应，以及促进了对待多种风险的整合反应。

风险价值模型

风险价值模型（VaR：value at risk，有人翻译为在险价值）经常用来估计某一时期内某一事件（比如投资、现金流、利润/盈余、每股收益率等）的发生某一最大（限度）的损失额的概率（下面有例子帮助理解）。概率有时候用置信区间来表达，如 68%、95%、99%。风险价值模型也可以诠释为某一时期内某一事件的超过此最大限度的损失额的概率为 1 减 VaR 列示的概率，因此 VaR 中列示的概率值越大越好！举例：如果某一企业净利润一年亏损 \$100 万的风险价值为 95%，这就意味着该企业在一年内利润亏损最多 \$100 万的可能性为 95%，或者讲，亏损超过 \$100 万的概率为 5%，即 1 - 95%。风险价值模型用来评估未来某事件的风险，而不是衡量过去的已发生的事件。

注：风险价值模型如果用来估计利润/盈余也可以称作在险利润或在险盈余（earnings at risk）。风险价值模型如果用来估计现金流也可以称作在险现金流（cash flow at risk）。

风险价值模型的获取方法：（1）历史方法。使用历史的相关数据，认为历史能揭示未来。通过历史数据来找出最糟糕的结果以及相应的概率。(2) 协方差法。认为股票等回报是正态分布，计算出平均回报以及标准差从而测出最糟糕的回报以及相应的概率。(3) 蒙特卡洛模拟法。就像资本预算提到的模拟分析法的道理一样，计算机软件可对任何可能的组合进行计算，从而生成正态分布结果图，从而测出最糟糕的结果以及相应的概率。

风险价值模型相关的特点如下。

- 应用方面。风险价值模型可以应用到任何可以定期查看市场表现/业绩（盯市）的投资组合。但不能用于房地产/不动产和不流动的资产。
- 时间段。风险价值模型评估某个时间段（如每个交易日/每星期/每月等）的投资组合的业绩。
- 基础货币。风险价值模型可以用任何货币来测量风险。
- 风险价值模型的衡量。风险价值模型用一个数字来衡量一个投资组合的风险。

风险管理练习题 & 解答

1. 组织在追求他们的战略目标时会面临几种风险。公司财务职能没有充分地与银行对账的风险是以下（　）风险的例子。

A. 危害风险　　B. 财务风险　　C. 营运风险　　D. 战略风险

解答：C。见讲义。

2. 与一个项目有关的风险最不可能与以下（　）有直接的关系。

A. 项目的期限
B. 与项目相关的现金流的波动
C. 联邦法规对项目的影响存在不确性
D. 组织资本的足够性

解答：D。D 属于金融机构的风险。

3. 一个业主在密西西比河的泛滥地带拥有一座大楼。这个业主决定将大楼出售给几个投资者。这个业主采取的风险策略是（　）。

A. 利用风险　　B. 风险转移　　C. 风险规避　　D. 风险降低

解答：C。B 是指和别人一起承担风险。D 不对，因为此题是指风险已经通过这种方式全部清除。

4. 以下（   ）不是风险管理的利益。

A. 更低的资本成本　　B. 有效地配置资源

C. 更灵活地应对未预料的情况　　D. 减少固有风险

解答：A、B、C 都是风险管理的意义，D 不是，固有风险无法减少，只能规避或分散。固有风险是由活动本身引起的风险，比如矿产勘测要比零售业风险更大。

5. 以下（   ）不被认为是风险管理流程的主要步骤之一。

A. 区分风险的优先顺序　　B. 重新考虑当前风险

C. 规划风险应对　　D. 评估风险

解答：B。重新考虑当前风险不是。

6. 一个企业可以通过以下（   ）来缓解因可能的工伤而导致的财务损失。

A. 灾害保险　　B. 员工补偿保险

C. 关键员工保险　　D. 责任保险

解答：D。责任保险是指对组织涉及瑕疵产品对顾客造成的伤害以及员工在组织的物业中发生的人身伤害提供财务保护。或者通过排除法，A、C 肯定不对。B 没有这种保险。

7. 一个农民合作社从会员那里收购了大量的谷物，并储存在谷仓里。当时谷物的价格处于高位，但是在接下来的三个月内合作社的客户并不打算购买这些谷物。为了给这些谷物作套期保值，以避免未来三个月谷物价格的不利变化，合作社可以采用以下（   ）财务风险管理技术。

A. 做空套期保值　B. 做多套期保值　C. 裸露期权　D. 利率交换

解答：A。为了保护价值的下降，资产的所有者可以采取做空套期保值，也就是资产价值下降、它的价值反而上升的工具。

8. 以下（   ）不是关于企业风险管理的 COSO 框架的核心组成部分。

A. 信息和沟通　B. 内部环境　C. 风险地图　D. 控制活动

解答：C。

9. 职责分离是内部控制的重要内容，需要职责分离的环节有：授权、记录、检查。为了节省成本，可作（   ）分工。

A. 三种职责都可以是同一人

B. 三种职责都不可以是同一人

C. 授权人和记录人可以是同一人，保管人由另外的人担任

D. 授权人和保管人可以是同一人，记录人由另外的人担任

解答：B。

10. 某公司决定缩减企业的董事会并取消了所有的委员会（包括审计委员会）。A 是公司的内部审计主管，应该向（　　）报告。

A. 向 CFO 报告，以保证 A 在财务职能方面有一定的发展

B. 向 CEO 报告，以便 A 了解公司战略决策

C. 职能上向新董事会报告，行政上向 CEO 报告，以保证内部审计独立性，同时也能保证重要战略和业务发展得到评估

D. 向外部公开审计报告，同时 A 仍然作为公司的职员，以保证内部审计独立性

解答：C。

11. 以下（　　）是关于法律风险的最准确描述。

A. 公司可能违背《劳工平等权利》的强制规定

B. 公司法律部门的人员不足

C. 公司的权益受价格的影响

D. 公司承担责任损失

解答：A。法律风险是指违反法律法规所涉及的风险。

12. 以下（　　）是剩余风险。

A. 管理者未采取控制之前的风险　　　B. 企业在会计处理时多记了盈余收益

C. 企业遵守多国的法律　　　D. 采取控制活动之后的风险

解答：D。

13. W 公司确认和评估了连续停电三小时所带来的风险，结论是公司不能接受这项风险的影响。为此，公司新购置了一台柴油发电机，以减少电力不能供应的概率。请问这一措施属于（　　）应对风险的策略。

A. 规避　　B. 缓解　　C. 转移　　D. 接受

解答：B。缓解的英文是 mitigate，也可以翻译为减少/减轻。因为题中说是减少风险而不是完全让风险消失。如果是完全让风险消失，则选择规避。

14. COSO 风险管理包括八个互相关联的部分，（　　）与战略层面的风险管理

相关。

A. 内部环境和目标设定　　　　　　B. 控制活动和风险评估

C. 事件识别和风险评估　　　　　　D. 控制活动、信息与沟通、监督

解答：A。COSO 八要素中内部环境、目标设定以及风险反应都是与战略层面的风险管理相关，即涉及战略高度。

15. 公司要做海外的旅游，但以前从来没做过，所以外包给当地旅行社，这是(　　)风险应对方式。

A. 接受　　　　B. 规避　　　　C. 承受　　　　D. 缓解

解答：D。规避是指完全不采取任何措施，而此题中说要外包给当地旅行社，这说明采取了措施，属于降低/减小/缓解风险。

第 2 章　职业道德操守

(business ethics)

对企业而言，道德操守的建立和执行是为了能控制、约束和预见员工的行为以确保公司的价值观和业务目标能够实现。因此，职业道德操守的建立也属于风险管理和内部控制的一个至关重要的要素。道德操守规范了员工的行为，促进了更有效率的生产力。**需要注意的是，一般来讲职业道德操守比法律更为严格，有些行为可能并没有违反法律，但可能违反了公司的职业道德操守。**

我们下面分三节讲述企业的职业道德操守。第一节是商业道德操守；第二节是在企业中个人如何遵守和实践职业道德操守；第三节是在企业层面，企业如何对待和建立职业道德操守系统。注：道德操守（ethics）有时也被翻译成伦理学。

2.1　职业道德操守

(business ethics，也可能翻译成商业伦理)

道德哲学（moral philosophies）以及其在经营决策（business decisions）中的应用。

1. 公平（justice）。注意，考试中也有可能会值得商榷地翻译成公正或者司法。约翰·瑞尔（John Rawls）主张以公平为中心的道德哲学，包含：在公平为中心的道德哲学基础上建立社会秩序，不能侵犯别人的权利，为特殊人群/最不利人群（least - advantaged），比如种族、贫穷、残疾等人群，提供帮助在道德上非常重要，必要时政府应该干预以实现这种帮扶。

在经营决策中的应用：（1）经营决策要以社会上的法律为基础；（2）因为政府的干预，公司需有对特殊人群/最不利人群进行帮扶的人力资源政策，比如公平雇佣机会（equal employment opportunity）、最低工资要求、职业安全和健康等。

2. 相对主义（relativism）。主张道德操守因文化不同而不同，因为不同的文化中的价值观和需求可能不一样。没有绝对的相同的道德操守。

在经营决策中的应用：企业经营决策应该以公司的文化为基础。这解释了为什么在某一个国家或文化下作的决策可能和在另外一个国家或文化下作的决策不尽相同，甚至完全相反。

3. 个性/德性道德操守，或称为个性/德性伦理学（virtue ethics）。道德是以个人的准则为基础，比如真实、可敬等。

在经营决策中的应用：以个人的准则或观点为基础作决策。

4. 义务论/道义论（deontology）。道德是以责任和义务为基础。

在经营决策中的应用：决策完全以规则为基础。取得结果的过程很重要，结果是其次。

5. 功利主义/实用主义（utilitarianism）。结果比过程等更重要。

在经营决策中的应用：决策以结果为导向，结果比过程更重要。

6. 目的论（teleology）：生活要有目标，追求并获得重要的价值让生活更有意义。

在经营决策中的应用：企业制定战略规划，在战略规划中阐明公司的使命和目标。企业通过为客户提供产品或服务从而让公司有价值。当然价值也可以定义为所有者权益或股票价值。

2.2 个人如何遵守职业道德操守

管理会计师协会（IMA）为管理会计从业人员制定了职业道德操守。职业道德操守主要包括四原则、四标准、一利益冲突解决方案。理解、记住每一个字、每一句话，都是绝对的考试重点！

四原则

四原则（指导价值观）：诚实—公正—客观—责任，简称或记忆窍门为诚—公—客—责。

诚实（honesty）：要求尽责地对待工作，并在所有的分析和沟通中保持真实。诚实的例子包括向外部审计师披露所有必要相关的信息，拒绝记录任何不准确的信息，向他人提供事实性信息，以便他们基于真实的信息制定决策等。

公平/公正（fairness）：要求同感地、完全披露所有必要信息。公平原则的例子有客观地提供信息和反馈，没有偏见、偏好地选择供应商等。

客观（objectivity）：要求在下结论前，公正、不带偏见和情绪地评估有冲突的观点。客观原则的例子尽管有可能有个人倾向，但（a）仍客观、实事求是地表达财务和法律的指导原则；（b）在归档信息方面保持应当的标准；（c）根据目前的数据进行推荐等。

责任（responsibilities）：要求诚实和忠诚地执行活动。责任的例子包括在恰当的时间传达信息，确保在报告和报表上的信息是准确的，收集足够的信息来制定明智的决策。

四准则（CICC）

四准则（指导具体行为）：能力（competence）；正直（integrity）；可信（credibility）；保密（confidentiality）。记忆窍门：能—正—可—保。

能力（competence），也有人翻译成胜任。

• 通过学习知识和技能，保持相当的专业技能水平和职业领导力。

• 根据相关的法律、法规和技术标准，履行专业职责。注意，此条只适合无意为之。当事人无不良意图，而只是由于能力不足而未照章做事。否则不属于此准则。

• 提供准确、清晰、及时、简练的决策支持信息与建议。识别风险并帮助管理风险。

记忆窍门：先记简单缩写，资格—守规—出活，再展开写。

正直（integrity，有时候也有人值得商榷地翻译为诚实）。每位成员都有责任：

• 减少实际的利益冲突。定期与商业伙伴沟通以避免明显的利益冲突。若有潜在的利益冲突，需告知所有相关方（如上司、人事部等）。

举例：小舅子是某原材料的供应商。要事先通告相关方，尽量避免此种情况。

• 避免从事任何**可能会妨碍按照职业道德操守履行职责**的行为（"吃人家嘴短，拿人家手软"）。

• 避免从事或支持任何可能有损职业声誉的行为（比如作假账等，别让人家一提起会计来就想到"作假账"）。

• 参与建立积极的职业道德文化，将职业方面的正直放置于私利之上。

控制或避免利益冲突的一些具体政策作参考：

• 要求经理完全披露财务利益（在别的企业参股、任职、做董事等）。

• 要求提前报告任何可能存在的利益冲突（如配偶、亲戚是供应商或公司的员工等）。

• 禁止在任何供应商、客户或经销商那里有财务或经济利益。

• 员工应拒绝任何将要影响或看上去会影响他/她的秉公行使职责的礼品、好处或招待等。

可信（credibility，或翻译成诚信）。每位成员都有责任：

• 公平、客观地交流信息（即不是因人而异，因利益而异）。

• 披露可能会影响信息使用者对报告的理解、分析或建议的所有的相关信息。

• 根据公司政策及相关法律，需披露在信息内容、处理过程或内控方面的延误及缺陷。

• 需向相关人交流可能会影响负责任地判断或者成功地履行某些活动的职业上的局限或其他局限。

注：遇到涉及公平买卖（包括商品买卖及公司间的收购等）、商业透明等方面答此准则。

保密。每位成员都有责任：

• 除非经授权允许或法律要求，否则要对相关机密信息保密（如配方、工艺等）。

• 告知相关各方如何正确使用保密信息。监督下属以确保遵守保密规则（如使用碎纸机等）。

• 禁止利用保密信息获取不道德的或非法的利益（如告知竞争对手或出售保密信息等）。

注：上述几条可以针对需保密的问题进行回答。

练习题1. 某公司对生产管理制定了一个绩效奖励计划，该计划基于实际的财务比率进行奖励。在绩效考察期临近的时候，生产经理要求管理会计师改变计算折旧的方法，以使得投资回报率看起来更有利一些，根据美国管理师协会的《职业道德守则公告》，如果管理会计师改变折旧方法，则违反了（　　）标准。

A. 可信　　B. 能力　　C. 机密性　　D. 客观性

解答：注意虽然能力上提到“根据相关的法律、法规和技术标准来履行专业责任”，但这是指他真的不懂/不精通“相关的法律、法规和技术标准”，从而不能正确地履行职责。而题中是指该管理会计师知晓“相关的法律、法规和技术标准”，但不按照“相关的法律、法规和技术标准”去做。另外，如果题中还涉及该管理会计师为了某种好处，如提升、奖金等，而有意不按照“相关的法律、法规和技术标准”去做，那将是违反诚实/正直准则。选A。

职业道德冲突的解决办法

职业道德冲突的解决办法（即遇到和职业道德操守规定有冲突的问题的解决办法，

或者讲，发现有违反职业道德操守问题的解决办法）：

- 当遇到有违反职业道德操守方面的问题，你应该遵循公司现有解决职业道德操守问题的政策，包括使用匿名举报系统（如果有）。如果这些政策不能解决此问题，你应考虑采用如下行动。
- 与你的直接上司讨论此问题，但如果你的上司可能和此问题有牵连，则向更高层经理提交此问题。
- 如果你的直接上司是首席执行官或同等职务，你可能需向审计委员会、执行董事委员会或董事会等反映。
- 除非是明显的违法事件，否则不宜向公司以外的人员或机构沟通道德冲突的问题。
- 可以以保密的方式向 IMA 职业操守顾问或其他中立的顾问咨询有关职业道德操守的问题，以更好地了解解决问题的可行的途径。
- 可以向你的律师咨询有关职业道德冲突问题的法律义务和权力。

我们介绍了管理会计师协会颁布的管理会计人员的职业道德操守。每个公司都应该建立涉及公司所有人员的职业道德操守守则，而且每年都应进行职业道德操守的培训，职业道德操守是公司未来发展的基石。

在正式处理（比如向相关部门/人反映事件）违反职业道德事件之前，需要仔细地考虑和审查所有的相关事实。这可能需要：（1）核查数据和原始资料；（2）获取更多的信息以确认传言的真实性；（3）问询更详细的问题；（4）试探其他的人以得到更多的信息；（5）保持中立和开放的态度；（6）放弃已有的成见等。所有以上这些事情都要严格保密。

欺诈/舞弊三角模型

欺诈三角理论是一个被广泛认可的模型，用以解释引起职业欺诈的因素。欺诈三角包括三部分：压力、机会、将欺诈合理化（有时候也称之为借口）。这三个因素必须同时存在才可以促使一个人犯下欺诈的错误。

压力常常是欺诈的动因。压力有很多可能性，比如工作中的一些压力，例如达到预算利润目标的压力、达到生产力绩效指标的压力等，以及工作以外的压力，例如还不起债等。

机会是指欺诈者发现了有利可图的方法而且认为被发现的可能性很小。例如欺诈者发现内控薄弱的地方，乘虚而入。

同时有了压力和机会，则第三个需同时出现的因素是欺诈者在意识里能将这些别人看来是欺诈的行为给予自我合理化（有时候又称作借口），即认为他们并没有犯错误，或者说他们认为这些行为是理所应当的。举例：他们认为经理欺骗了他，经理对他不公平，或者公司给的薪水太低等，他想报复等，或者他认为这只是借钱，等有了钱后立即还上等。

注：企业应该定期审查内控系统，看看是否存在可能会引起欺诈的内控薄弱环节，然后立即采用修正措施。

2.3 企业层面该如何建立职业道德操守机制

对待职业道德操守，企业应该积极地创造和保持良好职业道德文化，建立并坚决贯彻职业道德操守相关标准和准则，具体措施如下。

- 最高层支持（tone at the top）和以身作则以示表率（最重要）；
- 制定明确、具体、操作性强的职业操守准则和办法，使之能有效地适用于日常工作，比如出纳应该怎么做，销售人员、采购人员应该怎么做；
- 人事部招聘时进行信用、职业道德操守方面的考查和控制，招募合适的人才；
- 将职业道德操守培训纳入新员工入职培训和之后定期的在职培训；
- 公司要制定合理现实的目标，目标不宜过高，目标过高容易引起舞弊行为；
- 公司应有适当的费用预算以支持职业操守的行为，例如，企业制定了太少的维修费的预算，结果工人们不去及时维修维护机器，表面上当期利润好，但企业的长远利益可能受到更大的影响；
- 员工定期的业绩评估应该包括职业道德操守方面的考核；
- 定期作职业道德操守的调查问卷，比如每年一次；
- 建立职业道德操守问题举报系统，要绝对充分保护举报者；
- 贯彻政府的相关法律法规，例如SOX（萨宾法案）和美国海外反腐败法等；
- 在公司文化里包含职业道德操守相关条款，例如，我们建立的职业道德操守准则比法律还要严格，我们的企业文化是我们以最高的职业道德标准在全世界任何地方进行合法守规的经营，为股东和当地社区创造福祉；
- 评估、监控、改进职业操守的遵守情况。

企业如何评估、监控和改进职业道德操守的遵守情况？

1. 员工业绩反馈机制中除了传统的运营目标实现情况还应包括道德操守方面的绩效，例如：是否按时参加道德操守培训，有无违反职业道德操守情况等。需要时可以同时搜集公司内部以及公司外部的信息，比如来自客户或供应商等方面的信息。

2. 公司应定期让员工评估目前职业道德操守的各项规定是否合理、是否需要修改或改进。

3. 建立秘密、绝对保护个人隐私的道德操守违规举报电话热线或电子邮件(E－mail)等。针对揭露内部弊端机制，如果真正做到绝对保护举报人的个人利益，员工会减少顾虑从而更自由地反映问题。揭露内部弊端机制的另一个好处是让公司能够搜集、分析和总结目前存在或潜在的职业操守问题，这些信息对分析是否需要改进职业操守培训和内控很有帮助。

企业管理层如何对待职业操守?（1）管理层应发出强有力的声音表示坚决支持职业操守（tone at the top）；（2）以身作则，理解并带头遵守职业操守（lead by example）；（3）建立合理的目标，即不要建立太高的目标；（4）制定明确、具体、操作性强的职业操守准则和办法；（5）评估、监控、改进职业操守的遵守情况。

需要注意的是，一般来讲职业道德操守比法律更为严格，有些行为可能并没有违反法律，但可能违反了公司的职业道德操守。职业道德操守对企业的作用和意义如下。

1. 有助于提高客户的留存度以及吸引新客户。因为客户愿意和拥有良好的职业道德操守机制的公司打交道，因为产品质量、产品服务等方面可能更有保障。

2. 有助于吸引投资者。投资者都愿意投资那些声誉好、风险小、回报高的公司。

3. 有助于吸引好员工。员工都喜欢选择人文环境好、稳定的好公司。

4. 降低违章违规的风险。

5. 更高的生产力。员工更加专心于工作、更加负责任。

6. 降低欺诈、舞弊风险。

7. 提高公司治理的透明度。

8. 规范公司员工的行为。

9. 提高公司的名誉。

10. 以上好处都会直接或间接地提高公司的盈利能力等财务业绩。

企业道德操守在国际运营以及政府层面涉及的一些问题如下。

（1）各国法律不尽相同、风俗不尽相同、文化不尽相同等。在有些国家某种做事的方法较普遍，但在美国是不可以接受的。事实来讲，这些不同确实给企业带来了很多难题，有时候可能会影响企业的竞争力，以及可能会让企业失去一些客户和业务。

（2）美国海外反腐败法。美国海外反腐败法（FCPA－1977）适用于在世界任何角落经营的美国公司，具体条款如下。

- 禁止美国企业向外国官员支付不正当款项（适当的催办费除外）。催办费是指审批实质上已完成，只是希望最终文件稍快一些拿到手。
- 公司应有非常详细、透明、真实的会计账目和记录。
- 公司须有会计内控系统。
- 交易的执行须有管理层相应的批准。
- 资产保管与控制要到位。接触资产要有相应的审批。

- 账务处理符合美国 GAAP。
- 公司须对资产进行及时对账并调查差异等。
- 公司要有相关内控程序，内控程序包括费用报告的审批、预支备用金和费用报告之间的调节等。
- 违反者将受相应的处罚。
- SEC 负责监控美国海外反腐败法内控方面的执行。

（3）萨宾法案（SOX）406 条。主要针对财务高管，具体包括以下内容。

- 要求公司的首席财务官、主计长（controller－首席会计官/会计总监）等遵守相关职业道德操守；
- 要求及时报告：（a）这些职业道德操守条款的更改；（b）公司在知晓这些较严重背离事件后并未在合理的时间内采取措施；
- SOX 406 条对道德操守的定义为相关的道德操守标准的建立是有必要的，以促进：（A）诚实和道德的行为；（B）在定期报告里完整、公平、准确、及时、易理解地进行相关内容的披露；（C）遵守相关的国家法律、法规。

（4）美国证监会要求每个公司建立符合自己实际情况的道德操守准则。证监会并没有提供道德操守统一的范本。

企业的社会责任和可持续性

企业的社会责任可以分为四层。

1. 经济方面。企业有责任保持财务和经济上的健康。企业应给雇员支付公平有竞争力的薪资，这样员工们也可以保持财务和经济上的健康。
2. 法律方面。企业有责任遵守社会上的法律法规，其中也包括了及时缴纳当地、州和联邦的税款。
3. 道德方面。企业有责任保持良好的道德操守。道德操守并不等同于法律，有时候比法律条款更严格。
4. 慈善方面。企业应该回报所在社区和社会。比如帮助贫困人群、发生灾难时及时捐赠等等。

这样的企业当然也会更好地可持续发展。

职业道德操守练习题 & 解答

1. IMA 职业行为道德声明的可信标准声明每个会员有责任（　　）。

A. 披露所有相关信息，如果可以合理预期这些信息会影响一个用户理解这些信息

B. 通过持续地发展知识和技能来维持恰当水平的专业技能

C. 杜绝将保密信息用于不道德或非法的牟利

D. 提供准确的决策支持信息和建议

解答：A。

2. 在 Berwick 公司，财务总监是为当地会计职业人员提供咨询的项目决策者之一。这名财务总监经常在假日期间收到礼物。他在考虑是否接受这些礼物时，应该参考 IMA 职业行为道德声明中的（　　）要求。

A. 保密　　　　B. 能力　　　　C. 正直　　　　D. 可信

解答：C。IMA 的职业行为道德声明中的正直标准说的是每个会员有责任：抑制从事任何将影响有道德地执行职责的活动。

3. Katelyn 是 Hobbie Corners 公司的财务总监。这个公司生产预制装配式房屋。Hobbie Corners 的年终将至，这个财年报告的盈利将远远低于预期。向 Katelyn 报告的高级管理会计师 Andrew 正在负责预测年末的利润报告。为了降低成本，Andrew 和 Katelyn 都被邀请参加一个回顾经营活动的委员会。这个委员会立即选择了几个事项进行讨论，试图改善盈利性。Andrew 被要求与采购部门一起工作，在不影响质量的情况下选择提供更低成本的原材料。Hazel 公司可以以更低的价格提供很多关键原材料，但是公司的拥有者是 Katelyn 的亲戚。在准备了节约成本分析之后，Andrew 建议 Hazel 公司应该被选为新的供应商。Katelyn 被要求检查正在生产过程中的房屋完工百分比的计算。Katelyn 有能力改变完工百分比的计算，这样就直接影响公司的盈利。Katelyn 修改了计算，并将修订后的报告转发给了审计师。IMA 的职业行为道德声明描述的首要道德原则是诚实。识别在以上 Hobbie Corners 案例中关于诚实的例子（　　）。

A. 客观地提供信息和反馈

B. 没有偏见和偏袒地选择供应商

C. 向外部审计师披露所有必要和相关的信息

D. 确保在报表上的信息是准确的

解答：C。C 是诚实原则的例子中包含的内容之一，其他选项都不是。第一原则诚实要求尽责地对待手头上的任务，并在所有的分析和沟通中保持真实。诚实的例子包括：向外部审计师披露所有必要和相关的信息；拒绝记录任何不准确的信息；向他人提供事实性信息，以便他们基于真实的信息制定决策。在这个案例中，Katelyn 有责任向外部审计师披露所有必要和相关的信息，并说明改变报告中完工百分比的合理性。

4. 本杰明是 HC 公司的财务总监。这个公司生产预制装配式房屋。HC 公司的年终将至，这个财年报告的盈利将远远低于预期。向本杰明报告的高级管理会计师安得正在负责预测年末的利润报告。为了降低成本，安得和本杰明都被邀请参加一个回顾经营活动的委员会。这个委员会立即选择了几个事项进行讨论，试图改善盈利性。安得被要求与采购部门一起工作，在不影响质量的情况下选择提供更低成本的原材料。Hazel 公司可以以更低的价格提供很多关键原材料，但是公司的拥有者是本杰明的亲戚。在准备了节约成本分析之后，安得建议 Hazel 公司应该被选为新的供应商。本杰明被要求检查正在生产过程中的房屋完工百分比的计算。本杰明有能力改变完工百分比的计算，这样就直接影响公司的盈利。本杰明修改了计算，并将修订后的报告转发给了审计师。IMA 的职业行为道德声明描述了首要的道德原则是公平。识别在以上 HC 案例中关于公平的例子（　　）。

A. 在恰当的时间转达信息

B. 向外部审计师披露所有必要和相关的信息

C. 确保在报表上的信息是准确的

D. 没有偏见和偏袒地选择供应商

解答：D。D 是公平原则例子中的一个，其余选项都不是。

5. 本杰明是 HC 公司的财务总监。这个公司生产预制装配式房屋。HC 的年终将至，这个财年报告的盈利将远远低于预期。向本杰明报告的高级管理会计师安得正在负责预测年末的利润报告。为了降低成本，安得和本杰明都被邀请参加一个回顾经营活动的委员会。这个委员会立即选择了几个事项进行讨论，试图改善盈利性。安得被要求与采购部门一起工作，在不影响质量的情况下选择提供更低成本的原材料。Hazel 公司可以以更低的价格提供很多关键原材料，但是公司的拥有者是本杰明的亲戚。在准备了节约成本分析之后，安得建议 Hazel 公司应该被选为新的供应商。本杰明被要求检查正在生产过程中的房屋完工百分比的计算。本杰明有能力改变完工百分比的计算，这样就直接影响公司的盈利。本杰明修改了计算，并将修订后的报告转发给了审计师。IMA 的职业行为道德声明描述了首要的道德原则是责任。识别在以上 HC 案例中关于责任的例子(　　)。

A. 客观地提供信息和反馈

B. 向外部审计师披露所有必要和相关的信息

C. 没有偏见和偏袒地选择供应商

D. 确保在报表上的信息是准确的

解答：D。D 是责任例子中的一个，其余选项都不是。

6. 某制造业公司位于国内人烟稀少的地区，该公司的一项政策是让其原材料存货仓库的大门在正常营业时间打开，以优化工作流程。该公司的主计长最近发现丢失了一些原材料存货。使用舞弊三角模型，主计长确定该公司的政策最可能增加舞弊风险的是(　　)。

A. 激励员工实施舞弊　　B. 增加舞弊行为合理化的便捷性
C. 帮助员工认识到财务需求　　D. 增加实施舞弊的机会

解答：D。

7. 一个组织对财务经理或管理会计师的道德行为准则要求遵守下面所有选项，除了（　　）。

A. 在披露信息、编写报告和执行分析中的主观性
B. 独立于职业利益的冲突
C. 独立于经济利益的冲突
D. 诚信，拒绝为了个人目标而牺牲职业价值观

解答：很明显 A。

8. 一个组织实施行为道德准则，以下最不重要的标准是（　　）。
A. 建立组织运作的法律界限　　B. 提供内部决策指导
C. 建立道德管理框架　　D. 提供外部决策指导

解答：道德准则一般比法律更严格，有些行为没有违反法律，但有可能违反公司的道德准则，员工由此可能会受到不同程度的惩罚。因此在建立道德准则时，法律界限的考量过于宽松。另外也可以用排除法，B、C、D 都对。

9. E 公司最近实施了一项新的评估流程，该流程主要根据成本中心的预算成本与实际成本之间的差额计算奖金。预算与实际差额超过 20% 的将得不到奖金。本杰明监管 E 公司的一个成本中心，他担心他的奖金将受到负面影响。他与负责编制、审查和批准预算的主计长关系不错。他要求主计长接受他的预算，该预算的估计费用高于下一财年的合理预期水平。作为答谢主计长接受他的预算，本杰明向其提供了其所选运动的季票。IMA 的职业道德守则公告的下列（　　）标准与此相关。

A. 可信性，如果主计长与管理团队的其他成员分享了本杰明提供的好处
B. 正直，如果主计长接受了季票。因为接受季票损害了他履行其职责的能力
C. 机密性，如果主计长不能将该事件报告给审计委员会
D. 能力，如果主计长接受了季票。因为他未按照既定的法律行使他的职责

解答：B。

10. E 钢铁厂的总裁要求主计长提供一份企业风险管理计划，并确认该计划如何适应公司的报告结构。下面（　　）陈述表示主计长应向总裁提供最佳报告结构。

A. 企业风险管理功能报告给董事会，并以虚线报告给内部审计部门

B. 企业风险管理功能报告给 CEO，并以虚线报告给董事会

C. 企业风险管理功能报告给内部审计部门，并以虚线报告给首席风险官

D. 企业风险管理功能报告给首席风险官，并以虚线报告给 CEO

解答：B。主计长的直接上司是 CFO 或者 CEO，不可能是内审或者董事会，因此只能选择 B。

11. 作为 IMA 会员，在解决道德冲突时，一般来讲要做的第一件事是（　　）。

A. 向董事会咨询　　B. 向公司辞职

C. 和直接上司讨论此问题　　D. 和律师交流

解答：C。

12. 作为 IMA 会员，当面临道德冲突时要遵从组织现有的相关政策，如果这些现有政策不能解决此问题。该成员应该（　　）。

A. 和直接上司讨论此问题，如果他/她也涉及此冲突

B. 向律师咨询

C. 向财务总监咨询

D. 向更高一层的经理接触，如果向直接上司反映但并没有解决问题

解答：D。一定要看仔细！

13. 在 E 企业，主计长负责指导预算过程。一个职能部门的经理向主计长赠送一个当地非常受欢迎饭馆的礼券，意图是让主计长帮忙审批该部门明显不太合理的预算。主计长在考量该不该接收这个礼品时，应该考虑下面（　　）准则的内容。

A. 正直　　B. 保密　　C. 可信　　D. 能力

解答：A。

14. 根据 IMA 道德操守，若 IMA 会员没有按照相关标准去执行职业职责，则该会员违反了（　　）准则。

A. 可信　　B. 保密　　C. 能力　　D. 正直

解答：C。

15. 根据IMA道德操守，IMA会员应该承认自己的职业局限，这一条包括在(　　)准则里。

A. 能力　　B. 保密　　C. 可信　　D. 正直

解答：A。

16. 如果一个IMA会员得知一个会误导使用者的问题，但没有对此做任何事情，该会员违反了（　　）准则。

A. 可信　　B. 正直　　C. 保密　　D. 能力

解答：A。

17. 本杰明是某公司的财务主计长，年底收到销售部门通知一笔应收账款确认无法收回，需要核销该笔应收账款，公司应该计入日记账反映，但会大幅减少公司当年的利润，首席财务官的奖金是依靠利润评估考核的，首席财务官示意主计长计入明年的日记账，公司没有解决此类冲突的原则，他应（　　）。

A. 不修改财务报告　　B. 直接向外界披露

C. 与直接上司沟通此事　　D. 直接召开新闻发布会

解答：C。在应用职业道德规范的时候，会员在辨别不道德行为或者解决道德冲突时，可能会面临一些问题。在面临严重的道德问题时，会员应该遵守组织制定的冲突解决原则，如果无法用这些原则解决冲突，那么会员应该考虑采取以下行动：除非是顶头上司也可能被牵扯到其中，否则应同顶头上司讨论相关问题。在这种情况下，应该直接将问题递交给上一级。如果在初次递交问题之后，问题并没有得到满意的解决，则要将问题递交给更高一级。如果顶头上司是首席执行官或类似职务的人，那么可接受问题的审查机构可以是审计委员会、执行委员会、董事会、托管人委员会或者所有权人等群体。

18. 按照有关的法律、规则和技术标准，履行专业职责是职业道德规范的（　　）标准。

A. 能力　　B. 正直　　C. 保密　　D. 可信

解答：A。

19. 新任CEO想改变企业文化，他认为现有的企业文化无法改变员工不道德行为，依据IMA协会发布的《管理会计公告》从认知到实践，CEO应该首先（　　）。

A. 对现有的企业价值观与文化进行评估

B. 制定员工的职业道德规范

C. 确定经理以及管理者的职业道德计划

D. 监管员工行为

解答：A。可以通过常识来判断。不是所有的题都百分百地在考纲内。

20.《萨宾法案》中的406条款是关于下列（　　）的职业道德守则。

A. 审计师向审计委员会报告　　B. 公司对财务报告的责任

C. 管理层对内部控制的评价　　D. 高级财务管理人员的道德守则

解答：D。《萨宾法案》中的406条款是关于高级财务管理人员的道德守则。

21. 会计发现总公司使用的收益率和自己在分公司使用的不一样，有高层欺诈的嫌疑，会计首先应该（　　）。

A. 咨询IMA　　B. 告诉直接领导　　C. 发布新闻　　D. 找律师

解答：B。

22. 生产经理准备要进行年度绩效考核，为了提高收益率，要求会计主计长调整折旧方法，如果主会计长按要求修改了折旧方案，违反了职业道德的（　　）标准?

A. 可信力　　B. 能力　　C. 保密　　D. 公正

解答：A。不属于能力，是因为主计长不是由于能力的问题才这样做。如果主计长调整了折旧方法，而且肯定没有跟相关方进行适当的披露，那就违反了可信性标准。可信性要求每一位会员有责任：（1）公正客观地传递信息。（2）充分披露所有被合理预期到的，能够影响意向使用者理解报告、评论和建议的有关信息。（3）根据组织原则和/或适用的法律，披露信息、准时性、数据处理或内部控制的延误或不足。

23. 公司把经理的报酬与绩效考核挂钩，销售越多，奖金拿的越多，这个行为会导致舞弊三角形的（　　）要素的产生。

A. 压力　　B. 机会　　C. 借口　　D. 不涉及任何因素

解答：A。企业舞弊产生的原因是由压力、机会和借口三要素组成的，这三者也是美国最新的反舞弊准则（SAS No. 99）提醒注册会计师应该关注的舞弊产生的主要条件。其中压力要素是企业舞弊者的行为动机。此题也可以用排除法。可以排除三要素中的其他要素。

24. A公司向银行贷款，银行要求最低速动比率为2.5，A公司提交的财务报表中，流动比率为2.7，但是后来A公司财务人员M发现A公司有一笔500 000元的应收账款收不回来了，应予以注销，如果注销了该笔应收账款，A公司的速动比率为2.2，根据IMA职业道德冲突解决办法，M应该（　　）。

A. 直接向媒体公布

B. 直接告知贷款银行此事

C. 与公司管理层讨论此事，并要求公司将此事告知银行

D. 不要因为此事影响银行贷款

解答：C。可用排除法，A、B、D都不对。C对，其中“并要求公司将此事告知银行”符合能力、可信和正直准则。

25. 一家总部设立在英国，在美国发行证券的公司，在美国证券交易中心注册登记，为了自己的一项业务能出口而贿赂外国官员，以下根据《美国反海外腐败法案》叙述，表述正确的是（　　）。

A. 不可以根据FCAP进行起诉，因为其未违反相关法律

B. 可以根据FCAP进行起诉，因为其在美国进行上市交易

C. 可以根据FCAP进行起诉，因为该公司在欧洲未上市交易

D. 不可以根据FCAP进行起诉，因为该公司总部在欧洲

解答：B。

26. 美国《反海外腐败法》包括以下（　　）条款。

Ⅰ. 禁止向外国官员行贿协助获取业务

Ⅱ. 反映所有交易的会计记录的高透明度

Ⅲ. 禁止为了影响政府员工而向政府代表行贿

Ⅳ. 维护充分的内部控制体系

A. 仅Ⅰ　　B. 仅Ⅰ和Ⅲ　　C. 仅Ⅱ、Ⅲ、Ⅳ　　D. Ⅰ、Ⅱ、Ⅲ、Ⅳ

解答：D。

27. （　　）是关于IMA职业道德准则中能力的叙述。

A. 根据相关法律、法规和技术标准，履行其专业职责

B. 禁止从事不道德履行职能的行为

C. 避免使用保密信息获利

D. 公正客观地传递信息

解答：A。

28. 关于《反海外腐败法案》的内容，正确的是（　　）。

A. 禁止在海外经营的美国公司有任何行贿行为

B. 禁止在海外经营的美国有任何行贿行为

C. 建立和维护内部会计控制系统，保证以合理的详细程度反应财务信息

D. 列示了在美从事经营活动的公司具有美国政府承认腐败行为的国家和地区

解答：C。《反海外腐败法案》禁止在海外从事业务的美国公司为了获得合同或业务而向外国政府支付贿赂。还包括内部会计控制系统等。

29. 企业尽到社会责任的最好表现是（　　）。

A. 股东财富最大化　　B. 慈善捐款

C. 合理避税　　D. 雇佣合格的员工

解答：B。

30. 某公司有较为完善的内部控制，有着严格的职责分离制度，同一个项目也需要两个人签字，这样的规章制度可以有效地防止舞弊三要素中的（　　）。

A. 压力　　B. 借口　　C. 机会　　D. 理由

解答：C。

通过这段时间 P2 的学习，相信大家收获了很多世界上最先进的财务管理和企业运营管理的知识。也希望大家能多多地宣传和介绍同事和朋友们来学习 CMA，原因如下。

- 中国会计人员整体给企业家们的印象还是停留在不为企业增值的工种，因此，会计人员整体的薪水普遍很低，这和欧美国家会计师处于各种职业最前端的高薪差距颇大，因此，只是很少人学习了 CMA 不足以改变企业家们对会计人员的印象，也很难改变目前会计人员薪水过低的现状，所有会计人员都会受到不利影响。如果学习 CMA 的人越来越多，不远的将来则会彻底提升会计人员在企业和社会中的地位，届时会计人员的薪酬将有大幅增高，所有会计人员都会受益！

- 一个真正能够大获成功的经理人一定是下面有一个能力出色的团队。因此，相关的经理应鼓励下属踊跃学习 CMA。这样整个团队才更容易出业绩，团队的领导人才被认可和奖赏，因为这是他带的团队。而且此时作为经理更多的是指导、协调，工作不会辛苦，相应的生活质量也会大大提高。否则当下一些经理人自己整天累得要死要活，生活状态一塌糊涂，而靠一个人的团队最终也不可能出业绩！